知识产权争议处理典型案例指引丛书

商标权诉讼典型案例指引

中国知识产权培训中心　组织编写　　刘华俊　著

SHANGBIAOQUAN SUSONG
DIANXING ANLI ZHIYIN

图书在版编目（CIP）数据

商标权诉讼典型案例指引 / 刘华俊著．—北京：知识产权出版社，2017.1
（知识产权争议处理典型案例指引丛书）
ISBN 978-7-5130-4550-6

Ⅰ.①商… Ⅱ.①刘… Ⅲ.①商标法—民事诉讼—案例—中国 Ⅳ.① D923.435

中国版本图书馆 CIP 数据核字（2016）第 247975 号

责任编辑：孙　昕　　　　　　　　责任校对：谷　洋
文字编辑：王丽莉　王巍巍　　　　责任出版：刘译文

知识产权争议处理典型案例指引丛书
商标权诉讼典型案例指引
中国知识产权培训中心　组织编写
刘华俊　著

出版发行：知识产权出版社有限责任公司	网　　址：http://www.ipph.cn
社　　址：北京市海淀区西外太平庄 55 号	邮　　编：100081
责编电话：010-82000860 转 8111	责编邮箱：sunxinmlxq@126.com
发行电话：010-82000860 转 8101/8102	发行传真：010-82000893/82005070/82000270
印　　刷：三河市国英印务有限公司	经　　销：各大网上书店、新华书店及相关专业书店
开　　本：787mm×1092mm　1/16	印　　张：22
版　　次：2017 年 1 月第 1 版	印　　次：2017 年 1 月第 1 次印刷
字　　数：376 千字	定　　价：49.00 元
ISBN 978-7-5130-4550-6	

出版权专有　侵权必究
如有印装质量问题，本社负责调换。

《知识产权争议处理典型案例指引丛书》编委会

主　　编：马　放
副 主 编：孙　玮
执行主编：李　娜　高　强
编　　委：赵　辉　杨　璐　许彬彬

序 言

随着建设知识产权强国步伐的加快,保护知识产权的观念深入人心。商标是知识产权的重要分支,其主要作用是区分商品或服务的来源。在经济高速发展的当代中国,商品和服务琳琅满目,令消费者目不暇接,而知名、稳定、有效的商标有助于经营者在激烈的市场竞争中脱颖而出。

商标的价值已得到越来越多的重视,我国注册商标申请量逐年上升,仅2015年全国申请数就达 2 658 674 件,而与之相随的商标纠纷也愈演愈烈,但解决商标纠纷的实务人才较为短缺。因此,为破解人才紧缺问题,中国知识产权培训中心提出进行知识产权纠纷解决培训内容体系建设研究。作为中国知识产权培训中心软科学计划项目的一部分,本书不仅在经费方面得到了中国知识产权培训中心的大力资助,更是在人才方面获得了中国知识产权培训中心的鼎力支持,中国知识产权培训中心汇集了来自复旦大学、中国科学院上海科技查新咨询中心、上海社科院的诸多专家学者以及知名律师事务所资深律师参与了本书的设计与讨论。

本书集理论与实践于一体,为读者呈现真实的法律事实、案件审判的重点与全貌,旨在将知识产权实务机构、科研院校及机关单位的法学教育相结合,提高知识产权人才的综合水平。

在广度上，本书从实务出发选取了极具代表性的商标诉讼案例，每个案例对应不同主题，如驰名商标的跨类保护、合法来源抗辩、商标权属纠纷等，通过不同主题的案例教学，使读者能够全面学习不同类型的商标诉讼技巧。

在体例上，本书从案情简介、法学原理及分析、案件（部分全过程）介绍、案件相关问题解析、案件启示及建议五个方面展开，翔实地介绍了每个案例的来龙去脉，并且经过分析给出建议，一方面达到答疑解惑的目的，另一方面启发读者展开预防与应对侵权行为的思考。

在案件内容上，每一个案例均有据可查，且极为典型。在我国法学三段论逻辑推理的基础上，只要读者能够牢牢抓住知识产权法律、法规的大前提，就能够将本书中的技巧知识灵活运用于实践。

本书的特色在于，一方面，本书部分案例采取了个案全过程教学，即将诉讼开始至结束所有相关的诉讼文书予以呈现，包括诉状、答辩状、双方代理意见、证据目录、庭审笔录等，从而使读者以职业律师的思维，对案件进行全局性、整体性、综合性的分析与思考；另一方面，本书在翔实地介绍每个案例的基础上，经过分析给出了预防与应对侵权、保护知识产权的专业建议。

本书为商标纠纷处理法律实务培训提供了教学内容，结合若干科学的教学方法，有利于培养更多具有体系性、全面性、实务性知识产权技能的人才。

刘华俊

2016 年 3 月

目 录

第一章　如何代理商标侵权纠纷案

> **主要原理**：商标侵权纠纷案件的诉讼管辖与诉讼流程
>
> **素材**：百威英博（中国）销售有限公司与浙江喜盈门啤酒有限公司等侵害商标专用权及不正当竞争纠纷案

一、案情简介…………………………………………………………… 003
二、法学原理及分析…………………………………………………… 003
三、案件介绍…………………………………………………………… 006
四、案件相关问题解析………………………………………………… 069
五、案件启示及建议…………………………………………………… 071

第二章　商标侵权的认定与判断方法

> **主要原理**：商标侵权行为的主要类型以及认定规则
>
> **素材**：上海红蚂蚁装潢设计有限公司川沙分公司与江苏红蚂蚁装饰设计工程有限公司、上海红蚂蚁装潢设计有限公司侵害商标权纠纷案

一、案情简介 ··· 075
二、法学原理及分析 ··· 076
三、案件介绍 ··· 079
四、案件相关问题解析 ··· 097
五、案件启示及建议 ··· 100

第三章 驰名商标的认定及驰名商标的跨类保护

> ○ **主要原理**：驰名商标的认定因素，驰名商标跨类别保护的条件及情形
> ○ **素材**：中国北京同仁堂（集团）有限责任公司与中华同仁堂生物科技有限公司侵害商标权及不正当竞争纠纷案

一、案情简介 ··· 105
二、法学原理及分析 ··· 105
三、案件介绍 ··· 110
四、案件相关问题解析 ··· 132
五、案件启示及建议 ··· 134

第四章 商标侵权纠纷合法来源抗辩问题

> ○ **主要原理**：被控侵权人在销售商品时不知道该商品侵犯注册商标专用权，同时能证明商品是合法取得的并能说明提供者，则被控侵权人不承担赔偿责任
> ○ **素材**：北京天丰利服装小商品批发市场有限公司与肖永华、广东奥飞动漫文化股份有限公司侵害商标权纠纷案

一、案情简介……………………………………………………………… 139
二、法学原理及分析……………………………………………………… 139
三、案件介绍……………………………………………………………… 141
四、案件相关问题解析…………………………………………………… 147
五、案件启示及建议……………………………………………………… 149

第五章 商标侵权案件赔偿问题

- 主要原理：侵犯商标专用权的损害赔偿额的四层次确定方法
- 素材：钱柜企业股份有限公司与谢海龙侵害商标权纠纷案

一、案情简介……………………………………………………………… 157
二、法学原理及分析……………………………………………………… 158
三、案件介绍……………………………………………………………… 160
四、案件相关问题解析…………………………………………………… 173
五、案件启示及建议……………………………………………………… 175

第六章 商标专用权的权属纠纷问题

- 主要原理：民事行为的效力以及商标权利的转让
- 素材：雷迪（中国）有限公司与华趣多投资有限公司、上海雷迪机械仪器有限公司、吴基胜商标专用权权属纠纷案

一、案情简介……………………………………………………… 179
二、法学原理及分析……………………………………………… 180
三、案件介绍……………………………………………………… 182
四、案件相关问题解析…………………………………………… 195
五、案件启示及建议……………………………………………… 197

第七章　商标抢注及在先权利问题

- **主要原理**：已经注册的商标，自商标注册之日起五年内，在先权利人可以请求商标评审委员会宣告该注册商标无效
- **素材**：河南省宋河酒业股份有限公司与河南省宋井酒业有限公司著作权权属、商标侵权纠纷案

一、案情简介……………………………………………………… 201
二、法学原理分析………………………………………………… 201
三、案件介绍……………………………………………………… 203
四、案件相关问题解析…………………………………………… 214
五、案件启示及建议……………………………………………… 216

第八章　确认不侵犯注册商标专用权纠纷

- **主要原理**：确认不侵权之诉的受理条件及认定规则
- **素材**：无锡艾弗国际贸易有限公司与被告鳄鱼恤有限公司确认不侵犯注册商标专用权纠纷案

一、案情简介 ……………………………………………………… 223
二、法学原理及分析 ……………………………………………… 224
三、案件介绍 ……………………………………………………… 225
四、案件相关问题解析 …………………………………………… 240
五、案件启示及建议 ……………………………………………… 242

第九章　商标权许可合同纠纷及商标权许可注意事项

- **主要原理**：商标权许可合同的类型、法律效力及纠纷解决
- **素材**：上海帕弗洛文化用品有限公司与毕加索国际企业股份有限公司等商标使用许可合同纠纷案

一、案情简介 ……………………………………………………… 247
二、法学原理及分析 ……………………………………………… 248
三、案件介绍 ……………………………………………………… 250
四、案件相关问题解析 …………………………………………… 276
五、案件启示及建议 ……………………………………………… 277

第十章　商标权转让合同纠纷及商标权转让注意事项

- **主要原理**：商标转让的程序性要求、常见法律风险及其应对
- **素材**：江门市新会区吉满堂茶业有限公司与尤泽锋、姚浜灿商标权转让合同纠纷案

一、案情简介……………………………………………………………291
二、法学原理及分析……………………………………………………292
三、案件介绍……………………………………………………………293
四、案件相关问题解析…………………………………………………305
五、案件启示及建议……………………………………………………306

第十一章 互联网时代网络服务商的商标侵权责任

○ **主要原理**：商标网络侵权的特殊性及网络服务商的法律责任
○ **素材**：衣念（上海）时装贸易有限公司与浙江淘宝网络有限公司、杜国发侵害商标权纠纷案

一、案情简介……………………………………………………………313
二、法学原理及分析……………………………………………………313
三、案件介绍……………………………………………………………317
四、案件相关问题解析…………………………………………………329
五、案件启示及建议……………………………………………………330

第一章

如何代理商标侵权纠纷案

主要原理：商标侵权纠纷案件的诉讼管辖与诉讼流程

素材：百威英博（中国）销售有限公司与浙江喜盈门啤酒有限公司等侵害商标专用权及不正当竞争纠纷案

一、案情简介

2012年9月,百威英博(中国)销售有限公司起诉浙江汾湖啤酒有限公司(诉讼中名称变更为:浙江喜盈门啤酒有限公司,以下简称浙江喜盈门)、抚州喜盈门啤酒有限公司、黑龙江北国啤酒集团有限公司、上海金炀风味餐饮有限公司(后撤回起诉),后追加浙江蓝堡投资有限公司、哈尔滨喜盈门啤酒有限公司(后撤回起诉)为被告,诉称被告擅自在其生产和销售的啤酒瓶上使用"百威""百威英博"商标和"百威英博"字号,导致相关公众误认,侵害了原告商标专用权,并且构成了不正当竞争,要求四被告共同承担停止侵权、赔偿损失、消除影响、赔礼道歉等责任。

四被告辩称:首先,酒瓶上的"百威英博"并非作为商标使用;其次,被控侵权的啤酒系被告浙江喜盈门生产,其余被告未实施生产行为;再次,浙江喜盈门使用的是回收酒瓶,使用的是酒瓶的容器功能,没有将酒瓶上的文字作为商标使用,且使用回收瓶符合国家政策和行业惯例;最后,消费者并非按照啤酒瓶上的文字来区分商品来源,被告在瓶贴上已经突出使用了自己的商标,与原告有显著区别,消费者不会误认。

2013年4月,上海市第一中级人民法院作出一审判决,判决被告浙江喜盈门承担停止侵害、赔偿损失10万元人民币、消除影响责任,驳回原告其余诉讼请求。浙江喜盈门上诉后,2014年3月上海市高级人民法院判决:驳回上诉,维持原判。浙江喜盈门提起再审申请,2014年11月最高人民法院裁定驳回再审申请。

从案件整个过程而言,争议焦点主要集中在:(1)在酒瓶上使用"百威英博"是否作为商标使用;(2)回收带有他人商标的酒瓶是否属于对商标的合理使用;(3)使用带有"百威英博"文字的酒瓶是否会导致啤酒来源的混淆。

二、法学原理及分析

(一)案件审理时法律原理

《中华人民共和国商标法实施条例》(2002年修订)

第三条 商标的使用是指以经营为目的,将商标用于商品、商品包装或者容器上;用于服务或者与服务有关的物件上;用于商品或者服务交易的文书上;或者将商标用于商品或者服务的广告宣传、展览以及其他商业活动中,足以使相关公众认其为区别该商品或者服务来源的标志的实际使用。

针对争议焦点一：在酒瓶上使用"百威英博"是否即作为商标使用。首先，必须明确何为商标的使用。《中华人民共和国商标法实施条例》（2002年修订）第3条对其做了开放式的列举，即商标的使用要符合以下特征：一是以经营为目的的实际使用，二是使用会产生商品来源识别的效果。其次，结合案件具体情况对照上述特征，若全部符合即是作为商标使用。

《中华人民共和国商标法》（2001年修正）

第五十二条 有下列行为之一的，均属侵犯注册商标专用权：

（一）未经商标注册人的许可，在同一种商品或者类似商品上使用与其注册商标相同或者近似的商标的；

（二）销售侵犯注册商标专用权的商品的；

（三）伪造、擅自制造他人注册商标标识或者销售伪造、擅自制造的注册商标标识的；

（四）未经商标注册人同意，更换其注册商标并将该更换商标的商品又投入市场的；

（五）给他人的注册商标专用权造成其他损害的。

第五十六条 侵犯商标专用权的赔偿数额，为侵权人在侵权期间因侵权所获得的利益，或者被侵权人在被侵权期间因被侵权所受到的损失，包括被侵权人为制止侵权行为所支付的合理开支。

前款所称侵权人因侵权所得利益，或者被侵权人因被侵权所受损失难以确定的，由人民法院根据侵权行为的情节判决给予五十万元以下的赔偿。

销售不知道是侵犯注册商标专用权的商品，能证明该商品是自己合法取得的并说明提供者的，不承担赔偿责任。

《中华人民共和国商标法实施条例》（2002年修订）

第四十九条 注册商标中含有的本商品的通用名称、图形、型号，或者直接表示商品的质量、主要原料、功能、用途、重量、数量及其他特点，或者含有地名，注册商标专用权人无权禁止他人正当使用。

针对焦点二：回收带有他人商标的酒瓶是否属于对商标的合理使用。关于商标的合理使用，我国2002年施行的《商标法实施条例》仅在第49条中规定了一种行为，在不符合此一种行为而又符合第 52 条规定的五种行为之一的情况下，即构成对商标权的侵犯。

侵犯商标权的赔偿数额根据《商标法》（2001 年修正）第 56 条规定，先依据侵权人侵权所得收益或被侵权人所受损失，若上述两项难以确定，则人民法院在 50 万元以下享有自由裁量权。本案因原告未提供证据证明侵权所得及所受损失，故法院依据侵权行为情节判决赔偿 10 万元。

（二）现行法律原理

《中华人民共和国商标法》

第四十八条 本法所称商标的使用，是指将商标用于商品、商品包装或者容器以及商品交易文书上，或者将商标用于广告宣传、展览以及其他商业活动中，用于识别商品来源的行为。

第五十七条 有下列行为之一的，均属侵犯注册商标专用权：

（一）未经商标注册人的许可，在同一种商品上使用与其注册商标相同的商标的；

（二）未经商标注册人的许可，在同一种商品上使用与其注册商标近似的商标，或者在类似商品上使用与其注册商标相同或者近似的商标，容易导致混淆的；

（三）销售侵犯注册商标专用权的商品的；

（四）伪造、擅自制造他人注册商标标识或者销售伪造、擅自制造的注册商标标识的；

（五）未经商标注册人同意，更换其注册商标并将该更换商标的商品又投入市场的；

（六）故意为侵犯他人商标专用权行为提供便利条件，帮助他人实施侵犯商标专用权行为的；

（七）给他人的注册商标专用权造成其他损害的。

第五十九条 注册商标中含有的本商品的通用名称、图形、型号，或者直接表示商品的质量、主要原料、功能、用途、重量、数量及其他特点，或者含有的地名，注册商标专用权人无权禁止他人正当使用。

三维标志注册商标中含有的商品自身的性质产生的形状、为获得技术效果而需有的商品形状或者使商品具有实质性价值的形状，注册商标专用权人无权禁止他人正当使用。

商标注册人申请商标注册前，他人已经在同一种商品或者类似商品上先于商标注册人使用与注册商标相同或者近似并有一定影响的商标的,注册商标专用权人无权禁止该使用人在原使用范围内继续使用该商标,但可以要求其附加适当区别标识。

第六十三条 侵犯商标专用权的赔偿数额,按照权利人因被侵权所受到的实际损失确定;实际损失难以确定的,可以按照侵权人因侵权所获得的利益确定;权利人的损失或者侵权人获得的利益难以确定的,参照该商标许可使用费的倍数合理确定。对恶意侵犯商标专用权,情节严重的,可以在按照上述方法确定数额的一倍以上三倍以下确定赔偿数额。赔偿数额应当包括权利人为制止侵权行为所支付的合理开支。

人民法院为确定赔偿数额,在权利人已经尽力举证,而与侵权行为相关的账簿、资料主要由侵权人掌握的情况下,可以责令侵权人提供与侵权行为相关的账簿、资料;侵权人不提供或者提供虚假的账簿、资料的,人民法院可以参考权利人的主张和提供的证据判定赔偿数额。

权利人因被侵权所受到的实际损失、侵权人因侵权所获得的利益、注册商标许可使用费难以确定的,由人民法院根据侵权行为的情节判决给予三百万元以下的赔偿。

对比案件审理时的《中华人民共和国商标法》(2001年修正)与《中华人民共和国商标法实施条例》(2002年修订)可以发现,之前所有《中华人民共和国商标法实施条例》中的内容已经纳入现行商标法中,并且对之前的内容有了扩充与修改,如侵权行为增加了一项"故意为侵犯他人商标专用权行为提供便利条件,帮助他人实施侵犯商标专用权行为",商标的合理使用增加了三维标志注册商标、在先使用商标的正当使用情形,而侵权赔偿的考量顺序及数额有了变化:先考量实际损失,然后是侵权人所得利益,再次是该商标许可使用费的倍数,最后法院自由裁量300万元以下的赔偿。

三、案件介绍[※]

案由

案由:侵害商标专用权及不正当竞争纠纷

案号

一审案号:(2012)沪一中民五(知)初字第188号

[※] 案例介绍采用了"个案全过程方法",参见章武生:《模拟法律诊所实验教程》,法律出版社,2013年3月第1版。

二审案号：（2013）沪高民三（知）终字第 111 号

再审案号：（2014）民申字第 1182 号

案件当事人

一审原告、二审被上诉人、再审被申请人：百威英博（中国）销售有限公司

一审被告、二审上诉人、再审申请人：浙江喜盈门啤酒有限公司（原名称：浙江汾湖啤酒有限公司）

一审被告：抚州喜盈门啤酒有限公司

一审被告：浙江蓝堡投资有限公司

一审被告：黑龙江北国啤酒集团有限公司

案件法律文书

1. 一审阶段

（1）原告起诉材料

① 民事起诉状[①]

民事起诉状

原告：百威英博（中国）销售有限公司

被告一：黑龙江北国啤酒集团有限公司

被告二：浙江汾湖啤酒有限公司

被告三：抚州喜盈门啤酒有限公司

被告四：浙江蓝堡投资有限公司

诉讼请求：

请求确认注册号为 1221628 的"百威"商标及注册号为 7012286 的"百威英博"商标为驰名商标；

判令四被告停止侵权行为，即：（1）停止生产、销售使用"百威英博"字号的产品；（2）停止生产、销售使用"百威""百威英博"注册商标的产品（以下简称侵权产品），收回仍在市场中未售出的侵权产品，收回已售出的侵权产品，销毁所有侵权产品；

判令全体被告连带赔偿原告经济损失人民币 500 万元，承担原告因制止其侵权

[①] 起诉状内容参见本案案卷材料。因原告在诉讼中变更诉讼请求，并撤回了部分初始被告的起诉，为便于阅读，本起诉状为根据原告原始起诉状、变更诉讼请求申请及撤诉申请结合的民事起诉状。

行为所支付的合理费用；

判令四被告在《文汇报》消除影响、赔礼道歉；

判令全体被告连带承担本案全部诉讼费用和保全费。

事实与理由：

"百威"（Budweiser）是世界知名的啤酒品牌，1876年诞生于美国。百威啤酒品牌通过赞助世界杯、中国2010年上海世博会以及2008年北京奥运会等全球瞩目的焦点盛事，在中国市场上获得了极高的知名度。第1221628号"百威"商标被国家工商行政管理总局商标评审委员会于2012年5月9日在商评字〔2012〕第20545号争议裁定书中认定为驰名商标，该商标国际分类号为32，核定使用的商品包括啤酒。

根据《商标使用维权许可协议》，原告百威英博（中国）销售有限公司享有"百威"及"百威英博"商标的使用权，有权对侵犯下表所列商标的侵权行为提起诉讼。

序号	商标图像	注册号	申请日	国际分类号	备注
1	百威	1221628	1997.6.5	32	驰名商标
2	百威	1316822	1998.5.13	32	
3	百威	175283	1982.3.9	32	
4	百威英博	7012286	2008.10.21	32	
5	百威英博	7069881	2008.11.21	32	
6	百威英博	7069876	2008.11.21	36	
7	百威英博	7941178	2009.12.24	35	

四被告为生产、销售啤酒的企业。依据原告提供的公证书可知，四被告共同生产、销售"哈尔滨喜盈门"啤酒，并在其生产、销售的啤酒上擅自使用了"百威"及"百威英博"注册商标、"百威英博"字号。

根据《中华人民共和国商标法》（2001年修正）第52条第（1）项、第（2）项、第（5）项，《中华人民共和国商标法实施条例》（2002年修订）第50条第（1）项之规定，四被告在其生产销售的啤酒上标注原告注册商标，误导了相关公众，均侵犯了原告注册商标专用权。

原告名称中的"百威英博"字号经过多年的宣传及使用，已经具有极高的市场认可度，依据《最高人民法院关于审理不正当竞争民事案件应用法律若干问题的解释》第6条，"百威英博"字号属于《中华人民共和国反不正当竞争法》第5条应保护的"公司名称"。依据〔（2012）沪普证经字第4097号〕公证书，四被告通过在其生产、销售的产品酒瓶上标注"百威英博"字样，已造成相关公众（包括餐厅及消费者等）将"喜盈门"啤酒误认为百威英博旗下的"哈尔滨"啤酒，该行为属于《中华人民共和国反不正当竞争法》第5条第（3）项"擅自使用他人企业名称"的行为。

上述全体被告的侵权行为对原告的商标、字号、声誉造成了严重损害，根据《中华人民共和国民法通则》第130条、第134条，《中华人民共和国商标法》2001年修正）第56条，《中华人民共和国反不正当竞争法》第5条等相关法律之规定，上述全体被告依法应当承担停止侵害、消除影响、赔偿损失等民事责任，据此，原告请求人民法院支持原告的全部诉讼请求。

此致

上海市第一中级人民法院

具状人：百威英博（中国）销售有限公司

2012年9月4日

② 证据目录[①]

证据目录

i. 立案提交证据（2012.09.04）

序号	证据名称	来源	证明对象和内容	页数	页码
1-1	第1221628号商标注册证	商标局	"百威"字样为注册商标，该等商标核定使用的商品包括啤酒	3	1
1-2	第1316822号商标注册证			3	4
1-3	第175283号商标注册证			4	7

---

① 参见本案案卷材料。

续表

序号	证据名称	来源	证明对象和内容	页数	页码
2-1	第 7012286 号商标注册证	商标局	"百威英博"字样为注册商标，该等商标核定使用的商品包括啤酒	1	11
2-2	第 7069881 号商标注册证			1	12
2-3	第 7069876 号商标注册证			1	13
2-4	第 7941178 号商标注册证			1	14
3	商标维权使用许可协议	原告	原告有权使用、维护"百威""百威英博"商标	9	15
4-1	商标评审委员会关于第 612685 号"百威"商标争议裁定书	商标评审委员会	第 1221628 号"百威"商标于 2012 年 5 月 9 日被商标评审委员会认定为驰名商标	9	24
4-2	商标评审委员会在商标异议复审、争议案件中认定的 150 件驰名商标（三）	原告	商标评审委员会于 2012 年 4 月 27 日公布的该文件认定"百威"商标为驰名商标	2	33
5	（2012）沪长证字第 2889 号公证书	上海市长宁公证处	"百威"商标进行了广泛宣传；已为相关公众广为知悉，并具有较高声誉	50	35
6	"百威"及"百威英博"商标 2007 年的广告宣传发票	原告	"百威"及"百威英博"商标在广告宣传方面投入了大量的人力财力，该等商标已为相关公众广为知悉，并具有较高声誉	10	85
7	"百威"及"百威英博"商标 2008 年的广告宣传发票			7	95
8	"百威"及"百威英博"商标 2009 年的广告宣传发票			10	102
9	"百威"及"百威英博"商标 2010 年的广告宣传发票			8	112
10	"百威"及"百威英博"商标 2011 年的广告宣传发票			7	120
11	"百威"及"百威英博"商标 2012 年的广告宣传发票			3	127

续表

序号	证据名称	来源	证明对象和内容	页数	页码
12	（2012）沪长证字第1932号公证书	上海市长宁公证处	（1）四被告在其生产、销售的啤酒上使用了"百威"商标及"百威英博"商标，误导了公众，使相关公众误认为四被告的产品来源于原告或者与原告存在某种关联； （2）被告一至被告四具有关联关系，被告一至被告四具有主观恶意； （3）部分侵权产品数量； （4）侵权产品涉及地域范围至少包括上海、浙江、江西、黑龙江，侵权行为涉及地域范围广泛	15	130
13	（2012）沪长证字第2273号公证书			18	145
14	（2012）沪长证字第2274号公证书			15	163
15	（2012）沪普证经字第4097号公证书	上海市普陀公证处		18	178
16	（2012）沪长证字第2118号公证书	上海市长宁公证处	被告一至被告四具有关联关系	25	196
17	第150201202401号、第150201202402号《上海市工商行政管理局浦东新区分局实施行政强制措施物品委托保管书》及对应的财物清单	上海市工商行政管理局浦东新区分局	（1）侵权行为地之一为上海市浦东新区； （2）部分侵权产品数量	4	221
18	工商部门对侵权产品实施行政强制措施相关资料	原告	已发现的侵权行为涉及的地域范围至少包括浙江省嘉兴市、上海市浦东新区和闵行区、江苏省常熟市、浙江省湖州市等地，侵权行为涉及地域范围广泛	72	225
19	费用清单及对应的票据	原告	原告为维权已产生的费用	9	297

ii. 第一次补充证据目录（2012.10.25）

组别	序号	证据名称	来源	证明对象和内容	页数	页码
第1组	1-1	《商标使用维权许可协议》及其公证、认证、翻译	原告	原告有权使用、维护包括注册号为1221628、1316822、175283、7012286、7069881、7069876、7941178在内的"百威""百威英博"等商标并进行维权	16	1-16
	1-2	注册号为1221628、1316822、175283、7012286、7069881、7069876、7941178的商标注册人名义变更证明	商标局		7	17-23
第2组	2-1	（2012）沪长证字第4726号公证书	上海市长宁公证处	使用"百威英博"作为公司字号的原告关联公司众多，遍布全国各地，如武汉、南京、台州、大连、长春、厦门、唐山等地，"百威英博"使用范围广，影响力大，知名度高	56	24-79
	2-2	使用"百威英博"字号的原告关联公司的企业法人营业执照	原告		18	80-97
第3组	3-1	群邑广告协议及其翻译	原告	原告及使用"百威英博"作为字号的关联公司投入巨资进行市场宣传，具有较高的市场知名度	23	98-120
	3-2	《哈尔滨啤酒中国足球协会超级联赛赞助协议》	原告		6	121-126
	3-3	与NBA超级球星奥尼尔的《合作协议》	原告		3	127-129
第4组	4	百威英博啤酒投资（中国）有限公司荣获的各项荣誉证书	原告	2010年至2011年，原告及使用"百威英博"作为字号的关联公司对行业及地区经济发展、各项公益事业做出了巨大贡献，获得了诸多奖项	6	130-135
第5组	5	国家图书馆"百威"检索报告目录及重大新闻	国家图书馆	原告及使用"百威英博"作为字号的关联公司通过各种方式进行企业宣传及市场推广，"百威英博"具有较高的知名度	72	136-207

续表

组别	序号	证据名称	来源	证明对象和内容	页数	页码
第6组	6-1	被告四浙江蓝堡投资有限公司工商档案	工商局	被告二、三、四之间的实际控制人均为：谢炳超、杨姆狄、蔡付第，公司高管相互兼职，他们对哈尔滨喜盈门啤酒为空壳公司均知悉，且存在共同利用哈尔滨喜盈门傍哈尔滨啤酒的故意	8	208-215
	6-2	哈尔滨喜盈门啤酒有限公司工商档案			3	216-218
	6-3	被告三抚州喜盈门啤酒有限公司工商档案			4	219-222
	6-4	被告股权结构			1	223
	6-5	金华英博双鹿啤酒有限公司董事会决议	原告	被告三经理徐秋华曾担任金华英博双鹿啤酒有限公司总经理，杨姆狄亦曾经担任英博双鹿啤酒集团有限公司副董事长，明知哈尔滨啤酒相关情况，具有侵权故意	1	224
	6-6	英博双鹿啤酒集团董事会会议纪要、英博双鹿啤酒集团有限公司董事会决议			3	225-227
	6-7	哈尔滨喜盈门啤酒有限公司经营地址实地考察照片及工商资料中的租赁合同、房产证	原告	注册地仅有36.54平方米，实际为居民小区，实地考察为小区一楼车库，根本不可能用于实际经营，更不能进行任何啤酒监制工作，被告二、三、四设立的目的就是在喜盈门啤酒上标注"哈尔滨喜盈门公司"，同时瓶底烙有"百威英博"是为了误导消费者，侵权主观恶意明显，侵权行为恶劣	5	228-232
	6-8	浔工商处字〔2011〕10号行政处罚决定书及庐山啤酒照片	九江市浔阳区工商行政管理局		5	233-237
第7组	7-1	（2012）沪长证字第4726号公证费发票	上海市长宁公证处	原告为维护自身合法权益而支出的部分合理费用	1	238
	7-2	翻译费发票	上海市译协翻译咨询服务有限公司		1	239

iii. 第二次补充证据目录（2012.11.20）

序号	名称	证据来源	证明目的	页数
1	九江市浔阳区工商行政管理局行政处罚决定书（浔工商处字〔2011〕10号）等	九江市浔阳区工商行政管理局	九江庐山啤酒与哈尔滨喜盈门啤酒包装、装潢基本一致；被告浙江蓝堡投资有限公司控股的九江庐山啤酒有限公司因其销售的啤酒包装、装潢与哈尔滨啤酒冰纯系列包装、装潢相似，且突出使用"哈尔滨喜盈门冰纯啤酒"字样、酒瓶瓶身烙有"百威英博专用"字样误导消费者，其等行为受到九江市浔阳区工商行政管理局的行政处罚，被告浙江蓝堡投资有限公司对上述不正当竞争及侵权行为知情，在本案中侵权主观恶意明显	11

（2）被告答辩材料①

被告浙江汾湖啤酒有限公司、浙江蓝堡投资有限公司、抚州喜盈门啤酒有限公司（以下合称被告）提供了以下证据：

A.商标注册证书、商标使用协议书、被告生产的啤酒的瓶贴，拟证明其瓶贴上使用的商标系自有商标，与原告的商标图案标识不相同或不相似。

B.回收入库单，拟证明被告从经销商处回收利用啤酒瓶的事实。

C.(2011)湘高法民三终字第40号判决书，拟证明啤酒瓶的回收利用不侵害商标权已有生效判决予以支持的事实、啤酒瓶的回收利用是行业惯例、啤酒瓶的回收利用是国家节能环保政策支持的事实。

（3）法庭笔录②

① 预备庭笔录

时间：2013年2月6日

（准备阶段略）

审：被告答辩。

被：原告并未在其酒瓶上标注百威英博是注册商标，被告回收利用啤酒瓶是响应国家号召，正常的行业回收啤酒瓶的行为。被告回收利用啤酒瓶是在于其使用价

---

① 此内容系作者根据案卷材料整理所得。
② 此内容来源于案卷材料。

值，而非要不正当竞争。消费者注意的是啤酒瓶上标注的商标，而不会在意啤酒瓶上镌刻的标识。

审：原告可以举证。

原：略立案证据、第一次补充证据（详见证据目录）。

审：被告质证。

被：对证据第一组，真实性、合法性无异议，关联性有异议。我们认为与本案无关。

对证据第二组，真实性、合法性无异议，关联性有异议。百威英博是2010年才注册的。证据2-3的商标注册证是不包括啤酒的，2-4也不包括啤酒。

对证据第三组，三性无异议。

对证据第四组，第一个不在原告授权范围之内，与本案无关。第二个证据也同前异议，不在授权范围之内。

对证据第五组，三性无异议，与本案无关。

对证据6-11组，百威英博是2011年才注册的，因此2011年之前不可能有任何百威英博商标；另外商标是针对产品而来，因此提供上述发票不能证明是与英博有关；并没有任何的百威英博产品。

对证据12-15，真实性、合法性无异议，关联性有异议，这些证据不能证明被告1、3生产销售的产品有误导相关消费者的事实；其次，不存在侵犯其字号的事实，也不存在侵权产品；同时，有百威英博字样不能体现其是作为商标使用。

对证据16，三性无异议。

对证据17，三性无异议，但是不存在侵权行为，也没有侵权产品，上海的工商部门没有支持原告的投诉行为。

对证据18，质证意见同前。

对证据19，真实性合法性无异议，关联性有异议。

对补充证据，第一组，三性无异议。

第二组，真实性、合法性无异议，关联性有异议。其体现了百威英博是作为原告公司字号使用，而非商标使用；也不存在具有很大知名度的问题。

第三组，真实性、合法性无异议，关联性有异议。3-1指的是哈尔滨啤酒，而非百威英博。

第四组，真实性、合法性无异议，关联性有异议，只能证明百威英博作为字号使用，而非商标。

第五组，不能证明原告想要证明的事实。

第六组，真实性、合法性无异议，关联性有异议。质证意见同138号案。对6-7，在138号案中也做了相应的举证说明，6-8在138号案中也做了相应说明，与本案无关。

第七组，对三性都有异议，被告不存在侵害原告商标专用权的事实，不应承担相应的费用。

审：原告，你在188号案中主张商标和不正当竞争，你在诉请1中要求确认两个商标为驰名商标？

原：该项诉请我们撤回。

审：好的，原告继续举证。

原：补证第二次（详见证据目录）。

审：被告质证。

被：对补证第二次第1组证据，真实性合法性无异议，但是与本案无关。

对补证第三次的证据，被告不存在侵权行为，不应承担相应的费用，对三性均有异议。

审：被告可以举证。

被：证据1商标注册证；证据2瓶贴；证据3商标使用协议书；证据4瓶箱验收单；证据5我们作为参考，不作为证据。

补充证据1行政处罚案回访表；补充证据2瓶箱验证单，是对证据4的补充。

审：原告质证。

原：对证据1-3，真实性、合法性没有异议，关联性有异议，被告提供这些证据与本案无关。

对证据4，真实性不予认可，没有看到原件。被告不能证明其回收的是什么样的瓶子，从工商局调查来看，其回收的瓶子只有一种，就是烙有"百威英博"的瓶子。

对行政处罚案回访表，对真实性有异议，因为查封时的瓶贴即印有"哈尔滨喜盈门公司"，而非回访表写的"哈尔滨喜盈门冰纯"或"哈尔滨喜盈门冰纯啤酒"。

对瓶箱验收单的质证意见同证据4。

② 庭审笔录

时间：2015年3月21日

（准备阶段略）

审：下面进行法庭调查，原告可以陈述你方的诉讼请求以及事实与理由。

原：（诉讼请求及事实理由详见起诉状。）

审：被告可以答辩。

被：目前市场上流通的产品均为被告二（浙江汾湖）生产，被告一、三、四均没有生产涉案产品。侵犯商标权与擅自使用字号是两个不同之诉，原告应当另行起诉。（以下略，详见被告代理意见。）

审：这个案件在预备庭的时候证据也进行了交换，并进行了举证和质证。原被告除了上次陈述的质证意见外还有新的意见吗？

原：没有。

被：我们上次预备庭时有些回收啤酒瓶的票据未提供原件，今天带来了，证明我们确实回收利用了啤酒瓶，另外我们回收的啤酒瓶不只是百威英博的，还有其他品牌的啤酒瓶。

审：原告看一下原件。

（书记员传递）

原：真实性、合法性予以确认，关联性不予认可。该三张验收单均为被告自己出具的，并无销售方的签名，也看不出是回收瓶，如果是回收的，回收的是什么瓶子也看不出。另外他们回收的都是600ml的，但是被告之前陈述其瓶子是580ml的。

审：被告可以解释吗？

被：我们回收的不止这一种，这本验收单是600ml的，580ml的我们也有。

原：其前面一大沓都是写的三得利的瓶子，我们怎么知道这三张就是百威英博的瓶子？所以这个证据不能证明被告想要证明的内容。

审：法院注意到你们作为证据的原件上写的品名就是白瓶，规格是600ml的，而前面一厚沓都是三得利的瓶子，被告能解释一下吗？

被：我们当时就是节选了几张来作为证据，为了证明我们的啤酒瓶多是回收瓶，其中包含了"百威英博"字样的瓶子。

……（因与案件争议焦点无关，故省略。）

被：因为我们对回收瓶一般是不注明品牌的，但是三得利的瓶子和普通白瓶是不一样的，他们是异型瓶，所以我们特别注意了三得利。

审：原告什么意见？

原：刚才单子上写的就是三得利白瓶。

审：原告的瓶子有两种标注方式，原告在本案中都是主张的？

原：是的。

审：法庭调查结果，下面进行法庭辩论。法庭归纳一下争论焦点：（1）瓶子上的"百威英博"的字样是否是商标性的使用；（2）被告这种使用方式会否导致商品来源的混淆；（3）被告回收利用的目的是否赋予了其行为的正当性；（4）各被告是否构成共同侵权。双方对归纳的争议焦点有无异议和补充？

原、被：没有。

审：原告可以发表辩论意见。

原：……（详见书面代理意见。）

审：被告可以发表辩论意见。

被：……（详见书面代理意见。）

我补充几点，瓶子上的百威英博字样不是作为商标在使用，国家法律政策是明令啤酒瓶要回收利用。因此如果打上专用的字样，是违反法律规定的。既然国家有类似的法律，消费者买的是啤酒瓶和啤酒液，消费者购买之后啤酒瓶上的权利就全部丧失了，商标权也用尽了，不应再来主张。啤酒瓶上镌刻的这种透明的字样不会导致消费者的混淆，消费者不会将注意力施加在透明的字样上，消费者购买啤酒主要是看品牌、度数、容量、包装，而不会将注意力施加在瓶子以及瓶子上透明的字样上，我公司回收的有各种品牌的瓶子，从未想到回收瓶会被告侵权，也从未区分过这些回收瓶，只有三得利的瓶子会做特殊注明，因为他们是异型瓶。

审：原告有无补充意见？

原：被告刚才陈述国家明令回收啤酒瓶，请出示相应的法律依据。被告刚才承认了作为消费者关注的是包装和瓶子的形状，我们认为可以证明上午我们的观点是正确的。被告认为其回收瓶没有进行过区分，但是事实上我们保全的被告整箱的啤酒瓶都是百威英博的瓶子。被告反复强调其使用的是瓶子的容器功能，但是实际使用中瓶子上的客观功能总是存在的，无法抹杀的。

原告作为一家大公司，其在一个商品上附加了很多商标也是客观存在的，其在瓶子上镌刻了"百威英博"的字样，那就是商标。原告在各种瓶子烙有字样的原因所在，被告说常人都认为啤酒瓶是可以回收利用，但是我们理解的常人回收利用是回收自己的，而不是回收利用别人的。

关于权利用尽的问题，如果说瓶子给了消费者，消费者在瓶子里放什么都不会构成混淆，但是被告和原告是竞争对手，其不能以回收利用来作为其侵权的抗辩理由。被告在瓶贴上面写了瓶体字样和产品来源无关。但是这个字体很小,如果不是专门去看,是看不到的。还有就是被告自己也在自己的瓶子上烙有蓝堡专用瓶的字样,可见其也认可这是一种商标的使用方式。

审:被告有无新的意见?

被:对于原告提到预备庭时整箱瓶子开出来都是"百威英博"的字样,这个我不记得了。请求法庭不要受其误导,还要再核实一下。

审:这个在上次预备庭的时候确实有这样的情况。被告也提出了抗辩理由。还是以上次预备庭的意见为准?

被:好的。

(以下略。)

(4)代理意见

① 原告代理意见[①]

代理词

尊敬的审判长、审判员:

根据本案事实及庭审情况,发表如下代理意见,供合议庭参考。

一、"百威""百威英博"字样为注册商标,原告享有"百威""百威英博"商标专用权并有权展开维权行动

"百威"(注册号分别为:1221628、1316822、175283)、"百威英博"(注册号分别为:7012286、7069881、7069876、7941178)商标注册人均为安海斯—布希公司,根据安海斯—布希公司与原告签订的《商标使用维权许可协议》,原告享有"百威""百威英博"商标的专用权,有权对侵犯"百威""百威英博"商标权的行为展开维权行动,提起诉讼。

二、"百威"商标为驰名商标

"百威"啤酒自进入中国市场以来,凭借卓越的品质在中国啤酒市场占据了绝对主导地位,深受中国消费者喜爱。同时,通过赞助世界杯、中国2010年世博会以及2008年北京奥运会等全球瞩目的焦点盛事,"百威"在中国市场上获得了极高的声誉,其商标、字号广为人知,具有良好的社会认知度。

国家工商行政管理总局商标评审委员会于2012年5月9日在商评字〔2012〕第

---

① 此内容来源案卷材料(原告代理律师)。

20545号争议裁定书中认定：第1221628号"百威"商标经过长期、广泛使用与宣传，在啤酒商品中已经建立了较高知名度及广泛的影响，为同行业及相关消费者普遍知晓，认定其为使用在啤酒商品上的驰名商标。

三、"百威英博"商标符合驰名商标认定标准，亦是知名的字号

1."百威英博"商标、字号与"百威"商标、字号存在承继关系

2008年11月，英博集团完成对"百威"啤酒的收购，新公司命名为"百威英博"，"百威英博"同时作为注册商标和新公司字号存续，自然承继了"百威"的一切权利及其社会知名度。

2.商标连续使用情况

"百威英博"商标自注册以来，一直持续使用，具有良好的时间连续性。自2008年向国家工商行政管理总局商标局申请注册商标以来，"百威英博"商标经过连续使用，具有良好的社会口碑与社会认知度，具体表现为如下几个方面。

（1）宣传力度大、市场推广强。

依据相关公证文件证明，原告及使用"百威英博"商标的关联公司投入巨资，通过赞助中超联赛等赛事、聘请NBA超级球星奥尼尔担任形象大使，在中央电视台、东方卫视、江苏体育频道等投放广告，以及赞助2010年上海世博会等宣传方式，极大提升了"百威英博"商标的市场影响力和知名度。

同时，根据国家图书馆的检索报告，自2009年以来，各主流报纸关于"百威英博"商标的积极报道持续不断，内容涵盖市场推广、品牌建设、社会公益等多个方面，并且这些报纸分布范围广，受众群体大，体现了"百威英博"商标良好的宣传情况和较高的知名度。

（2）获得荣誉情况。

自公司成立之日起，原告及使用"百威英博"的关联公司对行业及地区经济、各项公益事业做出了巨大贡献，获得了诸多奖项。其中，2009年，百威英博啤酒集团荣获首届中国企业社会责任年会"责任领袖奖"和"2008世界500强企业在华贡献排行榜——百强企业"称号。2010年，百威英博荣获由中国外商投资协会、中华慈善总会、中国企业报社颁发的"2010企业社会责任优秀企业"和"2010中国企业社会责任传播"两项大奖，同年还被授予了上海市卢湾区经济发展杰出贡献奖。

2011年，百威英博分别被评为"2011年度中国最佳人力资源典范企业"和"中国企业社会责任"特别大奖，同时，再度荣膺"2011企业社会责任优秀企业"和"2011

中国企业社会责任传播"两项大奖,以表彰其在履行社会责任过程中的出色表现。

2012年,百威英博荣获2012中欧国际商学院最佳校园招聘奖。这些奖项不仅是对"百威英博"在经济、社会发展中突出作用的肯定,也是"百威英博"作为驰名商标的重要体现。

"百威"及"百威英博"作为原告企业名称中的字号,经过长期经营与使用,且已有几十家公司的名称中含有"百威英博",该字号已经具备了相当的知名度,为相关公众知悉的企业名称中的字号。

四、原告啤酒瓶上的百威英博字样是商标性的使用

被告认为其使用原告的百威啤酒瓶仅仅是运用其容器功能,但是在实际使用过程中,啤酒瓶的客观标识功能是客观存在且不可磨灭的。原告作为一家大型企业,在一个商品上使用诸多商标的情况客观存在,在本案中,原告在产品酒瓶下部镌刻"百威英博"字样起到了识别商品来源的作用,是作为商标使用。同时,被告也在其生产的啤酒瓶底部镌刻"蓝堡专用瓶"字样,可见被告自己也认可此项行为是商标的使用方式之一。被告称常人都认为啤酒瓶是可以回收利用的,但原告认为,被告所称的回收利用应当是回收自身产品的酒瓶,而不是回收他人专用的啤酒瓶供自己使用。

五、即使被告回收利用的说法成立,该行为亦会导致消费者对产品来源的混淆

被告一再声称回收啤酒瓶再利用有国家相关规定,并且是啤酒行业的惯例,但是,《啤酒瓶标准》仅建议酒瓶的使用年限为2年,而所谓惯例应当为特定行业内部人员明知并且大部分服从的,但无论是百威啤酒还是三得利啤酒,大多数啤酒品牌都使用具有明显标志的专用啤酒瓶,回收他人专用酒瓶灌装自己生产的啤酒并不是一项行业惯例。同时,被告的行为会造成消费者的混淆,理由如下:第一,被告使用的瓶贴、瓶标和原告所使用的极为相似,被告结合使用原告的百威英博专用瓶后,极易造成消费者的混淆;第二,在证据交换阶段,原告曾当庭和法庭一同检视过经过公证保全的被告产品,并发现整箱啤酒使用的都是原告的百威英博专用瓶,这更容易造成消费者的混淆。涉嫌侵权产品的瓶贴上虽标注"瓶体字样与本产品无关",但是该标注字体明显小于其他文字内容,若非着重去寻找,消费者很难对其给予一般的关注。

六、被告黑龙江北国啤酒集团有限公司、浙江汾湖啤酒有限公司、抚州喜盈门啤酒有限公司及浙江蓝堡投资有限公司(以下合称四被告)未经允许擅自使用原告注册商标,四被告都构成侵犯原告注册商标专用权

依据涉嫌侵权产品外包装箱信息显示,生产厂家同时包括被告黑龙江北国啤酒

集团有限公司、抚州喜盈门啤酒有限公司、浙江汾湖啤酒有限公司，且浙江蓝堡投资有限公司为涉嫌侵权产品所使用的商标的持有人。根据《中华人民共和国商标法》（2001年修正）第52条、《中华人民共和国商标法实施条例》（2000年修订）第50条的规定，四被告在其生产、销售的啤酒上标注"百威""百威英博"注册商标的行为侵犯了原告注册商标专用权。

七、被告声称"使用回收瓶环保"并不能掩盖其生产、销售侵权产品的恶意，也不影响侵权事实的成立

1. 被告无法证明其使用的酒瓶为回收瓶

被告未提供瓶箱验收单的原件供法庭及原告核对，且其提供的验收单复印件并不能证明其回收的是何种酒瓶。原告认为在被告举证不能的情况下应认定其产品使用的酒瓶为其生产。

2. 被告仅使用一种回收瓶说明其侵权恶意明显

被告声称"其使用回收瓶符合环保"，进而主张免责，但其并不能证明回收的是什么样的酒瓶，被告也无法合理解释原告购买的侵权产品为什么只有两种瓶子。被告回收原告酒瓶是有针对性、有目的的，用意就是误导消费者。

3. 商标专用权并不随物权转移而转移，被告使用回收瓶并不能使其侵权行为合法化

商标最基本的功能是区别商品的来源，商品生产者、经营者靠商标树立信誉，推销商品。商标的这种功能贯穿于商品流通的整个过程，商标的标识性作用及禁止他人非法使用的功能并不随着商品出售、物权转移而消失，而是在商标权存续期间始终处于连续的状态。GB 4544—1996《啤酒瓶标准》仅建议啤酒瓶回收利用的年限为2年，但该规定也必须遵守其他法律的规定，不得侵犯其他主体的合法权利。就本案来看，四名被告声称回收原告啤酒瓶后再投入市场的行为并不因可以使用回收瓶而使其侵犯原告商标专用权行为合法化。

4. 被告的行为属于商标使用行为，且已经造成市场的混淆，降低了原告商标的美誉度和商誉

根据《中华人民共和国商标法实施条例》（2002年修订）第3条规定：商标的使用是指以经营为目的，将商标用于商品、商品包装或者容器上；用于服务或者与服务有关的物件上；用于商品或者服务交易文书上；或者将商标用于商品或者服务的广告宣传、展览以及其他商业活动中，足以使相关公众认其为区别该商品或者服务来源的标志的实际使用。被告在其产品的包装上标注"百威英博"的行为属于商

标法规定的商标使用行为。

根据《最高人民法院关于审理涉及驰名商标保护的民事纠纷案件应用法律若干问题的解释》第9条第1款规定：足以使相关公众对使用驰名商标和被诉商标的商品来源产生误认，或者足以使相关公众认为使用驰名商标和被诉商标的经营者之间具有许可使用、关联企业等特定联系的，属于《商标法》第13条第（1）项规定的"容易导致混淆"。

侵权产品印有"百威英博"或"百威英博专用瓶"字样，根据（2012）沪普证经字第4097号公证书，四名被告通过在其生产、销售的侵权产品已造成相关公众（包括餐厅及消费者等）将"喜盈门"啤酒误认为百威英博旗下的"哈啤冰纯"。

四名被告的侵权行为同时影响了原告商标的声誉，被告的行为违反了诚实信用原则和经营者在市场经营中应遵守的商业道德，容易使消费者在购买或饮用被告生产的瓶底标有"百威英博"或"百威英博专用瓶"字样的啤酒时，误认为该公司的产品与百威英博生产的啤酒有某种特定的联系，客观上弱化了百威英博啤酒的市场占有份额，给"百威"及"百威英博"商标造成其他损害。从庭审中公证处封存的被告生产的啤酒中存有大量黑色絮状悬浮物来看，其产品质量极其低劣，这在客观也会影响"百威"及"百威英博"商标的商誉。

5.四被告具有相同的实际控制人且高管相互兼职严重，而部分高管曾在原告关联公司任职，知悉"百威"及"百威英博"商标的市场影响力，四被告具有攀附"百威"及"百威英博"商标啤酒知名度的主观故意

公证书显示四被告对外宣称为关联公司，共同生产和销售啤酒产品，四被告工商资料显示其实际控制人均为谢炳超、杨姆狄，四被告高管相互兼职严重，均为谢炳超、杨姆狄、蔡付第、张建辉、徐秋华中的某几人。（2012）沪长证字第2118号公证书以及原告提供的关联公司董事会记录显示，四被告的高级管理人员曾经在原告关联公司任职，后跳槽至四被告处。这些高级管理人员知悉"百威"及"百威英博"商标啤酒的市场影响力。在知悉上述事实的情况下，四被告依然在其商品上使用"百威"及"百威英博"商标，其主观恶意明显，目的是借助原告及其商品的市场影响力，造成其商品与原告商品相混淆。

八、四被告均为侵权产品的经营者，应对侵权产品的侵权责任承担连带责任

依据《最高人民法院关于产品侵权案件的受害人能否以产品的商标所有人为被告提起民事诉讼的批复》，任何将自己的姓名、名称、商标或者可资识别的其他标识体现在产品上，表示其为产品制造者的企业或个人，均属于《中华人民共和国民法

通则》第122条规定的"产品制造者"和《中华人民共和国产品质量法》规定的"生产者",四被告均为侵权产品的生产者。四名被告未经原告许可,擅自使用原告注册商标,导致相关公众对原被告产品的混淆,应当承担相应的法律责任。

九、对被告的提供证据、被告质证意见及辩论意见的几点意见

（1）商标的使用不以标注注册商标为前提。

（2）虽然"百威英博"商标的证书颁发日期为2011年,但"7012286""7069881""7069876"商标的申请日均在2008年10月、11月,即表示至少在2008年10月开始"百威英博"已经作为商标使用,只是还未获得注册核准,被告将"商标"与"注册商标"混淆,所以其认为2010年没有"百威英博"商标是错误的。

（3）百威英博旗下中国境内几十家关联公司的产品中只要有标注"百威英博"字样的均可以视为"百威英博"商标对应的产品,被告认为不存在"百威英博"商标对应的产品的观点是错误的。

（4）被告在法庭辩论阶段承认消费者在消费过程中关注的是产品的包装以及啤酒瓶的形状,原告认为这可以证明原告的观点是完全正确的,同时此项承认也与被告之前所作比对中所注重的微小差异形成矛盾。

（5）被告当庭提供的回收啤酒瓶收据与本案不具有关联性。首先,三张啤酒瓶回收验收单均为被告自己出具,无销售方签名确认;其次,验收单上无法显示出回收瓶,即便是回收瓶,也无法体现出具体是哪一个品牌的啤酒瓶;再次,被告所出具的单据上体现其回收的啤酒瓶规格均为600毫升,这与被告陈述的其产品规格为580毫升不符;最后,被告提供的单据前半本大部分标注"三得利白瓶",而其所作为证据提交的三张单据上仅仅记录"白瓶"字样,该"白瓶"亦有可能指代的是"三得利白瓶",因此该证据不能证明涉案侵权产品所使用的酒瓶是回收而来。

综上所述,请求法院支持原告的全部诉讼请求,以上代理意见请合议庭充分考虑并予以采纳,谢谢！

原告：百威英博（中国）销售有限公司

2013年4月1日

② 被告代理意见[①]

现将被告代理意见总结如下：

[①] 此内容系作者根据案卷材料整理所得。

一、原告镌刻在啤酒瓶上的百威英博字样是企业字号的使用而不是商标的使用

百威英博字样标注不明显无法起到作为商标的功能。原告在可预见自己生产的啤酒瓶销售后会被其他厂家回收利用的情况下仍然在啤酒瓶上镌刻百威英博字样，放弃了作为商标使用的独占性。

二、被告生产涉案产品不会导致普通消费者发生误认

被告在涉案产品明显标注了"喜盈门"商标、"HEIMEN"商标，并注明了瓶体字样与本产品无关的说明，已经履行了并尽到表示商品区别、告示和提供消费者的义务，一般消费者不会产生混淆，不会误认涉案产品与原告注册商标的产品有特定的联系。

三、被告回收利用旧啤酒瓶行为响应国家清洁能源、循环经济政策，使用的是其容器功能，并不是"使用"原告商标的行为

根据相关标准及法律规定的立法本意，是鼓励及支持允许其他啤酒企业回收利用旧啤酒瓶，故被告在符合安全标准的情况下予以再利用，其行为并不违法。原告明知酒瓶销售后随即丧失对容器啤酒瓶拥有的权利，且啤酒瓶难以回收并可能被其他啤酒厂商回收，仍然在啤酒瓶上篆刻"专用瓶"字样，是在主张一种不当的权利。

四、四被告不存在共同侵权的客观事实

所有涉案产品均为被告二生产销售，其余被告从未生产销售涉案产品。

（5）一审民事判决书

上海市第一中级人民法院民事判决书

（2012）沪一中民五（知）初字第188号

原告：百威英博（中国）销售有限公司

被告：浙江喜盈门啤酒有限公司

被告：抚州喜盈门啤酒有限公司

被告：浙江蓝堡投资有限公司

被告：黑龙江北国啤酒集团有限公司

原告百威英博（中国）销售有限公司诉被告浙江汾湖啤酒有限公司（诉讼中名称变更为浙江喜盈门啤酒有限公司，以下简称汾湖公司）、抚州喜盈门啤酒有限公司（以下简称抚州喜盈门公司）、黑龙江北国啤酒集团有限公司（以下简称北国公司）、上海金炀风味餐饮有限公司（以下简称金炀公司）侵害商标专用权及不正当竞争纠纷一案，本院于2012年9月10日受理后，依法组成合议庭。原告申请追加浙江蓝

堡投资有限公司（以下简称蓝堡公司）、哈尔滨喜盈门啤酒有限公司（现已注销，以下简称哈尔滨喜盈门公司）为本案被告，本院予以准许。经双方当事人申请延长举证期限后，本院于2013年1月5日和2月6日两次召开准备庭，并于同年3月21日公开开庭审理了本案。上列委托代理人均到庭参加了诉讼。被告北国公司经本院传票传唤，无正当理由未到庭，本院依法缺席审理。诉讼中，原告申请撤回对被告哈尔滨喜盈门公司、金炀公司的起诉，本院予以准许。本案现已审理终结。

原告诉称："百威"（Budweiser）是世界著名的啤酒品牌，在中国市场上享有极高的知名度，曾被认定为中国驰名商标。原告根据《商标使用维权许可协议》享有"百威"和"百威英博"注册商标的使用权，有权对侵权行为提起诉讼。原告企业名称中"百威英博"字号经多年宣传使用，已经具有极高的市场认可度，依法可以作为企业名称保护。四被告共同生产、销售啤酒，擅自在其生产和销售的啤酒瓶上使用"百威""百威英博"商标和"百威英博"字号，导致相关公众误认。该行为对原告的商标、字号、声誉造成了严重损害，故原告请求本院判令四被告立即停止生产、销售使用原告"百威英博"字号的产品，停止生产、销售使用"百威""百威英博"商标的产品；四被告连带赔偿原告经济损失及合理费用人民币（以下币种同）500万元；四被告共同在《文汇报》上刊登声明，向原告赔礼道歉、消除影响。

四被告辩称：在程序上，商标权和字号权是两个不同的权利，原告应分别起诉。在实体上，首先，酒瓶上的"百威英博"并非作为商标使用。其次，被控侵权的啤酒系被告汾湖公司生产，其余被告未实施生产行为。再次，汾湖公司使用的是回收酒瓶，使用的是酒瓶的容器功能，没有将酒瓶上的文字作为商标使用，且使用回收瓶符合国家政策和行业惯例。最后，消费者并非按照啤酒瓶上的文字来区分商品来源，被告在瓶贴上已经突出使用了自己的商标，与原告有显著区别，消费者不会误认。

经审理，双方当事人对于存在以下事实无异议，本院予以确认：

2011年8月7日，安海斯—布希公司经核准注册了第7069881号"百威英博"文字商标，核定使用商品为第32类的啤酒等。2012年7月，安海斯—布希公司（许可人）与原告（被许可人）签订《商标使用维权许可协议》，约定由许可人许可被许可人使用附件所列的注册商标，授权被许可人就制止协议生效前已经发生和协议生效后可能发生的侵犯许可商标的行为，在中国境内以被许可人的名义提起诉讼，并因维权获得赔偿款项。该协议附件中包含了第7069881号"百威英博"商标。

2012年5月8日，原告代理人在公证员的监督下，前往上海市通海路275号的仓库，对存放在该处的喜盈门冰纯啤酒进行拍照。该库存为上海市工商行政管理局浦东分局委托存放，其中500毫升的啤酒105箱，每箱12瓶。在其中抽样2瓶啤酒，酒瓶在瓶体下部有"百威英博"或"百威英博专用瓶"浮雕字样。上海市长宁公证处对上述事实进行了公证。

2012年5月25日，原告代理人在公证员的监督下，前往位于浙江省诸暨市草塔镇凯翔大道与智圣路交汇处的世纪华联（诸暨市草塔慧东平价商店）购买了喜盈门冰纯啤酒（580毫升）一箱（12瓶），支付价款35元。原告代理人另购买了2瓶上述啤酒，支付价款10元。上述啤酒瓶在瓶体下部均有"百威英博"或"百威英博专用瓶"浮雕字样。酒瓶背贴以小字记载汾湖公司出品、哈尔滨喜盈门公司监制，并以更小字体注明"瓶体字样与本产品无关"。上海市长宁公证处对上述事实进行了公证。

同年6月，原告代理人在公证员的监督下，前往位于上海市浦东新区某山路585号的跃民某山店用餐，购买菜品若干并在啤酒类菜单上选购"哈啤冰纯"啤酒2瓶，共支付价款280元。用餐后，原告代理人取得空酒瓶1个、未饮用的啤酒1瓶。啤酒瓶容积均为500毫升，瓶体下部分别有"百威英博""百威英博专用瓶"浮雕字样。酒瓶背贴以小字记载，生产厂家及日期见瓶盖喷码编号：汾湖公司、抚州喜盈门公司、北国公司和哈尔滨喜盈门公司监制，并注明"瓶体字样与本产品无关"。未饮用的啤酒瓶盖上喷码为"20120601A"。上海市普陀公证处对上述事实进行了公证。

原告委托代理人支出了合理的公证费16 000元，翻译费990元。

还查明：蓝堡公司投资管理的企业包括北国公司、汾湖公司、哈尔滨喜盈门公司、抚州喜盈门公司等。汾湖公司、抚州喜盈门公司均系蓝堡公司控股的啤酒生产企业。

蓝堡公司的股东兼董事为杨姆狄、谢炳超和蔡付第，杨姆狄任董事长，同时兼任哈尔滨喜盈门公司、抚州喜盈门公司监事。谢炳超兼任哈尔滨喜盈门公司的执行董事、总经理及财务负责人，蔡付第兼任汾湖公司总经理。抚州喜盈门公司的股东为张建辉，蓝堡公司的经理为徐秋华。杨姆狄曾任英博双鹿啤酒集团有限公司副董事长，徐秋华曾任金华英博双鹿啤酒有限公司总经理。

2011年2月25日，蓝堡公司授权汾湖公司使用"喜盈门"和"HEIMEN"商标，使用期限从同年3月1日至2013年3月1日。2011年6月13日，蓝堡公司受让了第3201694号"喜盈门"和第6940579号"HEIMEN"商标，核定使用商品均为第32类的啤酒等。

以上事实有原告提供的商标注册证，《商标使用维权许可协议》，（2012）沪长证字第1932、2118、2273、2274号公证书,(2012)沪普证经字第4097号公证书,发票,蓝堡公司、抚州喜盈门公司、哈尔滨喜盈门公司、英博双鹿啤酒集团有限公司、金华英博双鹿啤酒有限公司的工商档案,被告提供的商标注册证、核准商标转让证明、商标使用授权书等证据在案佐证。

原告在本案中还提供了以下证据材料:(1)系列商标注册证,以证明"百威""百威英博"为其注册商标;(2)"百威"商标争议裁定书、中国商标网网页,以证明"百威"为驰名商标;(3)(2012)沪长证字第2889号公证书、广告宣传发票,以证明原告为"百威""百威英博"商标做了大量宣传,两商标具有较高声誉;(4)(2012)沪长证字第4726号公证书、原告关联公司营业执照,以证明使用"百威英博"字号的关联企业众多,知名度高;(5)百威英博啤酒投资(中国)有限公司荣获的各项荣誉证书,以证明原告及使用"百威英博"字号的关联公司获得的荣誉;(6)国家图书馆"百威"检索报告目录及重大新闻,以证明原告及使用"百威英博"字号的关联公司进行企业宣传和市场推广,"百威英博"知名度高;(7)浔工商处字(2011)10号行政处罚决定书、照片,以证明被告使用"百威英博"酒瓶主观恶意明显;(8)公证费发票,以证明原告支出了合理费用。被告质证认为,上述证据材料均与本案无关。本院认为,原告的证据材料1~4反映的或为"百威"商标或为核定使用于其他商品或服务上的"百威英博"商标及其宣传,证据材料5仅涉及原告关联公司的荣誉,证据材料6亦与啤酒产品无直接关联,证据材料7工商部门的处罚决定对本案无直接关联,证据材料8虽系原告支出的公证费,但因公证书证明的内容与本案无关,不属于合理费用,故本院对上述证据材料均不予采纳。

被告在本案中还提供了以下证据材料:(1)瓶箱验收单,以证明其使用的酒瓶系回收利用,并非对酒瓶上商标的使用;(2)行政处罚案件回访表,以证明工商部门并不认为啤酒上标识"哈尔滨喜盈门公司"属于侵权行为。原告质证认为,证据材料1不能证明回收的是什么酒瓶;证据材料2与处罚决定不符,处罚依据的事实之一就是瓶贴上印有"哈尔滨喜盈门公司"字样。本院认为,被告的证据材料1记载的品名为"白瓶",不能证明其回收的是"百威英博"啤酒瓶;证据材料2记录的是工商部门的回访情况,与本案无直接关联,故本院对上述证据材料均不予采纳。

本院认为:根据《中华人民共和国商标法》(2001年修正)第3条和第40条的规定,商标注册人享有商标专用权,受法律保护,商标注册人可以通过签订商标使用许可合同,许可他人使用其注册商标,故原告作为"百威英博"商标的被许可人,其商标使用权应受法律保护。本案中，双方当事人为此形成四个争议焦点，本院依次评述如下。

一、在酒瓶上使用"百威英博"或"百威英博专用瓶"文字是否属于对"百威英博"商标的使用

原告认为，原告在其啤酒瓶上使用"百威英博"或"百威英博专用瓶"浮雕文字，为的是区分啤酒的来源，就是将"百威英博"作为商标使用。被告则认为，这种浮雕文字与瓶体颜色一致，又处于瓶体下部，无法起到商标的作用，且原告明知其酒瓶会被其他啤酒厂家回收利用，不能独占使用，故该浮雕文字不是作为商标使用，而是作为字号使用。

本院认为，对这个问题作出判断，可以分两个层次进行分析，即该使用方式是否属于商标使用的方式以及该使用是否会产生商品来源识别的效果。

首先，该使用方式是否属于商标使用的方式。我国商标法对商标使用的具体方式并没有做限制性规定，而是做了开放式的列举。《中华人民共和国商标法实施条例》（2002年修订）第3条规定，商标的使用，包括将商标用于商品、商品包装或者容器以及商品交易文书上，或者将商标用于广告宣传、展览以及其他商业活动中。在啤酒瓶上使用"百威英博"或者"百威英博专用瓶"的浮雕文字，显然是在商品容器上使用商标，属于商标使用的范围。

其次，该使用是否会产生商品来源识别的效果。使用方式属于商标使用方式并不能必然得出该使用为商标使用的结论，关键还要看这种使用是否可以区分商品来源。根据《中华人民共和国商标法》（2001年修正）第1条的规定，该法的立法目的之一是维护商标信誉。该目的的实现取决于商标最基本的功能，即商品来源识别功能是否实现。只有市场经营者各自使用自己的商标，商品的来源得到有效的区分，商标信誉才可能得以维护。因此，一项标识的使用是否具有商品来源的识别功能是判断该使用是否属于商标性使用的关键因素。被告认为，该使用方式容易被忽视，不能产生商品来源的区分效果。本院认为，凡是注意到酒瓶上"百威英博"字样的相关公众通常都会认为该啤酒来源于百威英博，这种认识相当清晰，不会产生歧义，换言之，这一文字标识的使用会产生来源识别作用。被告提出的该文字与酒瓶同色以及位于酒瓶下部等问题只同其实现识别功能的强弱有关，而与其是否具有啤酒来源识别功能无关。因此，本院认为，酒瓶上"百威英博"文字的使用属于商标使用。

二、回收利用带有他人商标的酒瓶是否属于合理使用

四被告主张，其使用的酒瓶系回收使用，符合清洁能源和循环经济的国家政策，

故其行为具有正当性。原告反驳认为,被告虽然提供了瓶箱验收单,但无法证明其使用的是回收瓶,即便被告使用的的确是回收瓶,也不得侵犯他人的合法权益。

本院认为,仅凭被告目前提供的证据尚不足以证明其使用的"百威英博"瓶是回收瓶,退一步讲,即便被告所述属实,其使用的是回收瓶,其主张也不能成立。

首先,回收利用啤酒瓶固然符合环保的政策导向,但这不能解释为该政策导向具有妨碍他人行使商标权的意图。现行法律法规中并没有使用回收酒瓶的强制性规定,可见啤酒生产企业并没有回收利用酒瓶的法定义务,其不会因履行法定义务而产生损害他人商标权的风险。

其次,酒瓶的转移占有只代表了物权的转移,与商标权无涉,故不能认为酒瓶转移的事实赋予了其占有人使用酒瓶上商标的权利。如果允许被告用带有原告商标的酒瓶灌装被告的啤酒,则原告商标的商品来源识别功能必然受损。商标法上合理使用的抗辩必须具备足够的正当性,本案中被告使用"百威英博"商标所带来的是双方当事人利益的明显失衡,难谓其正当性,故被告的此节抗辩不能成立。

三、被告使用前述酒瓶是否会导致啤酒来源的混淆

四被告认为,由于酒瓶上的"百威英博"文字不易察觉,且被告突出使用了自己的商标,故不可能导致相关公众对啤酒来源的混淆。原告则坚持认为,被告的使用方式容易使相关公众误认商品来源。

本院认为,《中华人民共和国商标法》(2001年修正)第52条第(1)项规定,未经商标权人许可,在同一种商品上使用与注册商标相同的商标的,属于侵犯商标权的行为。根据该法律规范,在相同商品上使用相同商标并不以混淆可能性为侵权构成要件。只要被告实施了该商标使用行为,就当然构成侵权。被告虽然主张其回收使用酒瓶是将其作为容器使用,而非将酒瓶上的"百威英博"文字作为商标使用,但该抗辩显然不能成立。尽管酒瓶本身是一种容器,但酒瓶上的文字是客观存在,而且本院之前已经分析过,该文字的使用是商标使用,故被告的行为构成商标侵权,理应承担停止侵害、赔偿损失、消除影响的侵权责任。

鉴于原告没有证据证明其因侵权所受损失或被告因侵权所获利益的具体金额,故本院考虑"百威英博"商标的声誉,商标使用许可的种类、时间、范围,汾湖公司侵权行为的性质、期间、后果及原告制止侵权行为的合理开支(部分开支与另案中的合理开支重叠)等因素,酌情确定被告应承担的赔偿额。

原告在本案中请求本院判令被告在报纸上公开赔礼道歉、消除影响,但赔礼道

歉一般用于抚慰自然人因人身权受损害而造成的精神创伤。本案原告为法人，其人格为法律所拟制，即便遭受侵害，亦无精神创伤可言，故原告的该项请求，本院不予支持。被告的行为侵犯了原告的商标权，而商标的使用涉及相关公众对商品来源的识别，故原告有关消除影响的主张于法有据。本案事实表明，被告使用原告商标的区域集中在江浙沪地区，消除影响的范围亦以覆盖该区域为宜。原告请求本院判令被告在《文汇报》上登报消除影响，可予准许。

四、四被告是否因共同侵权而应承担连带责任

原告在本案中主张，汾湖公司、北国公司、抚州喜盈门公司、蓝堡公司共同实施了商标侵权和不正当竞争行为，构成共同侵权。四被告认为，其各自为独立法人，并未实施共同侵权行为，故不应承担共同侵权责任。

本院认为，原告提供的证据表明，四被告具有关联关系，公司股东、高管有重合，且在酒瓶背贴上也有将被告共同罗列的情况，但仅凭这些事实并不足以支持原告要求四被告承担连带责任的主张。首先，《中华人民共和国侵权责任法》第8条规定，二人以上共同实施侵权行为，造成他人损害的，应当承担连带责任。本案中，喜盈门啤酒的背贴上虽有将各被告共同罗列为生产厂家的情况，但各厂家之前都有英文字母的编号，酒瓶盖上的编号A与其中汾湖公司对应，而汾湖公司也自认啤酒由其生产、销售，结合原告在诉前通过工商部门查处的情况来看，没有证据表明其他被告与汾湖公司合谋并参与了该啤酒的生产和销售，故上述被告不构成共同侵权。其次，尽管上述被告之间存在关联关系，但是由于其相互为独立法人，现有证据又不能证明它们存在混同或者被当作侵权工具的情形，故不存在公司人格否认进而承担连带责任的结论。原告有关上述被告承担共同侵权责任的主张，本院不予支持，汾湖公司应独立承担前述侵权责任。

原告在本案中还主张了"百威"商标的使用权，但汾湖公司在酒瓶上使用的是"百威英博"商标，尽管其中包括了"百威"字样，但汾湖公司并没有单独将"百威"文字作为商标使用，故原告有关"百威"商标权的主张，本院不予支持。

此外，双方当事人就原告是否有权将商标权和字号权益合并主张也产生了争议。原告在本案中同时主张"百威英博"商标权及其字号权益，被告质疑认为，原告应分案主张。本院认为，在程序上，"百威英博"既是原告使用的商标，又是原告企业名称中的字号，两者虽各具相应的请求权，但事实牵连难分，合并审理不仅不违反程序法上的禁止性规定，而且有利于纠纷的一次性解决，故原告合并主张，本院

予以准许。然而在实体上，无论是商标权还是企业名称权，其指向均为"百威英博"这一标识，侵害该标识所造成的也是同一损害后果，因反不正当竞争法为商业标识提供的是补充性保护，故在该标识已经获得商标法强保护的情况下，无须重叠保护。

据此，依照《中华人民共和国侵权责任法》第8条、第15条第1款第（1）项、第（6）项、第（8）项和第2款，《中华人民共和国商标法》（2001年修正）第52条第（1）项、第56条第1款和第2款，《中华人民共和国民事诉讼法》第144条的规定，判决如下：

（1）被告浙江喜盈门啤酒有限公司立即停止侵害原告百威英博（中国）销售有限公司享有的第7069881号"百威英博"商标使用权；

（2）被告浙江喜盈门啤酒有限公司于本判决生效之日起10日内赔偿原告百威英博（中国）销售有限公司经济损失及合理费用人民币10万元；

（3）被告浙江喜盈门啤酒有限公司于本判决生效之日起30日内在《文汇报》上刊登声明以消除影响（内容须经本院审核，费用由该被告负担）；

（4）驳回原告百威英博（中国）销售有限公司其余诉讼请求。

被告浙江喜盈门啤酒有限公司如果未按本判决指定的期间履行给付金钱义务，应当依照《中华人民共和国民事诉讼法》第253条之规定，加倍支付迟延履行期间的债务利息。

本案案件受理费人民币46 800元，由原告百威英博（中国）销售有限公司负担22 932元，被告浙江喜盈门啤酒有限公司负担23 868元。

2013年4月22日

2. 二审

(1) 上诉状①

一审判决后，浙江喜盈门啤酒有限公司（以下简称上诉人）不服原判决，在上诉期内向法院提交了上诉状，请求撤销上海市第一中级人民法院（2012）沪一中民五（知）初字第188号判决书；依法改判驳回被上诉人的全部诉讼请求。其认为一审判决对于事实认定不清，法律适用上存在严重错误。具体事实与理由归纳如下。

第一，一审认定的事实不清：（1）啤酒行业利用回收瓶是客观存在且被相关机构许可的事实，一审判决未深入了解案情，脱离了事实及行业惯例，导致了错误的

---

① 此内容来源于案卷材料。

判决；（2）本案中涉案回收瓶底部原有文字无法去除。

第二，一审适用法律错误：（1）啤酒瓶底部文字不是作为商标使用，仅说明了商品的初始来源，上诉人突出使用了自己的商标，尽到了提醒消费者的义务，不会造成混淆；（2）啤酒瓶的回收利用符合国家政策规定；（3）商标权与环境权冲突时，应支持公共利益；（4）一审判决无视各地法院已有先例判决，作出完全相反的判决，将引发法律认定和啤酒行业的认识混乱。

（2）上诉证据[①]

上诉人二审期间补充了如下证据：

提供了双鹿啤酒工商基本资料，（2013）浙善证字1175号公证书、（2013）浙善证字第1145号公证书、（2013）浙善证字1172号公证书、（2013）浙善证字1173号公证书、（2013）浙善证字1174号公证书，五处上海啤酒瓶回收厂调查材料（含照片、视频、录音、录音记录），关于调查视频的说明，证人证言，拟证明回收利用啤酒瓶是啤酒生产企业的行业惯例。

提供了啤酒瓶回收站开具的送货单，拟证明涉案的啤酒瓶并非上诉人自行生产。

提交了湖北省荆州市中级人民法院民事判决书（2012）鄂荆州中民四初字第55号、江西省九江市中级人民法院民事判决书（2011）九中民四初字第32号，拟证明烙在啤酒瓶上的文字不会对公众选购啤酒产生误认。

（3）被上诉人证据目录、质证意见及代理意见

① 证据目录[②]

序号	名称	证据来源	证明目的	页码
1-1	上海颛桥华康废品回收站企业信息查询结果	上海市工商行政管理局官方网站	在上海市工商行政管理局和全国组织机构代码管理中心官方网站未查询到上海颛桥华康废品回收站的企业信息及组织机构代码信息，这一机构并不存在，因此对上诉人提交的证据4中有关该回收站相关内容的真实性不予认可	1
1-2	上海颛桥华康废品回收站组织机构代码信息查询结果	全国组织机构代码管理中心官方网站		2

提交人：百威英博（中国）销售有限公司

2014年2月10日

[①][②] 此内容来源于案卷材料。

② 补充证据目录[①]

序号	名称	证据来源	证明目的	页码
1	上海市宝山区盐阜废品收购站企业信息查询结果	上海市工商行政管理局官方网站	在上海市工商行政管理局官方网站未查询到上海市宝山区盐阜废品收购站的企业信息，这一机构并不存在，因此对上诉人提交的调查笔录的真实性不予认可	1
2	本案一审预备庭庭审笔录（2013年1月5日，第1、15、17页）	上海市第一中级人民法院	在本案一审预备庭审理中，主审法官问上诉人代理律师："你们为什么使用蓝堡的酒瓶？"上诉人代理律师回答："因为蓝堡是投资公司，HEIMEN商标也是其公司的，蓝堡公司下面也有好几家啤酒公司，其使用的也是蓝堡的专用瓶，打的也是蓝堡公司的品牌。"当被上诉人质疑假使上诉人使用的酒瓶为回收而来，其为何单单回收标注有"百威英博""百威英博专用瓶"的哈尔滨啤酒（冰纯系列）特有的酒瓶时，上诉人代理律师表示："啤酒厂家回收瓶子肯定要进行内部分拣的，如果我们销售出的一箱啤酒的啤酒瓶都是各种品牌，给消费者的印象也会非常差。"由此可见，上诉人也认同在酒瓶下部标注商标可以起到识别商品来源、塑造自主品牌，也即"打品牌"的作用，啤酒瓶上标注的"百威英博"等将使消费者形成某种印象。事实上，这种识别作用、品牌印象正是商标的重要作用，恰恰印证了酒瓶下部的"百威英博"文字的使用是商标的使用	2-4

提交人：百威英博（中国）销售有限公司
2014年2月12日

③ 质证意见[②]

质证意见

根据《最高人民法院关于民事诉讼证据的若干规定》第41条的规定，"二审程序中的新的证据包括：一审庭审结束后新发现的证据；当事人在一审举证期限届满前申请人民法院调查取证未获准许，二审法院经审查认为应当准许并依当事人申请调取的证据"，上诉人提交的证据显然不属于前述两种情形，不属于二审新证据。

---

①② 此内容来源于案卷材料。

因是否属于二审新证据需等待合议庭裁决，根据审判长的要求暂且搁置新证据的争议，被上诉人针对的上诉人提交的证据材料发表以下质证意见。

序号		名称	真实性	合法性	关联性
第一组	1	（1）双鹿啤酒工商基本资料	无异议	无异议	不认可： （1）英博双鹿啤酒集团有限公司并非本案当事人，被上诉人与双鹿公司之间并无持股关系，双鹿啤酒使用何种包装装潢与本案无关； （2）该证据并不能证明双鹿啤酒使用的啤酒瓶上带有他人注册商标，该证据不能证明回收利用啤酒瓶是啤酒生产企业的行业惯例
		（2）（2013）浙善证字第1175号公证书	无异议	无异议	
		（3）（2013）浙善证字第1145号公证书	无异议	无异议	
	2	（1）（2013）浙善证字第1172号公证书	上诉人当庭无法准确提供两个公证书对应的封存物，所以对公证的真实性、合法性均不认可		不认可： （1）TonHas（东海）啤酒的生产企业并非本案当事人，东海啤酒使用何种包装装潢的与本案无关； （2）该证据不能证明回收利用啤酒瓶是啤酒生产企业的行业惯例； （3）我们无法得知TonHas（东海）啤酒和三得利啤酒之间是否使用许可协议，东海啤酒曾经由三得利公司控股，三得利公司撤资后东海啤酒才被雪花公司收购，因此东海啤酒与三得利啤酒之间串用酒瓶有一定的历史原因
		（2）（2013）浙善证字第1173号公证书			
	3	（2013）浙善证字第1174号公证书	无异议	无异议	不认可： （1）三得利啤酒的生产企业并非本案当事人，三得利啤酒使用何种包装装潢与本案无关； （2）该证据不能证明回收利用啤酒瓶是啤酒生产企业的行业惯例； （3）我们无法得知TonHas（东海）啤酒和三得利啤酒之间是否使用许可协议，东海啤酒曾经由三得利公司控股，三得利公司撤资后东海啤酒才被雪花公司收购，因此东海啤酒与三得利啤酒之间串用酒瓶有一定的历史原因

续表

序号		名称	真实性	合法性	关联性
第一组	4	（1）五处上海啤酒瓶回收厂调查材料、关于调查视频的情况说明	不认可	不认可	不认可： （1）本证据不能证明回收利用啤酒瓶是啤酒行业的惯例； （2）即便回收利用啤酒瓶真实存在，这种惯例亦应当是啤酒生产商回收利用各自旗下品牌的酒瓶，而非回收利用带有他人商标的酒瓶； （3）退一步讲，啤酒生产商在回收利用带有他人商标的酒瓶时，应当通过打磨、遮盖等方式对酒瓶上的商标及其他特殊标记进行处理，避免造成消费者的混淆； （4）回收利用啤酒瓶固然符合环保的政策导向，但这不能解释为该政策导向具有妨碍他人行使商标权的意图。此外，现行法律、法规中没有使用回收酒瓶的强制性规定，啤酒生产企业没有回收利用酒瓶的法定义务。酒瓶的转移只代表了物权的转移，与商标权无涉，酒瓶转移后，并未赋予新的酒瓶占有人使用酒瓶上商标的权利。回收利用不能以侵犯他人权利为前提，如果企业想回收利用带有他人注册商标等标识的酒瓶，则必须采取必要的措施，对特有标识进行处理
		（2）调查笔录及证人证言（经法官释明，调查笔录不作为证据，以证人证言为准）			真实性、合法性、关联性均不认可： （1）调查笔录记载的调查时间是2014年1月27日，而被调查人在笔录底部所签的日期为2014年1月21日，两者明显不符，被上诉人有理由相信这些调查笔录是上诉人事先准备好文字稿，后由被调查人员签字而成的； （2）上海市工商行政管理局和全国组织机构代码管理中心官方网站未查询到上海市宝山区盐阜废品收购站、上海颛桥华康废品回收站的企业信息及组织机构代码信息，也未查询到相应的备案信息，这两家回收站为非法经营； （3）证人当庭陈述自己回收并出售的啤酒瓶并不刻意区分具体品牌，"只认瓶型，不认品牌"，对于自己卖给上诉人的酒瓶是何种品牌也不清楚，然而送货单上却清楚写明"百威英博500ml"，与证人证言相矛盾。此外，证人何茂富陈述送货单上的"百威英博500ml"字样为上诉人自行填写； （4）我方认为三位证人没有实事求是地陈述有关情况，从视频（证据1-4-1）来看，证人回收来的酒瓶都严格按照品牌进行区分后打包堆放，并非如证人陈述的"只认瓶型，不认品牌"； （5）证人证言并不能证明涉案喜盈门啤酒所使用的酒瓶是上诉人回收来的

续表

序号		名称	真实性	合法性	关 联 性
第二组	5	啤酒瓶回收站开具的送货单	\multicolumn{3}{l	}{1. 对真实性、合法性均不认可 （1）经工商查询及组织机构代码查询，均未查询到这两家废品回收站的信息，这两家回收站并不存在或者为非法经营； （2）本案一审中，上诉人曾当庭出示了一厚本装订成册的送货单，经法官与被上诉人当庭验看，在品名一栏只有"三得利瓶"及"白瓶"两种标注，法官曾询问上诉人是否有其他送货单作为证据提交，但上诉人无法举证。而现在，上诉人却在二审中提交几张零散的、未装订的送货单作为证据，因此我方对这些单据的真实性不认可。 2. 对关联性不认可 该证据并不能证明涉案喜盈门啤酒所使用的酒瓶是上诉人回收来的}
第三组	6	湖北省荆州市中级人民法院民事判决书（2012）鄂荆州中民四初字第55号	\multicolumn{3}{l	}{（1）庭审中法官已经释明该判决书不能作为证据提交，上诉人表示将该材料供法庭参考； （2）司法判例不属于我国法律规定的证据种类，不能作为证据使用，对真实性、合法性、关联系不认可； （3）我国《商标法》（2001年修正）第57条第（1）项规定，未经商标权人许可，在同一种商品上使用与注册商标相同的商标，属于侵犯商标权的行为。根据该法律规定，在相同商品上使用相同商标并不以混淆可能性为侵权构成要件，也即只要上诉人实施了该商标使用行为，就当然构成侵权；}
	7	江西省九江市中级人民法院民事判决书（2011）九中民三初字第32号	\multicolumn{3}{l	}{（4）本案中，上诉人始终强调其使用的酒瓶系回收而来，但未能提供充分的证据对此加以证明。退一步讲，即便该等酒瓶系回收而来，但酒瓶上的"百威英博""百威英博专用瓶"文字客观存在，该等文字的使用是商标使用，也即上诉人使用了带有被上诉注册商标的酒瓶，故上诉人的行为构成商标侵权。此外，结合本案中涉案喜盈门啤酒的其他情节来看，上诉人的侵权主观故意较为明显； （5）另外，司法实践中有大量的判例认定回收使用带有他人注册商标的酒瓶构成商标侵权，本案一审中被上诉人亦提交了多个的司法判例供法庭参考：上海石库门酿酒有限公司等诉德清县苏杭酒业保健有限公司等侵犯商标专用权纠纷案〔（2009）苏中知民初字第0334号〕，上海某酿酒有限公司诉吴江市某酿酒有限公司等侵犯商标专用权、不正当竞争纠纷案〔（2010）卢民三（知）初字第192号〕，四特酒有限责任公司诉江西樟树市健酒实业有限公司侵犯商标专用权纠纷案〔（2007）宜中民三初字第22号〕}

被上诉人：百威英博（中国）销售有限公司

2014年2月21日

④ 被上诉人代理意见[1]

代理词

现根据本案情况，发表如下代理意见，供法庭参考。

一、涉案酒瓶上的"百威英博"文字的使用是商标的使用，上诉人的行为侵犯了被上诉人的注册商标专用权

《中华人民共和国商标法实施条例》（2002年修订）第3条规定："商标法和本条例所称商标的使用，包括将商标用于商品、商品包装或者容器以及商品交易文书上，或者将商标用于广告宣传、展览以及其他商业活动中。"被上诉人在产品酒瓶上标注"百威英博"或"百威英博专用瓶"浮雕文字，属于对"百威英博"商标的使用，该使用会产生商品来源识别的效果，一审判决对此做了详细的论述。首先，我国商标法对商标使用的具体方式没有做限制性规定，而是做了开放式的列举。在酒瓶上使用"百威英博"或"百威英博专用瓶"浮雕文字是在商品容器上使用商标，属于商标使用的范围。其次，凡是注意到酒瓶上"百威英博"字样的相关公众通常都会认为该啤酒来源于百威英博，这种认识相当清晰，起到了识别商品来源的效果。

被上诉人一审提交的公证书显示，上诉人使用的部分酒瓶上标注了"蓝堡专用瓶"，可见被上诉人也意识到并采用了这一商标使用方式，这与上诉人称消费者不以啤酒瓶上的文字来识别产品来源的观点自相矛盾。此外，上诉人在上诉状中称，"涉案瓶子底部的百威英博字样……只能说明啤酒瓶的最初来源"，可见上诉人也认可这种标注可以表明酒瓶和产品来源，可以起到识别作用。在本案一审预备庭审理中，主审法官询问上诉人代理律师："你们为什么使用蓝堡的酒瓶？"上诉人代理律师回答："因为蓝堡是投资公司，HEIMEN商标也是其公司的，蓝堡公司下面也有好几家啤酒公司，其使用的也是蓝堡的专用瓶，打的也是蓝堡公司的品牌。"在预备庭审理过程中，被上诉人质疑假使上诉人使用的酒瓶为回收而来，其为何单单回收标注有"百威英博""百威英博专用瓶"的哈尔滨啤酒（冰纯系列）特有的酒瓶时，上诉人代理律师表示："啤酒厂家回收瓶子肯定要进行内部分拣的，如果我们销售出的一箱啤酒的啤酒瓶都是各种品牌，给消费者的印象也会非常差。"（以上两段陈述详见本案一审2013年1月5日预备庭庭审笔录。）由此可见，上诉人也认同在酒瓶下部标注商标可以起到识别

---

[1] 此内容来源于案卷材料。

商品来源、塑造自主品牌也即"打品牌"的作用，啤酒瓶上标注的"百威英博"等将使消费者形成某种印象。事实上，这种识别作用、品牌印象正是商标的重要作用，恰恰印证了酒瓶下部的"百威英博"文字的使用是商标的使用。

被上诉人酒瓶底部的"百威英博"商标与瓶贴上哈啤商标的结合使用，均是商标在商品上的正常使用。我国法律并没有禁止商标持有人在同一商品上同时使用两种以上商标；并且该两种商标的同时使用，向消费者传递的是两个商标间具有内在联系的信息。上诉人使用"蓝堡专用瓶"灌装HEIMEN品牌啤酒，并宣称"因为蓝堡是投资公司，HEIMEN商标也是其公司的，蓝堡公司下面也有好几家啤酒公司，其使用的也是蓝堡的专用瓶，打的也是蓝堡公司的品牌"，也正是该种意义上的商标使用。

而使用烙有"百威英博"字样的酒瓶灌装上诉人的啤酒，也是上述意义上使用被上诉人商标的行为，希望误导消费者以为被上诉人与上诉人产品间存在某种关联。只不过这种为误导目的的使用是违法的，是必须予以禁止的。

另外，上诉人称其在商品上使用了"HEIMEN"商标来避免消费者产生混淆，然而事实上第6940579号商标为"HEIMEN"，有大小写之分，上诉人没有按照注册商标的样式使用恰恰是为了误导消费者。

上诉人未经许可，擅自在同一种商品（啤酒）上使用与被上诉人相同商标（百威英博商标），符合商标侵权的构成要件，构成商标侵权。上诉人的行为已经足以造成相关公众的混淆，并且被上诉人一审提交的证据（2012）沪普证经字第4097号公证书显示，上诉人的行为已经实际造成了普通消费者的误认，更何况根据法律规定，商标侵权并不以混淆可能性为侵权构成要件。

二、涉案酒瓶为上诉人生产，上诉人称该等酒瓶系回收瓶的抗辩不成立

被上诉人认为本案涉案酒瓶是上诉人生产的，被上诉人一审提交的公证书显示，上诉人大量使用了与涉案酒瓶相同的酒瓶灌装自己的产品。虽然上诉人一再声称涉案酒瓶系回收瓶，但其未能提供证据对上述观点加以证明。上诉人作为证据提交的"瓶箱验收单"中仅注明"白瓶"，无法证明其回收利用了涉案酒瓶，故一审法院对该证据不予采纳。上诉人在本案二审中提交的酒瓶送货单仅标注"百威英博白瓶"，然而百威英博啤酒集团旗下有多种啤酒品牌使用透明酒瓶（如雪津啤酒），该证据亦不能证明其使用的涉案酒瓶为回收而来。然而上诉人却在一审抗辩不成立、"回收瓶"这一大前提不存在的情况下，反复空谈所谓啤酒企业行业惯例、清洁能源和循环经济。事实上，由国家质检总局制定于1996年的啤酒瓶《国家标准GB 4544—

1996》仅"建议啤酒瓶回收使用期限为2年",其目的是保证啤酒瓶的使用安全。上诉人引用的《再生资源回收管理办法》第2条也仅仅是提及再生资源包括废玻璃,实践中对废玻璃的回收利用主要是将废玻璃粉碎后重新利用。上诉人试图通过所谓环境保护的论调,掩盖其侵犯他人商标专用权、搭便车获利的违法意图。

三、回收利用带有他人注册商标的酒瓶并非行业惯例,即便涉案酒瓶系上诉人回收而来,回收利用带有他人注册商标的酒瓶亦不属于合理利用

上诉人在本案二审中提交的证据材料"五处上海啤酒瓶回收厂调查材料、关于调查视频的情况说明"(上述人证据1-4-1)、TonHas(东海)啤酒与三得利啤酒的包装样式(上诉人证据1-2)并不能证明回收利用啤酒瓶是啤酒行业的惯例。前一项证据仅能说明可能有废旧酒瓶分类堆放的事实(被上诉人对该证据的真实性、合法性、关联性均不予认可,详见质证意见);后一项证据因TonHas(东海)啤酒和三得利啤酒的生产企业并非本案当事人,其行为与本案无关,我们也无法得知TonHas(东海)啤酒和三得利啤酒之间是否使用许可协议,因为东海啤酒曾经由三得利公司控股,三得利公司撤资后东海啤酒才被雪花公司收购,因此东海啤酒与三得利啤酒之间串用酒瓶有一定的历史原因。

在没有任何证据证明回收利用带有他人注册商标的酒瓶是啤酒行业的惯例的情况下(事实上这也并非行业惯例。所谓"行业惯例",是指被行业成员共同接受并广泛遵循和反复使用的做法),上诉人无论从规模、产量、销售地域还是行业影响力角度,都无法代表行业;而该行业前十大企业广泛使用自己生产的酒瓶的现实也说明,回收并非行业惯例!我们认为即便存在回收,亦应当是啤酒生产商回收利用各自旗下品牌的酒瓶,而非回收利用带有他人商标的酒瓶。即便在实践中,啤酒瓶回收利用过程中存在着某种不规范的现象,但并非"存在即是合法",乱穿马路红灯、在公共场所吸烟等不文明甚至是违法的行为随处可见,难道这些行为都是合法、合理吗?被上诉人认为,我们需要通过法律对现实存在的乱象加以制止、对市场加以规范,以维护权利人及广大消费者的合法权益。此外,上诉人提交的几份公证书所显示的英博双鹿啤酒、三得利啤酒、TonHas啤酒的生产企业并非本案当事人,这些品牌的啤酒使用何种包装装潢与本案无关。

一审判决认为,仅凭上诉人提供的证据不足以证明其使用的是回收瓶。上诉人在二审中提交的酒瓶送货单、证人证言也不能证明涉案喜盈门啤酒所使用的酒瓶是其回收来的。第一,根据我国《再生资源回收管理办法》第6条规定:"从事再生

资源回收经营活动，必须符合工商行政管理登记条件，领取营业执照后，方可从事经营活动。"第7条规定："从事再生资源回收经营活动，应当在取得营业执照后30日内，按属地管理原则，向登记注册地工商行政管理部门的同级商务主管部门或者其授权机构备案……"但在上海市工商行政管理局和全国组织机构代码管理中心官方网站未查询到上海市宝山区盐阜废品收购站、上海颛桥华康废品回收站的企业信息及组织机构代码信息，也未查询到相应的备案信息，这两家回收站为非法经营。上诉人提供的三位证人都当庭承认自己是借用他人营业执照，更说明其非法经营的实质。第二，本案一审中，上诉人曾当庭出示了一厚本装订成册的送货单，经法官与被上诉人当庭验看，在品名一栏只有"三得利瓶"及"白瓶"两种标注，法官曾询问上诉人是否有其他送货单作为证据提交，但上诉人无法举证。而上诉人却在二审中提交几张零散的、未装订的送货单作为证据。第三，证人当庭陈述自己回收并出售的啤酒瓶并不刻意区分具体品牌，"只认瓶型，不认品牌"，对于自己卖给上诉人的酒瓶是何种品牌也不清楚，然而送货单上却清楚写明"百威英博500ml"，与证人证言相矛盾。此外，证人何茂富陈述送货单上的"百威英博 500ml"字样为上诉人自行填写。第四，三位证人没有实事求是地陈述有关情况，从上诉人提交的视频（证据1-4-1）来看，证人回收来的酒瓶都严格按照品牌进行区分后打包堆放，并非如证人陈述的"只认瓶型，不认品牌"。综上所述，我们对这些单据的真实性、合法性、关联性均不认可，该证据不能证明涉案喜盈门啤酒所使用的酒瓶是其回收来的。

退一步讲，即便上诉人所述属实，其使用的是回收瓶，该种行为亦不具有正当性，不属于合理利用。这是因为：首先，现行法律法规中没有使用回收酒瓶的强制性规定，啤酒生产企业没有回收利用酒瓶的法定义务。其次，酒瓶的转移只代表了物权的转移，与商标权无涉，酒瓶转移后，并未赋予新的酒瓶占有人使用酒瓶上商标的权利。回收利用不能以侵犯他人权利为前提，如果企业想回收利用带有他人注册商标等标识的酒瓶，则必须采取必要的措施，将这些特有标识打磨掉或遮盖掉。

此外，《最高人民法院关于产品侵权案件的受害人能否以产品的商标所有人为被告提起民事诉讼的批复》（法释〔2002〕22号）中解释，"任何将自己的姓名、名称、商标或可资识别的其他标识体现在产品上，表示其为产品制造者的企业或个人，均属于《中华人民共和国民法通则》第122条规定的'产品制造者'和《中华人民共和国产品质量法》规定的'生产者'"。根据这一司法解释，假如上诉人或其他主体回收被上诉人的"百威英博专用瓶"来灌装自己品牌的啤酒并销售后,因其产品质量问题造成消费者人身或财产损失的(从上诉人在二审中提交的回收站现场视频、图片来看,酒瓶回收现场并不规范,难以保证酒瓶的质量与安全),酒瓶上的"百威英博"商标所有人或合法使用人将有可能承担赔偿责任。换句话说,被上诉人将因为上诉人表面上所谓的回收利用行为,实为傍名牌、搭便车的行为而面临巨大的法律风险。

另外,司法实践中有大量的判例认定回收使用带有他人注册商标的酒瓶构成商标侵权。一审中,被上诉人亦提交了多个司法判例供法庭参考:上海石库门酿酒有限公司等诉德清县苏杭酒业保健有限公司等侵犯商标专用权纠纷案〔(2009)苏中知民初字第0334号〕,上海某酿酒有限公司诉吴江市某酿酒有限公司等侵犯商标专用权、不正当竞争纠纷案〔(2010)卢民三(知)初字第192号〕,四特酒有限责任公司诉江西樟树市健酒实业有限公司侵犯商标专用权纠纷案〔(2007)宜中民三初字第22号〕)。而上诉人在本案一审提交法庭参考的判例〔(2011)湘高法民三终字第40号案件〕具有特殊性,对本案没有参考价值。这是因为该案中,涉案商标为注册号为749323的水滴状图形商标,该商标较为抽象,区分商品来源的作用较差;且被告产品的包装、装潢与原告产品存在明显差异;被告使用的酒瓶多样,不仅限于涉案啤酒瓶一种。

四、被上诉人一直致力于回收专用酒瓶,上诉人搭便车的行为损害了被上诉人的合法权益

多年来,被上诉人一直致力于对产品专用酒瓶即本案涉案酒瓶的回收,并在保证产品质量的前提下,在酒瓶的安全使用期限内加以循环利用。被上诉人在酒瓶上标注"百威英博""百威英博专用瓶"正是为了区别于其他啤酒厂商所使用的酒瓶,以便在酒瓶回收的过程中能够更好地识别被上诉人专用酒瓶,尽可能地提高回收效率、节约资源、保护环境。酒瓶回收企业可以将回收来的带有"百威英博"商标的酒瓶卖给上诉人及其关联公司,并不会造成所谓的资源浪费,更不会引起任何"行业混乱"。然而一些不法商家为了搭被上诉人及被上诉人产品良好声誉的便车,故意抬高酒瓶回收价格,抢收涉案酒瓶,再用涉案酒瓶灌装自己生产的啤酒进行销售,造成了相关公众的混淆,侵犯了被上诉人的注册商标专用权,损害了被上诉人的合法权益。

综上所述,被上诉人认为本案一审判决事实清楚,证据充分,适用法律正确,请求贵院驳回上诉人的诉请，维持一审判决。

被上诉人：百威英博（中国）销售有限公司

2014 年 2 月 21 日

(4) 庭审笔录①

时间：2014 年 2 月 12 日

（准备阶段略）

审：现在进行法庭调查。先由上诉人陈述上诉请求及所依据的事实和理由。

上诉人：上诉请求及所依据的事实和理由与上诉状一致……（详见上诉状）

审：被上诉人答辩。

被上诉人：答辩意见与书面代理意见一致。

被上诉人：第一，关于一审认定事实。上诉人假定一审只认定其会制造白瓶的事实，一审判决明确在第二大点第二段进行了阐述，不存在认定事实不清的问题。

第二，关于适用法律。底部文字是否是商标使用不是法律问题，而是事实问题，一审已经有明确认定，且认定无误。关于质检总局标准，我方一审庭审中已经明确，该规定仅仅针对酒瓶质量，即在何种质量许可程度内可以重复使用，而非允许侵权，瓶底标识的文字是否起到区别商品来源的效果的问题，也属于事实问题。保护环境有很多种方式，没有必要以侵犯他人商标权的方式来进行。我国并非判例法国家，作出完全相反的判决并不会引发对啤酒行业的事实判断，上诉人作为偏踞浙江一隅的小企业，没有资格代表整个啤酒行业。

审：原审被告答辩。

原审被告：商标使用应与商标注册一致。瓶底使用的是"百威英博专用瓶"，不属于商标使用。一审认定"注意到百威英博四个字的公众会认为该产品来自于百威英博"认定有误，我方认为应该是认为该啤酒瓶来自于百威英博，一审相关认定逻辑不严密，结论荒唐。关于回收，被上诉人起诉时主张上诉人擅自生产销售，法院对这个事实没有查明，仅说不足以说是回收瓶。我方认为法官在没有查明事实的情况下进行推论，是法官偷懒，我方认为这节事实应当查明。既然现在有各地判决都不一致，就应当把本案事实查清。自己生产的还是买来的瓶子是本案重大事实。关于环境保护，如果查明确系上诉人自己生产的，其他的就不用谈了，原审法院偏

---

① 此内容来源于案卷材料。

袒被上诉人。

原审被告：我方认为注册商标用在有针对性的商品上的，如果被上诉人"百威英博"已经注册，应当用于其自己商品，目前市场上并没有百威英博牌啤酒的出现，用在哈尔滨啤酒上并非是百威英博牌，该酒瓶上的使用并非商标性使用。

审：上诉人二审中有无新证据？陈述名称、内容及要证明的事实。

上诉人：与书面证据目录一致。

审：被上诉人核对原件与复印件是否一致，并对三性发表意见。

被上诉人：都不属于新证据，均不予质证。对三性意见如下：

1-1 真实性合法性无异议，关联性不予认可，被上诉人与双鹿相互之间没有持股关系；

1-2 真实性无异议，与本案没有关联性；

1-3 案外人使用什么包装装潢与本案无关，且该些酒瓶上有否他人商标也不清楚，无法证明回收使用他人酒瓶是行业惯例。

审：上诉人，请出示以上公证书实物。

上诉人：好的。（上诉人出示公证书实物，当庭拆封）

被上诉人：红石梁的酒瓶是2005年，KK酒瓶是2003年，中华酒瓶是2005年，石梁啤酒是2004年，西湖啤酒是2005年，惠泉是1999年，三得利酒瓶是2001年，青岛啤酒是2006年。回收瓶法定建议是两年使用时间，该些都超出法定时间。

审：对于被上诉人提出的建议使用期限两年，上诉人和原审被告是否认可？

上诉人：认可。

原审被告：认可。

被上诉人：为何酒瓶中部和下部会有一圈痕迹？

上诉人：公证的实物，不清楚为何会有痕迹。公证过程如公证书记载。

审：请解释为何有一圈痕迹？

原审被告：市场上的瓶子都是经过多次回收，在流水线上走会形成挤压和磨损，只有新瓶子没有磨损。磨损程度和设备先进与否也有关系。国家质检建议两年，没有强制规定。

审：为何有的瓶子没有痕迹？

原审被告：和回收使用次数有关。

审：原审被告对于第一组证据1有何意见？

原审被告：经过公证取得这些证据。购买了两箱48瓶。啤酒瓶上的不同时间也可以印证我们所说的惯例不是近几年，而是一直以来都是这样使用。

上诉人：2-1（2013）浙善证字第1172号公证书。

2-2（2013）浙善证字第1173号公证书。

（上诉人出示实物，当庭拆封，经撕去封条的TonHas啤酒瓶上没有生产日期，瓶子日期是2012年）

被上诉人：瓶子是2012年，但是没有生产日期。

原审被告：瓶盖上可见喷码显示13040218J、151380D4，我方认为生产日期是2013年4月2日。

被上诉人：我方看不清，即便有字，也不一定代表生产日期，我方不予认可。

原审被告：另一瓶盖上喷码显示13040218J、152103D4，我方认为生产日期也是2013年4月2日。

审：上诉人，该两瓶是哪个公证书实物？

上诉人：是1172号，1173号的实物没带上来，稍后可以提交法庭。

审：可以，上诉人继续陈述。

上诉人：3（2013）浙善证字第1174号公证书。（当庭出示实物并拆封）

被上诉人：请合议庭注意，该瓶下部在标明标记的同时还有注册商标标志，表明其是作为注册商标在使用。

1172和1173等证物都拿来再对于其真实性发表意见。合法性予以认可，关联性不予认可。对于双方的标识使用、商标使用情况以及是否有许可协议都不清楚，无法推定回收使用是行业惯例。

被上诉人：东海啤酒原来是三得利控股的，窜用啤酒瓶有历史背景。

上诉人：第一，不管瓶盖上时间是否清楚，购买的日期和地点都是确定的。

第二，是否超过使用两年，即便不正常，也不是我方的不正常的行为，而是被上诉人关联公司做的不正常行为。

第三，啤酒保质期是180天，超过360天啤酒会混浊，可以从啤酒的新鲜度看出该啤酒生产日期并不久远。

原审被告：1172和1173可以看得出，1172有两箱48瓶，1173有一排，来源能够显示出有大量的行为。提醒合议庭注意，TonHas和三得利的使用与本案有不同，其在瓶肩处有英文，更加突出其商标和商品来源，本案百威英博字体较小并且在下部。1174，关联性合法性都没问题。双鹿和百威英博、花河和百威英博也是关联企业。

上诉人：8哈尔滨啤酒公司的啤酒空瓶实物及照片（原补充证据目录6）。证明哈尔滨啤酒使用的啤酒空瓶瓶身烙有"镜花河"字样，哈尔滨啤酒公司也使用其他专用字样的啤酒瓶。

被上诉人：不予认可。仅是空瓶，形成时间不确定，是否是市场上流通的产品不清楚，是否有这款产品以及如何生产的、是否有许可都不能确定，从瓶身标贴上看不是我方生产的，是哈尔滨啤酒鹤岗公司，与我方之间没有关系。

上诉人：被上诉人的观点没有证据证明。

审：上诉人，瓶身上字样是"镜泊湖花河"不是你方所说"镜花河"，是否认可？

上诉人：认可。

原审被告：该瓶整体上可以看出来是哈尔滨啤酒使用了他人的瓶子。

上诉人：空瓶回收，没有瓶盖，所以看不出生产日期。

审：上诉人继续陈述。

上诉人：4五处上海啤酒瓶回收厂调查材料（含照片打印件、视频、录音、笔录、证人证言）、关于调查视频的说明，形成于2013年6月10日。

证明回收利用啤酒瓶是啤酒生产企业的行业惯例，且啤酒瓶回收在全国已形成成熟产业链。

照片图7堆场上堆的都是百威的瓶子。

被上诉人：照片没有原件，真实性不予认可。没有回收站名字，合法性不予认可，根据再生资源回收管理办法，从事废旧资源回收必须有营业资质，没有资质属于非法经营。仅仅能证明有不同的废旧酒瓶堆积。

上诉人：有照片原件。

原审被告：认可照片真实性合法性关联性。客观反映了上海啤酒瓶回收市场的状况。2013年形成，属于新证据。且原审法院自己放弃了查明事实，我方在此补强证据材料，不存在证据时效的问题。

上诉人：视频是律师和当事人共同去拍摄的。

（经各方当事人一致同意，播放四段视频中的一段）

被上诉人：从视频及照片来看，看不出地点以及回收站的名字，真实性无法确认，没有关联性。

第二组证据，证明涉案的啤酒瓶并非上诉人自行生产。

5 啤酒瓶回收站开具的送货单。

审：为何一审没有提交？

上诉人：一审我们没有努力去找，当时找到了一张白瓶的销货单，一审判决后努力去找，作为证据补强。

被上诉人：送货单真实性合法性不予认可，两个废品回收站经组织机构代码查询都是不存在的，都是非法经营。

被上诉人：一审上诉人曾经向法院提交了一厚本装订成册的送货单，经一审法官当庭验看，只有两种，一种写明回收三得利瓶，另一种没有写明回收何种瓶。且一审曾经问过是否有其他，上诉人当时无法举证。现在冒出来零散的写有各种品牌的送货单，我方对其真实性严重存疑。

上诉人：关于经营资质的问题我方不予评论，我方愿意一个一个跟法官一起去踩点。

一审我方提供了部分送货单，我方当时认为足够了，由于一审判决说没有写清楚，那么我方找到写清楚的提交。

原审被告：一审提供的是验瓶单，与现在提供的送货单不一样。对于照片和视频都认可。

审：上诉人继续陈述。

上诉人：第三组证据，6、7；两份判决。

审：其他法院判决书不属于本案证据，并不能证明本案事实，可以作为参考。

上诉人：与本案有关联的。

审：现在请证人出庭。

（证人刘××出庭。）

审：证人陈述身份情况。

证刘：刘××……

审：刘××，今天你作为本案证人出庭作证并接受质询，希望你能如实回答，如果作伪证要承担相关法律责任。

证刘：清楚。

上诉人：从事废旧品回收多少年？

证刘：三四年。

上诉人：回收哪些牌子？

证刘：黄酒、啤酒，好多牌子。

上诉人：百威英博、哈尔滨有没有？

证刘：有的。

上诉人：哈尔滨是否自己回收，我们浙江喜盈门是否问你方买过瓶子？

证刘：没有全部自己回收。买过。

上诉人：我们要酒瓶有否提什么要求？

证刘：500毫升白瓶。

被上诉人：回收站名称？

证刘：以前叫宝山废旧品回收公司。

被上诉人：现在叫什么名字？

证刘：现在没有名字。

被上诉人：有没有工商登记？

证刘：没有。

被上诉人：再用回收还是作为废玻璃回收？

证刘：哪里要就给哪里。

被上诉人：为何要进行分拣？

证刘：啤酒和黄酒要分类。

被上诉人：啤酒的品牌还要分拣吗？

证刘：啤酒瓶就挑一下颜色，不管品牌。

被上诉人：你方开具的送货单写的是百威英博白瓶，如果仅按照颜色分拣，怎么知道送过去的瓶子就是百威英博的？

证刘：就是看到标签写的。

被上诉人：存放啤酒瓶的地方有没有防止污染或者日晒雨淋的措施？

证刘：打包以后就堆在那里，有人要了就给。

被上诉人：是否会看瓶子卖给谁了？会否签合同或者看对方营业执照？

证刘：不会看。不知道卖给谁。

被上诉人：是谁来了都卖，还是只卖给哪些啤酒厂或者收酒瓶的？

证刘：谁来买就卖给谁，不管的。

被上诉人：是否送货上门。

证刘：黄酒送到湖州等都有，啤酒送过三得利、喜盈门。2012年送过一辆车。

被上诉人：大概有多少？

证刘：两万多个。

被上诉人：上海宝山送货单是否你开的？

证刘：是的。

被上诉人：是否可以介绍一下交易过程？

证刘：我们送过去的，结款然后就走了。

原审被告：送货单是不是每家公司都一样？

证刘：是印好的。

原审被告：送到货以后才开的送货单还是送出去开的？

证刘：送到才开的。

原审被告：那怎么知道单位名字等？

证刘：去了我就知道了。

被上诉人：照例你送过去送货单应该是对方签收的？

证刘：是的。

被上诉人：对方有否签收？

证刘：不清楚。有的要签收的。我们凭签好的送货单结账。

原审被告：送货单收货单是否一样？

证刘：都要开的。

原审被告：结账凭什么？

证刘：凭送货单。

审：证人刘××，请看一下笔录上的签名和送货单是否是你亲笔写的？

证刘：笔录是我签的，送货单签名是我签的，送货单内容不记得谁写的了。

审：什么时候离开宝山公司？

证刘：2012年离开的。

审：这张收据是否是交给上诉人的？

证刘：是的。

审：上诉人，该份送货单系你方保留吗？

上诉人：是的，该份送货单系我方提交的证据。

审：证人闭庭后阅看笔录并签名，请退庭，传下一位证人。

审：证人陈述身份情况。

证何：何××……从事废品收购，挂靠在人家废品公司户头上，没有具体的公司名。

审：证人何××，今天你作为本案证人出庭作证并接受质询，希望你能如实回答，如果作伪证要承担相关法律责任。

证何：清楚。

审：平时都挂靠到哪个废品回收站？

证何：有时挂靠砖桥公司有时挂靠其他公司。没有发票，只有收据。

上诉人：你既然从事这一行业，有些啤酒厂家为什么要用旧瓶，是否知道原因？

证何：旧瓶成本低，新瓶旧瓶成本差距很大。

上诉人：你做这个生意多久？

证何：十多年了。

上诉人：有没有回收过百威英博或者哈尔滨品牌？

证何：有的。

上诉人：大概有哪些品牌？

证何：青岛、三得利、百威英博最近几年才有，以前带冰花的也有，但是好像没有百威英博这几个字。

上诉人：百威或者哈尔滨品牌旧瓶是否其自己回收？

证何：我们这里从来没有百威或者哈尔滨来回收过。

上诉人：浙江嘉善的喜盈门公司有否问你要过旧瓶，或者指定某个品牌的瓶？

证何：就是问我们要特定瓶型和颜色容量的，比如白瓶600毫升。只认瓶型不认品牌。

上诉人：有否百威或者哈尔滨品牌？

证何：肯定有。

上诉人：上海有多少废品回收站？

证何：上海有多少个小镇，每个镇最低有两家，每个县城至少有四五家。

上诉人：你们现在所在单位每天一般要出去多少量？

证何：每天100万只左右，一年也就1000多万只。每天进出辆车货，我的车能装两万只。

上诉人：由政府管吗？

证何：没有人管，也没有人禁止没有人鼓励，我们属于废物再利用，政府从来没有提出什么要求。

上诉人：你做了多少年了？

证何：我在青浦做了起码有十年。

上诉人：上海回收空瓶至少存在十年了？

证何：是的。

上诉人：现在规模越来越大还是越来越小？

证何：越来越大。

被上诉人：厂商多还是大回收站多？

证何：厂家的有50％，市场上也卖。只要有合适价格都卖。

被上诉人：只要有人买就卖，50％是否自己瞎估的？

证何：是的。

被上诉人：有多少种？

证何：五六十种。

被上诉人：如何分拣？

证何：不管品牌，论颜色分拣。上海整瓶回收主要的是三得利、青岛，百威红瓶都是用来摔玻璃的。

审：证人阅看送货单和笔录。

证何：送货单和笔录签名是我签的，送货单上的其他字是收货方写的。

被上诉人：是不是你拿空白送货单去送货？

证何：是我送货过去收货员收货填单子然后给我签名。

被上诉人：是先盖章还是先写内容？

证何：先写好再盖章。

被上诉人：上面写百威英博空瓶什么意思？

证何：这是最近几年才出现的，之前哈尔滨、青岛都有冰瓶出现在，不管带不带字只要容量颜色一致就放在一起。

被上诉人：收购啤酒瓶的时候，收购储存运输有没有要注意保持清洁、遮光保存等？

证何：没有。

被上诉人：是收废玻璃还是收废瓶子？

证何：玻璃、瓶子一起做，瓶子能卖就卖瓶子，不能卖就摔玻璃。

上诉人：在你开具的送货单价格上，三得利纯爽0.32，百威0.43，为何有价格差？

证何：我们卖货是根据市场价格，市场上缺少的价格就高。

上诉人：是否不同瓶子还是有不同价格，并且根据卖出的不同价格进行结算？

证何：是的。

审：证人，你刚才陈述主要是按照瓶子形状和容量进行分拣？

证何：是的。

审：为何送货单明确载明三得利和百威英博品牌？是你主动写上去的还是有人提出来的？

证何：因为市场上三得利占主导地位，大家一提三得利瓶型就知道是什么瓶型，一提百威瓶型就是带冰花的。就是这一类形状的就叫三得利，另一类形状的就叫百威。

审：证人闭庭后阅看笔录并签名，请退庭。传下一位证人。

证张：张××……做收废品生意。以前在上海高洋废旧物资回收有限公司工作，七八年前到西塘自己做了，现在没有公司。

审：证人张××，今天你作为本案证人出庭作证并接受质询，希望你能如实回答，如果作伪证要承担相关法律责任。

证张：清楚。

上诉人：你做回收旧瓶销售生意是不是有利可图？

证张：是的。

上诉人：做了多少年了？

证张：总共十多年，自己做有五六年了。

上诉人：有没有回收啤酒瓶？有哪些啤酒瓶？

证张：有用的瓶子基本上都回收，雪花等。

上诉人：有没有百威英博品牌？

证张：肯定有的。

上诉人：百威英博或者哈尔滨品牌啤酒旧瓶是否由厂家自己回收？

证张：他们没有到我们这里收过，我们基本是哪里要就卖给哪里。

上诉人：嘉善的浙江喜盈门公司有没有跟你做过生意？买过旧瓶？

证张：买过。

上诉人：有没有要求哪个品牌？

证张：不看品牌商标，就看瓶子样子。

上诉人：在高洋做了几年？

证张：做了好几年，三四年了。

上诉人：2012年在高洋吗？

证张：不在了。

上诉人：送货单是你签的吗？

证张：我儿子签的，我不识字。

上诉人：货是你那里卖出来的吗？

证张：是的。

被上诉人：送货单和笔录是否你签的？

证张：笔录是我签的，送货单也是我签的，刚才记错了。

被上诉人：2012年你不是已经不在高洋了？

证张：我接朋友公司开票。

被上诉人：送货单是何时开具的？为何有描写的痕迹？

证张：出库的时候填的，我小孩填的。可能是复写不清楚。

被上诉人：2012年在哪？

证张：在西塘。

被上诉人：如何盖到高洋的章？

证张：我跟朋友借的。

被上诉人：送货单的货是从哪里买的？

证张：西塘卖出的。

被上诉人：有多少是厂商买的？占总量多少？

证张：基本上就两家。大多数都是卖给上家的，卖给厂商的很少。

被上诉人：你收瓶子的场地，上诉人有否来拍过视频？

证张：没有。

原审被告：没有问题。

审：你现在哪儿工作？

证张：西塘。

审：送货单哪儿的？

证张：高洋。

审：货是谁的？

证张：我的。

审：所有的向你买货的都开高洋的吗？

证张：有人要开票我就开高洋的。

审：卖给要瓶子的厂商是以形状还是以品牌分拣？

证张：以形状，不是以品牌。

审：证人张××，闭庭后阅看笔录并签名，请退庭。被上诉人对证人证言发表质证意见。

被上诉人：收瓶子不区分品牌，卖给上诉人的瓶子到底是什么品牌自己也不知道，送货单上写的百威英博500ml完全是上诉人自己填写的。上诉人收的瓶子到底是不是百威白瓶证人也不清楚。

证人不关心谁收的瓶子，更多是卖给更大的回收商。

三个证人都没有工商登记，都属于非法经营。

被上诉人：三个证人在作证过程中没有完全实事求是，上诉人提供了废品回收从业人员的经营的场地现状，从视频中可以看到该些瓶子并不是像他们声称那样只是按照大小形状分类，对这一问题进行提问的时候三位证人都予以否认，对此节事实证人没有完全实事求是。

被上诉人：调查笔录做出日期与证人签字日期不一致，明显为上诉人打印好交予证人签字的。

审：证人证言以当庭陈述为准。

原审被告：没有意见。

上诉人：刚才的1173号公证书实物拿来了。（当庭拆封）

被上诉人：上诉人讲不清楚到底哪个公证书对应哪两瓶，且两组酒瓶并无完全一样，真实性不予认可。

审：对于第一组证据4中的录音记录，各方发表质证意见。

被上诉人：没有任何详细信息可以考证，真实性不予认可，没有关联性。

审：被上诉人提交证据材料。

被上诉人：1-1上海颛桥华康废品回收站企业信息查询结果。

1-2上海颛桥华康废品回收站组织机构代码信息查询结果。

证明上诉人证据4中有关内容真实性不予认可。

2.上海市宝山区盐阜废品收购站企业信息查询结果。

证明上诉人提交的调查笔录真实性不予认可。

2.一审预备庭庭审笔录作为参考材料提交。

原被：被上诉人提交的企业信息查询结果不能证明该些机构不存在，不能证明其观点。

审：上诉人就本案事实有无问题向对方当事人发问。

上诉人：对于被上诉人的产品瓶子去向是否清楚，现在生产用瓶从哪里来的？

被上诉人：我方自己有生产瓶子，也有回收瓶子。

上诉人：向谁回收？

被上诉人：我方和经销商有回收协议，其他方式要与客户确认。

上诉人：我方需要看和经销商回收协议的有哪几家，有多少量，具体情况的证据。

被上诉人：我方当庭无法回答，需要和客户沟通。

上诉人：我方需要看证据，请庭后提供。

被上诉人有否在百威瓶子上标注注册商标标记？

被上诉人：如何使用是商标持有人的权利，商标法并没有规定一定要加上注册登记标记。

审：被上诉人就本案事实有无问题向对方当事人发问。

被上诉人：颛桥的三张送货单是否你方自己填写的？

上诉人：不是我方填写的。

被上诉人：如果不是你方填写的，那么是否还作为证据提交？

上诉人：我方认为是送货单位填写的，没有说不作为证据。

审：原审被告就本案事实有无问题向对方当事人发问。

原审被告：请问百威英博商标持有人是谁，使用人是谁？有否授权许可？有否备案？有否证据？

被上诉人：一审提交了相关商标持有人使用人和许可的证据，是否备案需要向当事人核实。

审：上诉人，你方提交的送货单百威英博有500ml和600ml，被控侵权还有580ml，请解释。

上诉人：580ml和600ml用的瓶型是一样的。

审：被上诉人有何意见？

被上诉人：580ml 的瓶比 600ml 的瓶略矮一些。

审：原审被告有何意见？

原审被告：两者瓶型是一样的，内容量不一样，按照国际标准标注 580ml 的装在 600ml 的瓶子是可以的。

原审被告：我方希望明确哪些厂家在使用百威英博，哪些获得了授权。

审：被上诉人愿意提交什么证据是对方的权利，如果被上诉人举证不足，将承担相应的不利责任。

原审被告：清楚。

审：法庭调查结束，现在开始法庭辩论，请各方围绕争议焦点发言。

上诉人：第一，百威英博不是商标性使用，该瓶起到标识性的是商标或者哈尔滨或者HEIMEN。

第二，百威英博商标至今为止都没有作为正式商标使用过，除了在瓶子上刻上几个字之外没有在任何其他场合正式使用。

第三，打上百威英博专用瓶本身只能表明酒瓶来源是百威英博生产的，只能是一个字号意义上的使用，而非商标意义上的使用。

第四，在瓶子上打上字是不利于废物回收利用的，如果不让别人使用，那么要有制度保障酒瓶不至于流入社会污染环境。

上诉人：举证中我方也举了两个案例，湖北和江西判决，都谈到了关于空瓶回收的问题，对于空瓶底部十厘米处浮雕文字的问题。第一是在底部，第二玻璃上没有办法去除。如果我要冒你的牌子，何苦贴上自己的瓶贴写明自己信息？由此可见，我方并没有仿冒的故意。湖北判决认为消费者主要是根据啤酒瓶贴上的商标来选择啤酒。江西判决说到普通消费者购买产品时主要根据瓶贴的商标来区别购买产品。本案中，上诉人生产的涉案产品不会造成消费者误认。我方产品整体上反映的信息都表示是我方生产的。被上诉人生产的是哈尔滨啤酒，我方生产的是喜盈门啤酒。被上诉人在自己的瓶子上也有其自己的哈尔滨瓶贴，一个瓶上面怎么会有百威英博和哈尔滨两个商标呢？被上诉人商标在瓶贴上，一般消费者不会混淆。

啤酒瓶的回收利用符合国家政策规定。国家制定多项政策法规鼓励回收利用。我方今天也提供了多份证据证明回收利用的行业惯例。

国家政策从保护资源考虑从而发生了被上诉人所谓的商标权和环境权的冲突，

该冲突应掌握在合理范围内。支持被上诉人主张就等于禁止了旧瓶回收。在保证产品质量的前提下，国家政策是鼓励回收利用的。

综上，上诉人的上诉请求及理由有事实和法律依据，请驳回被上诉人一审诉请。

审：被上诉人发表辩论意见。

被上诉人：各位所穿的衣服标签并不在外，标签是否容易被发现、是否在使用没有关系。把商标烙印在容器上已经是行业惯例。上诉人通过注册哈尔滨喜盈门来达到仿冒我方产品的目的，造成了混淆。同时，上诉人高管曾经在双鹿任职，假设双鹿的状况是真实的，那么说明高管一直如此，并不认为自己的行为是侵权。瓶子上有烙印不利于回收的意见是没有事实依据的。我方从来没有拒绝回收过自己的旧瓶。我方没有法定的回收义务，但是一直在做回收工作。酒瓶上有烙印不会对回收有影响，如果想卖肯定卖得出去，我方也是欢迎的。在对证人询问中，以回收经营者来看，商标的效果已经产生，百威已经和冰块浮雕瓶联系在一起。本案侵权产品有两种，一种是百威英博，一种是百威英博专用瓶。上诉人没有使用其他品牌，说明其行为是故意为之。从上诉人提供的六张送货单来看，除了第一张是600ml，颛桥三张是500ml，与本案没有关系。上诉人通过补充证据仍然无法证明其瓶子是回收的，无法举证我方就认为是上诉人生产或者上诉人委托他人生产的。一审预备庭笔录中，上诉人自己也认为瓶底刻字是打品牌；瓶子的统一对品牌是有影响的，瓶子上烙印的统一对品牌也是有影响的。

被上诉人：上诉人提到在一个瓶子上用两个商标不可能。大众桑塔纳中的大众是否是商标，是否非要加上注册商标标识。我方的使用还要强调的是百威与哈尔滨两者之间有联系。从这一角度讲，百威英博的字体烙在瓶底当然是商标的使用。我国商标法并无强制要求啤酒商品商标使用强制要标注注册商标标识。上诉人使用HEIMEN商标的时候，其在商标局注册的是Heimen，而在酒瓶上用的是HEIMEN，并未规范使用其注册商标，从这个角度讲，我方百威英博在瓶底的使用起到了商标的作用，而上诉人用与HAERBIN极度近似于大写HEIMEN与百威英博用在一起，明显就是为了建立联系。为何国家鼓励回收而非立法回收？按照上诉人逻辑，要不让别人侵权只能全部自行回收，这是不可能的。通过对证人的发问，国家规定回收行业是回收废玻璃，这种酒瓶回收本身就是非法的，这种非法的产业链能否成为合法的惯例？回收之后如何使用，不仅仅只有重新灌装，国家建议两年的使用期限，是由于啤酒灌入气体易爆炸，且玻璃中总含有一定量的重金属元素。从上诉人播放的视频、证人的陈述可以看到，对于回收的酒瓶没有任何卫生和遮光保存，无法保证该些瓶子的卫生状况和不会提前老化。这种状况的回收利用不是法律鼓励的，也不能成为侵害商标权的借口。

审：原审被告发表辩论意见。

原审被告：旧瓶回收与新瓶相比成本低，足以证明我方使用的百威瓶是回收瓶，而不会花更高成本自己制造。

被上诉人提交的证据并不能证明其持有人在使用，也不能证明其旗下的公司已经被商标权利人许可使用，因此我方认为目前百威英博注册商标并不在使用状态。

即使被上诉人旗下的一些公司提交了授权证据，也并不等于其已经依法备案。

百威英博商标2011年刚刚注册，我方并不知道该商标已经注册为注册商标，且瓶贴上并未标注百威英博商标，作为许可使用的商标。未注册备案的商标不得对抗善意第三人的使用。

原审被告：啤酒和啤酒瓶是不同的，百威英博提供了瓶子，而不是啤酒。原审判决第9页末段行三、四认定有误。百威英博本身并无商品和产品。本案案由是商标侵权，一审认为原告在啤酒瓶上写了百威英博，且使得原告商品受损。实际上原告并没有商品。一审法院的逻辑既不严谨又不严密，只是一个很片面的推断。退一万步，瓶底上写的百威英博，瓶贴写的哈尔滨，说明其并不想在整个商品上达到其要使用百威英博的目的。

反观三得利。

审：请原审被告简要陈述，与本案无关的不要陈述。庭后也可以提交书面意见。

原审被告：三得利瓶身使用很突出且打上了注册商标标识。

关于存储，请问对方是如何回收的？

上诉人用的瓶子不能因为百威英博作为商标使用而使得我方的使用也是商标使用。我方在瓶贴上已经标注了"瓶底字样与本公司无关"。

现在市场上大家都在相互混用，司法要统一才能为社会公平正义和环保政策做出贡献。

原审被告：关于商标，2012年注册了大写的HEIMEN商标。在本案之前我方不知道百威英博是商标。药瓶是不能回收的，啤酒瓶是国内鼓励回收的。两年的期限只是建议，并无强制。废品回收都是露天存放，进厂之后再进行清洗消毒等处理。我们这里个别管理层原来在英博温州公司任职，双鹿是百威英博控股，决策管理是英博在管，瓶子哈尔滨、雪花、三得利都在混用，其中雪花还是中国销量第一，这是行业惯例。冰花瓶在上海市场主要是百威英博的，我们没有说一定要百威英博的，所以回收的大部分是百威的，小部分是其他牌子的，包括燕京啤酒的空瓶。同种瓶型才能生产。关于是否混淆，我认为不会造成混淆，消费者看的是商标，不是瓶子上的字。瓶口百威英博不会造成混淆，消费者是看商标的，如青岛啤酒瓶子贴上双鹿商标是双鹿啤酒，不是青岛啤酒；三得利瓶子贴上雪花商标是雪花啤酒，而不是三得利啤酒；百威英博瓶子贴上喜盈门商标，是喜盈门啤酒。

审：第一轮辩论结束，各方是否需要进行第二轮辩论？

上诉人：没有第二轮辩论意见。

被上诉人：第一，本案焦点是上诉人使用百威英博是否是商标性使用而非我方如何使用。

第二，本案在上海电视台案件聚焦播出过，有专家认为无论是如何使用都侵犯商标权。

被上诉人：无论怎样，上诉人的行为都侵犯了我方商标权。

原审被告：没有补充。

（以下略）

（5）二审民事判决书

上海市高级人民法院民事判决书

（2013）沪高民三（知）终字第111号

上诉人（原审被告）：浙江喜盈门啤酒有限公司

被上诉人（原审原告）：百威英博（中国）销售有限公司

原审被告：浙江蓝堡投资有限公司

原审被告：抚州喜盈门啤酒有限公司

原审被告：黑龙江北国啤酒集团有限公司

上诉人浙江喜盈门啤酒有限公司（原名称为浙江汾湖啤酒有限公司，以下简称喜盈门公司）因侵害商标权及不正当竞争纠纷一案，不服上海市第一中级人民法院（2012）沪一中民五（知）初字第188号民事判决，向本院提起上诉。本院于2013年9月9日受理后，依法组成合议庭，于2014年2月12日公开开庭审理了本案。上诉人喜盈门公司的委托代理人钱××、童××，被上诉人百威英博（中国）销售有限公司（以下简称百威英博公司）的委托代理人刘××、赵××，原审被告浙江蓝堡投资有限公司（以下简称蓝堡公司）的法定代表人杨××及其委托代理人邓××、朱××，到庭参加了诉讼。原审被告抚州喜盈门啤酒有限公司（以下简称抚州喜盈门公司）、原审被告黑龙江北国啤酒集团有限公司（以下简称北国公司）经本院合法传唤，无正当理由未到庭参加诉讼，本院依法缺席审理。本案现已审理终结。

……（省略内容为一审判决认定内容）

判决后，喜盈门公司不服，向本院提起上诉，请求撤销一审判决，依法改判驳回被上诉人百威英博公司的全部诉讼请求，一、二审诉讼费由被上诉人承担。其主要上诉理由为：（1）"百威英博"等文字在啤酒瓶上以透明浮雕形式显示，不是商标性使用，未起到区别商品来源的作用，也不会导致消费者对产品的原产地产生混淆。上诉人喜盈门公司系将涉案啤酒瓶作为容器使用，并非要使用酒瓶下部的文字，涉案啤酒瓶下部的"百威英博"等文字只能说明啤酒瓶的最初来源。上诉人在酒瓶上突出使用了"HEIMEN""喜盈门"商标等标识，一般消费者不会产生混淆，不会误认被控侵权产品与被上诉人的注册商标存在特定联系。因此，喜盈门公司已经履行并尽到了标识商品来源、告知并提醒消费者的义务，客观上也未造成混淆的后果，喜盈门公司的行为不构成商标侵权。（2）上诉人系合法使用涉案啤酒瓶，符合行业惯例，并无傍名牌搭便车的行为。涉案啤酒瓶并非上诉人自行生产，而是从市场上回收的，酒瓶下部烙印的"百威英博"字样无法去除。啤酒瓶的回收利用符合国家政策规定，啤酒生产企业相互回收利用啤酒瓶的现状客观存在，不仅上诉人使用回收啤酒瓶，被上诉人的关联公司也使用回收的其他品牌啤酒专用瓶。

被上诉人百威英博公司答辩称：（1）涉案啤酒瓶上的"百威英博"文字属于商标的使用，上诉人喜盈门公司的行为侵犯了被上诉人的注册商标专用权。（2）涉案啤酒瓶系上诉人生产，上诉人关于涉案啤酒瓶是回收瓶的抗辩不能成立。回收利用带有他人注册商标的酒瓶并非行业惯例，即使涉案啤酒瓶是上诉人回收而来，回收利用带有他人注册商标的啤酒瓶亦不属于合理利用。有关啤酒瓶的回收政策仅指在质量许可的程度内可以重复使用啤酒瓶，而非允许利用回收啤酒瓶进行侵权。被上诉人一直致力于回收专用啤酒瓶，上诉人搭便车的行为已经损害了被上诉人的合法权益。综上，一审判决认定事实清楚、证据充分，适用法律正确，请求驳回上诉，维持原判。

原审被告蓝堡公司陈述意见称：商标的使用应与注册的商标一致，涉案啤酒瓶下部使用的"百威英博专用瓶"，不属于商标的使用。原审法院关于"凡是注意到酒瓶上'百威英博'字样的相关公众通常都会认为该啤酒来源于百威英博"的认定有误，原审被告认为相关公众会认为该啤酒瓶来源于百威英博。对涉案啤酒瓶是否是回收瓶该节事实，原审法院应当查明，而非在没有查明事实的情况下进行推论。目前市场上没有百威英博牌啤酒，使用在哈尔滨啤酒上的并非百威英博品牌，"百威英博"文字在涉案啤酒瓶上的使用不是商标性使用。

其余当事人均未针对喜盈门公司的上诉向本院陈述意见。

二审中，上诉人喜盈门公司向本院提交以下新的证据材料：（1）英博双鹿啤酒集团有限公司以及金华英博双鹿啤酒集团有限公司的工商登记资料、（2013）浙善证字第1175号公证书、（2013）浙善证字第1145号公证书，欲证明双鹿啤酒是百威英博旗下的品牌，双鹿啤酒同样使用其他品牌的啤酒瓶；（2）（2013）浙善证字第1172号公证书、（2013）浙善证字第1173号公证书，欲证明TonHas啤酒回收使用带有"SUNTORY"字样的啤酒瓶；（3）（2013）浙善证字第1174号公证书，欲证明三得利啤酒回收使用带有"TonHas"字样的啤酒瓶；（4）对五处位于上海的啤酒瓶回收厂的调查材料。上述证据1~4欲证明回收利用啤酒瓶是啤酒生产企业的行业惯例；（5）送货单，欲证明涉案啤酒瓶是上诉人从各回收站购得，而非自行生产。

针对上诉人提交的上述证据材料，被上诉人百威英博公司质证认为：第一，上诉人提交的上述证据材料均不属于二审新证据。第二，对证据1的真实性、合法性无异议，但证据1与本案无关；上诉人当庭无法确认证据2中两份公证书对应的封存物，故对证据2的真实性、合法性、关联性均不予认可；对证据3的真实性、合法性无异议，但被上诉人无法确认TonHas啤酒与SUNTORY啤酒之间是否具有使用许可协议，故对其关联性不予认可；对证据4的真实性、合法性、关联性均不予认可。证据1~4均不能证明回收利用啤酒瓶是啤酒生产企业的行业惯例，回收利用啤酒瓶虽然符合环保的政策导向，但是不能侵犯他人合法权利。第三，被上诉人经工商查询得知送货单上记载的两家废品回收站不存在，且一审中上诉人曾当庭出示装订成册的送货单，故被上诉人对零散、未装订的送货单即证据5的真实性、合法性和关联性均不予认可。

原审被告蓝堡公司质证认为：第一，证据1~3均系上诉人通过公证取得的啤酒，可以证明回收利用啤酒瓶一直是行业惯例；第二，对证据4的真实性、合法性、关联性均予以认可，该证据可以证明上海啤酒瓶回收市场的状况；第三，一审中上诉人提交的是瓶箱验收单，二审中提交的是送货单，两者不相同。

二审中，上诉人喜盈门公司向本院申请证人刘某某、何某某、张某某出庭作证，本院予以准许。

证人刘某某、何某某、张某某当庭陈述称：喜盈门公司曾向其工作过的废品回收站购买过500毫升或600毫升的白瓶；回收站回收包括百威英博在内的各品牌啤酒瓶，并按啤酒瓶的颜色、容量进行分类堆放，分拣时并不区分啤酒品牌。证人何某某还陈述称：大家提到三得利瓶就知道是什么瓶型，百威瓶型就是指带冰花的，送货单上记载的三得利品牌指这一类形状的啤酒瓶，百威品牌指另一类形状的啤酒瓶。

针对上述证人证言，被上诉人百威英博公司质证认为：三位证人所在的废品回收站均未进行工商登记，属非法经营；废品回收站分拣啤酒瓶时并不区分品牌，三位证人并不清楚销售给喜盈门公司的啤酒瓶是什么品牌的，该陈述与送货单上的记载相互矛盾，上述证人证言不能证明涉案啤酒瓶系上诉人回收所得，故对上述证人证言的真实性、合法性、关联性均不予认可。

原审被告蓝堡公司对上述证人证言没有意见。

其余当事人未对上诉人提交的上述证据材料及证人证言发表质证意见。

根据上诉人提交的上述证据材料、证人证言以及被上诉人、原审被告蓝堡公司的质证意见，本院认为：第一，上诉人提交的证据1~5以及证人证言均不属于二审程序中新的证据；第二，证据1~3是案外人使用啤酒瓶的情况，证据4是上诉人自行至相关啤酒瓶回收厂所做的调查，被上诉人对证据4的真实性不予认可，且证据1~4均与本案双方当事人之间的商标权纠纷缺乏直接的关联性；第三，证据5的送货单记载的内容与三位证人的当庭陈述不能相互印证，不能证明涉案啤酒瓶是上诉人从市场回收的事实主张。综上，本院对上诉人提交的上述证据材料以及证人证言均不予采信。

被上诉人百威英博公司向本院提交以下新的证据材料：上海颛桥华康废品回收站以及上海市宝山区盐阜废品收购站的企业信息查询结果，欲证明上诉人提交的调查笔录不真实。

针对被上诉人提交的上述证据材料，上诉人质证认为：三位证人已经陈述他们是挂靠的或者个体户，没有经过工商登记，证人证言可以证明啤酒瓶回收的事实客观存在。

原审被告蓝堡公司质证认为：被上诉人提交的企业信息查询结果不能证明该机构不存在，不能证明被上诉人的主张。

其余当事人未对被上诉人提交的上述证据材料发表质证意见。

根据被上诉人提交的上述证据材料以及上诉人、原审被告蓝堡公司的质证意见，本院认为，被上诉人提交的证据材料与本案所涉纠纷缺乏关联性，故本院对其不予采纳。

其余当事人均未向本院提交新的证据材料。

经审理查明，原审法院查明的事实属实。

本院认为，"百威英博"注册商标的专用权应受法律保护。上诉人喜盈门公司未经许可擅自在其生产、销售的同类商品上使用"百威英博""百威英博专用瓶"等文字，足以造成相关公众的混淆或误认，构成对"百威英博"注册商标专用权的侵害，应当承担停止侵权、赔偿损失、消除影响的民事责任。

上诉人上诉称，"百威英博"等文字在啤酒瓶上以透明浮雕形式显示，不是商标性使用，未起到区别商品来源的作用，也不会导致消费者对产品的原产地产生混淆。对此，本院认为：第一，商标的使用，包括将商标用于商品、商品包装或者容器以及商品交易文书上，或者将商标用于广告宣传、展览以及其他商业活动中。本案中，上诉人喜盈门公司在被控侵权产品的啤酒瓶上使用"百威英博""百威英博专用瓶"浮雕文字的行为，系将上述文字使用在商品容器上，属于上述商标使用的范畴。第二，在啤酒瓶上使用"百威英博""百威英博专用瓶"的浮雕文字，当然具有识别商品来源的作用，相关消费者注意到"百威英博"字样时，通常会认为该商品来源于百威英博商标的权利人或者该商品与百威英博商标的权利人具有相当程度的联系。虽然"百威英博"文字以透明浮雕的形式显示在啤酒瓶的下部，可能会在一定程度上弱化其识别商品来源的效果，或许在消费者通过啤酒瓶贴等更容易区分啤酒生产商的情况下，其发挥商标识别功能的效果并不显著，但是当该字样与瓶贴结合在一起使用时，对该字样是否具有商标识别功能则要进行综合分析、判断。本案中，上诉人喜盈门公司除了在被控侵权产品的酒瓶下部使用"百威英博""百威英博专用瓶"浮雕文字以外，还在酒瓶上粘贴了与百威英博哈尔滨啤酒有限公司知名商品哈尔滨啤酒（冰纯系列）相近似的包装装潢（包括酒瓶上的冰块浮雕和瓶贴的颜色、图案等要素组合而成的统一整体），此节事实已经本院（2013）沪高民三（知）终字第110号民事判决书查明并认定构成不正当竞争。在此种使用情况下，啤酒瓶上的"百威英博"文字发挥商标识别功能的可能性显著提高。因为"百威英博"与百威英博哈尔滨啤酒有限公司具有密切的关联度，而该包装装潢亦试图指向该生产厂商，因此两者相互作用，共同发挥商品识别功能。第三，虽然上诉人在被控侵权产品包装上还使用了"HEIMEN""喜盈门"等商标标识，但是考虑到"百威英博"商标的知名度及其旗下拥有不同啤酒品牌的事实，消费者在注意到上诉人在其啤酒瓶上使用的"百威英博"文字时仍然会对该商品的来源产生混淆或误认。因此，上诉人在被控侵权产品的啤酒瓶上使用"百威英博""百威英博专用瓶"浮雕文字的行为，属于商标的使用，且易使相关消费者对其商品来源于百威英博或者与百威英博品牌具有关联性产生误认或混淆，已经构成对"百威英博"注册商标专用权的侵害。故上诉人的这一上诉理由不能成立，本院不予支持。

上诉人上诉称，上诉人系合法使用涉案啤酒瓶，符合行业惯例，并无傍名牌、搭便车的行为。对此，本院认为：第一，综合本案一审、二审中上诉人提交的证据材料以及相关证人证言，尚不能完全证明涉案啤酒瓶系上诉人从市场上回收所得的事实主张。第二，即使涉案啤酒瓶系上诉人从市场上回收所得，该事实也不能成为上诉人不构成商标侵权的抗辩理由。虽然回收利用啤酒瓶符合环保的政策导向，但是这并不意味着法律允许啤酒生产企业在利用回收啤酒瓶的过程中可以侵害他人依法享有的注册商标专用权。回收使用啤酒瓶与尊重他人的注册商标专用权并不产生冲突，啤酒瓶的回收使用应当是在不侵害他人商标权的前提下的合理利用。即使以浮雕形式显示在啤酒瓶上的"百威英博""百威英博专用瓶"字样无法轻易去除，但是上诉人仍然可以通过粘贴标贴遮盖上述文字等适当措施来避免造成相关公众的混淆和误认。第三，本案中，被上诉人所购整箱被控侵权啤酒的酒瓶下部均有"百威英博"或"百威英博专用瓶"浮雕文字。同时，上诉人喜盈门公司还在其被控侵权产品上使用了与百威英博哈尔滨啤酒有限公司知名商品哈尔滨啤酒（冰纯系列）相近似的包装装潢。而哈尔滨啤酒正是"百威英博"旗下的品牌，因此上诉人将刻有"百威英博""百威英博专用瓶"浮雕文字的啤酒瓶和与哈尔滨啤酒近似的包装装潢一并使用，其目的就是要误导消费者，以增加混淆和误认的可能性。综合上诉人喜盈门公司实施的上述一系列行为来看，其傍名牌、搭便车的主观故意明显。因此，无论涉案啤酒瓶系上诉人自行生产或者系其从市场上回收所得,上诉人在被控侵权产品的啤酒瓶上使用"百威英博""百威英博专用瓶"文字的行为均已构成对"百威英博"注册商标专用权的侵害。上诉人的这一上诉理由同样不能成立。

综上所述,上诉人喜盈门公司的上诉请求与理由缺乏事实和法律依据,应予驳回。依照《中华人民共和国民事诉讼法》第144条、第170条第1款第(1)项、第174条之规定,判决如下:

驳回上诉,维持原判。

本案二审案件受理费人民币2300元,由上诉人浙江喜盈门啤酒有限公司负担。

本判决为终审判决。

2014年3月14日

3. 再审民事裁定书

最高人民法院民事裁定书

(2014)民申字第1182号

再审申请人(一审被告、二审上诉人):浙江喜盈门啤酒有限公司

被申请人(一审原告、二审被上诉人):百威英博(中国)销售有限公司

一审被告:抚州喜盈门啤酒有限公司

一审被告:黑龙江北国啤酒集团有限公司

一审被告:浙江蓝堡投资有限公司

再审申请人浙江喜盈门啤酒有限公司(原浙江汾湖啤酒有限公司,简称喜盈门公司)因与被申请人百威英博(中国)销售有限公司(简称百威英博公司)、一审被告浙江蓝堡投资有限公司、抚州喜盈门啤酒有限公司、黑龙江北国啤酒集团有限公司侵害商标权及不正当竞争纠纷一案,不服上海市高级人民法院(2013)沪高民三(知)终字第111号民事判决,向本院申请再审。本院依法组成合议庭对本案进行了审查,现已审查终结。

喜盈门公司申请再审称:(1)涉案啤酒瓶确系申请人从市场上回收所得。一审、二审法院认为申请人提供的证据不足以证明其使用的"百威英博"啤酒瓶是回收瓶属于事实认定错误。(2)根据啤酒企业的行业惯例和国家对啤酒行业的相关规定要求,啤酒企业可以使用回收的啤酒瓶用于瓶装啤酒。(3)申请人使用回收啤酒瓶并非商标使用。被申请人将"百威英博"字样烙在啤酒瓶上是作为公司名使用,

而非商标使用。被申请人从未使用"百威英博"商标生产商品，却在"百威英博"瓶身上粘贴"哈尔滨啤酒"商标，证明其自己也认定"百威英博"瓶仅作为容器使用，瓶贴上印着的"哈尔滨啤酒"才是被申请人要宣传的商标。（4）申请人使用回收啤酒瓶系合理使用。申请人用被申请人的啤酒瓶来灌装其部分"喜盈门啤酒"，是使用啤酒瓶作为容器的功能，而非使用被申请人的商标。虽然涉案啤酒瓶底部有"百威英博""百威英博专用瓶"文字，但其并非是由申请人刻意标注，该文字在所回收的旧瓶上客观存在，且为与瓶身连为一体的玻璃浮雕，申请人在技术上无法消除。（5）回收瓶上的"百威英博"文字未发挥商标识别功能，不会造成消费者误认。申请人生产、销售的"喜盈门啤酒"瓶盖上标记了"HEIMENBeer"，瓶颈标记了"HEIMEN""喜盈门啤酒"，瓶贴上明显标记"HEIMEN""喜盈门啤酒"。申请人利用回收酒瓶生产的啤酒，贴有本公司注册的商标，有自己的商标名称、图案、厂址、厂名。可见，申请人主动阻断了自己产品与瓶身原有特定文字的联系。普通消费者在购买啤酒产品时，主要是根据啤酒瓶面标上标明的商标来区别其所选购的商品，并不会因为"百威英博""百威英博专用瓶"文字的存在而对其选购的啤酒的来源产生错误认识。并且，申请人在啤酒瓶上特别注明"瓶体字样与本产品无关"。（6）被申请人预见到啤酒瓶可能会被回收合理利用，但并未采取特殊措施，故对于烙有"百威英博""百威英博专用瓶"文字的啤酒瓶被他人使用的情形，被申请人起诉他人侵权，既不合情理，也缺乏事实和法律依据。（7）全国有多家法院均作出了啤酒企业使用回收具有他人原厂标识啤酒瓶的行为并不属于侵犯原生产厂家商标权的判决。综上，申请人认为本案一审、二审法院事实认定错误，法律适用不当，应予撤销，并予再审。

百威英博公司、浙江蓝堡投资有限公司、抚州喜盈门啤酒有限公司及黑龙江北国啤酒集团有限公司未提交意见。

本院对二审法院查明的事实予以确认。

本院认为：根据一审、二审判决和喜盈门公司申请再审的理由，本案的主要争议焦点是，喜盈门公司在其生产、销售的啤酒的酒瓶上使用含有"百威英博""百威英博专用瓶"的浮雕文字是否属于正当使用。

本案中，案外人安海斯—布希公司系"百威英博"文字注册商标的权利人，该商标核定使用商品为第32类啤酒等。

百威英博公司根据其与安海斯—布希公司签订的《商标使用维权许可协议》，

有权以被许可人的名义提起诉讼。《商标法》(2001年修正)第52条规定,未经商标注册人的许可,在同一种商品或者类似商品上使用与其注册商标相同或者近似的商标的属于侵犯注册商标专用权的行为。《商标法实施条例》(2002年修订)第3条规定:"商标的使用,包括将商标用于商品、商品包装或者容器以及商品交易书上,或者将商标用于广告宣传、展览以及其他商业活动中。"喜盈门公司系啤酒生产企业,其生产、销售的啤酒的酒瓶上含有"百威英博""百威英博专用瓶"浮雕文字,各方当事人对此没有异议。喜盈门公司主张,其使用回收的啤酒瓶灌装部分"喜盈门啤酒",该啤酒瓶上的"百威英博""百威英博专用瓶"文字是以透明浮雕形式显示,因该文字无法消除,故喜盈门公司对上述文字的使用不是商标性使用,不构成侵权。本院认为,判断喜盈门公司的上述使用行为究竟属于正当使用,还是属于商标性使用,进而侵害"百威英博"注册商标专用权,需要根据本案的具体情况综合分析。

首先,回收并重复利用符合安全标准的啤酒瓶是国家环保政策所提倡的,也是我国啤酒行业多年来的通行做法。实践中,由于回收企业在回收的玻璃啤酒瓶中同时含有相关企业的专用瓶,而专用瓶上一般刻有相关企业的标识印记,从而导致其他啤酒企业因使用回收的"专用瓶"而引发的纠纷时有发生。本院认为,作为啤酒生产企业应使用符合安全标准的啤酒瓶(包括回收并重复利用),这是国家对公共利益保护的具体要求。啤酒生产企业在生产、销售产品的过程中,同时应遵守国家的相关法律规定,不损害他人权益,不侵害他人的知识产权,这也是其应尽的法律义务。一般情况下,如果仅仅是将回收的其他企业的专用瓶作为自己的啤酒容器使用,且在啤酒瓶的瓶身粘贴自己的商标和企业名称的瓶贴(包括包装装潢),与其他企业的瓶贴存在明显区别,使消费者通过不同的瓶贴即可区分啤酒的商标和生产商,不会产生混淆误认,那么该使用方式应属于以区分商品来源为目的正当使用,不构成侵权。但啤酒生产企业未采取正当方式使用回收啤酒瓶,侵害他人相关权利的,则应承担相应的法律责任。根据一审、二审法院查明的事实,喜盈门公司生产的被诉侵权产品,除了啤酒瓶下部显示"百威英博""百威英博专用瓶"浮雕文字以外,还在酒瓶上同时粘贴了与百威英博哈尔滨啤酒有限公司知名商品哈尔滨啤酒(冰纯系列)相近似的包装装潢(包括酒瓶上的冰块浮雕和瓶贴的颜色、图案等要素组合而成的统一整体),该等事实已被上海市高级人民法院(2013)沪高民三(知)终字第110号民事判决确认,并认定喜盈门公司构成不正当竞争。据此,二审法院在本案中认为喜盈门公司的上述使用行为，使得啤酒瓶上的"百威英博"文字发挥商标识别功能的可能性显著提高，加之"百威英博"与百威英博哈尔滨啤酒有限公司具有密切的关联度，将浮雕文字与包装装潢同时使用相互作用，共同起到了商品识别功能。虽然喜盈门公司在被诉侵权产品包装上还使用了"HEIMEN""喜盈门"等商标标识，但考虑到"百威英博"商标在行业内所具有的较高知名度及其旗下拥有不同啤酒品牌（包括哈尔滨啤酒）等事实，消费者在注意到喜盈门公司在其啤酒瓶上使用的"百威英博""百威英博专用瓶"文字时，仍然会对该产品的来源产生混淆或误认。二审法院将喜盈门公司在被诉侵权产品的酒瓶上使用"百威英博""百威英博专用瓶"文字的行为认定为商标性使用行为构成对"百威英博"注册商标专有使用权的侵害，并无不当。

关于喜盈门公司使用的是否回收的啤酒瓶的问题。根据一审、二审法院查明的事实，百威英博公司经公证购买的整箱被诉侵权产品的酒瓶下部均有"百威英博""百威英博专用瓶"浮雕文字，这与一般回收行业混杂回收各种啤酒瓶的客观事实不相吻合，喜盈门公司未对此作出合理的解释。据此，二审法院认为根据现有证据尚不能完全证明上述啤酒瓶系喜盈门公司从市场上回收所得的事实，并认为即使上述啤酒瓶系喜盈门公司从市场上回收所得，该事实也不能成为喜盈门公司不构成商标侵权的抗辩理由，该认定亦无不当。鉴于喜盈门公司实施的一系列行为明显具有傍名牌、搭便车的主观故意，已构成对"百威英博"注册商标专用权的侵害，一审、二审法院判令其承担相应的法律责任，适用法律正确。

关于喜盈门公司提供其他法院相关案件的判决，以证明其不构成侵权的问题。因喜盈门公司提供的其他法院判决涉及的案件事实与本案案件事实不同，且不同案件之间不具关联性，所以，本案二审判决结果与其他法院相关案件判决结果并不矛盾，亦不存在裁判标准不一致的问题，喜盈门公司的该项主张于法无据，本院不予支持。

综上，喜盈门公司的再审申请不符合《中华人民共和国民事诉讼法》第200条规定的情形。依照《中华人民共和国民事诉讼法》第204条第1款之规定，裁定如下：

驳回浙江喜盈门啤酒有限公司的再审申请。

2014年11月28日

四、案件相关问题解析

（一）商标权与字号权请求权竞合

被告销售瓶装啤酒带有的"百威英博"字样，既是注册商标，又是企业的字号，在这种情况下，既侵犯了原告的商标权，又侵犯了其字号权，即产生了两种法律关系，两种请求权发生竞合。

商标权请求权的依据为《商标法》（2001年修正）。字号为企业名称的一部分，字号权请求权并没有一部专门的法律予以规定，而是规定在《反不正当竞争法》中：擅自使用他人的企业名称或者姓名，引人误认为是他人的商品，且根据《最高人民法院关于审理不正当竞争民事案件应用法律若干问题的解释》第6条规定，应当为具有一定的市场知名度、为相关公众所知悉的企业名称中的字号，才能依据反不正当竞争法享有请求权。目前，我国关于商标侵权的赔偿在《最高人民法院关于审理商标民事纠纷案件适用法律若干问题的解释》第13～16条中做了明确的规定，字号侵权的赔偿则并无细致的规定。

综上，商标权请求权从法律依据、侵权认定、侵权赔偿等方面考虑优于字号权请求权，从本案中也可以反映出：企业名称权和商标权共同被侵害时，选择从商标侵权的角度维权往往更为有利。

（二）未注册商标与注册商标的区别

注册商标系经商标局核准注册的，对于未注册商标的法律保护与注册商标的法律保护是不同的，未注册商标的保护主要规定在《商标法》（2001年修正）第9条[1]、第13条[2]、

---

[1]《中华人民共和国商标法》（2001年修正）第9条规定，申请注册的商标，应当有显著特征，便于识别，并不得与他人在先取得的合法权利相冲突……

[2]《中华人民共和国商标法》（2001年修正）第13条规定，为相关公众所熟知的商标，持有人认为其权利受到侵害时，可以依照本法规定请求驰名商标保护。就相同或者类似商品申请注册的商标是复制、模仿或者翻译他人未在中国注册的驰名商标，容易导致混淆的，不予注册并禁止使用……

第15条①、第31条②，主要表现为禁止他人注册与在先使用的未注册商标相同或相似的商标，对于他人擅自使用未注册商标的侵权行为，只有认定为驰名商标才可以要求其承担责任；注册商标享有商标专用权，其受商标法及相关法律的保护，保护力度强。

（三）如何认定驰名商标

本案中原告起诉时的诉讼请求要求认定为驰名商标，根据《商标法》（2001年修正）第14条的规定，应当事人的请求，关于驰名商标的认定途径有三种：（1）在商标注册审查、工商行政管理部门查处商标违法案件过程中，当事人依照《商标法》第13条规定主张权利的，商标局有权认定；（2）在商标争议处理过程中，商标评审委员会有权认定；（3）在商标民事、行政案件审理过程中，最高人民法院指定的人民法院有权认定。

认定驰名商标应当考虑的因素有：（1）相关公众对该商标的知晓程度；（2）该商标使用的持续时间；（3）该商标的任何宣传工作的持续时间、程度和地理范围；（4）该商标作为驰名商标受保护的记录；（5）该商标驰名的其他因素。本案中，原告即是通过举证"百威英博"与"百威"的承继关系、广告宣传、获得荣誉情况证明相关公众高度知晓该商标、商标使用的持续时间长以及广告宣传力度大。

（四）注册商标不使用的后果

本案中浙江喜盈门啤酒有限公司提出"百威英博"商标并没有对应的商品，该商标没有在使用，从判决书中可以看到，人民法院已经论证了"百威英博"商标刻在啤

---

① 《中华人民共和国商标法》（2001年修正）第15条规定，未经授权，代理人或者代表人以自己的名义将被代理人或者被代表人的商标进行注册，被代理人或者被代表人提出异议的，不予注册并禁止使用。就同一种商品或者类似商品申请注册的商标与他人在先使用的未注册商标相同或者近似，申请人与该他人具有前款规定以外的合同、业务往来关系或者其他关系而明知该他人商标存在，该他人提出异议的，不予注册。

② 《中华人民共和国商标法》（2001年修正）第31条规定，申请商标注册不得损害他人现有的在先权利，也不得以不正当手段抢先注册他人已经使用并有一定影响的商标。

酒瓶上属于对商标的使用。那么注册商标不使用的后果是什么呢？根据《商标法》第49条的规定，注册商标没有正当理由连续3年不使用的，任何单位或者个人可以向商标局申请撤销该注册商标，且应当自该注册商标注册公告之日起满3年后提出申请。

五、案件启示及建议

综观整个案件，其实主要围绕以下争议焦点展开：一是酒瓶上的浮雕文字是否属于商标的使用，二是回收利用上述酒瓶是否属于正当使用。针对第一个争议焦点，法院从商标的使用方式及识别来源性上论证了属于商标的使用，而第二个争议焦点则结合本案喜盈门啤酒采用相近似的包装装潢等实际情况使文字发挥商标识别功能的可能性显著提高，从而认定非正当使用，而是侵犯商标专用权的行为。

本案对于如何能够在响应节能减排号召的同时合理面对商标权人的利益诉求问题有重要意义，且对啤酒瓶等知名商品包装容器原始生产利用者（一般为商标权人）及回收利用者如何维权及避免侵权有重大启示。

一方面，对于啤酒瓶等知名商品包装容器原始生产利用者，建议采取的措施有：（1）浮雕文字如是注册商标，应使用"注册商标"或注册标记（"注"或"R"）标明[1]，非注册商标用"TM"标明，避免法院认定为非商标使用；（2）可设置定点、定向、定时回收渠道回收自有品牌的啤酒瓶，或通过商业手段鼓励回收自有品牌的啤酒瓶，比如回收啤酒瓶换啤酒活动，从而减少自产啤酒瓶的流失；（3）设计具有显著性特征的啤酒瓶，申请外观设计或者三维标识商标保护，这样就不仅仅是根据烙在啤酒瓶上的商标文字或图案申请保护，还可以避免啤酒瓶的回收利用者可能通过打磨等处理办法除去烙在啤酒瓶上的标识。

另一方面，对于啤酒瓶等知名商品包装容器回收利用者，建议采取的措施有：（1）使用明显区别于啤酒瓶原始生产利用者的包装装潢，避免不正当竞争；（2）对回收使用的啤酒瓶不仅除去原标签，同时除去原酒瓶上的烙印文字及图案商标，或者利用瓶贴等手段对原有的烙印商标进行遮盖等处理；（3）在瓶身显著位置写明"瓶身商标与本商品无关"等文字，以避免相关公众的误认。

---

[1]《中华人民共和国商标法实施条例》第63条规定，使用注册商标，可以在商品、商品包装、说明书或者其他附着物上标明"注册商标"或者注册标记。注册标记包括注和R。使用注册标记，应当标注在商标的右上角或者右下角。

跳出本案啤酒瓶回收利用的限制，本案在其他方面也极具启示意义。首先，对于非注册商标权人与商号权人而言，非注册商标与商号在我国法律保护的力度远远低于注册商标，注册商标因自愿申请而取得，故建议将商标及字号申请为注册商标，从而得到商标法及其他相关法律的保护。

其次，不论商标是否注册，均应在自己的商品或服务上标记说明。一方面，对于非注册商标权人而言，有商标标记的商品或服务对证明在先作为商标使用有重要作用，如和他人同时在同一种商品或者类似商品上，以相同或者近似的商标申请注册的，授予先使用的[1]；或是在他人抢注自己商标时，可作为证据对已经申请注册的商标提起异议[2]；抑或是被诉侵犯他人合法取得商标权时，作为证据证明在先使用未侵权，并且可在原使用范围内继续使用[3]。另一方面，对于注册商标权人而言，标记是一种证明商标在使用和作为商标使用的证据，证明商标在使用可以避免商标因未使用而被宣告无效，而证明商标作为商标使用，则是为了避免本案争议焦点的产生。

最后，在维权方法上，可以看到本案原被告都采取了公证进行取证的方法，这样做的原因是，司法解释规定，已为有效公证文书所证明的事实当事人无需举证[4]，无疑大大降低了当事人的举证责任；并且从商标侵权案件本身而言，须证明被告有使用、销售等侵权行为，而证明侵权必然有购买带有侵权商标的产品或服务的过程，产品因有实物还较易证明，但依然存在被侵权人否定的风险，而服务就更加难以证明，故在商标维权案件中，建议商标权人尽量采用公证的方式进行取证。

---

[1]《中华人民共和国商标法》第31条规定，两个或者两个以上的商标注册申请人，在同一种商品或者类似商品上，以相同或者近似的商标申请注册的，初步审定并公告申请在先的商标；同一天申请的，初步审定并公告使用在先的商标，驳回其他人的申请，不予公告。

[2]《中华人民共和国商标法》第32条规定，申请商标注册不得损害他人现有的在先权利，也不得以不正当手段抢先注册他人已经使用并有一定影响的商标。

[3]《中华人民共和国商标法》第59条第3款规定，商标注册人申请商标注册前，他人已经在同一种商品或类似商品上先于商标注册人使用与注册商标相同或者近似并有一定影响的商标的，注册商标专用权人无权禁止该使用人在原使用范围内继续使用该商标，但可以要求其附加适当区别标识。

[4]《最高人民法院关于民事诉讼证据的若干规定》第9条规定，下列事实，当事人无须举证证明：（一）众所周知的事实；（二）自然规律及定理；（三）根据法律规定或者已知事实和日常生活经验法则，能推定出的另一事实；（四）已为人民法院发生法律效力的裁判所确认的事实；（五）已为仲裁机构的生效裁决所确认的事实；（六）已为有效公证文书所证明的事实。前款（一）、（三）、（四）、（五）、（六）项，当事人有相反证据足以推翻的除外。

第二章

商标侵权的认定与判断方法

主要原理： 商标侵权行为的主要类型以及认定规则

素材： 上海红蚂蚁装潢设计有限公司川沙分公司与江苏红蚂蚁装饰设计工程有限公司、上海红蚂蚁装潢设计有限公司侵害商标权纠纷案

一、案情简介

2012年6月，江苏红蚂蚁装饰设计工程有限公司（以下简称江苏红蚂蚁）以上海红蚂蚁装潢设计有限公司（以下简称上海红蚂蚁）未经许可，擅自以"红蚂蚁"为字号进行工商登记并突出使用为由起诉商标侵权及不正当竞争，上海市高级人民法院终审判决上海红蚂蚁立即停止侵害江苏红蚂蚁注册商标专用权的行为。判决生效后，江苏红蚂蚁发现上海红蚂蚁装潢设计有限公司川沙分公司（以下简称上海红蚂蚁川沙分公司）仍在其经营场所的户外广告牌、玻璃门等处以及宣传册、网站上突出使用"红蚂蚁"文字，继续侵犯原告商标权，主观恶意明显。故2014年8月江苏红蚂蚁将上海红蚂蚁及其川沙分公司诉至法院，要求二被告停止侵权并赔偿损失。

二被告共同辩称：（1）本案诉讼违反"一事不再理"原则，请求驳回原告起诉。（2）被告未侵害原告的商标权。被告拥有自己的品牌，成立时并不知道原告的存在，主观上不存在过错；被告在经营中同时使用自己的注册商标和"红蚂蚁"字号，从未突出使用"红蚂蚁"；被告的"红蚂蚁"字号在原告商标注册前即已注册，经过多年的经营和宣传，在全国装饰行业和公众中有广泛的影响力和知名度，被告在核准的行政区域内合法使用其字号不构成对在后注册商标的侵害；原告注册商标的主要识别部分是蚂蚁图案，红蚂蚁是通用词组，显著性较低，被告使用的"红蚂蚁"字号在字形、颜色及整体方面均与原告商标不相同，也不近似；双方分别在江苏和上海经营，原告商标所谓的知名度也仅限于江苏省或苏州市，被告在上海使用"红蚂蚁"字号不会与原告注册商标产生混淆和误认。（3）被告在本案审理中经过整改，上海市高级人民法院的生效判决中认定的商标侵权行为已不复存在。

2015年2月上海市浦东新区人民法院作出一审民事判决书，判定上海红蚂蚁川沙分公司构成商标侵权，由上海红蚂蚁承担赔偿损失及合理费用责任。上海红蚂蚁川沙分公司不服提起上诉，上海知识产权法院于2015年6月作出二审判决，驳回上诉，维持原判。

本案争议焦点主要在于：被告是否有新的侵权行为，案件是否违反"一事不再理"原则；被告的行为是否构成商标侵权。

二、法学原理及分析

(一)商标侵权的认定

《中华人民共和国商标法》

第四条 自然人、法人或者其他组织在生产经营活动中,对其商品或者服务需要取得商标专用权的,应当向商标局申请商标注册。

本法有关商品商标的规定,适用于服务商标。

第五十七条 有下列行为之一的,均属侵犯注册商标专用权:

(一)未经商标注册人的许可,在同一种商品上使用与其注册商标相同的商标的;

(二)未经商标注册人的许可,在同一种商品上使用与其注册商标近似的商标,或者在类似商品上使用与其注册商标相同或者近似的商标,容易导致混淆的;

(三)销售侵犯注册商标专用权的商品的;

(四)伪造、擅自制造他人注册商标标识或者销售伪造、擅自制造的注册商标标识的;

(五)未经商标注册人同意,更换其注册商标并将该更换商标的商品又投入市场的;

(六)故意为侵犯他人商标专用权行为提供便利条件,帮助他人实施侵犯商标专用权行为的;

(七)给他人的注册商标专用权造成其他损害的。

《最高人民法院关于审理商标民事纠纷案件适用法律若干问题的解释》

第一条 下列行为属于商标法第五十二条第(五)项[①]规定的给他人注册商标专用权造成其他损害的行为:

(一)将与他人注册商标相同或者相近似的文字作为企业的字号在相同或者类似商品上突出使用,容易使相关公众产生误认的;

……

第九条 ……商标法第五十二条第(一)项[②]规定的商标近似,是指被控侵权的商标与原告的注册商标相比较,其文字的字形、读音、含义或者图形的构图及颜色,或者其各要素组合后的整体结构相似,或者其立体形状、颜色组合近似,易使相关

[①]《中华人民共和国商标法》(2013年修正)为第57条第(7)项。
[②]同上。

公众对商品的来源产生误认或者认为其来源与原告注册商标的商品有特定的联系。

第十条 人民法院依据商标法第五十二条第（一）项[①]的规定，认定商标相同或者近似按照以下原则进行：

（一）以相关公众的一般注意力为标准；

（二）既要进行对商标的整体比对，又要进行对商标主要部分的比对，比对应当在比对对象隔离的状态下分别进行；

（三）判断商标是否近似，应当考虑请求保护注册商标的显著性和知名度。

因江苏红蚂蚁的注册商标适用在装潢等服务上，属于服务商标，故首先应明确的是《商标法》中关于商品商标的规定同样适用于服务商标。

"红蚂蚁"为上海红蚂蚁川沙分公司的字号，本案一审法院认定侵权的依据为：将与他人注册商标相同或者相近似的文字作为企业的字号在相同或者类似商品上突出使用，容易使相关公众产生误认的，侵犯注册商标专用权。具体认定过程为：首先，认定上海红蚂蚁川沙分公司突出使用其字号；其次，认定被告提供的服务与注册商标核定的服务基本相同；最后，认定字号与注册商标近似，最终得出川沙分公司侵权的结论。

（二）商标侵权的责任

《中华人民共和国商标法》

第六十三条 侵犯商标专用权的赔偿数额，按照权利人因被侵权所受到的实际损失确定；实际损失难以确定的，可以按照侵权人因侵权所获得的利益确定；权利人的损失或者侵权人获得的利益难以确定的，参照该商标许可使用费的倍数合理确定。对恶意侵犯商标专用权，情节严重的，可以在按照上述方法确定数额的一倍以上三倍以下确定赔偿数额。赔偿数额应当包括权利人为制止侵权行为所支付的合理开支。

人民法院为确定赔偿数额，在权利人已经尽力举证，而与侵权行为相关的账簿、资料主要由侵权人掌握的情况下，可以责令侵权人提供与侵权行为相关的账簿、资料；侵权人不提供或者提供虚假的账簿、资料的，人民法院可以参考权利人的主张和提供的证据判定赔偿数额。

[①]《中华人民共和国商标法》（2013年修正）为第57条第（1）项。

权利人因被侵权所受到的实际损失、侵权人因侵权所获得的利益、注册商标许可使用费难以确定的,由人民法院根据侵权行为的情节判决给予三百万元以下的赔偿。

《最高人民法院关于审理商标民事纠纷案件适用法律若干问题的解释》

第十六条 侵权人因侵权所获得的利益或者被侵权人因被侵权所受到的损失均难以确定的,人民法院可以根据当事人的请求或者依职权适用商标法第五十六条第二款[①]的规定确定赔偿数额。

人民法院在确定赔偿数额时,应当考虑侵权行为的性质、期间、后果,商标的声誉,商标使用许可费的数额,商标使用许可的种类、时间、范围及制止侵权行为的合理开支等因素综合确定。

……

第十七条 商标法第五十六条第一款规定的制止侵权行为所支付的合理开支,包括权利人或者委托代理人对侵权行为进行调查、取证的合理费用。

人民法院根据当事人的诉讼请求和案件具体情况,可以将符合国家有关部门规定的律师费用计算在赔偿范围内。

第二十一条 人民法院在审理侵犯注册商标专用权纠纷案件中,依据民法通则第一百三十四条、商标法第五十三条的规定和案件具体情况,可以判决侵权人承担停止侵害、排除妨碍、消除危险、赔偿损失、消除影响等民事责任,还可以作出罚款,收缴侵权商品、伪造的商标标识和专门用于生产侵权商品的材料、工具、设备等财物的民事制裁决定。罚款数额可以参照《中华人民共和国商标法实施条例》的有关规定确定。

……

商标侵权案中,根据相关规定,商标权人可请求侵权人承担停止侵害、排除妨碍、消除危险、赔偿损失、消除影响等民事责任,本案中江苏红蚂蚁要求两被告停止侵权、赔偿损失及承担合理费用,因诉讼过程中上海红蚂蚁已经停止侵权,故法院判决上海红蚂蚁承担赔偿损失和合理费用。

商标侵权的赔偿数额,按照权利人因被侵权所受到的实际损失确定;实际损失难以确定的,可以按照侵权人因侵权所获得的利益确定;权利人的损失或者侵权人获得的利益难以确定的,参照该商标许可使用费的倍数合理确定。对恶意侵犯商标专用权,情节严重的,可以在按照上述方法确定数额的一倍以上三倍以下确定赔偿

---

① 《中华人民共和国商标法》(2013年修正)为第63条第3款。

数额。赔偿数额应当包括权利人为制止侵权行为所支付的合理开支。本案因实际损失和侵权所得收益不能确定，而法院认定原告要求的商标许可使用费过高，但作为考虑因素最终酌定赔偿。

（三）承担责任的主体

《中华人民共和国公司法》

第十四条 公司可以设立分公司。设立分公司，应当向公司登记机关申请登记，领取营业执照。分公司不具有法人资格，其民事责任由公司承担。

……

法院认定上海红蚂蚁川沙分公司的行为侵权，但根据上述规定，分公司不具有法人资格，所以该侵权责任最终由上海红蚂蚁承担。

三、案件介绍

案由

案由：侵害商标权纠纷

案号

一审案号：（2014）浦民三（知）初字第754号

二审案号：（2015）沪知民终字第82号

案件当事人

一审原告、二审被上诉人：江苏红蚂蚁装饰设计工程有限公司

一审被告、二审上诉人：上海红蚂蚁装潢设计有限公司川沙分公司

一审被告：上海红蚂蚁装潢设计有限公司

案件法律文书

1. 一审民事判决书

上海市浦东新区人民法院民事判决书

（2014）浦民三（知）初字第754号

原告：江苏红蚂蚁装饰设计工程有限公司

被告：上海红蚂蚁装潢设计有限公司川沙分公司

被告：上海红蚂蚁装潢设计有限公司

原告江苏红蚂蚁装饰设计工程有限公司（以下简称江苏红蚂蚁公司）与被告上海红蚂蚁装潢设计有限公司川沙分公司（以下简称上海红蚂蚁川沙分公司）、上海红蚂蚁装潢设计有限公司（以下简称上海红蚂蚁公司）侵害商标权纠纷一案，本院于2014年8月12日立案受理后，依法适用普通程序，由审判员倪红霞、代理审判员叶菊芬、人民陪审员余继钟组成合议庭，于2014年9月26日公开开庭进行了审理。原告江苏红蚂蚁公司的委托代理人刘××，被告上海红蚂蚁川沙分公司、上海红蚂蚁公司的共同委托代理人周××到庭参加诉讼。本案现已审理终结。

原告江苏红蚂蚁公司诉称，其成立于1999年3月20日，从事室内外装饰装潢等业务。原告于2002年4月向国家商标局申请注册"紅螞蟻REDANT及图"商标，并于2003年10月28日获得核准注册，注册号第×××××××号，核定使用在室内装饰设计等服务项目上。原告从成立之日起，投入大量人力、物力、资金打造红蚂蚁品牌，得到了市场认可，在行业中占据重要地位，还获得了"江苏省著名商标""苏州市知名商标"等大量荣誉称号。2012年6月，原告以被告上海红蚂蚁公司未经许可，擅自以"红蚂蚁"为字号进行工商登记并突出使用为由起诉商标侵权及不正当竞争，上海市高级人民法院终审判决被告立即停止侵害原告第×××××××号注册商标专用权的行为。而原告经市场调查，发现被告上海红蚂蚁川沙分公司仍在其经营场所的户外广告牌、玻璃门等处以及宣传册、网站上突出使用"红蚂蚁"文字，继续侵犯原告商标权，主观恶意明显。故原告起诉，请求判令：（1）被告上海红蚂蚁川沙分公司立即停止侵权；（2）两被告连带赔偿原告经济损失人民币100 000元；（3）两被告承担原告因制止侵权行为支出的合理费用7500元（其中公证费1500元，律师费6000元）。

被告上海红蚂蚁川沙分公司和上海红蚂蚁公司共同辩称：（1）本案诉讼违反"一事不再理"原则，请求驳回原告起诉。原告诉请已经法院审理并做出判决，原告若认为被告未履行，应申请强制执行而非以相同事实再次起诉。（2）被告未侵害原告的商标权。被告拥有自己的品牌，成立时并不知道原告的存在，主观上不存在过错；被告在经营中同时使用自己的注册商标和"红蚂蚁"字号，从未突出使用"红蚂蚁"；被告的"红蚂蚁"字号在原告商标注册前即已注册，经过多年的经营和宣传在全国装饰行业和公众中有广泛的影响力和知名度，被告在核准的行政区域内合法使用其字号不构成对在后注册商标的侵害；原告注册商标的主要识别部分是蚂蚁图案，红蚂蚁是通用词组，显著性较低，被告使用的"红蚂蚁"字号在字形、颜色及整体方面均与原告商标不相同，也不近似；双方分别在江苏和上海经营，原告商标所谓的知名度也仅限于江苏省或苏州市，被告在上海使用"红蚂蚁"字号不会与原告注册商标产生混淆和误认。（3）被告在本案审理中经过整改，上海市高级人民法院的生效判决中认定的商标侵权行为已不复存在。原告要求赔偿经济损失及维权费用也没有依据。因此，请求驳回原告的诉讼请求。

经审理查明：

原告江苏红蚂蚁公司成立于1999年3月20日，经营范围包括室内外装饰装潢等。2003年10月28日，原告的第×××××××号"红螞蟻REDANT及图"商标（商标标识为"红螞蟻REDANT及图"）获得核准注册，核定服务项目为第42类室内装饰设计、建筑咨询等，经续展有效期至2023年10月27日。该注册商标的申请日期为2002年4月15日，初审公告日期为2003年7月28日。该商标曾先后在2005年、2008年、2012年被认定为苏州市知名商标，在2010年、2013年被认定为江苏省著名商标，并在2012年10月被中国建筑装饰协会推荐申请中国驰名商标。此外，原告的"红蚂蚁"企业字号在2007年、2011年被评为苏州市企业知名字号。原告还先后被评为"全国住宅装饰装修行业知名品牌企业""改革开放30年全国住宅装饰装修行业最具影响力企业""中国家居业（2009—2010）双年总评榜十大家装品牌""全国住宅装饰装修优秀企业""全国住宅装饰装修行业质量服务诚信企业"，并多年获得"最具影响力设计机构""全国住宅装饰装修行业百强企业""中国家居产业百强企业""全国住宅装饰装修行业质量、服务、诚信五星级企业""全国住宅装饰装修行业AAA级诚信企业""江苏省优秀家庭装饰示范企业""江苏省优秀装饰企业"以及消费者协会"诚信单位"等荣誉称号。2006年以前，原告在1999年、2004年和2005年处于亏损状态，其余年度的税后利润为几千元到十几万元。2013年，原告的主营业务收入为2亿多元，主营业务利润为5000多万元。

被告上海红蚂蚁公司成立于2003年9月2日，经营范围包括室内外装潢、设计等。其企业名称于2003年8月7日获得上海市工商行政管理局预先核准。上海红蚂蚁公司的法定代表人王大信于2006年1月14日注册第×××××××号"红螞蟻REDANT及图"商标，核定服务项目为第37类室内装潢。上海红蚂蚁公司成立至今，先后被评为"中国质量万里行诚信承诺成员单位""质量放心监督单位""无投诉示范单位"，中国建筑装饰协会评选的诚信企业、优秀企业、示范工程、知名品牌企业、百强企业，上海市建筑学会评选的推荐单位、设计优秀奖，上海市装饰装修行业协会评选的立功先进公司、信得过企业、公众满意度测评合格单位、达标企业、上海市优秀装饰设计企业、上市世博服务窗口优秀工程项目经理，中国保护消费者基金会评选的诚信服务会员单位等；现为中国建筑装饰协会的上海市建设安全协会会员及上海市装饰装修行业协会的常务理事单位、特约经销企业、家装分委会副主任单位，并有多名中国建筑装饰协会和上海市装饰装修行业协会的个人会员。在2005年8月《文汇报》向上海市委办的情况反映中，提到"一些中小型装潢企业也在规范达标服务中得益匪浅，如红蚂蚁装潢公司……"。被告上海红蚂蚁公司还在《新民晚报》《新闻晨报》《解放日报》《青年报》《新民地铁报》等报纸上进行了宣传。上海市装饰装修行业协会于2014年9月19日出具证明称，上海红蚂蚁公司自成立至今获得大量荣誉，在上海家装行业名列前茅。

被告上海红蚂蚁川沙分公司成立于2012年7月6日，隶属于被告上海红蚂蚁公司，经营范围为室内外装潢设计等。

2013年6月25日，上海市高级人民法院就原告起诉本案被告上海红蚂蚁公司侵害商标权及不正当竞争纠纷案作出（2013）沪高民三（知）终字第7号民事判决，判令上海红蚂蚁公司立即停止侵害原告第×××××××号注册商标专用权的行为，并赔偿原告合理费用6万元。在该份生效判决中认定的商标侵权行为包括上海红蚂蚁公司在经营活动中使用"红蚂蚁""红蚂蚁装潢""红蚂蚁装潢设计""红蚂蚁精品设计中心"等文字。其中，上海红蚂蚁川沙分公司在其位于上海市浦东新区妙境路×××号的商铺门头上使用了"红蚂蚁装潢"；门头上的广告牌最上部为"红螞蟻REDANT及图"图形和"上海红蚂蚁装潢设计"文字，其中"红螞蟻REDANT及图"图形与"红蚂蚁"文字位置紧邻且为较显眼的金黄色，中间为两行排列的"上海红蚂蚁装潢""精品设计中心"；玻璃门腰封和前台后面的背景墙上都有"SH-HMY及图"和"红蚂蚁装潢设计"。

2014年7月8日，原告申请上海市东方公证处对上海红蚂蚁川沙分公司的上述商铺进行保全证据公证。公证内容显示，该商铺的门头、玻璃门腰封和背景墙上的字样，广告牌最上部的"红螞蟻REDANT及图"图形和"上海红蚂蚁装潢设计"文字与前述（2013）沪高民三（知）终字第7号案件中的使用方式一样；广告牌中间变更为三行排列的"上海红蚂蚁装潢""设计有限公司""精品中心"文字，字体、字号及颜色均相同。公证处为此次公证出具（2014）沪东证经字第10955号公证书。原告为此支付公证费1500元。

被告上海红蚂蚁川沙分公司于2014年9月拍摄的照片显示，上述商铺的门头、背景墙、玻璃门腰封上已整改为"上海红蚂蚁装潢设计有限公司"，广告牌上部黄颜色的"红蚂蚁"文字已去除，广告牌中间仍为上下三行排列的字体、字号及颜色均相同的"上海红蚂蚁装潢""设计有限公司""精品中心"文字。

2014年9月22日，被告上海红蚂蚁公司在上海市东方公证处分别对其网站（www.sh-hongmayi.com）及原告网站（www.hmyzs.com）进行了保全证据公证。其中上海红蚂蚁公司网站上使用了"紅螞蟻 REDANT 及图"图形及"上海红蚂蚁装潢"文字，原告公司网站上使用了原告的注册商标及"紅螞蟻装饰"文字。公证处分别出具（2014）沪东证经字第15358号和15357号公证书。

另查明，2010—2012年，原告将其涉案注册商标普通许可给盐城红蚂蚁装饰设计工程有限公司使用，许可费每年10万元。

原告为本案诉讼支付律师费6000元。

另，原告同期在上海市浦东新区、杨浦区、徐汇区、闵行区以及江苏省昆山市等地对被告上海红蚂蚁公司及不同分公司有其他类似诉讼。

以上事实，由原被告的当庭陈述，原告举证的商标注册证、核准变更、续展证明及商标详细信息、荣誉证书、中国建筑装饰协会推荐函、上海市高级人民法院（2013）沪高民三（知）终字第7号民事判决书、（2014）沪东证经字第10955号公证书、商标使用许可合同备案通知书、商标使用许可合同、公证费发票、律师费发票、审计报告，两被告举证的企业名称预先核准通知书、商标注册证、荣誉证书、《文汇报》情况汇报、上海市装饰装修行业协会证明、报纸、自江苏省工商行政管理局调取的原告公司年检报告书、（2014）沪东证经字第15357号和15358号公证书、商铺照片等经质证的证据证实。

原告还提交了（2014）沪东证经字第10959号公证书及宣传册一份，称该宣传册系其从被告上海红蚂蚁川沙分公司处取得，与该公证书中从上海市沪松公路×××号被告上海红蚂蚁公司另一家分公司的店铺取得的宣传册相同，以证明被告上海红蚂蚁川沙分公司在宣传册上突出使用"红蚂蚁"的事实。两被告对前述公证书真实性无异议，但表示宣传册并非由被告上海红蚂蚁川沙分公司发出。本院认为，原告的前述证据仅能证明其从上海市沪松公路×××号店铺取得宣传册的事实，不能证明原告在本案中提交的宣传册系自被告上海红蚂蚁川沙分公司处取得或由该分公司印制、散发，故本院对原告的上述证据不予采纳。

审理中，原告表示在本案中仅主张被告上海红蚂蚁川沙分公司的侵权行为，对被告上海红蚂蚁公司的侵权行为暂不主张。

本院认为，根据原被告的诉辩意见，本案争议焦点为：（1）本案诉讼是否违反"一事不再理"原则；（2）被告上海红蚂蚁川沙分公司是否侵害了原告涉案的注册商标专用权；（3）如被告上海红蚂蚁川沙分公司实施了侵权行为，两被告应承担的民事责任。

一、本案诉讼未违反"一事不再理"原则

原告在本案中指控的侵权行为系被告上海红蚂蚁川沙分公司在店铺门头、广告牌、玻璃门腰封、背景墙、宣传册和网站上突出使用"红蚂蚁"文字。其中，宣传册与前次诉讼中的不同；网站在前次诉讼中并未涉及；店铺门头、玻璃门腰封、背景墙的文字虽与前次诉讼中的相同，但广告牌上的文字与前次诉讼中的不同，显然是前次诉讼结束后，被告上海红蚂蚁川沙分公司重新制作而成。因此，原告在本案中指控的侵权行为是前次诉讼判决生效后，被告上海红蚂蚁川沙分公司实施的新的侵权行为，原告有权提起诉讼。故对于两被告提出的本案诉讼违反"一事不再理"原则的主张，本院不予采纳。

二、被告上海红蚂蚁川沙分公司侵害了原告的注册商标权专用权

《最高人民法院关于审理商标民事纠纷案件适用法律若干问题的解释》第1条第（1）项规定，将与他人注册商标相同或者相近似的文字作为企业的字号在相同或者类似商品上突出使用，容易使相关公众产生误认的，属于给他人注册商标专用权造成其他损害的行为。

原告提供的公证书显示，被告上海红蚂蚁川沙分公司在其店铺门头、玻璃门腰封、背景墙使用了"红蚂蚁装潢"文字，在广告牌上以不同颜色突出使用"红蚂蚁"文字。其中，"红蚂蚁"为其企业字号，"装潢"属于行业，主要识别部分在"红蚂蚁"。因此，被告上海红蚂蚁川沙分公司的上述行为属突出使用其"红蚂蚁"企业字号的行为。被告上海红蚂蚁川沙分公司的经营范围包括"室内外装潢设计"，其"红蚂蚁"字号也在经营场所与"装潢"一起使用，故其行为属于将"红蚂蚁"字号突出使用在装潢服务上，与原告涉案商标核定服务项目中的"室内装饰设计"属基本相同的服务。原告的涉案商标为图文组合商标，以我国普通消费者的一般注意力而言，对

该商标的诵读、记忆及识别部分系其中的中文文字"红螞蟻"。被告上海红蚂蚁川沙分公司突出使用的"红蚂蚁"与原告注册商标中的"红螞蟻"相比，读音、含义均相同，仅存在简繁体的不同。被告上海红蚂蚁川沙分公司在装潢服务的经营中突出使用"红蚂蚁"文字，容易造成相关公众误认其与原告存在某种特定联系，因此，其"红蚂蚁"字号与原告涉案商标构成近似。综上，被告上海红蚂蚁川沙分公司将与原告注册商标相近似的文字作为企业字号在相同服务上突出使用，容易使相关公众产生误认，构成对原告涉案注册商标专用权的侵害。原告还主张被告上海红蚂蚁川沙分公司在广告牌上使用的三行排列的"上海红蚂蚁装潢""设计有限公司""精品中心"文字构成对"红蚂蚁"的突出使用。本院认为，上述分行文字的字体、字号及颜色均相同，而"上海红蚂蚁装潢设计有限公司"又是被告上海红蚂蚁公司的企业名称全称，故上述行为并不构成对"红蚂蚁"字号的突出使用。因此，对原告的该项主张，本院不予采纳。

两被告提出，其成立时并不知道原告存在，其在核准的行政区域内合法使用具有一定知名度的字号不构成对原告在后注册商标的侵害，双方在不同地区经营，故不会使相关公众产生混淆。本院认为，两被告的上述意见均不成立，本院不予采纳。理由如下：

首先，本案中，被控侵权行为系在相同服务上使用近似商标，而此种商标侵权行为的构成并不以主观故意为前提。故两被告是否知道原告及原告注册商标的存在，不影响对其行为是否构成商标侵权的认定。且两被告在有关使用行为已被生效判决认定构成商标侵权的情况下，仍继续实施相同侵权行为，侵权的主观故意明显。

其次，被告认为其可以在核准的行政区域内使用其在先注册的具有一定知名度的字号。我国《商标法》第59条第3款规定，商标注册人申请商标注册前，他人已经在同一种商品或者类似商品上先于商标注册人使用与注册商标相同或者近似并有一定影响的商标的，注册商标专用权人无权禁止该使用人在原使用范围内继续使用该商标，但可以要求其附加适当区别标识。因此，自原告申请注册涉案商标起，他人在相同或类似服务上使用的与原告注册商标相同或近似的商标，除非属在先使用并具有一定影响的商标，否则无权在原使用范围内继续使用。被告上海红蚂蚁公司的企业名称核准时间仅比原告涉案商标的注册时间早两个多月，且晚于原告商标的申请注册时间，故被告上海红蚂蚁川沙分公司突出使用的"红蚂蚁"字号并不属于在先使用的有一定影响的商标，其主张在原使用范围内继续使用缺乏法律依据。经营者虽然可以在经营过程中适当简化使用其企业名称，但不应侵害他人的合法权益。在原告享有涉案注册商标专用权的情况下，被告在提供与原告注册商标核定使用的服务基本相同的服务时，应规范使用其经核准登记的企业名称，以正确区分服务来源，避免造成相关公众的混淆和误认。

再次，原告虽未提供证据证明其注册商标在上海地区的知名度和影响力，或已造成现实混淆，但对注册商标的保护并不以知名度为条件。在我国核准注册的商标，商标专用权的保护范围及于全国，商标权人有权在全国范围内禁止他人在相同或类似的商品或服务上使用与其注册商标相同或近似的标识。商标侵权的构成也不限于造成实际混淆，还包括造成混淆的可能性。被告上海红蚂蚁川沙分公司在相同服务上使用与原告注册商标近似的商标，易造成相关消费者对两者主体的混淆或关系的误认。

关于原告指控的宣传册和网站上的侵权行为，原告认为，被告上海红蚂蚁川沙分公司的信息存在于该网站和宣传册中，故该行为是上海红蚂蚁川沙分公司在广告宣传中使用商标的侵权行为。两被告则认为，原告提交的宣传册并非自上海红蚂蚁川沙分公司处取得，与其无关；而网站系被告上海红蚂蚁公司开办，亦与上海红蚂蚁川沙分公司无关。本院认为，现有证据不能证明该宣传册系由上海红蚂蚁川沙分公司印制、散发，而网站的所有人系上海红蚂蚁公司，故不能证明宣传册及网站上的商标使用行为系上海红蚂蚁川沙分公司实施。审理中，原告经本院释明，表示仅主张上海红蚂蚁川沙分公司的侵权行为，对上海红蚂蚁公司的侵权行为在本案中暂不主张。故对原告指控被告上海红蚂蚁川沙分公司实施了前述行为的主张，本院不予支持。

三、两被告应当承担何种民事责任

被告上海红蚂蚁川沙分公司实施了侵害原告商标权的行为，应承担停止侵权、赔偿损失的民事责任。但是，在案件审理中，其经过整改，在店铺的广告牌、门头、玻璃门腰封及背景墙上已规范使用企业名称，故无须再承担停止侵权的民事责任。

被告上海红蚂蚁公司在类似行为已被生效判决认定构成侵权的情况下，仍再次实施侵权行为，可见实施侵权行为能为其带来利益，故其还应承担赔偿损失的民事责任。关于赔偿金额，根据现有证据，原告因侵权行为而遭受的实际损失和被告上海红蚂蚁川沙分公司因侵权所获得的利益均难以确定,而原告提交了其与案外人签订的商标使用许可合同,并以该合同约定的每年许可使用费10万元作为主张赔偿的依据。本院认为,商标许可使用费会因被许可人的经营规模、许可地域范围、使用方式等不同而有所差异。原告提交的商标使用许可合同并未对被许可人使用涉案商标的地域范围、开设店铺的数量等进行限制,而本案被告上海红蚂蚁川沙分公司仅是被告上海红蚂蚁公司在上海地区经营的众多分公司之一,故原告据此主张本案的赔偿数额不合理,本院不予采纳,但该许可费可以作为确定赔偿数额的参考因素之一。本院将综合考虑被告上海红蚂蚁川沙分公司在类似行为已被生效判决认定侵权后仍实施侵权行为;经营规模;侵权期间;原被告出于不同的省市,其提供装潢服务获利受地域因素影响较大;原告就被告上海红蚂蚁公司的多家分公司提起类似诉讼;涉案商标许可使用费的数额等因素,酌情确定赔偿数额。原告主张的公证费系为本案诉讼而支出的合理费用,本院予以支持,律师费将根据本案案情、律师的工作量及律师收费标准等因素酌情确定。我国《公司法》第14条第1款规定,分公司不具有法人资格,其民事责任由公司承担。鉴于被告上海红蚂蚁川沙分公司系被告上海红蚂蚁公司设立的不具备法人资格的分支机构,无法独立承担民事责任,故相关民事责任应由被告上海红蚂蚁公司承担。

综上,依照《中华人民共和国商标法》第4条第2款、第63条第1款和第3款,《中华人民共和国公司法》第14条第1款,《最高人民法院关于审理商标民事纠纷案件适用法律若干问题的解释》第1条第(1)项、第9条第2款、第10条、第16条第1款和第2款、第17条、第21条第1款之规定,判决如下:

(1)被告上海红蚂蚁装潢设计有限公司于本判决生效之日起10日内赔偿原告江苏红蚂蚁装饰设计工程有限公司经济损失人民币15 000元;

(2)被告上海红蚂蚁装潢设计有限公司于本判决生效之日起10日内赔偿原告江苏红蚂蚁装饰设计工程有限公司为制止侵权行为支出的合理费用人民币5000元;

(3)驳回原告江苏红蚂蚁装饰设计工程有限公司的其他诉讼请求。

负有金钱给付义务的当事人,如果未按本判决指定的期间履行给付义务,应当依照《中华人民共和国民事诉讼法》第253条的规定,加倍支付迟延履行期间的债务利息。

案件受理费人民币2450元,由原告江苏红蚂蚁装饰设计工程有限公司负担997元,被告上海红蚂蚁装潢设计有限公司负担1453元。

如不服本判决，可在判决书送达之日起15日内，向本院递交上诉状，并按对方当事人的人数提出副本，上诉于上海知识产权法院。

2015年2月3日

2. 二审民事判决书

上海知识产权法院民事判决书

（2015）沪知民终字第82号

上诉人（原审被告）：上海红蚂蚁装潢设计有限公司川沙分公司

被上诉人（原审原告）：江苏红蚂蚁装饰设计工程有限公司

原审被告：上海红蚂蚁装潢设计有限公司

上诉人上海红蚂蚁装潢设计有限公司川沙分公司（以下简称上海红蚂蚁川沙分公司）因侵害商标权纠纷一案，不服上海市浦东新区人民法院（2014）浦民三（知）初字第754号民事判决，向本院提起上诉。本院于2015年4月7日受理后，依法组成合议庭，于2015年5月18日公开开庭审理了本案。上诉人的委托代理人周××、被上诉人江苏红蚂蚁装饰设计工程有限公司（以下简称江苏红蚂蚁公司）的委托代理人刘××、原审被告上海红蚂蚁装潢设计有限公司（以下简称上海红蚂蚁公司）的委托代理人齐××到庭参加了诉讼。本案现已审理终结。

江苏红蚂蚁公司在原审中诉称，其于2002年4月向国家商标局申请注册"红蚂蚁REDANT及图"商标，并于2003年10月28日获得核准注册，注册号第×××××××号，核定使用在室内装饰设计等服务项目上。江苏红蚂蚁公司从成立之日起，投入大量人力、物力、资金打造红蚂蚁品牌，得到了市场认可，在行业中占据重要地位，还获得了"江苏省著名商标""苏州市知名商标"等大量荣誉称号。2012年6月，江苏红蚂蚁公司以上海红蚂蚁公司未经许可，擅自以"红蚂蚁"为字号进行工商登记并突出使用为由起诉，上海市高级人民法院终审判决上海红蚂蚁公司立即停止侵害江苏红蚂蚁公司第×××××××号注册商标专用权的行为。后经市场调查，发现上海红蚂蚁川沙分公司仍在其经营场所的户外广告牌、玻璃门等处以及宣传册、网站上突出使用"红蚂蚁"文字，继续侵犯江苏红蚂蚁公司商标权，主观恶意明显。江苏红蚂蚁公司遂诉至法院，请求判令：（1）上海红蚂蚁川沙分公司立即停止侵权；（2）上海红蚂蚁川沙分公司、上海红蚂蚁公司连带赔偿经济损失人民币（以下币种相同）100 000元；（3）上海红蚂蚁川沙分公司、上海红蚂蚁公司承担合理费用7500元（其中公证费1500元、律师费6000元）。

上海红蚂蚁川沙分公司和上海红蚂蚁公司在原审中共同辩称：（1）本案诉讼违反"一事不再理"原则，请求驳回起诉。（2）上海红蚂蚁川沙分公司在经营中同时使用自己的注册商标和字号，从未突出使用"红蚂蚁""红蚂蚁"字号注册在先，上海红蚂蚁川沙分公司在核准的行政区域内合法使用其字号不构成对在后注册商标的侵害，且使用的"红蚂蚁"字号在字形、颜色及整体上均与江苏红蚂蚁公司的商标不相同也不近似；双方分别在江苏和上海经营，上海红蚂蚁川沙分公司在上海使用"红蚂蚁"字号不会与涉案商标产生混淆和误认。（3）上海红蚂蚁川沙分公司在本案审理中经过整改，上海市高级人民法院的生效判决中认定的商标侵权行为已不复存在。

原审法院经审理查明：

江苏红蚂蚁公司成立于1999年3月20日，经营范围包括室内外装饰装潢等。2003年10月28日，江苏红蚂蚁公司的第×××××××号"紅螞蟻REDANT及图"商标（商标标识为"紅螞蟻REDANT及图"）获得核准注册，核定服务项目为第42类室内装饰设计、建筑咨询等，经续展有效期至2023年10月27日。该注册商标的申请日期为2002年4月15日，初审公告日期为2003年7月28日。该商标曾先后在2005年、2008年、2012年被认定为苏州市知名商标，在2010年、2013年被认定为江苏省著名商标，并在2012年10月被中国建筑装饰协会推荐申请中国驰名商标。此外，"红蚂蚁"企业字号在2007年、2011年被评为苏州市企业知名字号。江苏红蚂蚁公司还先后被评为"全国住宅装饰装修行业知名品牌企业""改革开放30年全国住宅装饰装修行业最具影响力企业""中国家居业（2009—2010）双年总评榜十大家装品牌""全国住宅装饰装修优秀企业""全国住宅装饰装修行业质量服务诚信企业"，并多年获得"最具影响力设计机构""全国住宅装饰装修行业百强企业""中国家居产业百强企业""全国住宅装饰装修行业质量、服务、诚信五星级企业""全国住宅装饰装修行业AAA级诚信企业""江苏省优秀家庭装饰示范企业""江苏省优秀装饰企业"，以及消费者协会"诚信单位"等荣誉称号。2006年以前，江苏红蚂蚁公司在1999年、2004年和2005年处于亏损状态，其余年度的税后利润为几千元到十几万元。2013年，江苏红蚂蚁公司的主营业务收入为2亿多元，主营业务利润为5000多万元。

上海红蚂蚁公司成立于2003年9月2日，经营范围包括室内外装潢、设计等。

其企业名称于2003年8月7日获得上海市工商行政管理局预先核准。上海红蚂蚁公司的法定代表人王大信于2006年1月14日注册第×××××××号"红螞蟻REDANT及图"商标，核定服务项目为第37类室内装潢。上海红蚂蚁公司成立至今，先后被评为"中国质量万里行诚信承诺成员单位""质量放心监督单位""无投诉示范单位"，中国建筑装饰协会评选的诚信企业、优秀企业、示范工程、知名品牌企业、百强企业，上海市建筑学会评选的推荐单位、设计优秀奖，上海市装饰装修行业协会评选的立功先进公司、信得过企业、公众满意度测评合格单位、达标企业、上海市优秀装饰设计企业、上市世博服务窗口优秀工程项目经理，中国保护消费者基金会评选的诚信服务会员单位等；现为中国建筑装饰协会的上海市建设安全协会会员及上海市装饰装修行业协会的常务理事单位、特约经销企业、家装分委会副主任单位，并有多名中国建筑装饰协会和上海市装饰装修行业协会的个人会员。在2005年8月《文汇报》向上海市委办的情况反映中，提到"一些中小型装潢企业也在规范达标服务中得益匪浅，如红蚂蚁装潢公司……"。上海红蚂蚁公司还在《新民晚报》《新闻晨报》《解放日报》《青年报》《新民地铁报》等报纸上进行了宣传。上海市装饰装修行业协会于2014年9月19日出具证明称，上海红蚂蚁公司自成立至今获得大量荣誉，在上海家装行业名列前茅。

上海红蚂蚁川沙分公司成立于2012年7月6日，隶属于上海红蚂蚁公司，经营范围为室内外装潢设计等。

2013年6月25日，上海市高级人民法院就江苏红蚂蚁公司起诉上海红蚂蚁公司侵害商标权及不正当竞争纠纷案作出（2013）沪高民三（知）终字第7号民事判决，判令上海红蚂蚁公司立即停止侵害江苏红蚂蚁公司第×××××××号注册商标专用权的行为，并赔偿合理费用6万元。在该份生效判决中认定的商标侵权行为包括上海红蚂蚁公司在经营活动中使用"红蚂蚁""红蚂蚁装潢""红蚂蚁装潢设计""红蚂蚁精品设计中心"等文字。其中，上海红蚂蚁川沙分公司在其位于上海市浦东新区妙境路×××号的商铺门头上使用了"红蚂蚁装潢"；门头上的广告牌最上部为"紅螞蟻REDANT及图"图形和"上海红蚂蚁装潢设计"文字，其中"紅螞蟻REDANT及图"图形与"红蚂蚁"文字位置紧邻且为较显眼的金黄色，中间为两行排列的"上海红蚂蚁装潢""精品设计中心"；玻璃门腰封和前台后面的背景墙上都有"SH-HMY及图"和"红蚂蚁装潢设计"的字样。

2014年7月8日，江苏红蚂蚁公司申请上海市东方公证处对上海红蚂蚁川沙分公司的上述商铺进行保全证据公证。公证内容显示，该商铺的门头、玻璃门腰封和背景墙上的字样，广告牌最上部的"紅螞蟻REDANT及图"图形和"上海红蚂蚁装潢设计"文字与前述（2013）沪高民三（知）终字第7号案件中的使用方式一样；广告牌中间变更为三行排列的"上海红蚂蚁装潢""设计有限公司""精品中心"文字，字体、字号及颜色均相同。公证处为此次公证出具（2014）沪东证经字第10955号公证书。江苏红蚂蚁公司为此支付公证费1500元。

上海红蚂蚁川沙分公司于2014年9月拍摄的照片显示，上述商铺的门头、背景墙、玻璃门腰封上已整改为"上海红蚂蚁装潢设计有限公司"，广告牌上部黄颜色的"红蚂蚁"文字已去除，广告牌中间仍为上下三行排列的字体、字号及颜色均相同的"上海红蚂蚁装潢""设计有限公司""精品中心"文字。

2014年9月22日，上海红蚂蚁公司在上海市东方公证处分别对其网站（www.sh-hongmayi.com）及江苏红蚂蚁公司网站（www.hmyzs.com）进行了保全证据公证。其中，上海红蚂蚁公司网站上使用了"紅螞蟻REDANT及图"图形及"上海红蚂蚁装潢"文字，江苏红蚂蚁公司网站上使用了其注册商标及"紅螞蟻装饰"文字。公证处分别出具（2014）沪东证经字第15358号和15357号公证书。

2010—2012年，江苏红蚂蚁公司将其涉案注册商标普通许可给盐城红蚂蚁装饰设计工程有限公司使用，许可费每年10万元。

江苏红蚂蚁公司为本案诉讼支付律师费6000元。

江苏红蚂蚁公司同期在上海市浦东新区、杨浦区、徐汇区、闵行区以及江苏省昆山市等地对上海红蚂蚁公司及不同分公司有其他类似诉讼。

原审审理中，江苏红蚂蚁公司表示在本案中仅主张上海红蚂蚁川沙分公司的侵权行为，对上海红蚂蚁公司的侵权行为暂不主张。

原审法院认为，案件争议焦点为：（1）本案诉讼是否违反"一事不再理"原则；（2）上海红蚂蚁川沙分公司是否侵害了江苏红蚂蚁公司的注册商标专用权；（3）如上海红蚂蚁川沙分公司实施了侵权行为，其应承担何种民事责任。

一、本案诉讼未违反"一事不再理"原则

原审法院认为，江苏红蚂蚁公司在本案中指控的侵权行为系上海红蚂蚁川沙分公司在店铺门头、广告牌、玻璃门腰封、背景墙、宣传册和网站上突出使用"红蚂蚁"文字。其中，宣传册与前次诉讼中的不同；网站在前次诉讼中并未涉及；店铺门头、玻璃门腰封、背景墙的文字虽与前次诉讼中的相同，但广告牌上的文字与前次诉讼中的不同，显然是前次诉讼结束后，上海红蚂蚁川沙分公司重新制作而成。因此，江苏红蚂蚁公司指控的侵权行为是前次诉讼判决生效后，上海红蚂蚁川沙分公司实施的新的侵权行为，其有权提起诉讼。故对于上海红蚂蚁公司、上海红蚂蚁川沙分公司提出的本案诉讼违反"一事不再理"原则的主张，不予采纳。

二、上海红蚂蚁川沙分公司侵害了江苏红蚂蚁公司的注册商标权专用权

原审法院认为，《最高人民法院关于审理商标民事纠纷案件适用法律若干问题的解释》第1条第（1）项规定，将与他人注册商标相同或者相近似的文字作为企业的字号在相同或者类似商品上突出使用，容易使相关公众产生误认的，属于给他人注册商标专用权造成其他损害的行为。

江苏红蚂蚁公司提供的公证书显示，上海红蚂蚁川沙分公司在其店铺门头、玻璃门腰封、背景墙使用了"红蚂蚁装潢"文字，在广告牌上以不同颜色突出使用"红蚂蚁"文字。其中，"红蚂蚁"为其企业字号，"装潢"属于行业，主要识别部分在"红蚂蚁"。因此，上海红蚂蚁川沙分公司的上述行为属突出使用其"红蚂蚁"企业字号的行为。上海红蚂蚁川沙分公司的经营范围包括"室内外装潢设计"，其"红蚂蚁"字号也在经营场所与"装潢"一起使用，故其行为属于将"红蚂蚁"字号突出使用在装潢服务上，与江苏红蚂蚁公司涉案商标核定服务项目中的"室内装饰设计"属基本相同的服务。江苏红蚂蚁公司的涉案商标为图文组合商标，以我国普通消费者的一般注意力而言，对该商标的诵读、记忆及识别部分系其中的中文文字"红螞蟻"。上海红蚂蚁川沙分公司突出使用的"红蚂蚁"与涉案商标中的"红螞蟻"相比，读音、含义均相同，仅存在简繁体的不同。上海红蚂蚁川沙分公司在装潢服务的经营中突出使用"红蚂蚁"文字，容易造成相关公众误认其与江苏红蚂蚁公司存在某种特定联系，因此，其"红蚂蚁"字号与涉案商标构成近似。综上，上海红蚂蚁川沙分公司将与江苏红蚂蚁公司注册商标相近似的文字作为企业字号在相同服务上突出使用，容易使相关公众产生误认，构成对江苏红蚂蚁公司涉案注册商标专用权的侵害。江苏红蚂蚁公司还主张上海红蚂蚁川沙分公司在广告牌上使用的三行排列的"上海红蚂蚁装潢""设计有限公司""精品中心"文字构成对"红蚂蚁"的突出使用。原审法院认为，上述分行文字的字体、字号及颜色均相同，而"上海红蚂蚁装潢设计有限公司"又是上海红蚂蚁公司的企业名称全称，故上述行为并不构成对"红蚂蚁"字号的突出使用。因此，对江苏红蚂蚁公司的该项主张，不予采纳。

上海红蚂蚁川沙分公司、上海红蚂蚁公司提出，其成立时并不知道江苏红蚂蚁

公司存在，其在核准的行政区域内合法使用具有一定知名度的字号不构成对在后注册商标的侵害，双方在不同地区经营，故不会使相关公众产生混淆。原审法院认为，上述意见不能成立，不予采纳。原审法院称：

首先，被控侵权行为系在相同服务上使用近似商标，而此种商标侵权行为的构成并不以主观故意为前提。故上海红蚂蚁川沙分公司、上海红蚂蚁公司是否知道江苏红蚂蚁公司及江苏红蚂蚁公司注册商标的存在，不影响对其行为是否构成商标侵权的认定。且上海红蚂蚁川沙分公司、上海红蚂蚁公司是在有关使用行为已被生效判决认定构成商标侵权的情况下，仍继续实施相同侵权行为，侵权的主观故意明显。

其次，上海红蚂蚁川沙分公司、上海红蚂蚁公司认为其可以在核准的行政区域内使用其在先注册的具有一定知名度的字号。我国《商标法》第59条第3款规定，商标注册人申请商标注册前，他人已经在同一种商品或者类似商品上先于商标注册人使用与注册商标相同或者近似并有一定影响的商标的，注册商标专用权人无权禁止该使用人在原使用范围内继续使用该商标，但可以要求其附加适当区别标识。因此，自江苏红蚂蚁公司申请注册涉案商标起，他人在相同或类似服务上使用的与涉案商标相同或近似的商标，除非属在先使用并具有一定影响的商标，否则无权在原使用范围内继续使用。上海红蚂蚁公司的企业名称核准时间仅比江苏红蚂蚁公司商标的注册时间早两个多月，且晚于江苏红蚂蚁公司商标的申请注册时间，故上海红蚂蚁川沙分公司突出使用的"红蚂蚁"字号并不属于在先使用的有一定影响的商标，其主张在原使用范围内继续使用缺乏法律依据。经营者虽然可以在经营过程中适当简化使用其企业名称，但不应侵害他人的合法权益。在享有涉案注册商标专用权的情况下，上海红蚂蚁川沙分公司在提供与江苏红蚂蚁公司注册商标核定使用的服务基本相同的服务时，应规范使用其经核准登记的企业名称，以正确区分服务来源，避免造成相关公众的混淆和误认。

再次，江苏红蚂蚁公司虽未提供证据证明其注册商标在上海地区的知名度和影响力，或已造成现实混淆，但对注册商标的保护并不以知名度为条件。在我国核准注册的商标，商标专用权的保护范围及于全国，商标权人有权在全国范围内禁止他人在相同或类似的商品或服务上使用与其注册商标相同或近似的标识。商标侵权的构成也不限于造成实际混淆，还包括造成混淆的可能性。上海红蚂蚁川沙分公司在相同服务上使用与涉案商标近似的商标，易造成相关消费者对两者主体的混淆或关系的误认。

关于江苏红蚂蚁公司指控的宣传册和网站上的侵权行为，江苏红蚂蚁公司认为，上海红蚂蚁川沙分公司的信息存在于该网站和宣传册中，故该行为是上海红蚂蚁川沙分公司在广告宣传中使用商标的侵权行为。上海红蚂蚁川沙分公司、上海红蚂蚁公司则认为，该宣传册并非自上海红蚂蚁川沙分公司处取得，与其无关；而网站系上海红蚂蚁公司开办，亦与上海红蚂蚁川沙分公司无关。原审法院认为，现有证据不能证明该宣传册系由上海红蚂蚁川沙分公司印制、散发，而网站的所有人系上海红蚂蚁公司，故不能证明宣传册及网站上的商标使用行为系上海红蚂蚁川沙分公司实施。审理中，江苏红蚂蚁公司经原审法院释明，表示仅主张上海红蚂蚁川沙分公司的侵权行为，对上海红蚂蚁公司的侵权行为暂不主张。故对江苏红蚂蚁公司指控上海红蚂蚁川沙分公司实施了前述行为的主张，不予支持。

三、民事责任的承担

上海红蚂蚁川沙分公司实施了侵害商标权的行为，应承担停止侵权、赔偿损失的民事责任。但是，在案件审理中，其经过整改，在店铺的广告牌、门头、玻璃门腰封及背景墙上已规范使用企业名称，故无须再承担停止侵权的民事责任。

上海红蚂蚁公司在类似行为已被生效判决认定构成侵权的情况下，仍再次实施侵权行为，可见实施侵权行为能为其带来利益，故其还应承担赔偿损失的民事责任。关于赔偿金额，根据现有证据，江苏红蚂蚁公司因侵权行为而遭受的实际损失和上海红蚂蚁川沙分公司因侵权所获得的利益均难以确定，而江苏红蚂蚁公司提交了其与案外人签订的商标使用许可合同，并以该合同约定的每年许可使用费10万元作为主张赔偿的依据。原审法院认为，商标许可使用费会因被许可人的经营规模、许可地域范围、使用方式等不同而有所差异。江苏红蚂蚁公司提交的商标使用许可合同并未对被许可人使用涉案商标的地域范围、开设店铺的数量等进行限制，而上海红蚂蚁川沙分公司仅是上海红蚂蚁公司在上海地区经营的众多分公司之一，故江苏红蚂蚁公司据此主张本案的赔偿数额不合理，不予采纳，但该许可费可以作为确定赔偿数额的参考因素之一。原审法院综合考虑上海红蚂蚁川沙分公司在类似行为已被生效判决认定侵权后仍实施侵权行为；经营规模；侵权期间；双方位于不同的省市，其提供装潢服务获利受地域因素影响较大；江苏红蚂蚁公司就上海红蚂蚁公司的多家分公司提起类似诉讼；涉案商标许可使用费的数额等因素，酌情确定赔偿数额。公证费系为诉讼而支出的合理费用，原审法院予以支持，律师费原审法院根据案情、律师的工作量及律师收费标准等因素酌情确定。此外，我国《公司法》第14条第1款规定，分公司不具有法人资格，其民事责任由公司承担。鉴于上海红蚂蚁川沙分公司系上海红蚂蚁公司设立的不具备法人资格的分支机构，无法独立承担民事责任，故相关民事责任应由上海红蚂蚁公司承担。

综上，原审法院依照《中华人民共和国商标法》第4条第2款、第63条第1款和第3款，《中华人民共和国公司法》第14条第1款，《最高人民法院关于审理商标民事纠纷案件适用法律若干问题的解释》第1条第（1）项、第9条第2款、第10条、第16条第1款和第2款、第17条、第21条第1款之规定，判决：（1）上海红蚂蚁公司赔偿江苏红蚂蚁公司经济损失15 000元；（2）上海红蚂蚁公司赔偿江苏红蚂蚁公司为制止侵权行为支出的合理费用5000元；（3）驳回江苏红蚂蚁公司的其他诉讼请求。负有金钱给付义务的当事人，如果未按本判决指定的期间履行给付义务，应当依照《中华人民共和国民事诉讼法》第253条的规定，加倍支付迟延履行期间的债务利息。案件受理费2450元，由江苏红蚂蚁公司负担997元，上海红蚂蚁公司负担1453元。

判决后，上海红蚂蚁川沙分公司不服，向本院提起上诉，请求撤销原审判决，驳回江苏红蚂蚁公司在原审中的全部诉讼请求。

上诉人上海红蚂蚁川沙分公司的主要上诉理由是：（1）原审法院适用法律错误，违背"一事不再理"原则。本案中的被控侵权行为已经前案判决认定，且被上诉人也已向法院申请执行，如果被上诉人认为目前状态仍属侵权，应向执行法院申诉，而非向法院起诉。（2）原审法院认定事实错误，"红蚂蚁"三字并非涉案商标的主体部分，不具有显著识别性，上诉人使用合法注册的企业字号，没有侵害涉案商标专用权。（3）原审法院适用法律错误，上诉人的行为并不构成企业字号的突出使用。上诉人的企业字号核准在被上诉人商标注册之前，在经营过程中并未使用与被上诉人相同的商业标识，且行业的经营者可以适当简化使用企业名称。（4）原审判决上诉人赔偿被上诉人经济损失和律师费没有事实依据，且诉讼费分担比例与判决不符。

被上诉人辩称：（1）本案中所主张的上诉人的侵权行为属于再次侵权，不适用"一事不再理"原则，其与前案在诉讼主体、侵权时间、侵权行为的具体表现上均存在差异。（2）被上诉人的商标系注册商标，其显著性和识别性不容置疑。该商标的主要识别部分是"红螞蟻"，上诉人在经营中使用的"红螞蟻""红蚂蚁"与被上诉人的注册商标构成近似。（3）上诉人使用"红蚂蚁装潢""上海红蚂蚁装潢"，以及将其公司全称分段、分行、分字体大小排布使用属于突出使用其企业字号，上述行为均构成商标侵权。（4）虽然原审法院认为宣传册和网站的所有人并非上诉人,但上诉人实际实施了宣传的侵权行为,请二审法院予以查明并认定该侵权行为。(5)该系列案件每个案件都是针对不同分公司的起诉,各公司的侵权行为并不完全相同。

原审被告同意上诉人的上诉请求及理由。

本院经审理查明:原审认定的事实属实,本院予以确认。

本案中各方当事人的争议焦点主要有两个方面:(1)本案中上诉人是否实施了新的侵权行为,本案是否系重复诉讼;(2)原审判决确定上诉人赔偿被上诉人经济损失和律师费是否具有依据,以及诉讼费用的分担比例是否合理。

一、本案中上诉人是否实施了新的侵权行为,本案是否系重复诉讼

本院认为,首先,被上诉人在本案中主张上诉人的店铺门头、玻璃门腰封、背景墙、广告牌上存在突出使用"红蚂蚁"文字的侵权行为。经审查,上诉人在店铺门头、玻璃门腰封、背景墙使用的文字与前次诉讼相同。被上诉人本案所主张的侵权行为与前次诉讼的区别为:前案上诉人的广告牌左上角标有"红螞蟻REDANT及图"图形和"上海红蚂蚁装潢·设计"的字样,广告牌中间标有"上海红蚂蚁装潢精品设计中心"字样。而本案上诉人广告牌左上角的图形和文字内容虽与前案相同,但广告牌中间的文字变为三行排列的"上海红蚂蚁装潢""设计有限公司""精品中心"。原审法院认为上述经整改的三行排列的文字字体、字号及颜色均相同,且使用了原审被告的企业名称全称,不构成侵权,本院对此予以认同。因此,在前次诉讼判决生效后至本案起诉前,上诉人并没有实施新的侵权行为。

其次,虽然上诉人在前次诉讼判决生效后至本案起诉前未实施新的侵权行为,但本案中被上诉人主张,上诉人在前案判决生效后进行的局部整改后的内容,以及未整改的内容仍构成侵权。被上诉人还主张其余未整改的内容对其造成了新的损害。被上诉人的上述主张显然与前次诉讼中的诉请并不相同,不属于重复诉讼。上诉人有关法院受理本案违反"一事不再理"原则的上诉理由,本院不予采纳。

二、原审判决确定上诉人赔偿被上诉人经济损失和律师费是否具有依据,以及诉讼费用的分担比例是否合理。

本院认为,虽然本案诉讼与前次诉讼相比,上诉人没有实施新的侵权行为,但上诉人拒不执行前次诉讼的生效判决,其侵权行为的继续发生已给被上诉人造成新的损害,故上诉人应就此承担相应赔偿责任。原审法院综合侵权行为的性质、侵权期间、上诉人的规模等因素酌情确定赔偿数额并无不妥,本院予以认同。

上诉人认为,在多个系列案件中,被上诉人提交的发票有注明"款项未付,风险代理"字样,该律师费用并没有实际发生,原审法院以推定发生的律师费数额判决上诉人承担律师费不符合法律规定。本院认为,本案中被上诉人提供了律师费发票,发票上载明代理费金额为6000元,且律师亦实际到庭参加诉讼,原审判决结合案情、律师工作量及律师收费标准确定的律师费数额并无不妥,上诉人的相关上诉理由,本院不予采纳。

上诉人认为,原审判决确定的诉讼费分担比例与判决结果不符,其承担比例过高。本院认为,《诉讼费用交纳办法》第29条规定,部分胜诉、部分败诉的,人民法院根据案件的具体情况决定当事人各自负担的诉讼费用数额。本案诉讼系因上诉人拒不执行前案生效判决给被上诉人造成新的损害而发生,在综合考虑上诉人的过错、被上诉人诉请支持程度的基础上,原审法院所确定的诉讼费用分担数额并无不妥,本院予以维持。上诉人的相关上诉理由,本院不予采纳。

综上所述,原审判决审判程序合法,裁判结果并无不当。据此,依照《中华人民共和国民事诉讼法》170条第1款第(1)项之规定,判决如下:

驳回上诉,维持原判。

二审案件受理费人民币300元,由原审被告上海红蚂蚁装潢设计有限公司负担。

本判决为终审判决。

2015年6月8日

四、案件相关问题解析

(一)"一事不再理"原则

"一事不再理"原则即为不得重复起诉,2015年前我国相关法律、法规并没有约定"一事不再理"的认定标准,直至《最高人民法院关于适用〈中华人民共和国民事诉讼法〉的解释》(以下简称《新民诉司法解释》)出台,其第247条规定,当事人就已经提起诉讼的事项在诉讼过程中或者裁判生效后再次起诉,同时符合下列条件的,构成重复起诉:后诉与前诉的当事人相同;后诉与前诉的诉讼标的相同;后诉与前诉的诉讼请求相同,或者后诉的诉讼请求实质上否定前诉裁判结果。

本案中江苏红蚂蚁对上海红蚂蚁的侵权行为已于2012年提起诉讼并获得要求

上海红蚂蚁停止侵权的生效判决，2014年再次对上海红蚂蚁及其川沙分公司的侵权行为提起侵犯商标权的诉讼，涉及"一事不再理"原则，本案一审法院认定江苏红蚂蚁本案中指控的侵权行为是前次诉讼判决生效后，上海红蚂蚁川沙分公司实施的新的侵权行为，故不违反"一事不再理"原则，这样判决符合《新民诉司法解释》第248条的规定①，而二审法院则认为上海红蚂蚁川沙分公司并没有实施侵权行为，但江苏红蚂蚁的主张与前诉不同，故不属于重复起诉。

（二）字号权与商标权冲突

字号是企业名称的核心因素，在消费者眼中，字号与商标都起着标识商品或服务来源的作用，因此实践中，企业一般会将字号注册为商标，但同时也存在着大量字号权人与商标权人不一致的情形，如同本案中，上海红蚂蚁将"红蚂蚁"作为企业字号先于江苏红蚂蚁商标注册，这是字号权与商标权的冲突。

字号需知名才能受《反不正当竞争法》保护，本案中上海红蚂蚁提供了一系列证据证明其为知名字号，除此之外，字号权还受企业名称登记的地域范围限制，但商标权在全国范围内均产生法律效力。在这两种权利发生冲突的情况下，需要从保护在先权利、诚实信用原则和避免混淆原则等多方面衡量认定，《商标法》第32条规定，申请商标注册不得损害他人现有的在先权利，结合《反不正当竞争法》的规定，在商标注册前具有一定的市场知名度、为相关公众所知悉的企业名称中的字号可以商标注册权人侵犯在先权利为由，向法院提起诉讼。此外，《商标法》第59条第3款规定，商标注册人申请商标注册前，他人已经在同一种商品或者类似商品上先于商标注册人使用与注册商标相同或者近似并有一定影响的商标的，注册商标专用权人无权禁止该使用人在原使用范围内继续使用该商标，但可以要求其附加适当区别标识。字号使用在商品或服务上相当于作为商标的使用，故可以在先使用为抗辩理由。

（三）如何认定商标是否侵权

司法实践中对于《商标法》第57条第（1）、（2）项的侵权行为较难认定，即在

---

① 《最高人民法院关于适用〈中华人民共和国民事诉讼法〉的解释》第248条规定，裁判发生法律效力后，发生新的事实，当事人再次提起诉讼的，人民法院应当依法受理。

相同或类似商品/服务上使用与注册商标相同或近似商标，容易导致混淆的侵权行为，而认定是否构成此种情形商标侵权的关键在于界定是否构成相同或类似商品/服务、商标是否与注册商标相同或近似以及是否导致混淆，而三者的界定都离不开相关公众对其的认识。

（1）相关公众的认定。《最高人民法院关于审理商标民事纠纷案件适用法律若干问题的解释》（以下简称《若干解释》）第 8 条规定：相关公众是指与商标所标识的某类商品或者服务有关的消费者和与前述商品或者服务的营销有密切关系的其他经营者。举个简单的例子，如果与商标相关的涉案产品是化工行业的商品，那么相关公众就应当是能接触到或采购该产品的化工行业消费者或该行业的相关从业人员，在日常生产、生活中无法接触到该产品的人员则不应认定为相关公众。

（2）相同或类似商品/服务的认定。同类商品/服务较容易判断。对于侵权产品与涉案商品是否属于类似商品/服务，在实践中原被告双方通常存在不同的理解。根据《若干解释》第 11 条、第 12 条的规定，类似商品是指在功能、用途、生产部门、销售渠道、消费对象等方面相同，或者相关公众一般认为其存在特定联系、容易造成混淆的商品；类似服务是指在服务目的、内容、方式、对象等方面相同，或者相关公众一般认为存在特定联系、容易造成混淆的服务；而商品与服务类似，是指商品和服务之间存在特定联系，容易使相关公众混淆。认定原则为：以相关公众对商品/服务的一般认识为判断基准，结合《商标注册用商品和服务国际分类表》《类似商品和服务区分表》进行认定，因此《商标注册用商品和服务国际分类表》《类似商品和服务区分表》在判断是否属于类似商品/服务时具有重要的参考意义，但并非以其为准，实践操作中还是需要重点关注商品/服务的用途、功能等是否相同或相似，能否造成消费者混淆。

（3）相同或类似商标的认定。根据《若干解释》第 9 条、第 10 条的规定，商标相同是指被控侵权的商标与原告的注册商标相比较，二者在视觉上基本无差别；商标近似是指被控侵权的商标与原告的注册商标相比较，其文字的字形、读音、含义或者图形的构图及颜色，或者其各要素组合后的整体结构相似，或者其立体形状、颜色组合近似，易使相关公众对商品的来源产生误认或者认为其来源与原告注册商标的商品有特定的联系。商标的认定原则为：以相关公众的一般注意力为标准；既要进行商标的整体比对，又要进行商标主要部分的比对，比对应当在比对对象隔离的状态下分别进行；考虑请求保护注册商标的显著性和知名度。

此外，上海红蚂蚁称自己无侵权的主观恶意，如同法院所述，侵犯注册商标专用权的认定不以主观恶意为前提。

五、案件启示及建议

将字号单独使用来标识商品或服务来源是当前社会很常见的现象，但本案的判决结果揭示了这种使用行为可能有侵犯商标权的风险，为规避这一风险，应做到以下三点。

（一）注册前的检索工作

在注册企业名称前，应在商标局官网上检索是否已经有与字号相同或相似的注册商标存在，查询网址为：http://sbcx.saic.gov.cn：9080/tmois/wscxsy_getIndex.xhtml，如存在，应核对其使用商品／服务是否与拟注册企业的相同或相似，如是则建议另行选择企业名称。

若不存在上述情形，则为避免他人将字号作为商标注册，企业应同时启动企业名称注册与字号商标注册。

（二）注册后的合法使用

如已注册企业名称与注册商标相同或相似，并且使用的商品或服务也相同或相似，但已经付出成本进行企业名称的宣传等工作，无法更换企业名称时，要特别注意企业名称的使用行为，例如，本案中上海红蚂蚁川沙分公司即是因为其突出使用企业字号行为而被认定侵权，故为避免出现这种情况，企业应完整用企业名称标识商品或服务，而不能仅仅单独用字号。

（三）判决后的及时整改

本案系因上海红蚂蚁不履行生效判决、仍实施侵权行为而产生，因此，为避免法院的强制执行、被列入失信被执行人名单甚至面临再次被诉赔偿损失的风险，建议字号的使用行为被终审认定侵犯商标专用权后，应停止突出使用字号，而使用企业名称。

此外，及时改正侵权行为可以在一定程度上降低赔偿额，因此企业在诉讼中可以对是否侵权进行评估，如评估后认为被认定侵权的可能性较大，则可以及时进行改正，停止造成更大影响，如此可在一定程度上降低赔偿额，减少损失。

第三章

驰名商标的认定及驰名商标的跨类保护

主要原理：驰名商标的认定因素，驰名商标跨类别保护的条件及情形

素材：中国北京同仁堂（集团）有限责任公司与中华同仁堂生物科技有限公司侵害商标权及不正当竞争纠纷案

一、案情简介

中国北京同仁堂（集团）有限责任公司（以下简称同仁堂公司）是"同仁堂"注册商标（171188号）的持有者，该商标由北京同仁堂制药厂（原告前身）在1983年3月1日申请注册，主要用于中药商品的使用行为。

中华同仁堂生物科技有限公司（以下简称同仁堂科技公司）于2009年在中国台湾成立，于2011年在常州设台湾中华同仁堂生物科技有限公司常州代表处，主要以招商为目的，进行中医、养生理念的宣传，并寻求合作，从而开展商业性经营活动。

2012年8月，同仁堂公司发现同仁堂科技公司在其网站的页面上标有显著的"中华同仁堂"标识，还在其网站上自称为"正宗同仁堂"。此外，同仁堂科技公司在常州市开设了"中华同仁堂"药铺，在外墙、牌匾、旗帜上使用"中华同仁堂"字样进行宣传，并对其中的"同仁堂"三字设置了显著的视觉效果。

同仁堂公司认为，"同仁堂"早已是驰名商标，而同仁堂科技公司在其网站和店铺内外设置的"中华同仁堂"标识，以"同仁堂"字样为该标识的主要部分，损害了同仁堂公司作为商标专用权人的合法权益及"同仁堂"驰名商标所代表的商誉。另一方面，同仁堂科技公司还进行虚假宣传，自我标榜为"正宗本源"，同时又对同仁堂公司进行贬低、诋毁，意在公开散播同仁堂公司"不正宗"的错误信息，误导公众，损害了同仁堂公司的企业声誉和形象，同仁堂科技公司构成不正当竞争。

为此，同仁堂公司将同仁堂科技公司诉至法院，请求确认同仁堂科技公司对其商标实施了侵权行为，并要求同仁堂科技公司停止突出使用"同仁堂"字样，停止不正当竞争行为，同时消除影响，赔偿同仁堂公司的损失。

一审法院审理后将"同仁堂"商标认定为驰名商标，并认定同仁堂科技公司对同仁堂公司构成商标侵权及不正当竞争。

在同仁堂科技公司上诉后，二审法院维持了原判。

二、法学原理及分析

（一）驰名商标认定问题涉及的法条

《中华人民共和国商标法》

第十四条 驰名商标应当根据当事人的请求，作为处理涉及商标案件需要认定的事实进行认定。认定驰名商标应当考虑下列因素：

（一）相关公众对该商标的知晓程度；

（二）该商标使用的持续时间；

（三）该商标的任何宣传工作的持续时间、程度和地理范围；

（四）该商标作为驰名商标受保护的记录；

（五）该商标驰名的其他因素。

在商标注册审查、工商行政管理部门查处商标违法案件过程中，当事人依照本法第十三条规定主张权利的，商标局根据审查、处理案件的需要，可以对商标驰名情况作出认定。

在商标争议处理过程中，当事人依照本法第十三条规定主张权利的，商标评审委员会根据处理案件的需要，可以对商标驰名情况作出认定。

在商标民事、行政案件审理过程中，当事人依照本法第十三条规定主张权利的，最高人民法院指定的人民法院根据审理案件的需要，可以对商标驰名情况作出认定。

生产、经营者不得将"驰名商标"字样用于商品、商品包装或者容器上，或者用于广告宣传、展览以及其他商业活动中。

本条款规定了商标局、商标评审委员会，最高人民法院指定的人民法院可以对驰名商标作出认定，并对认定时需考虑的因素做了细化。

《最高人民法院关于审理商标民事纠纷案件适用法律若干问题的解释》

第二十二条 人民法院在审理商标纠纷案件中，根据当事人的请求和案件的具体情况，可以对涉及的注册商标是否驰名依法作出认定。

认定驰名商标，应当依照商标法第十四条的规定进行。

当事人对曾经被行政主管机关或者人民法院认定的驰名商标请求保护的，对方当事人对涉及的商标驰名不持异议，人民法院不再审查。提出异议的，人民法院依照商标法第十四条的规定审查。

《最高人民法院关于审理涉及驰名商标保护的民事纠纷案件应用法律若干问题的解释》

第七条 被诉侵犯商标权或者不正当竞争行为发生前，曾被人民法院或者国务院工商行政管理部门认定驰名的商标，被告对该商标驰名的事实不持异议的，人民法院应当予以认定。被告提出异议的，原告仍应当对该商标驰名的事实负举证责任。

除本解释另有规定外，人民法院对于商标驰名的事实，不适用民事诉讼证据的自认规则。

上述条款对《商标法》第14条作出了补充解释，涉及当事人对曾经被行政主管机关或人民法院认定的驰名商标，如对方当事人提出异议的，原告仍应当对商标驰名的事实负有举证责任，人民法院仍应再次审查。

第四条 人民法院认定商标是否驰名，应当以证明其驰名的事实为依据，综合考虑商标法第十四条规定的各项因素，但是根据案件具体情况无须考虑该条规定的全部因素即足以认定商标驰名的情形除外。

本条解释对《商标法》第14条作出了除外规定，即法院在认定商标是否驰名时并非必须考虑第14条列举的所有因素。

第五条 当事人主张商标驰名的，应当根据案件具体情况，提供下列证据，证明被诉侵犯商标权或者不正当竞争行为发生时，其商标已属驰名：

（一）使用该商标的商品的市场份额、销售区域、利润等；

（二）该商标的持续使用时间；

（三）该商标的宣传或者促销活动的方式、持续时间、程度、资金投入和地域范围；

（四）该商标曾被作为驰名商标受保护的记录；

（五）该商标享有的市场声誉；

（六）证明该商标已属驰名的其他事实。

前款所涉及的商标使用的时间、范围、方式等，包括其核准注册前持续使用的情形。

对于商标使用时间长短、行业排名、市场调查报告、市场价值评估报告、是否曾被认定为著名商标等证据，人民法院应当结合认定商标驰名的其他证据，客观、全面地进行审查。

本条解释规定了当事人在主张商标驰名时所需要提供的证据。

（二）驰名商标保护问题涉及的法条

《中华人民共和国商标法》

第十三条 为相关公众所熟知的商标，持有人认为其权利受到侵害时，可以依照本法规定请求驰名商标保护。

就相同或者类似商品申请注册的商标是复制、模仿或者翻译他人未在中国注册的驰名商标，容易导致混淆的，不予注册并禁止使用。

就不相同或者不相类似商品申请注册的商标是复制、模仿或者翻译他人已经在中国注册的驰名商标，误导公众，致使该驰名商标注册人的利益可能受到损害的，不予注册并禁止使用。

《最高人民法院关于审理商标民事纠纷案件适用法律若干问题的解释》

第一条 下列行为属于商标法第五十二条第（五）项规定的给他人注册商标专用权造成其他损害的行为：

（一）将与他人注册商标相同或者相近似的文字作为企业的字号在相同或者类似商品上突出使用，容易使相关公众产生误认的；

（二）复制、模仿、翻译他人注册的驰名商标或其主要部分在不相同或者不相类似商品上作为商标使用，误导公众，致使该驰名商标注册人的利益可能受到损害的；

（三）将与他人注册商标相同或者相近似的文字注册为域名，并且通过该域名进行相关商品交易的电子商务，容易使相关公众产生误认的。

《最高人民法院关于审理涉及驰名商标保护的民事纠纷案件应用法律若干问题的解释》

第九条 足以使相关公众对使用驰名商标和被诉商标的商品来源产生误认，或者足以使相关公众认为使用驰名商标和被诉商标的经营者之间具有许可使用、关联企业关系等特定联系的，属于商标法第十三条第一款规定的"容易导致混淆"。

足以使相关公众认为被诉商标与驰名商标具有相当程度的联系，而减弱驰名商标的显著性、贬损驰名商标的市场声誉，或者不正当利用驰名商标的市场声誉的，属于商标法第十三条第二款规定的"误导公众，致使该驰名商标注册人的利益可能受到损害"。

上述条款规定了驰名商标的跨类别保护以及保护的条件及情形。

第十条 原告请求禁止被告在不相类似商品上使用与原告驰名的注册商标相同或者近似的商标或者企业名称的，人民法院应当根据案件具体情况，综合考虑以下因素后作出裁判：

（一）该驰名商标的显著程度；

（二）该驰名商标在使用被诉商标或者企业名称的商品的相关公众中的知晓

程度；

（三）使用驰名商标的商品与使用被诉商标或者企业名称的商品之间的关联程度；

（四）其他相关因素。

该条解释规定了人民法院在判断是否禁止被告在不相类似商品上使用与原告驰名商标相同或近似的商标或企业名称所考虑的因素。

（三）反不正当竞争涉及的法律规定

《中华人民共和国反不正当竞争法》

第九条 经营者不得利用广告或者其他方法，对商品的质量、制作成分、性能、用途、生产者、有效期限、产地等作引人误解的虚假宣传。

广告的经营者不得在明知或者应知的情况下，代理、设计、制作、发布虚假广告。

第十四条 经营者不得捏造、散布虚伪事实，损害竞争对手的商业信誉、商品声誉。

第二十四条 经营者利用广告或者其他方法，对商品作引人误解的虚假宣传的，监督检查部门应当责令停止违法行为，消除影响，可以根据情节处以一万元以上二十万元以下的罚款。

广告的经营者，在明知或者应知的情况下，代理、设计、制作、发布虚假广告的，监督检查部门应当责令停止违法行为，没收违法所得，并依法处以罚款。

《最高人民法院关于审理不正当竞争民事案件应用法律若干问题的解释》

第八条 经营者具有下列行为之一，足以造成相关公众误解的，可以认定为反不正当竞争法第九条第一款规定的引人误解的虚假宣传行为：

（一）对商品作片面的宣传或者对比的；

（二）将科学上未定论的观点、现象等当作定论的事实用于商品宣传的；

（三）以歧义性语言或者其他引人误解的方式进行商品宣传的。

以明显的夸张方式宣传商品，不足以造成相关公众误解的，不属于引人误解的虚假宣传行为。

人民法院应当根据日常生活经验、相关公众一般注意力、发生误解的事实和被宣传对象的实际情况等因素，对引人误解的虚假宣传行为进行认定。

上诉条款规定了将科学上未定论的观点、现象等当作定论的事实用于商品宣传的可以被认定为引人误解的虚假宣传行为，以及实施虚假宣传行为所需要承担的法律责任。

《中华人民共和国反不正当竞争法》

第二十条 经营者违反本法规定，给被侵害的经营者造成损害的，应当承担损害赔偿责任，被侵害的经营者的损失难以计算的，赔偿额为侵权人在侵权期间因侵权所获得的利润；并应当承担被侵害的经营者因调查该经营者侵害其合法权益的不正当竞争行为所支付的合理费用。

被侵害的经营者的合法权益受到不正当竞争行为损害的，可以向人民法院提起诉讼。

上述条款对损害商誉的行为进行了定性及规定了相应的赔偿责任。

《最高人民法院关于审理不正当竞争民事案件应用法律若干问题的解释》

第十七条 确定反不正当竞争法第十条规定的侵犯商业秘密行为的损害赔偿额，可以参照确定侵犯专利权的损害赔偿额的方法进行；确定反不正当竞争法第五条、第九条、第十四条规定的不正当竞争行为的损害赔偿额，可以参照确定侵犯注册商标专用权的损害赔偿额的方法进行。

该司法解释条款对《反不正当竞争法》第5、9、10、14条行为的赔偿数额提供了另一种参照。

三、案件介绍

案由

案由：侵害商标权及不正当竞争纠纷

案号

一审案号：（2013）宁知民初字第121号

二审案号：（2014）苏知民终字第0101号

案件当事人

一审原告、二审被上诉人：中国北京同仁堂（集团）有限责任公司

一审被告、二审上诉人：中华同仁堂生物科技有限公司

案件法律文书

江苏省高级人民法院民事判决书

（2014）苏知民终字第 0101 号

上诉人（原审被告）：中华同仁堂生物科技有限公司

被上诉人（原审原告）：中国北京同仁堂（集团）有限责任公司

上诉人中华同仁堂生物科技有限公司（以下简称同仁堂科技公司）因与被上诉人中国北京同仁堂（集团）有限责任公司（以下简称同仁堂公司）侵害商标权及不正当竞争纠纷一案，不服江苏省南京市中级人民法院（2013）宁知民初字第121号民事判决，向本院提起上诉。本院于2014年3月31日受理后，依法组成合议庭，于2014年4月21日公开开庭审理了本案。上诉人同仁堂科技公司法定代表人刘××及委托代理人赵××、被上诉人同仁堂公司委托代理人梁×到庭参加诉讼。本案现已审理终结。

同仁堂公司一审诉称："同仁堂"既是同仁堂公司的注册商标，也是同仁堂公司的商号，它承载着同仁堂公司在长达340多年的企业历史中所积累的深厚商誉。早在1989年，国家商标局就专门发文认定"同仁堂"商标为驰名商标，为全国首例被认定的驰名商标。"同仁堂"还在1995年、2006年先后被内贸部、商务部两度认证为"中华老字号"，在消费者中享有极高的知名度和美誉度。

2012年8月，同仁堂公司发现同仁堂科技公司在其www.zhtrt.com网站的页面上标有显著的"中华同仁堂"标识，且为模仿同仁堂公司的由著名书法家启功先生题写的"同仁堂"商标的文字，以达到进一步与同仁堂公司驰名商标相混淆的目的。同仁堂科技公司还在其网站上大肆进行虚假宣传，将同仁堂340多年的历史移花接木到自己身上，自称为"正宗同仁堂"，是"同仁堂"300多年历史、文化的传承者。同时，还对同仁堂公司进行贬低、诋毁，称同仁堂公司没有"任何一份"同仁堂传统药方，并称同仁堂公司"早已名存实亡"。

此外，同仁堂科技公司在常州市武进区淹城中医街常乐坊3号开设了"中华同仁堂"药铺。该店铺外部侧墙上设置有显著的"中华同仁堂"字样，其中"同仁堂"三字以远远大于"中华"二字的尺寸，被突出使用；店铺正门上方设置有显著的"中华同仁堂"牌匾，其中"同仁堂"三字被单独另起一行排列，所占面积较大，视觉效果突出；店铺两侧均悬挂带有"中华同仁堂"字样的三角形旗帜和长方形旗帜，其中三角形旗帜中的"同仁堂"三字被单独横向排列，所占面积较大，视觉效果突出。同仁堂科技公司为进一步达到其混淆目的，还在店铺正门上方"中华同仁堂"牌匾两侧设置了代表同仁堂公司企业精神的"同修仁德，济世养生"条幅，在店铺正门两侧模仿同仁堂公司的店铺设置，悬挂"炮制虽繁必不敢省人工，品味虽贵必不敢减物力"的楹联。该店铺内部摆放着大量带有"中华同仁堂"字样的招贴画和养生茶、台湾茶广告，设置有显著的"中华同仁堂"字样标识墙面，摆放着印有"中华同仁堂"字样的预包装茶叶产品；同仁堂科技公司甚至还在其店堂内悬挂与同仁堂公司有关的历史照片，并标明"毛主席接见同仁堂传人"，以达到进一步混淆其与同仁堂公司关系的目的。在该店铺后院房屋大门正上方，又悬挂有显著的"中华同仁堂"牌匾。

同仁堂公司认为，一方面，"同仁堂"早已是驰名商标，该商标具有极强的显著性，而同仁堂科技公司在其网站和店铺内外设置的"中华同仁堂"标识，以"同仁堂"字样为该标识的主要部分，足以使相关公众对二者产生混淆；再加上同仁堂科技公司故意在字体、店铺装饰、企业历史和文化等多方面对同仁堂公司进行模仿，进一步加剧了混淆的可能，造成"同仁堂"驰名商标的淡化，恶意地损害了同仁堂公司作为商标专用权人的合法权益及"同仁堂"驰名商标所代表的商誉，同仁堂科技公司应就其商标侵权行为承担法律责任。另一方面，同仁堂科技公司还进行虚假宣传，自我标榜为"正宗本源"，同时又对同仁堂公司进行贬低、诋毁，意在公开散播同仁堂公司"不正宗"的错误信息，误导公众，损害了同仁堂公司的企业声誉和形象，同仁堂科技公司应同时就其不正当竞争的违法行为承担法律责任。

为此，同仁堂公司诉至法院，请求：（1）确认同仁堂科技公司在其店铺内外及网站上设置"中华同仁堂"标识的行为已构成对同仁堂公司"同仁堂"驰名商标专用权的侵害；（2）判令同仁堂科技公司停止使用并拆除、销毁其店铺内外单独或突出使用"中华同仁堂""同仁堂"字样的牌匾、旗帜、标识、招贴、广告、商品包装、名片等物品；（3）判令同仁堂科技公司停止在其网站中使用"中华同仁堂"标识及单独或突出使用带有"同仁堂"字样的文字、图片和装饰，停止利用同仁堂历史文化进行宣传及删除诋毁同仁堂公司商誉的不正当竞争的内容；（4）判令同仁堂科技公司在媒体上刊登声明，以消除侵权影响，声明的内容应经同仁堂公司审核、确认；（5）判令同仁堂科技公司支付同仁堂公司侵权损害赔偿金500万元，为制止侵权行为所支付的公证费16 360元、律师费224 000元，共计5 240 360元；

（6）判令同仁堂科技公司承担本案诉讼费用。

同仁堂科技公司辩称：（1）同仁堂科技公司对同仁堂公司自称"同仁堂"为中国驰名商标不予认可，且同仁堂公司申请注册的"同仁堂"三个汉字的商标就有56个，驰名商标指向不明，请求再次予以审查。（2）同仁堂公司不能以"同仁堂"为中国驰名商标向同仁堂科技公司主张权利。同仁堂科技公司认为，驰名商标是有时间性、区域性的，"同仁堂"作为商标，起源于乐家老铺，该药铺为600多年前乐氏家族在明朝开始经营，第四世传人乐显杨创立了"同仁堂"药室。因政治历史原因，乐家第十三世传人乐崇辉于1949年带着家人及药谱迁移到了中国台湾地区，1953年在台北市开封街1段59号开设了第一家台湾"同仁堂"。鉴于历史和政治原因，在同仁堂公司申请"同仁堂"注册商标时，乐家没有机会提出商标异议。乐家对"同仁堂"的使用、传承先于北京同仁堂申请"同仁堂"商标的时间，同仁堂公司无权禁止乐家将"同仁堂"作为商业标记和企业字号使用。（3）"中华同仁堂"企业字号被国家工商行政机关认可，同仁堂公司不能因此主张同仁堂科技公司对同仁堂公司构成商标侵权或不正当竞争。关于不正当竞争的主体和行为，法律有明确的规定，同仁堂科技公司并没有实施《中华人民共和国反不正当竞争法》规定的行为。关于同仁堂科技公司的网站，其一，该网站是在中华人民共和国合法注册的；其二，该网站使用的"中华同仁堂"字样，是经过中国台湾和大陆中国工商机构登记、核准的，是合法使用；其三，网站的相关内容是真实的，不存在不正当竞争行为和对同仁堂公司权利的故意损害；其四，历史和政治原因，使两个"同仁堂"分别存续于海峡两岸，随着两岸交流的深入，同仁堂公司到台湾岛开店行销和同仁堂科技公司到大陆经营都是十分正当的竞争关系，是有益于社会进步、有益于人民健康的行为，不存在谁"傍"谁的"名牌"、谁"搭"谁的"便车"问题。同仁堂科技公司认为，中国内战使两个"同仁堂"分别存续于海峡两岸，这不仅仅是同仁堂公司要正视和面对的，也是我们这个民族应当正视和面对的。海峡两岸同时存在着两个"同仁堂"大药房，"同仁堂"商号累积着乐家几百年的商誉，仅就"同仁堂"这块牌子来说，它应该被同仁堂药铺的乐氏家族享有。综上所述，同仁堂科技公司设置"中华同仁堂"店铺招牌，是使用自己企业字号"中华同仁堂"的行为，开设自己网站的行为也是合法的，同仁堂公司主张的权利缺少法律和事实根据。同仁堂公司以"同仁堂"为中国驰名商标向同仁堂科技公司主张权利，于法无据。同仁堂科技公司根本不存在对同仁堂公司"同仁堂"所谓驰名商标专用权的侵害，更不存在任何不正当竞争行为，请求法院驳回同仁堂公司的诉讼请求。

一审法院查明以下事实。

一、同仁堂公司享有的商标权利及其经营情况

1983年3月1日，北京同仁堂制药厂申请注册了第171188号注册商标，（以下出现的涉案注册商标与此相同）核准使用于第31类商品，中药。后根据《商标注册用商品和服务国际分类表》转为第5类商品，中药。2002年6月7日，注册人名称变更为中国北京同仁堂（集团）有限责任公司。后经续展，至今合法有效。

同仁堂公司还提交了第1635623号、第1956720号商标注册证，用以主张其商标权利，但在庭审中撤回了对该二商标的权利主张，一审法院予以准许。

1997年4月16日，中国北京同仁堂集团公司与其子公司北京同仁堂股份有限公司（筹）签订了"同仁堂商标使用许可合同"，许可北京同仁堂股份有限公司使用涉案商标，期限5年。双方约定：1997年、1998年、1999年商标的租赁年费为264万元，2000年以后若需调整租赁年费，年增减幅度不应超过上年度的10%，租赁年费于每年12月30日前结清。2002年，中国北京同仁堂集团公司名称变更为中国北京同仁堂（集团）有限责任公司后，双方先后4次对涉案商标的使用许可进行了补充约定，许可期限至2013年2月28日。

2009年，北京同仁堂股份有限公司支付商标使用费2 881 700元。2010年该公司支出广告费110 989 335.78元，2011年支出广告费88 860 172元，2012年支出广告费132 936 009.88元。

同仁堂公司2009年营业总收入为6 012 649 772.53元，2010年营业总收入为7 681 922 981.29元，2011年营业总收入为9 788 976 087.47元，2012年营业总收入为11 823 855 824.92元。

另，1994年9月16日，中国北京同仁堂集团公司在中国台湾地区申请注册商标，注册号00654915，商品类别001类（各种中西药品、动物用药品、试纸等），注册人名称后变更为中国北京同仁堂（集团）有限责任公司。后经延展，有效期至2014年9月15日。

二、同仁堂公司字号和涉案注册商标受保护情况

1989年11月8日，国家工商行政管理局商标局(89)商标字第29号文件《"同仁堂"属驰名商标应予特别保护》称："'同仁堂'商标源于北京同仁堂药店，该店始创于

1669年，是一家国内外知名的老字号药店，距今已有320年的历史。'同仁堂'商标与同仁堂药店也共同度过了320年的历史，由于凡是同仁堂药店的药品和药膳都标有'同仁堂'字样，所以，'同仁堂'既是有名的老字号，也是一个具有悠久历史的老商标。'同仁堂'药品和药膳以其'配方独特、选料上乘、工艺精湛、疗效显著'而著称于世，它不仅深受中国消费者的喜爱，而且还远销到日本、美国、加拿大、韩国、澳大利亚、中国香港、中国澳门、新加坡等16个国家和地区。虽然'同仁堂'在《商标法》颁布的1983年正式注册，但从整个历史和现实来看，'同仁堂'商标确属驰名商标。近年来，'同仁堂'商标又先后到美国、加拿大、澳大利亚、意大利、泰国、新加坡、马来西亚、菲律宾、中国香港及澳门等国家和地区申请注册，'同仁堂'商标在国际上的驰名度将得到进一步提高。'同仁堂'作为驰名商标，应受到特别保护。"

1989年11月，国家工商行政管理局商标局赠予北京市药材公司商标"首批马德里商标国际注册申请纪念（第一个申请）"牌匾。

2000年6月13日，国家工商行政管理局工商议字（2000）第31号文件《对政协九届全国委员会第三次会议第2888号提案的答复》及工商议字（2000）第35号文件《对九届全国人大三次会议第3238号建议的答复》称，中国北京同仁堂集团公司由创建于1669年的同仁堂药室发展而成，属于历史悠久、字号驰名的企业；该企业中药商品上的注册商标"同仁堂"，于1989年被认定为驰名商标；对"同仁堂"字号切实加强保护，并将该商标列入2000年度的《全国重点商标保护名录》，在全国范围内进行重点保护。

2002年5月15日，对外贸易经济合作部向同仁堂公司颁发了"同仁堂牌"药品产品"重点支持和发展的名牌出口商品"牌匾。

2005年1月，商务部授予"同仁堂"（医药保健品类）2005—2006年度"重点培育和发展的中国出口名牌"牌匾及证书。

2006年，商务部认定（注册商标同仁堂牌）为"中华老字号"。

2006年，国务院确定同仁堂中医药文化为国家级非物质文化遗产。

三、同仁堂公司及其商标所获得的荣誉

自2007年至2013年，同仁堂公司及其"同仁堂"产品获得各类荣誉30余项。其中包括：由中华人民共和国文化部、国家广播电影电视总局、北京市人民政府等单位主办的"第二届新媒体节组委会"颁发的"2009中国十大最具历史文化价值百年品牌"奖；中国药店杂志社颁发给同仁堂公司"同仁堂六味地黄丸"产品的"2008、

2009年度店员推荐率最高品牌"奖；中国医药质量管理协会颁发给同仁堂公司的"'20年20星'医药质量管理企业明星"奖；首都慈善公益组织联合会颁发给同仁堂公司的"2009年度优秀项目"奖；医药经济报颁发给同仁堂公司的"中国制药工业百强"奖；中国企业文化研究会颁发给同仁堂公司的"2009年度全国企业文化建设先进单位"奖；品牌中国产业联盟颁发给同仁堂公司的"2010品牌中国华谱奖"；中国企业文化研究会颁发给同仁堂公司的"新中国60年最具影响力十大企业精神之人本精神"奖；中国药品品牌评审委员会颁发的"经中国药品品牌评审委员会的评定、审核，同仁堂'六味地黄丸'荣获'健康中国2010中国药品品牌榜'上榜品牌称号"；科学技术部、国家保密局颁发给同仁堂公司的"同仁牛黄清心丸为秘密级国家秘密技术"证书；"海外最具品牌影响力的中国上市公司'中国证券金紫荆奖'"；第七届北京国际金融博览会组委会颁发给同仁堂公司的"最佳创新发展奖"；中国中医药研究促进会、北京中医药学会颁发给同仁堂公司的"中药百年品牌文化传承奖"；"中国企业走进东盟十大成功企业"奖；中国药文化研究会、中国医药卫生行业社会责任研究课题组颁发给同仁堂公司的"2010—2011中国医药卫生行业社会责任孺子牛奖文化传承品牌称号"；中国商业联合会中华老字号工作委员会颁发给同仁堂公司的"中华老字号传承创新先进单位"；中国医药管理协会、"搜狐健康"网颁发给同仁堂公司的"改革开放30年'品牌魅力奖'"；中国医药职工思想政治工作研究会、中国医药企业文化建设协会颁发给同仁堂公司的"2012年全国医药企业文化建设示范单位"奖；中国中药协会颁发给同仁堂公司的"企业信用评级AAA级信用企业"荣誉称号；北京市文化局颁发给同仁堂公司的"北京市非物质文化遗产生产性保护示范基地"奖；"2013年度最具价值中国品牌50强"；中国医药保健品进出口商会颁发给同仁堂公司的"2011—2012年度中医药国际化推进十强企业"称号等。

四、同仁堂公司对自身及涉案商标所做宣传情况

自2003年至2013年，多家报刊、媒体对同仁堂公司的企业文化、企业规模、发展前景、经营策略、参与社会福利工作，以及"同仁堂"产品质量、市场份额等进行了报道。报道媒体主要包括《中国工业报》、中华人民共和国国家中医药管理局网站、《中国质量报》《中国医药报》《大公报》《新华每日电讯》《经济日报》《北京晚报》《科技日报》《中国中医药报》、新华网、《京华时报》《新京报》《北京青年报》、人民网等。

同仁堂公司为宣传企业文化，树立品牌形象，投资了与"同仁堂"有关的文学艺术作品和文艺演出，并设立了同仁堂博物馆，免费向海内外公众开放，通过文学艺术作品及历史文化的传播使"同仁堂"商标的知名度进一步提高。这主要包括：电视连续剧《同仁堂传说》《大清药王》《戊子风云同仁堂》、京剧电视连续剧《风雨同仁堂》、传统医药与人类健康主题晚会《百草飘香》、同仁堂创建340周年大型文艺晚会《百草香中华情》、人民日报出版社出版发行《北京同仁堂史》、人民出版社出版发行《国宝同仁堂——同仁堂340年记》等。

五、同仁堂科技公司的设立情况、被控侵权行为以及同仁堂科技公司的抗辩理由与事实

同仁堂科技公司于2009年5月19日依中国台湾地区法律设立，注册资本1 000 000元新台币；所营事业：除许可业务外，得经营法令非禁止或限制之业务。2011年8月10日，同仁堂科技公司设立台湾中华同仁堂生物科技有限公司常州代表处；业务范围：从事与隶属外国（地区）企业有关的非营利性业务活动；该代表处于2013年1月22日被工商行政部门依法吊销。

2013年7月31日北京市信德公证处出具的（2012）京信德内民证字第2895号公证书证实：（1）同仁堂科技公司的网站www.zhtrt.com＜http://www.zhtrt.com／＞上多处使用"中华同仁堂""大清御用同仁堂""正宗御用同仁堂"字样。（2）网页中有关"中华同仁堂介绍"及"公司简介"称："十四代乐觉心，希望能让神秘的宫廷秘方不只是存在于宫廷少数之皇帝权贵，而是可透过科学的角度使其透明化来造福一般的人民百姓，达到乐家先人'昔日御药供奉，今日养生共享'之境界并发扬御药世家正宗同仁堂'修合无人见，存心有天知'之制药精神！""1953年乐氏家庭十三代乐崇辉来台开立分号，于台北市开封街成立'台湾同仁堂'。'文革'时，大陆乐氏家庭受红卫兵影响，核心传世秘方及制药技术皆由十三氏乐崇辉带来台湾，以'台湾同仁堂'命名。'文革'结束后，同仁堂乐家老铺名号则收归国有并更名为北京同仁堂，因受当年中国官方限制而没有任何一位乐家人及任何一份乐家老铺药方，北京同仁堂至此早已名存实亡，所以唯一乐氏传承正宗'同仁堂'只有'御药世家、正宗同仁堂'，并完整传承'正宗'同仁堂三代宫廷制药流程和古法泡灸。"（3）网站视频内容，经当庭播放，同仁堂公司、同仁堂科技公司双方均确认，多处有关同仁堂药店以及楹联的影像是在同仁堂公司经营的店铺内拍摄。（4）网站

"产品展示"栏目,有"珍珠粉""异龙""翔凤""舒压逍遥饮""纤体甩油汤"等产品图片。(5)网站显示的"联系方式"为:中华同仁堂;地址:常州市武进区淹城中医街常乐坊3号;电话:0519-86537553;QQ:2446;邮箱:2446@QQ.com<mailto:2446@QQ.com>;联系人:张先生1386192××××、陈先生1535363××××。

2012年8月24日,江苏省常州市武进公证处出具的(2012)常武证经内字第1317号公证书证实:同仁堂科技公司在江苏省常州市武进区淹城中医街常乐坊3号开设了"中华同仁堂"店铺。(1)店铺门头为"中华同仁堂",其"中华"与"同仁堂"分两行排列,该门头下方有"中医博物馆"字样。(2)店铺两侧有楹联"炮制虽繁必不敢省人工,品味虽贵必不敢减物力",并悬挂有"同修仁德""济世养生"的字样。(3)店铺侧面有"中华同仁堂"的标识,其中,"中华"两字为上下竖排,字体较小;"同仁堂"三字为左右横排,字体较大,约为"中华"二字的两倍。(4)店铺内陈列的宣传标识有"茶、同修仁德""台湾茶"等字样。店铺内的装饰墙上标有左右横排的"中华同仁堂"字样,其"中华"与"同仁堂"分作两行排列。(5)在标有"赠品"的茶叶包装上有葫芦状的图形,图形中央标有上下竖排的"中华同仁堂"字样,其"中华"字样与"同仁堂"字样被葫芦腰部的装饰带图形隔成两部分。(6)在公证时获取的"张志嘉"的名片正面印有上下竖排的"中华同仁堂"字样,名片背面印有与前述茶叶包装相同的葫芦图形及字样,两侧竖排"同修仁德""济世养生"字样。(7)店铺内墙悬挂有"毛主席接见同仁堂传人"的照片。

2012年12月20日,北京市信德公证处出具了(2012)京信德内民证字第4781号公证书。该公证书是对"吴安平博士博客"相关内容进行的公证保全。其中有同仁堂科技公司店铺图片,吴安平与同仁堂科技公司工作人员的合影图片,"中华同仁堂在常州掀起视立明近视咨询服务的震撼"的相关介绍。

同仁堂科技公司还散发了"'中华同仁堂'视立明视力恢复训练中心"的宣传单,该宣传单为"视立明"的相关介绍。

一审庭审中,将同仁堂公司涉案第171188号注册商标与同仁堂科技公司使用于网页上的"中华同仁堂"标识、"同仁堂"字样的牌匾及旗帜、店铺侧面"同仁堂"字样的标识、广告宣传页"同仁堂"字样的标识、赠品及名片上"同仁堂"字样的标识进行了比对。同仁堂公司认为,同仁堂科技公司使用的"同仁堂"标识与同仁堂公司涉案注册商标构成近似。同仁堂科技公司认为,同仁堂公司涉案注册商标使用在中药商品上,与其在网站、门店等处使用"中华同仁堂"标识中"同仁堂"

三字虽构成近似，但并非使用于相同或类似商品。一审法院认为，同仁堂公司涉案注册商标由"同仁堂"文字及圆形装饰组合而成，其中"同仁堂"文字为行书体，同仁堂科技公司在其网站、店铺门头及广告旗帜等处使用的标识中突出使用的"同仁堂"三字为楷体。从读音、字体、排列等方面看，两者构成相似。

同仁堂科技公司抗辩认为，其使用的"同仁堂"标志的行为，经权利人乐觉心许可，为合法使用。所依据的事实为：（1）四川省公证协会出具的（2010）川公协验字第927号《海峡两岸公证书使用证明》所证事实为，案外人乐觉心于2010年1月1日出具的"董事愿任同意书"："同意担任中华同仁堂生物科技有限公司（将进行改组变更为股份公司）董事，任期自2010年1月1日起。"（2）四川省公证协会出具的（2010）川公协验字第926号《海峡两岸公证书使用证明》所证事实为，由刘振华（甲方）与乐觉心（乙方）于2009年12月3日签订的"投资款项取款与管理证明书"："一、甲方提供营运资金27万元予乙方在台湾启动双方合作事业－中华同仁堂生物科技有限公司（将进行改组变更为股份有限公司）使用。二、上述资金之使用：22万元为乙方专款专用之金额；5万元为甲方指定管理人李道文先生专款专用之金额。"同时，附有刘振华向乐觉心支付20万元的"转账汇款回单"。（3）四川省公证协会出具的（2010）川公协验字第921号《海峡两岸公证书使用证明》所证事实为，案外人乐觉心于2009年9月6日出具的"声明书"："一、乐氏祖先第四代于大清康熙八年，于现北京正阳门外大栅栏创立'同仁堂老药铺'，以'同修仁德、济世养生'为宗旨创办同仁堂，秉持同仁堂乐家堂训'炮制虽繁必不敢省人工，品味虽贵必不敢减物力'，集六百多年汉方精华与宫廷养生配方精心萃取。二、乐家以皇室御用中药世家传承，乐家血脉后裔乐觉心系乐家老铺同仁堂传承之世袭和保存华夏非物质文化第十四代正宗传人，其经营祖业并合法申请登记有关'乐家老铺''乐家同仁''乐氏御供''大清百草药王乐家老铺''大清御药王乐家老铺'商标名称及标志，交予中华同仁堂生物科技有限公司（将进行改组变更为股份有限公司），以合法推广两岸与国际市场。"

2013年1月10日，案外人中国台湾公民乐觉心出具声明书，并经（2013）苏公协核字第1272号证明书证明，该声明书称："刘××（中华同仁堂生物科技有限公司法定代理人）至2012年12月9日止，未依双方于2009年7月9日所签订之合约办理中华同仁堂生物科技有限公司（以下简称中华同仁堂公司）变更为股份有限公司之手续；刘振华及中华同仁堂公司对外之任何商业行为、记者发布会、网站等，未经声明人签署，均属无效，概与声明人无涉；'中华同仁堂公司'网站（www.zhtrt.com＜http：／／www.zhtrt.com／＞／mian.asp）内之所有内容，均非声明人所提供。且该网站之'大清同仁堂生物科技有限公司'营业事业登记证及相关证件，亦非声明人所提供；声明人与'中华同仁堂'及刘振华之间无任何之聘雇、委任关系；声明人无担任'中华同仁堂'任何职务，亦未担任该公司董事一职；声明人对'中华同仁堂'之内容均无所悉。"

案外人乐觉心在中国台湾地区注册有"乐氏同仁"（为繁体美术字）、"大清百草药王乐家老铺及图"（为繁体美术字，字与图竖向排列）、"大清百草药王乐家老铺"（为繁体美术字，字与图横向排列）、"大清御药王乐家老铺"（为繁体美术字，其中"大清"二字竖向与"御药王"横向排列，下方为横向"乐家老铺"）、"乐家老铺及图"（为繁体美术字）等5个商标。

至本案一审庭审结束，同仁堂科技公司的组织形式仍为有限责任公司，董事长仍为刘振华。

同仁堂科技公司还提交了财团法人海峡交流基金会致海峡两岸关系协会的信件，用以证明同仁堂科技公司在中国台湾合法设立，在大陆使用的"中华同仁堂"企业字号的行为是合法的。因该信件为海峡交流基金会转述刘振华的意见，并未对其在大陆地区使用"中华同仁堂"字号合法性予以证明，且企业字号的使用应当以相关的法律规范为准。

六、同仁堂公司为维权所支出的费用

同仁堂公司为支持本案诉讼，提供了其支付公证费16 360元的发票、支付律师费224 000元的发票，共计240 360元。

本案一审争议焦点：（1）同仁堂科技公司的行为是否构成对同仁堂公司涉案商标专用权的侵害；（2）同仁堂科技公司的行为是否构成对同仁堂公司的不正当竞争；（3）民事责任的承担方式。

一审法院认定如下。

一、同仁堂科技公司突出使用"同仁堂"标识的行为，侵害了同仁堂公司涉案商标专用权

同仁堂公司依法取得涉案第171188号注册商标专用权，至今合法有效，应当受到法律保护。

同仁堂公司认为,同仁堂科技公司在其开设的店铺门头、牌匾、装饰、赠品外包装、

名片、宣传册及网站上突出使用的"同仁堂"标识与同仁堂公司的注册商标构成近似，同仁堂科技公司的使用方式与同仁堂公司注册商标核定使用商品并非相同或类似商品，请求法院确认注册商标为驰名商标，并对之跨类保护。同仁堂科技公司抗辩认为，同仁堂公司涉案注册商标使用在中药商品上，与其在网站、门店等处使用"中华同仁堂"标识中"同仁堂"三字的使用方式虽构成近似，但其开设的店铺以招商为目的，向客人提供中国台湾土特产、茶叶等赠品，寻求在大陆地区进行药品、养生及其他各种产品的生产销售服务的合作机会，与同仁堂公司商标核准使用的商品并非类似商品，且涉案商标并非驰名商标，因此不构成商标侵权。

　　本案中，同仁堂公司涉案注册商标主要用于中药类商品上。同仁堂科技公司在其设立的店铺牌匾、装饰、赠品外包装、名片、宣传册及网站上，使用了"中华同仁堂"等标识。两者相比，同仁堂科技公司系在突出使用"同仁堂"标识，与同仁堂公司注册商标构成近似，但在所涉商品类别上并不相同，至于是否构成类似问题，需要综合加以判定。根据《最高人民法院关于审理商标民事纠纷案件适用法律若干问题的解释》第11条的规定，类似商品是指在功能、用途、生产部门、销售渠道、消费对象等方面相同，或者相关公众一般认为其存在特定联系、容易造成混淆的商品。同时，第12条规定，认定商品是否类似，应当以相关公众对商品的一般认识综合判断。综合本案事实，同仁堂科技公司将"中华同仁堂""正宗御用同仁堂"等标识使用于其网页、店铺门头、内部装饰、宣传资料、赠品包装及名片等。按照同仁堂科技公司常州代表处核准经营范围为同仁堂科技公司设立时核定经营范围内的非营利性活动（被吊销营业执照前），但是结合同仁堂科技公司的实际经营行为及其在庭审中的陈述，同仁堂科技公司是以招商为目的，进行中医、养生理念的宣传，并寻求合作，从而开展商业性经营活动，与同仁堂公司将涉案注册商标用于中药商品的使用行为，两者在功能、用途、消费对象等方面均不相同，可以认定二者不属于类似商品。若同仁堂公司涉案商标不是驰名商标，则相关公众一般不认为同仁堂公司、同仁堂科技公司之间存在特定联系，不易造成混淆，亦不构成商标侵权。

　　基于同仁堂公司的请求和案件审理的需要，亦为保护商标注册人的合法权益，本案有必要对同仁堂公司涉案注册商标是否驰名作出认定。

　　根据《中华人民共和国商标法》第14条的规定，考虑到以下因素：第一，相关公众对涉案商标的知晓程度。同仁堂公司注册的第171188号注册商标主要使用于中药商品上。"同仁堂"既是有名的老字号，也是一个具有悠久历史的商标，使用注册商标的中药商品得到国内外消费者认可,享有很高的知名度。2006年,商务部认定(注册商标同仁堂牌)为"中华老字号"。国务院文化部将同仁堂中医药文化作为"国家级非物质文化遗产"加强保护,使涉案商标及其所蕴含的商业价值进一步提升。第二,涉案商标使用的持续时间。1983年,涉案商标即注册于第31类中药商品上,后转为第5类中药商品,至今已有30年的时间。同仁堂公司经过持续经营,不断壮大,至今,其年营业总收入已达100多亿元,涉案商标的许可使用费已近300万元/年,其子公司北京同仁堂股份有限公司每年支出的广告费已超过1亿元。经同仁堂公司的长期使用和宣传,进一步扩大了该商标的知名度,累积了巨大的商业价值。第三,涉案商标宣传工作的持续时间、程度和地理范围。同仁堂公司提供了自2003年至2013年,各类报刊、媒体对同仁堂公司及其"同仁堂"产品的部分报道。例如《中国工业报》、中华人民共和国国家中医药管理局网站、《中国质量报》《中国医药报》《大公报》《新华每日电讯》《经济日报》《北京晚报》《京华时报》《新京报》《北京青年报》等在国内具有较大影响力的报刊媒体,其报道涉及同仁堂公司及其"同仁堂"品牌,以及企业的经营规模、经营策略、企业文化、参与社会福利事业、企业创新与发展等各个领域。同时,同仁堂公司还主动投资与"同仁堂"有关的文学艺术作品和文艺演出,宣传企业文化,树立品牌形象。同仁堂公司还设立了同仁堂博物馆,免费向公众开放。经过同仁堂公司的宣传,"同仁堂"注册商标的驰名度进一步扩大。第四,涉案商标受保护的记录。同仁堂公司十分重视对其注册商标的管理和维护,多年来其商标受到了中国各级行政机关的持续保护,受到了不同机构、社会团体的广泛认可。1989年11月8日,国家工商行政管理局商标局出具(89)商标字第29号文件,即《"同仁堂"属驰名商标应予特别保护》。2000年6月13日,国家工商行政管理局工商议字(2000)第31号文件、工商议字(2000)第35号文件,将涉案商标列入2000年度的《全国重点商标保护名录》,在全国范围内进行重点保护。2002年5月15日,对外贸易经济合作部向同仁堂公司颁布了"同仁堂牌"药品产品"重点支持和发展的名牌出口商品"牌匾。2005年1月,商务部授予"同仁堂"(医药保健品类)2005—2006年度"重点培育和发展的中国出口名牌"牌匾及证书。自2007年至2013年,同仁堂公司及其"同仁堂"产品共获得各类荣誉30余项。根据以上分析,同仁堂公司涉案注册商标已符合中国驰名商标的条件,依法应给予跨类保护。

鉴于同仁堂科技公司的使用行为及涉案注册商标在相关公众中的知名度和认同

感，必然会使相关公众产生涉案驰名商标与同仁堂科技公司之间存在关联的联想，从而构成对相关公众的误导，并对驰名商标权利人的合法权益造成损害。这种损害主要表现为：（1）相关公众及消费者会产生误认，以为同仁堂科技公司的经营方式是同仁堂公司扩大经营范围和拓展经营项目的行为，本着对同仁堂公司及其商誉的信任而与同仁堂科技公司开展经营行为。（2）如果同仁堂科技公司的经营活动出现问题，相关公众和消费者会对同仁堂公司及涉案商标的评价降低，同仁堂公司也会因此而丧失一定的市场份额。（3）即使相关公众在事后得知同仁堂科技公司的侵权行为与同仁堂公司没有任何关系，但也在一定程度上削弱了涉案商标与同仁堂公司之间的特定联系，从而降低同仁堂公司品牌在相关公众中的知名度和影响力，降低了同仁堂公司商标对消费者的吸引力，最终损害同仁堂公司涉案注册商标的价值。因此，同仁堂科技公司的行为，侵害了同仁堂公司享有的涉案商标专用权，应当承担相应的民事责任。

同仁堂科技公司抗辩认为，其在开设的店铺中使用"中华同仁堂"标识，是经过同仁堂嫡传子孙乐觉心在中国台湾合法授权使用的企业字号，且其代表处的设立经过工商行政机构的注册，其使用行为没有侵害同仁堂公司涉案注册商标专用权。一审法院认为，首先，同仁堂科技公司注册的企业名称为"中华同仁堂生物科技有限公司"、其设立的代表机构名称为"台湾中华同仁堂生物科技有限公司常州代表处"，其应当规范使用核准注册的企业名称或者代表处名称。同仁堂科技公司使用"中华同仁堂"时，应当知晓注册商标的权利状况及其知名度。

其次，注册商标为驰名商标，同仁堂科技公司突出使用与之近似的"同仁堂"标识，必然造成相关公众产生其与驰名商标之间存在关联的联想或者混淆两者之间的关系。同仁堂科技公司并没有证据证明案外人乐觉心享有"同仁堂"注册商标专用权或者其他相关权利，并有权授权同仁堂科技公司使用相关的标识。虽然同仁堂科技公司一再声称"同仁堂"的相关权利应为乐氏后人享有，"中华同仁堂"是经过同仁堂嫡传子孙乐觉心在中国台湾合法授权使用的企业字号，但是，一方面案外人乐觉心并不享有"同仁堂"注册商标专用权或者其他相关权利，另一方面乐觉心在其出具的"声明书"中对该问题进行了澄清，同仁堂科技公司无权使用由其享有权利的相关标识或者进行相关行为。因此，对同仁堂科技公司的该抗辩理由，不予采信。

二、同仁堂科技公司的不正当竞争行为，侵害了同仁堂公司的合法利益

同仁堂公司认为同仁堂科技公司在其网站上进行虚假宣传，对同仁堂公司进行

贬低、诋毁的行为，构成不正当竞争。同仁堂科技公司辩称，历史和政治原因使两个"同仁堂"分别存续于海峡两岸，随着两岸交流的深入，同仁堂公司到台湾岛开店行销和同仁堂科技公司到大陆经营都是十分正当的竞争关系，只能是有益于社会进步，有益于人民健康；而不存在谁"傍"谁的"名牌"、谁"搭"谁"便车"的问题。

一审法院认为，首先，同仁堂科技公司在其开设的网站突出使用"中华同仁堂""大清御用同仁堂"标识，使用同仁堂公司药店的影像作为自身的宣传资料，使用同仁堂公司特有的"炮制虽繁必不敢省人工，品味虽贵必不敢减物力"的楹联作为店铺装饰等行为，故意使其经营活动与同仁堂公司之间建立一定的联系，诱使消费者及相关公众产生联想和误认，为引人误解的虚假宣传行为。此外，同仁堂科技公司还在其开设的网站上以案外人乐觉心的名义进行了相关的介绍，在店铺内墙悬挂了"毛主席接见同仁堂传人"的照片。但同仁堂科技公司与"乐家老铺"及"乐氏后人"并无任何关联，案外人乐觉心并不知晓相关内容，且同仁堂科技公司与"同仁堂"的发展历史更无任何关系。以上相关行为是同仁堂科技公司利用广告和不实事实所进行的虚假宣传行为。其次，同仁堂科技公司在其网站中称"'文革'结束后，同仁堂乐家老铺名号则收归国有并更名为北京同仁堂，因受当年中国官方限制而没有任何一位乐家人及任何一份乐家老铺药方，北京同仁堂至此早已名存实亡，所以唯一乐氏传承正宗'同仁堂'，只有'御药世家、正宗同仁堂'"，并在显著位置标示"正宗御用同仁堂"。对此，同仁堂科技公司在诉讼中并未提交相关的证据予以证明。因此，这是一种捏造、散布虚假事实，对同仁堂公司实施诋毁的行为，损害了同仁堂公司的商品声誉和商业信誉。同仁堂科技公司进行虚假宣传和商业诋毁的行为，构成对同仁堂公司的不正当竞争，损害了同仁堂公司的合法权益，应当承担相应的民事责任。同仁堂科技公司以政治历史原因为由进行抗辩，无事实和法律依据，不予采信。

三、同仁堂科技公司应当承担的民事责任

同仁堂科技公司在其设立的店铺牌匾、装饰、赠品外包装、名片、宣传册及网站上突出使用"同仁堂"字样的行为，侵害了同仁堂公司享有的涉案商标专用权，应当承担停止侵权、赔偿损失之民事责任。同仁堂科技公司实施了相关不正当竞争行为，损害了同仁堂公司合法权益，扰乱了正常的经济秩序，应当承担停止侵权、消除影响、赔偿损失之民事责任。同仁堂科技公司陈述，至本案一审庭审结束，其设立的常州代表处虽已被工商行政机关依法吊销，但其店铺依然存在。因此，同仁堂公司要求拆除、销毁同仁堂科技公司店铺内外单独或突出使用的"中华同仁堂""同仁堂"等字样的牌匾、旗帜、标识、广告、商品包装、名片等物品的诉讼请求,有事实和法律依据,予以支持。同仁堂公司请求同仁堂科技公司停止在其网站中使用"中华同仁堂"标识及单独或突出使用带有"同仁堂"字样的文字、图片和装饰,停止使用同仁堂公司的相关历史文化资料进行宣传的行为,并删除诋毁同仁堂公司商誉的相关网页内容的诉讼请求,有事实和法律依据,亦予以支持。

关于消除影响的诉讼请求。同仁堂科技公司的相关行为,损害了同仁堂公司的商品声誉和商业信誉。对于消除影响的方式及范围,结合同仁堂科技公司主要在其www.zhtrt.com网站上实施不正当竞争行为的事实,所造成的影响应以其网站的影响范围为限。因此,同仁堂科技公司应当在其www.zhtrt.com网站上刊登声明,以消除其对同仁堂公司所造成的不利影响。

关于赔偿损失的诉讼请求。同仁堂公司主张依据其与其子公司北京同仁堂股份有限公司签订的"同仁堂商标使用许可合同"及北京同仁堂股份有限公司2009年至2012年支付商标使用费的数额及同仁堂公司自2009年至2012年营业总收入,要求同仁堂科技公司赔偿经济损失500万元及同仁堂公司为制止侵权所产生的合理费用24.036万元。同仁堂科技公司认为其并无实际的经营行为,且没有实际销售产品,没有获取利润,不应承担赔偿损失的民事责任。一审法院认为,同仁堂公司没有举证证明其因同仁堂科技公司侵权所遭受的损失,以及同仁堂科技公司因此所获取的利润,请求法院参考涉案商标许可使用费及其营业总收入及同仁堂科技公司设立代表处的时间,确定赔偿数额的主张可以采纳。同仁堂科技公司设立代表处,以招商为目的,进行中医、养生理念的宣传,寻求合作而进行的商业性经营活动,侵害了同仁堂公司涉案商标专用权,且构成不正当竞争行为,给同仁堂公司的合法权利造成了实质性的损害,应当承担赔偿损失的民事责任。同仁堂科技公司因其没有获取利润,不应承担赔偿损失的民事责任的抗辩理由不能成立,不予采信。将综合考虑同仁堂公司涉案注册商标的知名度、商标许可使用费、同仁堂科技公司的侵权行为种类、主观过错程度、经营范围和方式,同仁堂公司为本案诉讼所支付的律师费、公证费等事实,酌情确定同仁堂科技公司的赔偿数额。

据此,依据《中华人民共和国商标法》第14条、第52条第(5)项、第56条第1款,《中华人民共和国商标法实施条例》第3条,《最高人民法院关于审理商标民事纠纷案件适用法律若干问题的解释》第1条第(1)项、第9条、第10条、第11条、

第12条、第22条第1款和第2款，《最高人民法院关于审理涉及驰名商标保护的民事纠纷案件应用法律若干问题的解释》第4条、第5条、第10条，《中华人民共和国反不正当竞争法》第9条第1款、第14条、第20条第1款，《最高人民法院关于审理不正当竞争民事案件应用法律若干问题的解释》第8条第1款第（3）项、第17条第1款之规定，一审法院判决：（1）中华同仁堂生物科技有限公司自判决生效之日起立即停止侵害中国北京同仁堂（集团）有限责任公司第171188号注册商标专用权的行为，拆除、销毁其开设店铺中突出使用"同仁堂"文字的牌匾、旗帜、装饰、广告、商品包装和名片等物品，删除其www.zhtrt.com＜http://www.zhtrt.com/＞网站中突出使用带有"同仁堂"文字的相关介绍；（2）中华同仁堂生物科技有限公司自判决生效之日起立即停止不正当竞争行为，删除其网站上相关虚假宣传、诋毁中国北京同仁堂（集团）有限责任公司商品声誉和商业信誉的宣传材料；（3）中华同仁堂生物科技有限公司自判决生效之日起10日内在www.zhtrt.com＜http://www.zhtrt.com/＞网站上连续30天刊登声明，以消除其不正当竞争行为给中国北京同仁堂（集团）有限责任公司造成的影响（内容须经法院审核，逾期不履行，法院将择要公布判决的主要内容，费用由中华同仁堂生物科技有限公司承担）；（4）中华同仁堂生物科技有限公司自判决生效之日起30日内赔偿中国北京同仁堂（集团）有限责任公司经济损失及因维权支出的合理费用100万元；（5）驳回中国北京同仁堂（集团）有限责任公司的其他诉讼请求。如果未按判决指定的期间履行给付金钱义务，应当依照《中华人民共和国民事诉讼法》第253条之规定，加倍支付迟延履行期间的债务利息。案件受理费48 482.5元，由中华同仁堂生物科技有限公司负担。

同仁堂科技公司向本院提起上诉，请求撤销一审判决，驳回同仁堂公司的全部诉讼请求。主要理由为：（1）同仁堂科技公司享有合法的企业名称权，故其使用"中华同仁堂"字号也是合法的，一审判决禁止其在网页、店铺门头、内部装饰、宣传资料、赠品包装、名片上使用"中华同仁堂"企业字号，没有法律依据。（2）"中华同仁堂"企业字号是经同仁堂传人乐觉心在中国台湾合法授权，故同仁堂科技公司有权使用该字号。乐觉心虽然在2013年1月10日单方发布声明书，对上述授权行为进行否定，但该声明是在本案诉讼之后作出，故与本案无关。（3）一审判决认定第171188号商标构成驰名商标，缺乏证据支持。首先，同仁堂公司申请的商标上百件，而其提供的证据中除了一件外，其余显示的均为横排书写的"同仁堂"三字，或者只有企业名称，并未明确指向涉案商标。其次，同仁堂公司仅提供了年营业总收入、广告支出费用等，但并未能证明上述收入及费用就是涉案商标的营业收入和广告费用；也没有涉案商标近三年的广告宣传证据；近三年获得的商标荣誉证明也未显示是涉案商标所获得。（4）同仁堂科技公司在大陆没有进行任何经营或营利性活动，故在大陆不是《中华人民共和国反不正当竞争法》规定的经营者，没有实施任何不正当竞争行为。（5）同仁堂科技公司不构成商标侵权，即使构成侵权，判赔100万元也缺少事实与法律依据。同仁堂公司与其子公司北京同仁堂股份有限公司签订商标许可使用合同、约定许可使用费，属关联交易，不应作为定案依据，故一审法院不应将其作为参考因素。同仁堂公司也未举证证明其营业收入减少或者同仁堂科技公司有任何经营所得。

同仁堂公司答辩称：一审判决认定事实清楚、证据充分，适用法律正确，应予维持。

本案二审争议焦点为：（1）同仁堂科技公司是否侵犯了同仁堂公司涉案商标权；（2）同仁堂科技公司是否实施了不正当竞争行为；（3）如果同仁堂科技公司构成商标侵权及不正当竞争，一审法院判决其承担的民事责任是否适当。

二审中，双方当事人均未提供新的证据。

一审法院查明的事实，均有充分证据支持，本院予以确认。

本院另查明：

（1）同仁堂公司生产的中药产品上均使用涉案第171188号注册商标，对此同仁堂科技公司没有否认。

（2）二审庭审中，同仁堂科技公司认可其设立常州代表处有商业目的，但认为"目前没有经营活动"。

（3）关于乐觉心与同仁堂科技公司的协议是否实际履行，同仁堂科技公司在二审庭审中陈述：乐觉心收取了车马费，之后无法进行了。如果另案处理完毕，这个协议应该是能够履行的。

本院认定如下。

一、同仁堂科技公司侵犯了同仁堂公司涉案商标权

首先，第171188号注册商标构成驰名商标。其一，同仁堂药铺是享誉数百年的老字号店铺，故"同仁堂"这一品牌为广大消费者所熟知。第171188号注册商标系图文组合商标，其主体为"同仁堂"三字，对此双方当事人亦一致认可。其二，同仁堂公司生产的中药产品上均使用该注册商标，对此同仁堂科技公司虽未明确表

示认可，但未能提供相反证据，在二审庭审中仅认为"不清楚北京同仁堂是否有其他产品未使用该标识"。据此可以认定，虽然同仁堂公司拥有诸多含有"同仁堂"文字的注册商标，但在其产品上得到最普遍使用的是第171188号注册商标。因此，1989年11月8日国家工商行政管理局商标局（89）商标字第29号文件《"同仁堂"属驰名商标应予特别保护》中的"同仁堂"商标必然包括了第171188号注册商标。其三，1989年之后，同仁堂公司的生产经营活动一直处于正常健康发展状态。同仁堂公司2009年营业总收入为6 012 649 772.53元，2010年营业总收入为7 681 922 981.29元，2011年营业总收入为9 788 976 087.47元，2012年营业总收入为11 823 855 824.92元。其四，同仁堂公司投入巨资、通过多种途径对自身及涉案商标进行持续、广泛的宣传。仅其子公司北京同仁堂股份有限公司2010年、2011年、2012年支出广告费就分别高达110 989 335.78元、88 860 172元、132 936 009.88元。《中国工业报》、中华人民共和国国家中医药管理局网站、《中国质量报》《中国医药报》《大公报》《新华每日电讯》《经济日报》《北京晚报》《科技日报》《中国中医药报》、新华网、《京华时报》《新京报》《北京青年报》、人民网等媒体对同仁堂公司的企业文化、企业规模、发展前景、经营策略、参与社会福利工作，以及"同仁堂"产品质量、市场份额等进行了多种报道。同仁堂公司还投资了与"同仁堂"有关的文学艺术作品和文艺演出，如电视连续剧《同仁堂传说》《大清药王》《戊子风云同仁堂》、京剧电视连续剧《风雨同仁堂》、传统医药与人类健康主题晚会《百草飘香》、同仁堂创建340周年大型文艺晚会《百草香中华情》、人民日报出版社出版发行《北京同仁堂史》、人民出版社出版发行《国宝同仁堂——同仁堂340年记》等。同仁堂公司还设立了同仁堂博物馆，免费向海内外公众开放。通过文学艺术作品及历史文化的传播，使同仁堂品牌及涉案商标的知名度进一步得到提高。其五，同仁堂品牌得到业内及广大消费者广泛好评，获得诸多荣誉。涉案注册商标系同仁堂公司使用最为普遍的代表性商标，该商标必然随之为广大消费者更加熟知和认可。根据查明的事实，仅2007年至2013年间，同仁堂公司及其"同仁堂"产品获得各类荣誉就达30余项。其中包括：由中华人民共和国文化部、国家广播电影电视总局、北京市人民政府等单位主办的"第二届新媒体节组委会"颁发的"2009中国十大最具历史文化价值百年品牌"奖；中国医药质量管理协会颁发给同仁堂公司的"'20年20星'医药质量管理企业明星"奖；医药经济报颁发的"中国制药工业百强"奖；品牌中国产业联盟颁发给同仁堂公司的"2010品牌中国华谱奖"；中国药品品牌评审委员会颁发的"经中国药品品牌评审委员会的评定、审核，同仁堂'六味地黄丸'荣获'健康中国2010中国药品品牌榜'上榜品牌称号"；"海外最具品牌影响力的中国上市公司'中国证券金紫荆奖'"；中国中医药研究促进会、北京中医药学会颁发给同仁堂公司的"中药百年品牌文化传承奖"；"中国企业走进东盟十大成功企业"奖；中国药文化研究会、中国医药卫生行业社会责任研究课题组颁发给同仁堂公司的"2010—2011年度中国医药卫生行业社会责任孺子牛奖文化传承品牌称号"；中国医药职工思想政治工作研究会、中国医药企业文化建设协会颁发给同仁堂公司的"2012年全国医药企业文化建设示范单位"奖；中国中药协会颁发给同仁堂公司的"企业信用评级AAA级信用企业"荣誉称号；北京市文化局颁发给同仁堂公司的"北京市非物质文化遗产生产性保护示范基地"奖；"2013年度最具价值中国品牌50强"；中国医药保健品进出口商会颁发给同仁堂公司的"2011—2012年度中医药国际化推进十强企业"称号等。

综上，借助老字号这一历史优势、长期以来成功的经营、广泛持久的宣传，同仁堂公司拥有的第171188号注册商标长期为消费者熟知并认可，据此一审法院认定其为驰名商标，具有充分的事实与法律依据。同仁堂科技公司关于一审判决认定该商标构成驰名商标缺乏证据支持的上诉理由，依据不足，本院不予支持。

其次，同仁堂科技公司在其设立的网站及店铺中使用"中华同仁堂"标识，构成对"同仁堂"这一字号的突出使用，这一使用方式客观上起到了标识商品（服务）来源的作用，会导致消费者误认为其与同仁堂公司存在某种特定联系，依法构成对同仁堂公司涉案注册商标权的侵害。同仁堂科技公司上诉认为，"中华同仁堂"这一字号是乐觉心在中国台湾授权其使用，故其在大陆地区同样有权使用。本院认为该理由不能成立：第一，同仁堂科技公司设立于2009年5月，而乐觉心于2009年9月才出具声明书，同意将其合法申请并登记的有关"乐家老铺""乐家同仁""乐氏御供""大清百草药王乐家老铺""大清御药王乐家老铺"商标名称及标志交予同仁堂科技公司（将进行改组变更为股份有限公司）使用。显然，同仁堂科技公司将"同仁堂"注册为其字号，与乐觉心并无关系。第二，从上述声明书的内容看，乐觉心交予同仁堂科技公司使用的商标名称和标志中，也没有"同仁堂"这一名称或标识。且乐觉心在2013年1月10日出具的声明书中，已明确其与同仁堂科技公司之间的协议未能履行，同仁堂科技公司的行为与其没有关系。同仁堂科技公司虽认为该声明书与本案无关，但在二审庭审中对上述事实亦予认可。综上，同仁堂科技公司主张"中华同仁堂"这一字号是乐觉心在中国台湾授权其使用，显然没有事实依据。第三，同仁堂科技公司当然有权在大陆地区使用其名称包括字号，但就本案而言，其在大陆地区只能规范使用其企业名称（全称），而不能单独使用"中华同仁堂"或"同仁堂"字号，理由如下：（1）如前所述，第171188号注册商标是同仁堂公司拥有的驰名商标，其主体就是"同仁堂"文字，故就广大消费者的认知而言，"同仁堂"与同仁堂公司密不可分，对此同仁堂科技公司理应知晓。（2）同仁堂科技公司单独使用"中华同仁堂"或"同仁堂"文字，必然引起消费者将其与同仁堂公司产生误认，从而对两者提供的商品（服务）来源产生混淆，既损害了消费者的利益，也损害了同仁堂公司的合法权益，对此同仁堂科技公司同样应该知晓。（3）在此情况下，同仁堂科技公司仍在网页和常州设立的店铺中使用"中华同仁堂"或"同仁堂"文字，显属故意攀附同仁堂公司及其第171188号注册商标的声誉，有违诚信原则，当然应予禁止。

综上所述，同仁堂科技公司在其在大陆地区进行的商业活动中，突出使用"同仁堂"文字，侵害了同仁堂公司对其第171188号注册商标享有的权利。

二、同仁堂科技公司实施了不正当竞争行为

（一）同仁堂科技公司实施了虚假宣传行为

同仁堂科技公司在其网页上使用"大清御用同仁堂""正宗御用同仁堂"字样，有关"中华同仁堂介绍"及"公司简介"称："十四代乐觉心，希望能让神秘的官廷秘方不只是存在于官廷少数之皇帝权贵，而是可透过科学的角度使其透明化来造福一般的人民百姓，达到乐家先人'昔日御药供奉，今日养生共享'之境界并发扬御药世家正宗同仁堂'修合无人见，存心有天知'之制药精神！""1953年乐氏家庭十三代乐崇辉来台开立分号，于台北市开封街成立'台湾同仁堂'。'文革'时，大陆乐氏家庭受红卫兵影响，核心传世秘方及制药技术皆由十三氏乐崇辉带来台湾，以'台湾同仁堂'命名。'文革'结束后，同仁堂乐家老铺名号则收归国有并更名为北京同仁堂，因受当年中国官方限制而没有任何一位乐家人及任何一份乐家老铺药方，北京同仁堂至此早已名存实亡，所以唯一乐氏传承正宗'同仁堂'只有'御药世家、正宗同仁堂'，并完整传承'正宗'同仁堂三代官廷制药流程和古法泡灸"。其网站视频内容中，多处有关同仁堂药店以及楹联的影像是在同仁堂公司经营的店铺内拍摄。其在常州所开店铺使用老字号"同仁堂"特有的楹联"炮制虽繁必不敢省人工，品味虽贵必不敢减物力"，店铺内悬挂"毛主席接见同仁堂传人"照片。

同仁堂科技公司的上述宣传行为，显然意在误导消费者认为其与老字号"同仁堂"有着一定渊源，是"正宗同仁堂"。而根据查明的事实，同仁堂科技公司的设立既与同仁堂公司没有关系，与最初乐氏创立的"同仁堂老药铺"也无任何渊源，其虽称曾与乐氏后人乐觉心进行合作，但两者之间的协议并未得到履行，故可以认定同仁堂科技公司与"同仁堂"这一老字号毫无关系。在此情况下，同仁堂科技公司的上述宣传构成虚假宣传。

（二）同仁堂科技公司对同仁堂公司实施了商业诋毁

同仁堂科技公司在其网站中称："'文革'结束后，同仁堂乐家老铺名号则收归国有并更名为北京同仁堂，因受当年中国官方限制而没有任何一位乐家人及任何一份乐家老铺药方，北京同仁堂至此早已名存实亡，所以唯一乐氏传承正宗'同仁堂'，只有'御药世家、正宗同仁堂'。"上述文字传达了如下信息：同仁堂公司没有一份乐家老铺药方，因此同仁堂公司徒有其名，实际上与老字号"同仁堂"没有传承关系。由此，消费者必然对同仁堂公司的产品是否是从老字号"同仁堂"一脉相承的、传统的、正宗的产品产生怀疑，同仁堂公司的商誉因而受到损害。公开发表可能损害其他经营者商誉的言论，必须具有充分的事实依据。而在二审中，同仁堂科技公司明确认可其没有充分的证据证明上述言论属实，仅是其自己的认识。据此足以认定，同仁堂科技公司发表上述言论，属捏造、散布虚伪事实，恶意贬损同仁堂公司商誉，构成商业诋毁。

针对上述被控不正当竞争行为，同仁堂科技公司上诉称，其在大陆没有进行任何经营或营利性活动，故在大陆不是《中华人民共和国反不正当竞争法》规定的经营者，不应认定其实施任何不正当竞争行为。本院认为该上诉理由不能成立：同仁堂科技公司身为商业主体，其在大陆地区设立网站、开设办事处及店铺，对自己的产品（服务）进行宣传、推销，寻找合作伙伴以开拓市场等，均属基于商业目的而实施的商业经营行为，当属反不正当竞争法规制的行为范畴。

三、一审法院判决同仁堂科技公司承担的民事责任适当

同仁堂科技公司侵害了同仁堂公司涉案商标权，同时实施了虚假宣传和商业诋毁等不正当竞争行为，一审法院依法判决其承担停止侵权、消除影响、赔偿损失等民事责任，具有充分的事实与法律依据。其上诉称，即使构成侵权，判赔100万元也缺乏依据。对此本院认为，同仁堂科技公司实施了多种侵权行为，主观恶意明显，结合涉案商标属驰名商标、同仁堂公司的商誉具有极大的商业价值、涉案商标许可

使用费的数额、同仁堂公司为制止侵权行为支付的合理费用等多种因素，一审判决酌定赔偿额为 100 万元，并无不当。

综上所述，同仁堂科技公司的上诉理由不能成立。一审判决认定事实清楚，适用法律正确，应予维持。依照《中华人民共和国民事诉讼法》第 170 条第 1 款第（1）项的规定，判决如下：

驳回上诉，维持原判决。

二审案件受理费人民币 13 800 元，由中华同仁堂生物科技有限公司负担。

本判决为终审判决。

2014 年 6 月 26 日

四、案件相关问题解析

本案主要围绕同仁堂公司拥有的商标是否属于驰名商标应予以跨类别保护，以及同仁堂科技公司在其网站上进行的宣传是否对同仁堂公司构成恶意竞争等问题展开。

（一）本案中涉及的驰名商标问题

1. 同仁堂公司与同仁堂科技公司的商标是否属于相同类别

因《商标法》第 57 条第（2）项规定，未经商标注册人的许可，在同一种商品上使用与其注册商标近似的商标，或者在类似商品上使用与其注册商标相同或者近似的商标，容易导致混淆的，属于侵犯注册商标专用权的行为。依据上述法律规定，即认定同仁堂科技公司在使用"中华同仁堂"时突出使用"同仁堂"三字对同仁堂公司的"同仁堂"商标构成侵权，需要满足两者在同一种商品或类似商品上使用以及使用的商标近似这两项要件。

依据我国《最高人民法院关于审理商标民事纠纷案件适用法律若干问题的解释》第 10 条[①]的规定，综合考虑一般人的认知及整体比较，同仁堂科技公司在其网站、

[①]《最高人民法院关于审理商标民事纠纷案件适用法律若干问题的解释》第 10 条规定："人民法院依据商标法第五十二条第（一）项的规定，认定商标相同或者近似按照以下原则进行：（一）以相关公众的一般注意力为标准；（二）既要进行对商标的整体比对，又要进行对商标主要部分的比对，比对应当在比对对象隔离的状态下分别进行；（三）判断商标是否近似，应当考虑请求保护注册商标的显著性和知名度。"

牌匾上突出使用"同仁堂"三字与同仁堂公司的"同仁堂"商标构成近似并没有什么问题，但是同仁堂科技公司主要以招商合作为经营目的，而同仁堂公司主要以经营中药产品为主，依据相关公众的一般认识很难认为两者经营的是同一种或类似商品。①

对于在我国注册的商标，国家实行非驰名商标同类别保护、驰名商标跨类别保护的原则。故在本案中，同仁堂公司如需保护其权益，有必要对"同仁堂"商标属于驰名商标进行举证。

2. 对于"同仁堂"商标是否属于驰名商标

依据我国《商标法》第14条规定，认定驰名商标一般需要考虑相关公众对该商标的知晓程度、该商标的使用时间、宣传程度、被保护的记录等。一二审法院在判决书中已经充分阐述了将"同仁堂"商标认定为驰名商标的依据，即"同仁堂"品牌早已被广大消费者所知悉，同仁堂公司在1983年即已注册该商标，并在1989年被商标局认定为驰名商标，这以后的经营业绩一直健康发展，且同仁堂公司投入了巨资用于自身品牌的宣传，获得了大量荣誉，从而一二审法院认为"同仁堂"商标属于驰名商标，应予以跨类别保护。

（二）本案中涉及的不正当竞争问题

1. 同仁堂科技公司的行为是否构成虚假宣传

本案中同仁堂科技公司被认定为构成虚假宣传的主要原因在于其与乐氏后人乐觉心之间的协议未得到履行，导致了其与同仁堂这一老字号之间关系的断裂，而在这样的情况下，同仁堂科技公司仍在其网站上宣传有关"同仁堂"的相关信息显然会引人

---

① 《最高人民法院关于审理商标民事纠纷案件适用法律若干问题的解释》第11条规定："商标法第五十二条第（一）项规定的类似商品，是指在功能、用途、生产部门、销售渠道、消费对象等方面相同，或者相关公众一般认为其存在特定联系、容易造成混淆的商品。类似服务，是指在服务的目的、内容、方式、对象等方面相同，或者相关公众一般认为存在特定联系、容易造成混淆的服务。商品与服务类似，是指商品和服务之间存在特定联系，容易使相关公众混淆。"

第12条规定："人民法院依据商标法第五十二条第（一）项的规定，认定商品或者服务是否类似，应当以相关公众对商品或者服务的一般认识综合判断；《商标注册用商品和服务国际分类表》《类似商品和服务区分表》可以作为判断类似商品或者服务的参考。"

注：上述引用的《商标法》第52条为现行《商标法》第57条。

误解。

2. 同仁堂科技公司的行为是否损害了同仁堂公司的商誉

依据《反不正当竞争法》第14条的规定，经营者不得捏造、散布虚伪事实，损害竞争对手的商业信誉、商品声誉，同仁堂公司在其网站上宣传其才是正宗的同仁堂，北京同仁堂早已名存实亡，显然损害了同仁堂公司的商誉。

五、案件启示及建议

（一）企业应当提升驰名商标保护意识

为了防止侵权人"搭便车""打擦边球"等侵权行为，企业可以从两方面着手准备：一方面在相同或相似类别上多申请防御性商标；另一方面就是提升商标的知名度，力求被认定为驰名商标，达到跨类保护的效果。因此，建议企业在运营过程中对比驰名商标认定的标准，有针对性地提升注册商标的知名度，从而更有效地保护该商标。主要建议如下：

（1）持续、突出使用。商标使用的持续时间是判断是否为驰名商标的重要因素，因此，企业应当选定主要的推广、使用商标，一旦选定应当保持不变，长时间使用，形成商标的影响力，避免经常更换商标的情况发生。

（2）不断收集使用该商标的商品的市场份额、销售区域等相关证据。市场份额、销售区域是证明某产品知名度、影响力的有力证据，因此对证明该等产品上所载商标的驰名程度也十分有利，建议企业在日常经营过程中不断收集，主要包括销售合同、发票、行业协会统计数据、宣传资料等。

（3）加大对商标的宣传推广，并留存相关证据，如宣传或者促销活动的方式、持续时间、程度、资金投入和地域范围，具体包括宣传推广合同、发票、宣传广告播放排期、宣传广告视频、刊登广告的报纸和杂志、户外广告照片等。

（4）收集该商标作为驰名商标受保护的记录等相关证据，如司法判决、商标复审委员会行政决定等。

（二）拆分突出使用已注册商标的构成要素，导致与他人注册的驰名商标相同或近似的，构成侵犯他人商标专用权

本案中同仁堂科技公司当然有权使用其企业名称，包括其企业字号，但是其并不能突出使用"同仁堂"三字，从而在商品来源上与驰名商标同仁堂产生关联，即有可能对相关消费者产生误导。

在与本案相似的北京市高级人民法院（2008）高民终字第1376号案件施华洛世奇有限公司诉北京施华洛婚纱摄影有限公司一案中，北京市高级人民法院知识产权庭在判决要旨中写道："在提供服务及相应的广告宣传中突出使用与他人已注册驰名商标相同或者相近似的标志，足以导致相关公众误认为其所提供的服务与驰名商标注册人有某种特定联系，从而致使驰名商标注册人的利益受到损害的，属于侵犯商标专用权的行为。虽有注册商标，但拆分使用构成其注册商标的各要素，导致与他人已注册驰名商标相同或者近似的，不属于注册商标之间的权利冲突，无须先行通过国家商标行政主管机关解决，而应直接认定构成侵犯商标专用权。"[1]

（三）若同仁堂科技公司与乐觉心之间的合作协议得到履行，同仁堂科技公司与乐氏后人存在关联是否仍构成虚假宣传

司法解释规定，将科学上未定论的观点、现象等当作定论的事实用于商品宣传的，可以被认定为引人误解的虚假宣传行为。同仁堂科技公司宣传北京同仁堂早已名存实亡，所以唯一乐氏传承正宗"同仁堂"只有"御药世家、正宗同仁堂"，并完整传承"正宗"同仁堂三代宫廷制药流程和古法泡灸，即是在引导消费者认为其是唯一正宗的同仁堂继承者，而同仁堂公司属于弄虚作假。然而同仁堂科技公司又未能提供相对确凿的证据证明这一点。所以笔者认为，同仁堂科技公司仍然可能构成虚假宣传，但相对而言也存在了一些变数。

（四）如何避免因商业诋毁构成不正当竞争行为

《反不正当竞争法》第14条对商业诋毁的反不正当竞争行为进行了约定，"经

---

[1] 参见北京市高级人民法院知识产权庭：《知识产权经典判例7（商标、反不正当竞争卷）》，知识产权出版社2013年版，第20页。

营者不得捏造、散布虚伪事实，损害竞争对手的商业信誉、商品声誉。"《最高人民法院关于印发〈最高人民法院知识产权案件年度报告（2009）〉的通知》进一步明确了商业诋毁行为的构成条件。最高人民法院审查认为，《反不正当竞争法》第14条调整的商业诋毁行为并不要求行为人必须直接指明诋毁的具体对象的名称，即并不要求诋毁行为人指名道姓，但商业诋毁指向的对象应当是可辨别的。反不正当竞争法并没有对商业诋毁的语言作出限制，诋毁语言并不一律要求有感情色彩，无论是包含诸如憎恨、羞辱、藐视的语言或者骂人的话，还是不带任何感情色彩的陈述，只要其中涉及的事实是虚伪的，是无中生有的，并因此损害了他人的商业信誉和商品声誉，就构成商业诋毁。

因此，企业在进行宣传或发表言论时，应当建立在实际查证核实的基础上，避免随意妄断，更应禁止恶意捏造事实。但同时，如果企业确实掌握了竞争对手的不利信息，且经查证属实，那么就不构成商业诋毁。

第四章

商标侵权纠纷合法来源抗辩问题

主要原理：被控侵权人在销售商品时不知道该商品侵犯注册商标专用权，同时能证明商品是合法取得的并能说明提供者，则被控侵权人不承担赔偿责任

素材：北京天丰利服装小商品批发市场有限公司与肖永华、广东奥飞动漫文化股份有限公司侵害商标权纠纷案

一、案情简介

原告广东奥飞动漫文化股份有限公司（以下简称奥飞动漫）与周秉毅是第6798649号"铠甲勇士"图文商标、第9350927号"铠甲勇士"文字商标两个注册商标的共同权利人。该两商标核定用于第16类商品上，包括文具盒等。2014年5月，原告在被告北京天丰利服装小商品批发市场有限公司（以下简称天丰利）开办的"天丰利市场"内被告肖永华经营的摊位，以12元的价格公证购买了1个印有上述两个商标的文具盒。2014年9月，奥飞动漫起诉至法院，诉称被告肖永华销售假冒原告商标的文具盒，而被告天丰利主观存在过错，客观为肖永华侵权提供了便利，应与肖永华共同承担赔偿责任。

庭审中，天丰利辩称其只是柜台出租者，并不参与经营，不应承担法律责任。肖永华辩称其是合法经营，有正规的进货渠道和单据，提出商标侵权纠纷合法来源抗辩，但被告肖永华并不能举出有效证据证明其销售的产品具有合法来源。最终一审判决被告天丰利与肖永华停止销售涉案侵权产品并共同赔偿经济损失及合理费用共计5000元。

后被告天丰利及肖永华不服一审判决，向北京知识产权法院提起上诉，但并没有提出新的证据。二审法院最后判决驳回上诉，维持原判。

二、法学原理及分析

（一）商标专用权侵权认定及赔偿数额涉及法条

《中华人民共和国商标法》

第五十七条 有下列行为之一的，均属侵犯注册商标专用权：

（一）未经商标注册人的许可，在同一种商品上使用与其注册商标相同的商标的；

（二）未经商标注册人的许可，在同一种商品上使用与其注册商标近似的商标，或者在类似商品上使用与其注册商标相同或者近似的商标，容易导致混淆的；

（三）销售侵犯注册商标专用权的商品的；

（四）伪造、擅自制造他人注册商标标识或者销售伪造、擅自制造的注册商标标识的；

（五）未经商标注册人同意，更换其注册商标并将该更换商标的商品又投入市场的；

（六）故意为侵犯他人商标专用权行为提供便利条件，帮助他人实施侵犯商标专用权行为的；

（七）给他人的注册商标专用权造成其他损害的。

第六十三条 侵犯商标专用权的赔偿数额，按照权利人因被侵权所受到的实际损失确定；实际损失难以确定的，可以按照侵权人因侵权所获得的利益确定；权利人的损失或者侵权人获得的利益难以确定的，参照该商标许可使用费的倍数合理确定。对恶意侵犯商标专用权，情节严重的，可以在按照上述方法确定数额的一倍以上三倍以下确定赔偿数额。赔偿数额应当包括权利人为制止侵权行为所支付的合理开支。

人民法院为确定赔偿数额，在权利人已经尽力举证，而与侵权行为相关的账簿、资料主要由侵权人掌握的情况下，可以责令侵权人提供与侵权行为相关的账簿、资料；侵权人不提供或者提供虚假的账簿、资料的，人民法院可以参考权利人的主张和提供的证据判定赔偿数额。

权利人因被侵权所受到的实际损失、侵权人因侵权所获得的利益、注册商标许可使用费难以确定的，由人民法院根据侵权行为的情节判决给予三百万元以下的赔偿。

《商标法》第57条规定了侵犯注册商标专用权的行为，包括未经许可在同种商品或类似商品上使用与注册商标相同或近似的商标、伪造擅自制造他人注册商标标识、销售上述侵犯注册商标专用权商品、故意为侵犯他人商标专用权行为提供便利、帮助他人实施侵犯商标专用权行为以及给他人的注册商标专用权造成其他损害。

《商标法》第63条规定了赔偿数额，按实际损失赔偿，难以确定实际损失的可按侵权人所获利益确定，都难以确定的，按许可使用费的倍数合理确定。赔偿包括权利人为制止侵权所支付的合理开支。对恶意侵权情节严重的，可额外增加一倍至两倍的赔偿数额。此外，在举证责任方面，权利人已尽力举证后，法院可责令侵权人提供。最终仍难以确定的，可以由法院根据情节判决给予300万元以下的赔偿。

（二）注册商标连续未使用三年抗辩及合法来源抗辩涉及法条

《中华人民共和国商标法》

第六十四条 注册商标专用权人请求赔偿，被控侵权人以注册商标专用权人未使用注册商标提出抗辩的，人民法院可以要求注册商标专用权人提供此前三年内实际使用该注册商标的证据。注册商标专用权人不能证明此前三年内实际使用过该注册商标,也不能证明因侵权行为受到其他损失的,被控侵权人不承担赔偿责任。

销售不知道是侵犯注册商标专用权的商品,能证明该商品是自己合法取得并说明提供者的,不承担赔偿责任。

《商标法》第64条主要规定了被控侵权人在注册商标侵权诉讼中的两项抗辩权——"三年未使用抗辩权"及"合法来源抗辩权"。其中,"三年未使用抗辩"是权利人在侵权行为发生前三年内未实际使用注册商标的,被控侵权人不承担赔偿责任。"合法来源抗辩"则是被控侵权人在销售商品时不知道该商品侵犯注册商标专用权,同时能证明商品是合法取得并能说明提供者的,则被控侵权人不承担赔偿责任。

三、案件介绍

案由

案由:侵害商标权纠纷

案号

一审案号:(2014)朝民(知)初字第40323号

二审案号:(2015)京知民终字第00223号

案件当事人

一审原告、二审被上诉人:广东奥飞动漫文化股份有限公司

一审被告、二审上诉人:北京天丰利服装小商品批发市场有限公司

一审被告、二审上诉人:肖永华

案件法律文书

北京知识产权法院民事判决书

(2015)京知民终字第00223号

上诉人(原审被告):北京天丰利服装小商品批发市场有限公司

上诉人(原审被告):肖永华

被上诉人(原审原告):广东奥飞动漫文化股份有限公司

上诉人北京天丰利服装小商品批发市场有限公司(以下简称天丰利公司)、上

诉人肖永华因与被上诉人广东奥飞动漫文化股份有限公司（以下简称奥飞动漫公司）侵害商标权纠纷一案，不服北京市朝阳区人民法院作出的（2014）朝民（知）初字第40323号民事判决，向本院提起上诉。本院受理后，依法组成合议庭审理了本案，现已审理终结。

2014年9月，奥飞动漫公司起诉至原审法院称：我公司拥有第6798649号"铠甲勇士"图文商标、第9350927号"铠甲勇士"文字商标专用权，该两商标核定使用的商品为第16类文具、文具盒等。2014年5月，我公司发现肖永华在其商铺销售假冒我公司上述商标的文具盒。天丰利公司作为市场管理者，未及时、有效制止市场内的侵权行为，主观上存在过错，客观上为肖永华实施侵权行为提供了便利条件。肖永华与天丰利公司均侵犯了我公司对上述商标享有的专用权。现我公司要求肖永华停止销售涉案侵权文具盒；肖永华与天丰利公司共同赔偿我公司经济损失6000元、公证费1000元、律师费3000元。

天丰利公司答辩称：我公司是柜台出租者，每个个体工商户都是独立的经营者，我公司不参与经营，不应当承担法律责任。

肖永华答辩称：我是合法经营，有正规的进货渠道和单据；我不知道销售的商品是侵犯奥飞动漫公司注册商标专用权的商品。我不同意奥飞动漫公司的诉讼请求。

原审法院经审理查明：经国家工商行政管理总局商标局核准，奥飞动漫公司和周秉毅共同取得了第6798649号"铠甲勇士"图文商标、第9350927号"铠甲勇士"文字商标注册证。该两商标均核定使用在第16类商品上，包括文具盒等。前者注册有效期自2010年4月7日至2020年4月6日，后者注册有效期自2012年5月7日至2022年5月6日。

2013年3月1日，周秉毅出具授权委托书，授权奥飞动漫公司单独以自己的名义对中国境内的所有侵犯双方共有知识产权的侵权纠纷提起诉讼。周秉毅放弃在案件中作为共同诉讼人的权利。授权期限至2015年2月28日。

2014年5月31日，奥飞动漫公司在天丰利公司开办的"天丰利市场"的四层F4076号摊位，以12元的价格公证购买了1个文具盒。该文具盒上印有奥飞动漫公司第6798649号"铠甲勇士"图文商标、第9350927号"铠甲勇士"文字商标。该文具盒及包装上无生产商厂名、厂址、产品质量检验合格证明等。奥飞动漫公司为该公证支出了公证费1000元。

2013年3月28日，肖永华与天丰利公司签订"摊位租赁合同"，承租了天丰利小商品服装批发市场四层F4076号摊位，合同有效期至2016年3月27日。在上述合同中约定，商户必须遵守市场的相关规章制度。在"摊位租赁合同"后附有合同补充协议（之四）"商户管理规定"，其中有商户不得在市场内销售假冒伪劣商品及假冒名牌商品的规定。

原审诉讼中，肖永华提供了一张无签字盖章的商品销售单以及一个U盘内的一段视频，以证明其销售的涉案文具盒的来源。对于U盘内的视频内容，肖永华表示是其接到本案起诉状后为取证而去供货商处进货所录制的，视频中所购进的货物并非奥飞动漫公司公证购买涉案产品的该批次货物。奥飞动漫公司对商品销售单及录像的真实性不予认可，肖永华也未进一步提交其他证据。

奥飞动漫公司为本案诉讼支出律师费3000元。

上述事实，有商标注册证、公证书、公证费发票、涉案文具盒、租赁合同、律师费发票及当事人陈述等在案佐证。

原审法院认为：奥飞动漫公司和周秉毅共同享有涉案第6798649号"铠甲勇士"图文商标、第9350927号"铠甲勇士"文字商标专用权。根据周秉毅的授权，奥飞动漫公司有权作为原告单独提起本案诉讼。

肖永华销售的涉案文具盒上标示有奥飞动漫公司涉案商标，但现有证据无法证明该文具盒是奥飞动漫公司生产或授权他人生产的，且该文具盒上无生产商的厂名、厂址和产品质量检验合格证，侵权特征较为明显，故可以确认涉案文具盒是侵犯奥飞动漫公司涉案商标专用权的商品。

商标法规定，销售侵犯注册商标专用权的商品的，属于侵犯商标专用权的行为。销售不知道是侵犯注册商标专用权的商品，能证明该商品是自己合法取得并说明提供者的，不承担赔偿责任。肖永华尽管提供了一张商品销售单，但该商品销售单上没有签名、盖章，在奥飞动漫公司对该小票真实性不予认可、肖永华未进一步举证的情况下，无法仅凭该小票认定肖永华具有其销售的涉案文具盒的合法来源。肖永华提供的录像视频形成时间在奥飞动漫公司公证购买涉案文具盒之后，且所拍摄的购进的文具盒并非本案文具盒，无法证明其销售的涉案文具盒的合法来源。而且，涉案文具盒及包装上无生产商的厂名、厂址及产品质量检验合格证，属于"三无产品"，存在极高的侵权风险，肖永华应当认识到该种产品存在侵犯他人商标权的极大可能性，故其主观上存在一定的过错。肖永华销售涉案侵权文具盒，侵犯了奥飞动漫公司的商标权，且不符合免责条件，应当承担停止侵权、赔偿损失的法律责任。

商标法规定，故意为侵犯他人商标专用权行为提供便利条件，帮助他人实施侵犯商标专用权行为的，属于侵犯商标专用权的行为。天丰利公司作为市场开办者，为其市场内的商户销售商品提供了便利条件，其应在日常经营管理中履行作为市场开办者的监管责任，制止商户销售侵权特征非常明显的商品，否则属于故意为他人的侵权行为提供便利条件。肖永华销售的涉案文具盒无生产商的厂名、厂址及产品质量检验合格证，属于"三无产品"，存在极高的侵权风险，且是法律明令禁止销售的商品。天丰利公司却允许肖永华在其市场内销售该种商品，显然未尽到监管责任，构成了对奥飞动漫公司涉案商标权的侵犯，应当与肖永华共同承担赔偿责任。

对于赔偿经济损失的具体数额，原审法院综合考虑到奥飞动漫公司涉案商标的知名度、涉案文具盒的价格、涉案侵权行为的性质和情节、肖永华及天丰利公司的主观过错程度等因素酌情确定。奥飞动漫公司主张的公证费、律师费，属于其为本案支出的合理费用，原审法院根据合理性、必要性的原则酌情予以支持。

原审法院依照《中华人民共和国商标法》第57条第（3）项、第（6）项，第63条第1款、第3款，第64条第2款之规定，判决如下：（1）肖永华于判决生效之日起立即停止销售涉案侵权文具盒；（2）肖永华、北京天丰利服装小商品批发市场有限公司于判决生效之日起10日内共同赔偿广东奥飞动漫文化股份有限公司经济损失及合理费用共计5000元；（3）驳回广东奥飞动漫文化股份有限公司的其他诉讼请求。如果未按判决指定的期间履行给付金钱义务，应当依照《中华人民共和国民事诉讼法》第253条之规定，加倍支付迟延履行期间的债务利息。

上诉人天丰利公司、上诉人肖永华均不服原审判决，均向本院提起上诉，请求撤销原审判决第（2）项，并判令奥飞动漫公司承担本案诉讼费用。天丰利公司的主要上诉理由为：原审判决认定事实不清，适用法律错误；我公司是柜台的出租者，肖永华系租用我公司柜台的独立经营者，我公司并未参与经营，依法不应当承担侵权赔偿责任；我公司在规章制度及与肖永华签订的合同中均要求商户不得在市场内销售侵害他人知识产权的商品，我公司作为市场开办者，对市场内的商户已尽到防范侵犯他人知识产权的监督、管理职责，并不存在帮助侵权行为。肖永华的主要上诉理由为：我不知道销售的文具盒是侵害奥飞动漫公司注册商标专用权的商品；我有正规的进货渠道和单据，能够证明涉案商品具有合法来源；我不能确认奥飞动漫公司主张侵权的涉案文具盒是否是我销售的；奥飞动漫公司未提交证据证明其实际使用了涉案商标；原审判决判令我与天丰利公司共同赔偿奥飞动漫公司经济损失及合理费用5000元的数额过高。

被上诉人奥飞动漫公司认为，原审判决认定事实清楚，适用法律正确，请求驳回肖永华、天丰利公司的上诉请求，维持原判。

本院经审理查明：上诉人天丰利公司、上诉人肖永华与被上诉人奥飞动漫公司在本院审理期间均未提交新证据。本院经审理查明的案件事实与原审法院查明的案件事实相同。

本院认为：奥飞动漫公司和周秉毅共同取得涉案第6798649号"铠甲勇士"图文商标、第9350927号"铠甲勇士"文字商标的注册，其对涉案商标享有的注册商标专用权依法受到保护。根据周秉毅的授权，奥飞动漫公司有权作为原告单独提起本案诉讼。本案中，上诉人天丰利公司与肖永华对原审法院判令其立即停止销售涉案侵权文具盒均无异议，本院对此予以确认。

根据《中华人民共和国商标法》第57条第（1）项、第（2）项的规定，未经商标注册人许可，在同一种商品上使用与其注册商标相同的商标的，属于侵犯注册商标专用权的行为；未经商标注册人许可，在同一种商品上使用与其注册商标近似的商标，或者在类似商品上使用与其注册商标相同或者近似的商标，容易导致混淆的，属于侵犯注册商标专用权的行为。本案中，涉案文具盒与涉案第6798649号"铠甲勇士"图文商标、第9350927号"铠甲勇士"文字商标核定使用的文具盒等商品构成相同或类似商品，涉案文具盒上使用的商标与奥飞动漫公司在本案中据以主张权利的注册商标相同，现有证据亦无法证明该文具盒是奥飞动漫公司生产或授权他人生产的，且该文具盒上无生产商的厂名、厂址和产品质量检验合格证，具有较为明显的侵权特征，故可认定肖永华在天丰利公司所开办的市场内销售的被控侵权文具盒系侵犯奥飞动漫公司上述注册商标专用权的商品。

根据《中华人民共和国商标法》第57条第（3）项的规定，销售侵犯注册商标专用权的商品的行为，构成对注册商标专用权的侵犯。根据《中华人民共和国商标法》第64条第2款之规定，销售不知道是侵犯注册商标专用权的商品，能证明该商品是自己合法取得并说明提供者的，不承担赔偿责任。本案中，肖永华虽主张其销售的涉案文具盒具有合法来源，并提供了一张商品销售单以及一个U盘内的一段视频，但该商品销售单上没有任何签名或盖章，奥飞动漫公司对该商品销售单的真实性亦不认可，故仅凭该商品销售单难以认定肖永华销售的涉案文具盒具有合法来源。肖永华提供的录像视频形成时间在奥飞动漫公司公证购买涉案文具盒之后，且其所拍摄的购买的文具盒并非涉案文具盒，故该录像视频亦无法证明其销售的涉案文具盒具有合法来源。此外，涉案文具盒及包装上无生产商的厂名、厂址及产品质量检验合格证，属于侵权风险很高的"三无产品"，肖永华作为理性的市场经营者，理应认识到此类产品侵害他人商标权的可能性极大，故其主观过错明显。因此，肖永华销售涉案文具盒的行为侵犯了奥飞动漫公司的商标权，且不符合法定免责条件，应当承担停止侵权、赔偿损失的法律责任。肖永华有关其销售的涉案文具盒具有合法来源的主张，缺乏依据，本院不予支持。

根据《中华人民共和国商标法》第57条第（6）项规定，故意为侵犯他人商标专用权行为提供便利条件，帮助他人实施侵犯商标专用权行为的，属于侵犯商标专用权的行为。天丰利公司作为市场开办者，为其市场内的商户销售商品提供了便利条件，理应在日常经营管理中履行作为市场开办者的监管责任，制止商户销售侵权特征非常明显的商品，对该市场内存在的涉嫌侵犯他人注册商标专用权的行为尽到合理的注意义务，在明知或应知其市场内可能存在侵权行为的情况下，其应当采取适当措施及时对商户出售侵权商品的行为予以制止或采取其他有效措施，以避免侵权行为可能给权利人带来的损失。具体到本案中，肖永华销售的涉案文具盒及其包装上无生产商的厂名、厂址及产品质量检验合格证，属于我国法律明令禁止销售的"三无产品"，且侵权风险极高，天丰利公司却允许肖永华在其市场内销售该种商品，显然未尽到作为市场开办者的监管责任，主观过错较为明显，应当与肖永华共同承担侵害奥飞动漫公司商标权的赔偿责任。天丰利公司关于原审法院不应判定其与肖永华共同承担赔偿责任的上诉主张，缺乏事实和法律依据，本院不予支持。

关于赔偿经济损失及合理支出的具体数额，原审法院综合考虑到奥飞动漫公司涉案商标的知名度、涉案文具盒的价格、涉案侵权行为的性质和情节、肖永华及天丰利公司的主观过错程度以及合理支出费用等因素，在奥飞动漫公司没有提交涉案商标实际使用的情况下，酌定5000元并无不当，本院予以确认。

综上，原审判决认定事实清楚，适用法律适当，审理程序合法。上诉人天丰利公司及肖永华的上诉理由均缺乏事实和法律依据，本院不予支持。依据《中华人民共和国民事诉讼法》第170条第1款第（1）项之规定，判决如下：

驳回上诉，维持原判。

一审案件受理费50元，由广东奥飞动漫文化股份有限公司负担10元（已交纳），由肖永华、北京天丰利服装小商品批发市场有限公司共同负担40元（于本判决生效后7日内交纳);二审案件受理费50元,由肖永华、北京天丰利服装小商品批发市场有限公司各负担25元(已交纳)。

本判决为终审判决。

2015年2月16日

四、案件相关问题解析

(一)什么是"三无产品"

首先要明确的是,"三无产品"并不是一个法律概念,"三无产品"是一个比较通俗的说法,在本案中,被告肖永华销售的侵犯原告商标专有权的文具盒及包装上没有生产商的厂名、厂址及产品质量检验合格证,属于侵权风险很高的"三无产品"。也有说法称,三无产品是无生产厂名、无生产厂址及商标。

根据《中华人民共和国产品质量法》(以下简称《产品质量法》)第27条[①]的规定,产品或其包装上必须有产品质量检验合格证明,中文标明的产品名称、生产厂厂名和厂址等信息,从本案法院的观点来看,没有厂名、厂址及合格证的产品就是所谓的"三无产品"。由于"三无产品"没有生产厂厂名、厂址,无法判断产品是由谁生产的,同时也没有质量检验合格证明,无法判断该产品的质量情况。因此,当"三无产品"落到消费者手中,除销售商外,消费者根本无法找寻其出处并判断商品的质量情况;当遇到质量问题时,除销售者外,也根本无处找寻责任方。同时,生产商可以肆无忌惮地生产无生产者信息的产品,因为使用者很难找到生产"三无产品"的生产商,故其侵犯他人知识产权的可能性非常大。

---

① 《中华人民共和国产品质量法》第27条规定:"产品或者其包装上的标识必须真实,并符合下列要求:(一)有产品质量检验合格证明;(二)有中文标明的产品名称、生产厂厂名和厂址;(三)根据产品的特点和使用要求,需要标明产品规格、等级、所含主要成分的名称和含量的,用中文相应予以标明;需要事先让消费者知晓的,应当在外包装上标明,或者预先向消费者提供有关资料;(四)限期使用的产品,应当在显著位置清晰地标明生产日期和安全使用期或者失效日期;(五)使用不当,容易造成产品本身损坏或者可能危及人身、财产安全的产品,应当有警示标志或者中文警示说明。

裸装的食品和其他根据产品的特点难以附加标识的裸装产品,可以不附加产品标识。"

体现到本案例中，一方面对于销售者，根据《产品质量法》第 36 条①，作为销售者肖永华应当保证其销售的文具盒或其包装上具有生产商的厂名、厂址及产品质量检验合格证，但被告肖永华售卖的商品并没有这些信息，存在极高的侵权风险。同时，"三无产品"是法律明令禁止售卖的产品，被告肖永华却仍在售卖，肖永华应当能认识到该产品有极大可能性侵犯他人商标权，所以主观上存在过错。

正是因为"三无产品"存在极高的侵权可能性，使得被告难以对侵犯商标专用权进行合法来源抗辩。我国对于"三无产品"的态度是十分明确的，就是禁止其在市场上流通，因而生产销售"三无产品"的惩罚力度也是非常大的。因此，销售商在采购货物时必须注意不能买入"三无产品"。

（二）提供便利条件或帮助行为认定为商标侵权的问题

本案中，被告天丰利公司作为市场的开办者，为其市场内商户销售商品提供了便利条件，应在日常经营管理中履行作为市场开办者的监管责任。根据《商标法》第 57 条第 16 项的规定，故意为侵犯他人商标专用权行为提供便利条件，帮助他人实施侵犯商标专用权行为的，应当认定为侵犯注册商标专用权。本案法院认为，天丰利公司是市场开办者，有义务制止商户销售侵权特征非常明显的商品，对该市场内存在的涉嫌侵犯他人注册商标专用权的行为尽到合理的注意义务，在明知或应知其市场内可能存在侵权行为的情况下，其应当采取适当措施及时对商户出售侵权商品的行为予以制止或采取其他有效措施，以避免侵权行为可能给权利人带来的损失。因此，法院依据《商标法》第 57 条第（6）项的规定认定被告天丰利承担侵权责任。

从法条上来看，为侵犯商标专用权行为提供便利条件、帮助他人实施侵犯商标专用权的行为是主观故意的。而故意又分直接故意及间接故意，直接故意不难理解，主要表现为侵权者用意和目标十分明确，行为上更多反映出直接性、主动性等特征；间接故意主要表现为侵权者明知自己的行为可能发生某种危害后果，而对可能发生的某种危害后果采取放任发生的态度。在司法实践中，根据《关于办理侵犯知识产

---

①《中华人民共和国产品质量法》第 36 条规定："销售者销售的产品的标识应当符合本法第二十七条的规定。"

权刑事案件具体应用法律若干问题的解释》第 9 条第 2 款[①]，一般法院对于当事人知道或者应当知道是假冒注册商标的商品的情形也视为当事人"明知"。综合来看，司法实践中对于当事人在提供便利或帮助他人侵犯商标专用权时的主观判断上，如当事人知道他人可能侵犯商标专用权，主观上希望或放任，并仍提供便利或帮助，认定其也侵犯他人商标专用权。同时，根据《商标法实施条例》第 75 条[②]的规定，提供仓储、运输、邮寄、印制、隐匿、经营场所、网络商品交易平台等都属于为他人提供便利条件的行为。

本案中，一方面天丰利公司作为市场开办人，对市场具有监管义务；另一方面市场内店铺经营者销售的是"三无产品"，是明显可能侵犯他人商标专用权的产品。因此，天丰利公司应当知道他人侵犯商标专用权但没制止，其主观为间接故意。同时，天丰利公司仍提供经营场所给侵权人，属于《商标法》第 57 条第（6）项的情形，最终被判决承担连带责任。

综上，企业在提供经营场所、交易平台、仓储、运输、印刷等服务时，要加强对相关产品的监管，在发现有侵权可能性时要及时制止或让有关人员提交不侵权的有关资料，履行自身的审慎监管义务，避免自身的商标侵权风险。

五、案件启示及建议

（一）商标侵权案件之合法来源抗辩

本案中，被告肖永华在面对原告商标侵权诉请时辩称："我是合法经营，有正规渠道和单据；我不知道销售的商品是侵犯原告注册商标专用权的商品。"根据《商

[①]《关于办理侵犯知识产权刑事案件具体应用法律若干问题的解释》第 9 条第 2 款规定："具有下列情形之一的，应当认定为属于刑法第二百一十四条规定的'明知'：（一）知道自己销售的商品上的注册商标被涂改、调换或者覆盖的；（二）因销售假冒注册商标的商品受到过行政处罚或者承担过民事责任，又销售同一种假冒注册商标的商品的；（三）伪造、涂改商标注册人授权文件或者知道该文件被伪造、涂改的；（四）其他知道或者应当知道是假冒注册商标的商品的情形。"

[②]《中华人民共和国商标法实施条例》第 75 条规定："为侵犯他人商标专用权提供仓储、运输、邮寄、印制、隐匿、经营场所、网络商品交易平台等，属于商标法第五十七条第六项规定的提供便利条件。"

标法》第64条第2款规定："销售不知道是侵犯注册商标专用权的商品，能证明该商品是自己合法取得并说明提供者的，不承担赔偿责任。"被告肖永华对原告的诉请提出了商标侵权合法来源抗辩。

从法条文意上看，合法来源抗辩需要有两个条件：一是销售者不知道其销售的商品是侵犯注册商标专用权的，二是销售者有证据证明商品的合法取得性并有证据说明提供者。从法条上看，条件一是条件二的前提，两者是递进关系，也就是说，销售者如果知道商品可能侵犯注册商标专用权，无论其是否来源合法，都不能以"合法来源"为由进行抗辩。

从构成要件来看，合法来源抗辩的主体必须是中间销售商，不能是商品的生产商，也不能是商品的包装方、仓储方、运输方等。合法来源抗辩的客体是注册商标的专用权，也即法律所保护的对象。合法来源抗辩提出者主观上必须是无过错，也就是"不知道"其销售的商品是侵犯注册商标专用权的产品，这种"不知道"一定是绝对的不知道，即没有任何可能知道。合法来源抗辩中侵权产品在客观上"具有合法来源"，也就是说，合法来源抗辩的提出者要有足够的证据证明商品是自己合法取得的并能说明提供者。

本案中，被告肖永华作为印有原告注册商标的文具盒的销售者，符合为合法来源抗辩的主体及客体。但由于文具盒为"三无产品"，危害性极大，作为采购该商品的肖永华，应当知道其具有极大的侵权可能性，所以主观上存在过错。另一方面，被告肖永华不能提供发票、销售单等其他有效证据证明该批次产品的合法来源，所以客观上不能证明其合法来源。综上，由于主观和客观条件不符，被告肖永华提出的"合法来源抗辩"不成立。

在司法实践中，一般对于主体和客体的理解与认定很少有分歧，因为这是合法来源抗辩的基础。而一般认定合法来源抗辩是否成立的关键在于后两个要件，即主观无过错和客观上具有合法来源。

首先，主观无过错，也就是"不知道"，是一种消极事实，销售者无法举证证明。因此，在现实的司法实践中，一般情况下抗辩人只需口头提出"我根本不知道销售的产品属于侵犯注册商标专用权的产品"即可；而在一些明显可能侵犯注册商标专用权的情况下，抗辩人还需提供一些自己已经尽到审慎义务的证据，如已与销售商核对过证据等。对于主观无过错的举证责任，主要应由注册商标专用权权利人来提供反证，通过反证来证明销售者对侵权产品存在"明知"的心理。在通常情况下，很多注册商标专用权权利人会在诉前通过公证的方式固定侵权产品销售者侵权行为的证据，然后向销售者发律师函或警告函，在法庭上权利人就以此来证明被告明知侵权产品而继续销售的事实。这的确是一种认定销售者的主观过错的方法，但从另一方面来看，律师函或警告函中所指称的侵权产品在法律上是否真正侵权，作为销售者来说难以判断。仅凭一封信就要求销售者停止使用或销售被权利人认为是侵权的产品，对销售者十分不公平，会给其产生经济上的损失。而如果被权利人指定的侵权产品一旦被认定为非侵权产品，作为销售者，因权利人发函而停止销售所造成的损失由谁来承担？因此，权利人的发函严格来讲只能作为初步证据使用，应结合其他证据来认定，比如本案中侵权产品本身为"三无产品"等具有极大侵权可能性的证据，供货方的同一型号产品是否已被司法或商标、工商行政机关认定为侵权产品的证据，权利人在发函警告时应尽量提供上述有效证明材料。对于其他的证明被告明知的证据，可以是被告因销售被控侵权产品曾被司法、行政机关处理过的文书等。同时，在判断抗辩人是否无过错的主观状态时，还应考虑被控侵权产品与合法商标授权产品的价格比等因素。

其次，客观上具有合法来源，就是指被控侵权产品是从正规合法渠道，以正常合理价格购进。合法来源的证明包括合法的购销合同、正式发票、付款凭证、进货源的营业执照、运输的合同等能证明销售者是通过"合法渠道"，以"正常价格"购进侵权产品的证据。其中，相比较而言，购销合同、正式发票、付款凭证具有较强的证明力，至于出库单、入库单、证人证言等由一方当事人出具的单方证据，缺乏公信力，仍需其他证据进行补强。如果抗辩人能提供正常且真实的购货合同、进货发票、付款凭证、出入库单据、供货方正常的主体资格等有效证据，同时均唯一地针对涉案产品，形成一个完整的证据链，则法院会认可抗辩人的产品客观上具有合法来源，反之，则法院会有不认定产品的合法来源的可能性，作为原告也可以针对证据链的漏洞提出质疑，不认可抗辩人提出的证据。

综上，作为注册商标专用权侵权诉讼中的原告，在提出诉请时，要注意举出侵权人主观具有过错的证据，如前文所举向侵权人发函警告，而侵权人并未停止销售的证据材料，同时在警告函中附上该侵权人所售或生产产品明显侵犯原告商标专用权的证明材料。而作为被告，在收到原告寄送的警告函后，应尽快将所售的可能侵权的产品向供货商进行核实，如有侵权可能性，应及时停止销售并留存相关证据。而在采购时，产品销售方一定要留存相关的合同、发票、付款凭证、出入库单据等证据，要核实供货方的主体资格资质，如涉及商标的，在进货时向供货方要求出示有关的商标注册证、商标授权许可合同等证明材料并留存副本。

（二）注册商标实际使用的认定

除了注册商标合法来源抗辩外，根据《商标法》第64条第1款①，注册商标专用权人在三年内没有实际使用注册商标的，被控侵权人可以提出未使用抗辩，并不承担赔偿责任。这是《商标法》在三年不使用撤销制度②后，在诉讼中对"三年不使用"制度的补充。三年不使用抗辩与合法来源抗辩的效力是一样的，抗辩人可以避免承担赔偿责任。三年不使用抗辩在被控侵权人提出后，由原告进行举证，举证其在三年内有实际使用该注册商标。其中，关键点在于什么是"实际使用"。

注册商标实际使用的认定主要有三方面，即主体要求、行为要求及法定要求。首先，主体要求是实际使用人须为商标权利人、商标被许可使用人以及其他经商标权利人许可使用商标的主体。其次，行为要求是商标的实际使用应当表明商品的来源，应是商业性的使用，并且是公开使用。不能表明商品来源的使用，如向公众散发标有商标标识的广告，但上面没有注明使用的商品及生产商，就不构成实际使用。非商业性的使用，如仅将商标注册信息予以公布或者做出对某个注册商标享有专用权的声明，也不视为对商标的实际使用。非公开使用，如在经营者内部发行的资料上印有商标、在生产部门的配料单上使用商标等，都不能视为对商标的实际使用。最后，法定要求根据《商标法》第49条③的规定，注册商标在使用过程中不得改变注册商标、注册人名义、地址或者其他注册事项。因此，严重违反注册事项的，就

---

①《中华人民共和国商标法》第64条第1款规定："注册商标专用权人请求赔偿，被控侵权人以注册商标专用权人未使用注册商标提出抗辩的，人民法院可以要求注册商标专用权人提供此前三年内实际使用该注册商标的证据。注册商标专用权人不能证明此前三年内实际使用过该注册商标，也不能证明因侵权行为受到其他损失的，被控侵权人不承担赔偿责任。"

②《中华人民共和国商标法》第49条第2款规定："注册商标成为其核定使用的商品的通用名称或者没有正当理由连续三年不使用的，任何单位或者个人可以向商标局申请撤销该注册商标。商标局应当自收到申请之日起九个月内做出决定。有特殊情况需要延长的，经国务院工商行政管理部门批准，可以延长三个月。"

③《中华人民共和国商标法》第49条第1款规定："商标注册人在使用注册商标的过程中，自行改变注册商标、注册人名义、地址或者其他注册事项的，由地方工商行政管理部门责令限期改正；期满不改正的，由商标局撤销其注册商标。"

不能称为商标的"实际使用"。在司法实践中,如在非注册类别的商品上使用,即使是在与核定类别相近的商品或服务上使用,一般也不认定为相同意义上的"实际使用"。

综上,原告在向商标侵权人起诉后,要注意自己是否在三年内符合上述主体、行为以及法定要求实际使用过注册商标。如有,则需收集相关证据,在被告提出三年未使用抗辩后可以举出相关证据,支持自己的诉请。

第五章

商标侵权案件赔偿问题

主要原理：侵犯商标专用权的损害赔偿额的四层次确定方法

素材：钱柜企业股份有限公司与谢海龙侵害商标权纠纷案

一、案情简介

钱柜企业股份有限公司（以下简称钱柜公司）向重庆市渝北区人民法院（以下简称一审法院）提起诉讼，诉称其依法享有"钱柜"系列注册商标的专用权，被告谢海龙经营的江北区天宇歌城未经许可在其经营过程中擅自使用与"钱柜"系列注册商标相同或相似的标识，客观上造成相关公众的混淆和误认，严重损害了钱柜公司的商标专用权，给钱柜公司造成了极大的经济和商誉损失。钱柜公司起诉要求谢海龙立即停止侵权，在《重庆晚报》和重庆电视台上发布侵权声明、消除影响，赔偿钱柜公司经济损失及为制止侵权行为所支出的合理开支50万元。

一审法院于2015年4月13日作出（2014）渝北法民初字第05770号民事判决，判令：（1）谢海龙在经营江北区天宇歌城过程中立即停止使用带有"钱柜"的标识；（2）谢海龙自判决生效之日起15日内在《重庆晚报》上发布侵权声明，消除影响；（3）谢海龙自判决生效之日起15日内赔偿钱柜公司经济损失及其为制止侵权支出的合理费用人民币15万元；（4）驳回钱柜公司的其他诉讼请求。钱柜公司、谢海龙均不服该判决，向重庆市第一中级人民法院（以下简称二审法院）提起上诉。钱柜公司上诉称，应撤销一审判决第（3）项，改判谢海龙赔偿钱柜公司经济损失及为制止侵权支出的合理费用共计人民币50万元；一、二审诉讼费用由谢海龙承担。谢海龙上诉称，应撤销一审判决，驳回钱柜公司的全部诉讼请求；本案诉讼费用由钱柜公司承担。

二审法院依法组成合议庭，于2015年7月3日公开开庭进行了审理，并于2015年8月17日作出二审判决：（1）维持重庆市渝北区人民法院（2014）渝北法民初字第05770号民事判决第（1）、（2）、（4）项。（2）撤销重庆市渝北区人民法院（2014）渝北法民初字第05770号民事判决第（3）项。（3）谢海龙于收到本判决后15日内赔偿钱柜企业股份有限公司经济损失及其为制止侵权支出的合理费用共计人民币25万元。

本案的主要争议焦点在于：（1）谢海龙经营的天宇歌城使用的被控侵权标识是否侵犯了钱柜公司享有的涉案注册商标专用权；（2）谢海龙经营的天宇歌城使用被控侵权标识的起始时间；（3）责任承担问题。

二、法学原理及分析

《中华人民共和国商标法》

第五十六条 注册商标的专用权，以核准注册的商标和核定使用的商品为限。

第五十七条 有下列行为之一的，均属侵犯注册商标专用权：

（一）未经商标注册人的许可，在同一种商品上使用与其注册商标相同的商标的；

（二）未经商标注册人的许可，在同一种商品上使用与其注册商标近似的商标，或者在类似商品上使用与其注册商标相同或者近似的商标，容易导致混淆的；

（三）销售侵犯注册商标专用权的商品的；

（四）伪造、擅自制造他人注册商标标识或者销售伪造、擅自制造的注册商标标识的；

（五）未经商标注册人同意，更换其注册商标并将该更换商标的商品又投入市场的；

（六）故意为侵犯他人商标专用权行为提供便利条件，帮助他人实施侵犯商标专用权行为的；

（七）给他人的注册商标专用权造成其他损害的。

注册商标的专用权，是指商标注册人在核定使用的商品上专有使用核准注册的商标的权利。核准注册的商标，是指登载在商标注册簿上的商标，即由商标局注册在案的组成商标的文字、图形、字母、数字、三维标志、颜色组合和声音等，以及上述要素的组合。核定使用的商品，是指注册时核准使用的指定商品类别中的具体商品。[1]

《商标法》第57条明确规定了商标侵权行为的主要形式。本案争议焦点之一，即被控侵权标识是否侵犯了原告享有的涉案注册商标专用权。侵犯注册商标专用权行为的基本形式其实被第(1)、(2)种情形涵盖，两者可以归结为一句话：未经商标注册人的许可，在同一种商品或类似商品上，使用与其注册商标相同或者近似的商标，容易导致混淆的，即为侵权。商标的核心价值在于由消费者识别商品，第一种情形其实是被抽离出来的特殊情况，由于在同种商品上使用与注册商标相同的商标

---

[1] 参见《中华人民共和国商标法（2013修正）释义》。

必然会导致混淆，因此在这种情形下无须法院另行认定而可以直接被认为属于侵权。

第六十三条 侵犯商标专用权的赔偿数额，按照权利人因被侵权所受到的实际损失确定；实际损失难以确定的，可以按照侵权人因侵权所获得的利益确定；权利人的损失或者侵权人获得的利益难以确定的，参照该商标许可使用费的倍数合理确定。对恶意侵犯商标专用权，情节严重的，可以在按照上述方法确定数额的一倍以上三倍以下确定赔偿数额。赔偿数额应当包括权利人为制止侵权行为所支付的合理开支。

人民法院为确定赔偿数额，在权利人已经尽力举证，而与侵权行为相关的账簿、资料主要由侵权人掌握的情况下，可以责令侵权人提供与侵权行为相关的账簿、资料；侵权人不提供或者提供虚假的账簿、资料的，人民法院可以参考权利人的主张和提供的证据判定赔偿数额。

权利人因被侵权所受到的实际损失、侵权人因侵权所获得的利益、注册商标许可使用费难以确定的，由人民法院根据侵权行为的情节判决给予三百万元以下的赔偿。

本条规定了侵犯商标专用权的损害赔偿额的确定方法。实际上这是一个有着先后适用次序的程序化规范：首先应该根据被侵权人所受到的实际损失确认，难以确定的，再参照侵权人因侵权所获得的赔偿确定，如果还是难以确定，再参照商标许可使用费的倍数合理确定。如果侵权人恶意侵犯商标专用权且情节严重的，则应根据上述方法确定数额的 1～3 倍确定。此外，赔偿数额应当包括权利人为制止侵权而支付的合理开支。如果前三种方法都难以确定，则由人民法院根据侵权行为的情节酌情判决 300 万以下的赔偿。

《最高人民法院关于审理商标民事纠纷案件适用法律若干问题的解释》

第十四条 商标法第五十六条第一款规定的侵权所获得的利益，可以根据侵权商品销售量与该商品单位利润乘积计算；该商品单位利润无法查明的，按照注册商标商品的单位利润计算。

第十五条 商标法第五十六条第一款规定的因被侵权所受到的损失，可以根据权利人因侵权所造成商品销售减少量或者侵权商品销售量与该注册商标商品的单位利润乘积计算。

第十六条 侵权人因侵权所获得的利益或者被侵权人因被侵权所受到的损失均难以确定的，人民法院可以根据当事人的请求或者依职权适用商标法第五十六条第二款的规定确定赔偿数额。

人民法院在确定赔偿数额时,应当考虑侵权行为的性质、期间、后果,商标的声誉,商标使用许可费的数额,商标使用许可的种类、时间、范围及制止侵权行为的合理开支等因素综合确定。

当事人按照本条第一款的规定就赔偿数额达成协议的,应当准许。

第十七条 商标法第五十六条第一款规定的制止侵权行为所支付的合理开支,包括权利人或者委托代理人对侵权行为进行调查、取证的合理费用。

人民法院根据当事人的诉讼请求和案件具体情况,可以将符合国家有关部门规定的律师费用计算在赔偿范围内。

根据《最高人民法院关于审理商标民事纠纷案件适用法律若干问题的解释》,计算侵权所获利益、因被侵权所受损失的公式为:相应的侵权商品销量/注册商标商品销售减少量 × 对应商品的单位利润。

结合 2013 年修正后的《中华人民共和国商标法》,如果侵权所获利益及因被侵权所受损失均难以确定,法院参照商标使用许可费的倍数确定赔偿数额,应考虑的因素包括:商标使用许可费的数额,商标使用许可的种类、时间、范围等。

如果侵权所获利益、因被侵权所受损失以及商标使用许可费均难以确定,人民法院依职权确定赔偿数额时应考虑的因素包括:侵权行为的性质、期间、后果,商标的声誉等。

《中华人民共和国涉外民事关系法律适用法》

第五十条 知识产权的侵权责任,适用被请求保护地法律,当事人也可以在侵权行为发生后协议选择适用法院地法律。

对于涉外(包括中国港澳台地区)知识产权侵权纠纷案件,如果侵权行为发生后当事人没有协议选择适用法院地法律的,应当适用被请求保护地法律。

三、案件介绍

案由

案由:侵害商标权纠纷

案号

一审案号:(2014)渝北法民初字第 05770 号

二审案号：（2015）渝一中法民终字第03374号

案件当事人

一审原告、二审上诉人：钱柜企业股份有限公司

一审被告、二审上诉人：谢海龙

案件法律文书

重庆市第一中级人民法院民事判决书

（2015）渝一中法民终字第03374号

上诉人（原审原告）：钱柜企业股份有限公司

上诉人（原审被告）：谢海龙，江北区天宇歌城经营业主

上诉人钱柜企业股份有限公司（以下简称钱柜公司）与谢海龙侵害商标权纠纷一案，重庆市渝北区人民法院于2015年4月13日作出（2014）渝北法民初字第05770号民事判决。钱柜公司、谢海龙均不服该判决，向本院提起上诉。本院依法由审判员赵志强担任审判长，与代理审判员姜蓓、刘娟娟组成合议庭，于2015年7月3日公开开庭进行了审理。上诉人钱柜公司的委托代理人胡××、上诉人谢海龙的委托代理人王×到庭参加了诉讼。本案现已审理终结。

钱柜公司在一审中诉称：钱柜公司依法享有"钱柜"系列注册商标的专用权，包括第779781号"錢櫃CASHBOX"、第3214677号"錢櫃PARTYWORLD"、第4003164号"钱柜"和第4003165号"钱柜PARTYWORLD"注册商标。钱柜公司为业内最早的KTV企业，"钱柜"系列注册商标在行业内、消费者中具有极高的知名度，系早已被消费者认可的知名商标。谢海龙经营的江北区天宇歌城未经许可在其经营过程中擅自使用与"钱柜"系列注册商标相同或相似的标识，客观上造成相关公众的混淆和误认，严重侵害了钱柜公司的商标专用权，给钱柜公司造成了极大的经济和商誉损失。钱柜公司起诉要求谢海龙立即停止侵权，在《重庆晚报》和重庆电视台上发布侵权声明、消除影响，赔偿钱柜公司经济损失及为制止侵权行为所支出的合理开支人民币50万元。

谢海龙在一审中辩称：（1）谢海龙不存在侵权事实。①从主观上看，谢海龙没有侵犯钱柜公司商标权的主观故意。谢海龙使用的"HAPPY钱柜KTV"标识，其中"钱柜"是谢海龙注册的重庆钱柜投资管理有限公司的字号，谢海龙使用时并未突出使用"钱柜"二字，同时在前面加注英文"HAPPY"，后面加注"KTV"，与钱柜公司的注册

商标明显不类似。②从客观上看，谢海龙没有造成相关公众混淆和误认。钱柜公司并未在重庆甚至西南地区开设门店，亦未证明其在这一区域进行过宣传并具有一定知名度，因此不会产生消费者混淆。③谢海龙使用的标识与钱柜公司注册商标不相同，也不相似。谢海龙并未单独使用"钱柜"二字，而是在前面加注"HAPPY"，后面加注"KTV"，颜色均为普通白色，在颜色、书字方式、粗细上均与钱柜公司注册商标有较大差异。（2）谢海龙无须承担登报声明消除影响的责任。谢海龙没有侵权，未对钱柜公司造成不良影响，也没有造成消费者的混淆。（3）钱柜公司主张50万元经济损失和合理支出无事实依据。因此，请求法院驳回钱柜公司的全部诉讼请求。

一审法院经审理查明以下事实。

一、钱柜公司享有注册商标专用权的事实

钱柜公司是注册商标第779781号"錢櫃CASHBOX"、第3214677号"錢櫃PARTYWORLD"、第4003164号"钱柜"和第4003165号"钱柜PARTYWORLD"的注册人。该4项商标核定使用范围均为第41类服务项目，其中第779781号"錢櫃CASHBOX"商标核定使用服务包括电视娱乐、公共娱乐场、录音出租、提供娱乐设施、演出服务、音乐厅、娱乐；其余3项商标核定使用服务为组织教育或娱乐竞赛、书籍出版、录音带发行、节目制作、录像带出租、录像带制作、文娱活动、提供娱乐设施、娱乐信息、提供娱乐场所、提供伴唱机供顾客唱歌（KTV）设施。该4项注册商标迄今仍然有效，其中第779781号"錢櫃CASHBOX"注册商标有效期限自2005年11月28日起至2015年11月27日止；第3214677号"錢櫃PARTYWORLD"注册商标有效期限自2004年5月28日起至2014年5月27日止，截至本案诉讼期间，该商标仍在续展办理中；第4003164号"钱柜"和第4003165号"钱柜PARTYWORLD"注册商标（指定颜色）有效期限均自2007年1月14日起至2017年1月13日止。该系列商标经钱柜公司许可在北京、上海等地多家KTV门店使用。

二、谢海龙经营的江北区天宇歌城实施的被诉侵权行为事实

江北区天宇歌城（以下简称天宇歌城）是个体工商户，成立于2009年9月21日，经营场所在重庆市江北区建新南路2号协信黄金海岸5楼，经营业主是谢海龙，经营范围为KTV、预包装食品零售。

2014年3月27日，重庆市江北公证处出具（2014）渝江证字第2625号公证书，对公证处工作人员及钱柜公司委托代理人于2014年3月14日15时18分至16时7分在位于重庆市江北区建新南路2号协信黄金海岸5楼"HAPPY钱柜重庆江

北店（HAPPY 钱柜 KTV）"507 包房实施证据保全的情况进行了记载和证明。公证书附件显示：① HAPPY 钱柜 KTV 江北店出具的消费发票上收款单位是江北区天宇歌城；②该门店门头使用了"HAPPY 钱柜 KTV"及图，路牌指示使用了"钱柜 KTV"，广告牌使用了"HAPPY 钱柜"或"HAPPY 錢櫃"及图，宣传卡片使用了"HAPPY 錢櫃 KTV"，室内装饰多处使用"HAPPY 錢櫃"或"錢櫃"。

2014 年 7 月 16 日，湖北省武汉市黄鹤公证处出具（2014）鄂黄鹤内证字第 5786 号公证书，对公证处工作人员及钱柜公司委托代理人于 2014 年 6 月 12 日 14 时 40 分在该公证处公证三室办公室利用办公电脑连接互联网实施证据保全的情况进行了记载和证明。公证书附件显示：淘宝网（www.taobao.com）、糯米网（www.nuomi.com）、大众点评网（www.dianping.com）上均有经营场所在重庆市江北区建新南路 2 号协信黄金海岸 5 楼"HAPPY 钱柜 KTV"的优惠券销售信息。

另查明：美团网（cq.meituan.com）上也有经营场所在重庆市江北区建新南路 2 号协信黄金海岸 5 楼"HAPPY 钱柜 KTV"的优惠券销售信息。

又查明：重庆钱柜投资管理有限公司成立于 2010 年 9 月 29 日，住所地在重庆市江北区建新南路 2 号 5 楼，法定代表人是谢海龙，经营范围包括企业项目投资咨询（不含期货及证券）、企业营销策划、会展服务、企业管理咨询。

2012 年 9 月 10 日，天宇歌城与重庆俊驰广告有限公司（以下简称俊驰公司）签订合同，约定由俊驰公司为天宇歌城制作屋顶广告牌。

三、钱柜公司支出维权费用的事实

2014 年 3 月 6 日，钱柜公司（甲方）与北京 ×× 律师事务所（乙方）签订了"委托代理合同"，约定由乙方代理甲方处理本案谢海龙侵害商标权纠纷事宜，律师费人民币 5 万元在庭审终结 3 日内由甲方支付乙方。

2014 年 3 月 14 日，钱柜公司前往天宇歌城公证取证，支出歌厅台座（位）费人民币 186 元，公证费人民币 2000 元。

此外，钱柜公司提交了共计人民币 1405 元的交通食宿发票，经谢海龙质证并经一审法院审查，去除部分与本案无关以及内容相互矛盾的票据，一审法院确认，钱柜公司实际支出交通及住宿费用人民币 1132 元。

四、钱柜公司许可他人使用注册商标收取许可使用费的事实

2012 年 1 月 1 日，钱柜公司分别与北京钱柜娱乐有限公司、上海钱源娱乐有限公司、上海钱汇文化娱乐有限公司签订商标权许可使用合同，约定钱柜公司将含本

案所涉 4 项商标在内的共 5 项注册商标许可前述 3 个公司使用，使用期限 1 年，许可使用费分别为人民币 773 036.57 元、人民币 855 845.56 元、人民币 898 537.73 元。

2013 年 8 月 19 日，北京钱柜娱乐有限公司向钱柜公司汇付了与前述合同约定商标许可使用费等值的美元 106 470.26 元；同月 28 日，上海钱源娱乐有限公司向钱柜公司汇付了与前述合同约定商标许可使用费等值的美元 117 466.55 元；上海钱汇文化娱乐有限公司向钱柜公司汇付了与前述合同约定商标许可使用费等值的美元 123 445.75 元。

一审法院经审理后认为：本案是涉台侵害商标权纠纷，参照《中华人民共和国涉外民事关系法律适用法》第 50 条的规定，本案应适用被请求保护地法律，即大陆法律。第 779781 号"錢櫃 CASHBOX"、第 3214677 号"錢櫃 PARTYWORLD"、第 4003164 号"钱柜"和第 4003165 号"钱柜 PARTYWORLD"商标经商标局核准注册，至今合法有效。钱柜公司是该 4 项注册商标的注册人，对该 4 项商标享有商标专用权，受法律保护。本案的争议焦点是：（1）谢海龙经营的天宇歌城在经营活动中使用被诉"HAPPY 钱柜 KTV"等标识的行为是否侵犯了钱柜公司享有的涉案注册商标专用权；（2）如果侵权成立，谢海龙应承担怎样的侵权责任。

一、关于谢海龙经营的天宇歌城在经营活动中使用被诉"HAPPY 钱柜 KTV"等标识的行为是否侵犯了钱柜公司享有的涉案注册商标专用权的问题

一审法院认为，注册商标的专用权，以核准注册的商标和核定使用的商品或服务为限。未经商标注册人的许可，在同一种或者类似商品或服务上使用与其注册商标相同或者近似的商标，容易导致混淆的，构成侵害注册商标专用权的行为。本案中，首先，天宇歌城在门头上使用"HAPPY 钱柜 KTV"及图，路牌指示使用"钱柜 KTV"，广告牌使用"HAPPY 钱柜"或"HAPPY 錢櫃"及图，宣传卡片使用"HAPPY 錢櫃 KTV"，室内装饰多处使用"HAPPY 錢櫃"或"錢櫃"，淘宝网、糯米网、大众点评网、美团网上使用"HAPPY 钱柜 KTV"标识，均是使其提供的服务为相关消费者所识别，是商标性使用。其次，天宇歌城在提供 KTV 服务中使用前述标识，其提供的服务与钱柜公司享有的前述 4 项注册商标所核定使用的第 41 类服务中提供娱乐设施及场所项目相同。再次，天宇歌城被诉使用的标识是"HAPPY""钱柜"或"錢櫃""KTV"的组合，各种组合形式都必然包含了"钱柜"或"錢櫃"，因此，天宇歌城使用被诉标识的中文部分，即"钱柜"或"錢櫃"是起主要识别作用的，是标识的主要部分。同时，根据我国国内相关公众的辨识习惯，在中英文结合的商标中，中文部分

一般是起识别作用的主要部分,因而钱柜公司涉案4项注册商标中的中文部分,即"钱柜"或"錢櫃"是该4项注册商标起识别作用的主要部分。天宇歌城被诉使用标识的主要部分与钱柜公司涉案4项注册商标的主要部分在文字、读音、繁简字体等方面均相同,虽然天宇歌城的使用有在"钱柜"或"錢櫃"前加上英文"HAPPY"或(和)后加上英文"KTV"的情形,而该英文部分与钱柜公司注册商标中使用的英文部分不相同,但英文部分的不同并不为相关公众在识别服务来源时有太多关注,故该差异不影响天宇歌城使用被诉标识与钱柜公司涉案4项注册商标相似性的认定。同时,由于钱柜公司在北京、上海等地开设了多家KTV门店,在业内有一定知名度,天宇歌城在经营过程中使用与钱柜公司涉案注册商标相似的标识,容易使相关公众对KTV服务提供者产生误认,相关公众会误以为被诉"HAPPY钱柜KTV"与北京、上海等地钱柜KTV的经营者相同或有关联。此外,谢海龙主张其使用"HAPPY钱柜KTV"标识中"钱柜"二字,是使用的谢海龙注册的重庆钱柜投资管理有限公司的字号,一审法院认为,被诉"HAPPY钱柜KTV"的经营主体是天宇歌城,不是重庆钱柜投资管理有限公司,谢海龙的该项辩称没有正当性,一审法院不予支持。综上,谢海龙经营的天宇歌城在同一种服务上使用了与钱柜公司涉案4项注册商标相似的标识且容易导致混淆,其行为侵犯了钱柜公司对该4项注册商标享有的商标专用权。

二、关于谢海龙应承担怎样的侵权责任的问题

谢海龙经营的天宇歌城使用被诉系列标识的行为侵害了钱柜公司涉案4项注册商标专用权,依法应当承担停止侵权、赔偿损失、消除影响等民事责任。由于天宇歌城是个体工商户的字号,其经营者是谢海龙,因此,应由谢海龙承担本案民事责任。钱柜公司要求谢海龙立即停止侵权的诉讼请求符合法律规定,一审法院予以支持。钱柜公司要求谢海龙在《重庆晚报》和重庆电视台上发布侵权声明、消除影响,一审法院认为,借助媒体发布声明是消除影响的一种实现形式,《重庆晚报》的读者和重庆电视台的观众均主要集中在重庆范围内,在《重庆晚报》上发布声明已能在侵权行为地达到消除影响的实际效果,因此,一审法院支持钱柜公司要求谢海龙在《重庆晚报》上发布侵权声明以消除影响的诉讼请求,对钱柜公司要求谢海龙在重庆电视台发布侵权声明的诉讼请求予以驳回。

关于商标许可使用费。一审法院认为,钱柜公司与北京钱柜娱乐有限公司、上海钱源娱乐有限公司、上海钱汇文化娱乐有限公司分别签订的商标权许可使用合同,因该合同许可使用的注册商标的数量、被许可人经营场所所处区域、经营规模、使

用时间等均与本案情况不相同,本案不应直接适用该三份合同所确定的商标许可费数额,但可在本案确定赔偿数额时予以参考。

关于侵权行为发生时间。谢海龙主张其经营的天宇歌城自2012年9月底开始使用"HAPPY钱柜KTV"广告牌至今,并提供了其与广告商签订的广告牌制作合同,钱柜公司没有提交证据证明被控侵权行为发生时间早于2012年9月底,因此,一审法院认为,应从2012年9月底开始计算侵权行为持续时间。

关于损失赔偿额。由于钱柜公司因被侵权所受到的实际损失、谢海龙因侵权所获得的利益以及注册商标许可使用费均无法确定,一审法院综合考虑侵权行为的性质、侵权持续时间、后果及钱柜公司为制止侵权行为所支出的合理费用,参考商标使用许可费的数额及许可使用的种类、时间、地域等因素,酌情确定谢海龙应当赔偿的数额为人民币15万元。

此外,由于商标法于2013年8月30日第三次修正,天宇歌城被控侵权行为发生在商标法修改前,持续至商标法修改后,根据《最高人民法院关于商标法修改决定施行后商标案件管辖和法律适用问题的解释》第9条的规定,本案应适用修改后的商标法,即现行商标法。

据此,一审法院依照《中华人民共和国商标法》第56条、第57条第(2)项、第63条第1款和第3款,《最高人民法院关于审理商标民事纠纷案件适用法律若干问题的解释》第9条第2款、第10条、第16条第2款、第17条、第21条第1款,《最高人民法院关于商标法修改决定施行后商标案件管辖和法律适用问题的解释》第9条,《中华人民共和国民事诉讼法》第152条之规定,判决:(1)谢海龙在经营江北区天宇歌城过程中立即停止使用带有"钱柜"或"錢櫃"的标识;(2)谢海龙自本判决生效之日起15日内在《重庆晚报》上发布侵权声明,消除影响;(3)谢海龙自本判决生效之日起15日内赔偿钱柜公司经济损失及其为制止侵权支出的合理费用人民币15万元;(4)驳回钱柜公司的其他诉讼请求。

宣判后,钱柜公司、谢海龙均不服一审判决,向本院提起上诉。

钱柜公司上诉称,应撤销一审判决第(3)项,改判谢海龙赔偿钱柜公司经济损失及为制止侵权支出的合理费用共计人民币50万元;一、二审诉讼费用由谢海龙承担。理由如下:(1)一审法院事实认定错误。一审法院违反证据规则的规定,在无其他证据佐证的情况下,仅凭谢海龙单方提供的广告牌制作合同,片面认定被控侵权行为始于2012年9月底。钱柜公司认为,广告牌制作合同并不能否定谢海龙之前实施的侵权行为，从钱柜公司一审时提交的大众点评网（www.dianping.com）网页打印件中相关消费者的点评时间来看，谢海龙于开业之初即2009年9月便开始实施侵权行为，并一直持续至今。（2）一审法院适用法律错误。从钱柜公司提供的相关网络团购数据来看，截至2015年3月，即钱柜公司起诉后不到半年时间，谢海龙通过网络团购就获得高达210万元的非法销售额，而一审法院对谢海龙恶意侵权所获利益却视而不见；同时，钱柜公司还提供了商标授权许可费合同及支付凭证，明确要求一审法院依法在参照许可费的基础上结合谢海龙的恶意侵权加重处罚，一审法院却违法适用法定赔偿，滥用司法裁量权，导致判赔极低。

谢海龙上诉称，应撤销一审判决，驳回钱柜公司的全部诉讼请求；本案诉讼费用由钱柜公司承担。理由如下：（1）谢海龙不存在侵权事实。首先，从主观上看，谢海龙没有侵犯钱柜公司商标权的主观故意。谢海龙使用的"HAPPY钱柜KTV"标识，其中"钱柜"只是谢海龙注册的重庆钱柜投资管理有限公司的字号，谢海龙并未突出使用"钱柜"二字，而是在前面加注英文"HAPPY"，后面加注"KTV"，在颜色、书写方式、粗细上均与钱柜公司涉案注册商标有较大差异，明显不类似；且钱柜公司享有的权利是中文与字母的组合商标，而不是对"钱柜"这个单词的专用权。其次，从客观上看，谢海龙没有造成相关公众混淆和误认。钱柜公司并未在重庆甚至西南地区开设门店，亦未证明其在这一区域进行过宣传并具有一定知名度，且谢海龙经营的门店不论是在装饰装潢，还是在服务经营理念及方式上均与钱柜公司不同。（2）谢海龙经营的门店规模较小，地点偏僻，周围有数十家相同行业进行竞争，生意惨淡，根本无盈利可言。另，据有关报道，钱柜公司因内部股东结构异动、经营管理不善导致其撤出上海、杭州等地，关闭了不少门店，其影响力及知名度已大不如以前，谢海龙更不可能因此而获得任何利益。综上，谢海龙没有侵权行为，未对钱柜公司造成不良影响，也没有造成消费者的混淆，无须登报声明消除影响，也无须赔偿损失。

二审中，钱柜公司为证明其所主张的事实向本院提交了以下证据：

（1）大众点评网打印件，拟证明谢海龙的侵权行为始于2009年10月20日之前，而并非其自称的2012年9月。

（2）商标许可使用合同，拟证明2013年钱柜公司系列注册商标许可使用费情况。

（3）搜狗百科打印件、（2015）鄂黄鹤内证字第3568号公证书、2015年3月5日侵权团购一览表及团购信息截图打印件、情况反映及EMS邮寄单、2015年6月

25日侵权团购一览表及团购信息截图打印件、谢海龙相关店家表格，拟证明谢海龙在明知侵权的情况下，持续实施侵权行为，甚至在法院判决后仍继续实施侵权行为，其主观恶意极为恶劣。同时，谢海龙仅在网上的侵权销售额就高达近280万元，一审法院判赔数额过低。

谢海龙质证后认为：钱柜公司提交的搜狗百科打印件、谢海龙相关店家表格系上诉人单方制作，对其真实性、关联性有异议。对钱柜公司提交的大众点评网打印件、商标许可使用合同、（2015）鄂黄鹤内证字第3568号公证书、2015年3月5日侵权团购一览表及团购信息截图打印件、情况反映和EMS邮寄单、2015年6月25日侵权团购一览表及团购信息截图打印件的真实性无异议，关联性有异议，不能达到其证明目的，其中大众点评网中相关网友的头像及上传信息是可以事后随意更改的，并不能证明相关网友的评价时间就是在2009年；商标许可使用合同未附相关付款凭证，也没有其他证据证明相关交易实际发生，且被许可地为北京，与重庆的经济状况相差较大，与本案不具有关联性；团购一览表中虽然计算出了所谓的侵权数额，即使真实，钱柜公司也没考虑到经营成本的情况。

根据当事人的举证、质证意见，本院对上述证据认证如下：首先，钱柜公司提交的搜狗百科打印件，其内容为钱柜公司自行编辑制作的有关该公司的网络词条，属品牌宣传，其在"品牌澄清"中有关谢海龙相关行为构成侵权的认定属自行判定，故对该部分编辑内容不予采纳；其次，钱柜公司提交的谢海龙相关店家表格，其内容主要涉及重庆钱柜投资管理有限公司的相关信息及星客乐PARTYKTV在广东省东莞地区开设门店的相关信息，与本案谢海龙经营的天宇歌城没有任何关联性，本院不予采纳；第三，钱柜公司提交的商标许可使用合同签订时间均为2013年1月1日，由于钱柜公司未提交相关付款凭证，谢海龙对此提出异议，故该证据本院不予采纳；第四，钱柜公司提交的大众点评网打印件、（2015）鄂黄鹤内证字第3568号公证书、2015年3月5日侵权团购一览表及团购信息截图打印件、2015年6月25日侵权团购一览表及团购信息截图打印件，谢海龙对其真实性无异议，本院予以采信，至于该系列证据的证明力，将结合全案情况综合判定。钱柜公司提交的其他证据，与本案事实无关，本院不予采信。

本院经审理查明如下案件事实。

2015年1月27日，根据钱柜公司的申请，湖北省武汉市黄鹤公证处对钱柜公司委托代理人使用该公证处公证三室办公电脑浏览网页的过程及内容进行了保全公证,并据此出具了(2015)鄂黄鹤内证字第3568号公证书。该公证书所附光盘显示:大众点评网(www.dianping.com)上有经营场所位于重庆市江北区建新南路2号协信黄金海岸5楼"HAPPY钱柜KTV"的优惠券销售信息、商家介绍信息及相关网友对该KTV门店的评价信息。美团网(www.meituan.com)、糯米网(www.nuomi.com)、淘宝网(www.taobao.com)上也有前述"HAPPY钱柜KTV"的优惠券销售信息及商家介绍信息。

钱柜公司于2015年6月16日打印的大众点评网(www.dianping.com)"HAPPY钱柜KTV的点评"网页中显示"HAPPY钱柜KTV"地址为建新南路2号协信黄金海岸5楼,相关全部点评共554条共28页,其中第28页最末尾显示的点评时间为2009年10月20日(网友名称为"diwar"),倒数第二个点评时间为2009年11月27日(网友名称为"张世红")并附显示有"HAPPY钱柜TV"门头的图片一张。同时,从相关网友的点评内容来看,有不少网友误以为前述"HAPPY钱柜KTV"与北京、上海等地钱柜KTV的经营者相同或有关联。

庭审中,钱柜公司表示,其提交的两份自行制作的侵权团购一览表,系钱柜公司分别于2015年3月5日及2015年6月25日对涉案"HAPPY钱柜KTV"在不同团购网站中的团购价、销售量、销售总额进行的统计。其中,截至2015年3月5日,涉案"HAPPY钱柜KTV"在美团网、大众点评网、糯米网的销售总额共计2 099 607.7元;截至2015年6月25日,涉案"HAPPY钱柜KTV"在美团网、美团网(过期)、大众点评网、糯米网、拉手网、淘宝网的销售总额共计2 752 516.33元。上述两份一览表均附有相关团购信息截图打印件。

另查明,(2014)渝江证字第2625号公证书所附照片显示,天宇歌城在其宣传海报等相关载体中注明有"HAPPY钱柜|全国连锁企业"字样。

大众点评网(www.dianping.com)首页底部显示有"关于我们"等信息,点开"关于我们"的链接,在公司介绍和公司大事记中均载明大众点评于2003年4月成立于上海,总部设立在上海。

本院二审查明的其他事实与一审法院查明的事实一致。

本院认为,本案二审的争议焦点是:(1)谢海龙经营的天宇歌城使用的被控侵权标识是否侵犯了钱柜公司享有的涉案注册商标专用权;(2)谢海龙经营的天宇歌城使用被控侵权标识的起始时间;(3)责任承担问题。

一、谢海龙经营的天宇歌城使用的被控侵权标识是否侵犯了钱柜公司享有的涉

案注册商标专用权

　　谢海龙上诉称，其经营的天宇歌城所使用的"HAPPY钱柜KTV"标识中的"钱柜"只是其注册的重庆钱柜投资管理有限公司的字号，且自己并未突出使用"钱柜"二字，而是在前面加注英文"HAPPY"，后面加注"KTV"，在颜色、书写方式、粗细上均与钱柜公司涉案注册商标有较大差异，明显不近似，也未造成相关公众的混淆，不构成侵权。

　　本院认为，谢海龙经营的天宇歌城门头使用"HAPPY钱柜KTV"及图，路牌指示使用"钱柜KTV"，广告牌使用"HAPPY钱柜"或"HAPPY錢櫃"及图，宣传卡片使用"HAPPY錢櫃KTV"，室内装饰多处使用"HAPPY錢櫃"或"錢櫃"，淘宝网、拉手网、糯米网、大众点评网、美团网上使用"HAPPY钱柜KTV"标识，均是使其提供的服务为相关消费者所识别，属于商标性使用，且其提供的KTV服务与钱柜公司涉案注册商标核定服务项目（第41类）中的提供娱乐场所及提供KTV设施相同。谢海龙虽提出自己并未突出使用"钱柜"二字，而是在前面加注英文"HAPPY"，后面加注"KTV"，在颜色、书写方式、粗细上均与钱柜公司注册商标有较大差异，但根据我国国内相关公众的辨识习惯，在中英文结合的商标中，中文部分一般是起识别作用的主要部分，因此，不论谢海龙在"钱柜"或"錢櫃"的前后加注何种外国文字，对我国国内相关公众而言，"钱柜"或"錢櫃"是标识的主要部分。同理，钱柜公司涉案注册商标中的中文部分"钱柜"或"錢櫃"亦即是涉案注册商标起识别作用的主要部分。本案中，天宇歌城被控侵权标识的主要部分与钱柜公司涉案注册商标的主要部分在文字、读音、繁简字体等方面均相同，虽然各自加注的英文部分不尽相同，但英文部分的不同并不为相关公众在识别服务来源时有太多关注，故该差异不影响天宇歌城使用的被控侵权标识与钱柜公司涉案注册商标相似性的认定。由于钱柜公司在北京、上海等地开设了多家KTV门店，在业内有一定知名度，天宇歌城在经营过程中使用与钱柜公司涉案注册商标相似的标识，尤其是在宣传海报等相关载体中注明"HAPPY钱柜｜全国连锁企业"字样，易使相关公众对KTV服务提供者产生误认。事实上，从相关网友在网站上的点评内容来看，确实存在不少网友误以为涉案"HAPPY钱柜KTV"与北京、上海等地钱柜KTV的经营者相同或有关联。至于谢海龙主张被控侵权标识中的"钱柜"是其注册的重庆钱柜投资管理有限公司的字号问题，由于本案中被控侵权标识的使用主体是天宇歌城，而不是重庆钱柜投资管理有限公司，其与本案不具有关联性，且从相关网友在网站的点评内容所附图片来看，天宇歌城使用被控侵权标识的时间明显早于重庆钱柜投资管理有限公司的成立时间,故对其辩解意见,本院不予支持。综上,谢海龙经营的天宇歌城在同一种服务上使用了与钱柜公司涉案注册商标相似的标识,且容易导致混淆,其行为侵犯了钱柜公司享有的涉案注册商标专用权。

二、谢海龙经营的天宇歌城使用被控侵权标识的起始时间

钱柜公司上诉称,谢海龙经营的天宇歌城使用被控侵权标识的行为始于开业之初即2009年9月,而非一审认定的2012年9月。

本院认为,从钱柜公司在二审中提交的其于2015年6月16日打印的大众点评网页来看,涉案"HAPPY钱柜KTV"全部点评共554条共28页,其中第28页最末尾显示的点评时间为2009年10月20日(网友名称为"diwar"),倒数第二个点评时间为2009年11月27日(网友名称为"张世红")并附显示有"HAPPY钱柜TV"门头的图片一张。谢海龙称,大众点评网中相关网友的头像及上传信息是可以事后随意更改的,并不能证明相关网友的评价时间就是在2009年。本案合议庭注意到,点开大众点评网站首页底部"关于我们"的链接可以看到,大众点评于2003年4月成立于上海,总部设立在上海,并未显示相关创设或投资行为与本案钱柜公司有关,谢海龙对此也未提交相关证据予以证明。故从常理来讲,抛开黑客技术,钱柜公司不可能做到随意更改他人网页内容,相关网友也不可能做到事后随意更改自己的点评时间尤其是将点评时间提前到事发之前,因为点评时间是大众点评网根据网友书写时间所自动生成,而非网友自行随意录入,故在谢海龙未提交相关反证的情况下,对其抗辩理由,本院不予采信。综上,由于大众点评网中显示的关于涉案"HAPPY钱柜KTV"的最早点评时间为2009年10月20日,因此,在无相关反证的情况下,本院认为,本案中谢海龙经营的天宇歌城使用被控侵权标识的时间至迟应从2009年10月20日开始计算。

三、责任承担问题

根据之前的分析评述,谢海龙经营的天宇歌城在同一种服务上使用了与钱柜公司涉案注册商标相似的标识,且容易导致混淆,其行为侵犯了钱柜公司享有的涉案注册商标专用权,依法应当承担停止侵权、赔偿损失、消除影响的民事责任。第一,关于损失赔偿额。本院认为,首先,钱柜公司虽然提交了相关材料拟证明谢海龙的非法销售额高达210万元,但前述材料并未作为证据在一审庭审中提交,且即使前述材料中的相关内容在一审中的公证书中有部分涉及,也不全面。再者,即使如钱

柜公司所称谢海龙的销售额高达210万元，此数额也仅仅为销售额，并非扣除成本等其他费用后的所得利润额，因此，在无相应证据证明谢海龙所获利润或钱柜公司所受损失的情况下，一审法院结合庭审中的现有证据作出相应裁判并无不当。第二，关于商标许可使用费的问题。由于钱柜公司在一审中提交的相关商标权许可使用合同所许可使用的注册商标的数量、被许可人经营场所所处区域的经济环境、经营规模、使用时间等均与本案情况不同，故本案中不应直接适用相关合同所确定的商标许可费数额，一审法院在确定损失赔偿额时采取参考商标许可费数额的做法并无不当。另外，一审中，谢海龙提交了其与重庆俊驰广告有限公司签订的广告牌制作合同，拟证明其经营的天宇歌城使用被控侵权标识的行为始于2012年9月底，钱柜公司虽对此提出异议，但并未提交相关反证，即使其在一审中提交过大众点评网相关网友点评内容的打印件，也并未包含二审中补充提交的相关网友的点评内容，尤其是未包含2009年有关涉案"HAPPY钱柜KTV"的点评内容，故一审法院在无相关反证的情况下，根据谢海龙与重庆俊驰广告有限公司签订的广告牌制作合同，认为应从2012年9月底开始计算侵权行为持续时间亦无不当。

二审中，由于钱柜公司提交了新证据，导致本院对谢海龙的经营时间、经营规模等事实作出新的认定。基于此，本院认为有必要对一审确定的赔偿数额予以调整。本案中，由于钱柜公司无相应证据证明其损失情况或谢海龙的获利情况，本院综合考虑涉案商标的声誉及公众认知度，侵权行为的性质、持续期间、后果，侵权人的主观过错程度，钱柜公司因侵权行为受到经济损失的合理程度、钱柜公司支出维权费用的合理程度及必要程度，参考商标使用许可费的数额及许可使用的种类、时间、地域等因素，酌情确定谢海龙应当赔偿的数额为人民币25万元。据此，依照《中华人民共和国民事诉讼法》第170条第1款第（2）项之规定，判决如下：

（1）维持重庆市渝北区人民法院（2014）渝北法民初字第05770号民事判决第（1）、（2）、（4）项。

（2）撤销重庆市渝北区人民法院（2014）渝北法民初字第05770号民事判决第（3）项。

（3）谢海龙于收到本判决后15日内赔偿钱柜企业股份有限公司经济损失及其为制止侵权支出的合理费用共计人民币25万元。

如果未按本判决指定的期间履行给付金钱义务，应当依照《中华人民共和国民事诉讼法》第253条之规定，加倍支付迟延履行期间的债务利息。

本案一审案件受理费8800元的负担，按一审判决执行；二审案件受理费9986元，由谢海龙负担7986元，钱柜公司负担2000元。

本判决为终审判决。

2015年8月17日

四、案件相关问题解析

（一）被控侵权标识是否侵犯了原告享有的注册商标专用权

本案首要的争议焦点即为被告谢海龙经营的天宇歌城是否侵犯了原告钱柜公司享有的第4003164号"钱柜"注册商标专用权。根据《最高人民法院关于审理商标民事纠纷案件适用法律若干问题的解释》（以下简称《解释》）第9条，商标相同是指被控侵权的商标与原告的注册商标相比较，二者在视觉上基本无差别。而被告在门头、路牌、广告牌、宣传卡片、室内装饰、网络上使用的是"HAPPY钱柜KTV""HAPPY錢櫃KTV""HAPPY钱柜""HAPPY錢櫃""钱柜KTV""錢櫃"等标识，与原告商标"钱柜"并不完全相同。而在关于商标近似的认定上，《解释》第9条规定，商标近似是指被控侵权的商标与原告的注册商标相比较，其文字的字形、读音、含义或者图形的构图及颜色，或者其各要素组合后的整体结构相似，或者其立体形状、颜色组合近似，易使相关公众[①]对商品的来源产生误认或者认为其来源与原告注册商标的商品有特定的联系。《解释》第10条规定，人民法院在认定商标相似时，应以相关公众的一般注意力为标准，并考虑请求保护注册商标的显著性和知名度。

本案两审法院均认为，根据我国国内相关公众的辨识习惯，在中英文结合的商标中，中文部分一般是起识别作用的主要部分，因此，不论谢海龙在"钱柜"或"錢櫃"的前后加注何种外国文字，对我国国内相关公众而言，"钱柜"或"錢櫃"是标识的主要部分。本案中，天宇歌城被控侵权标识的主要部分"钱柜"或"錢櫃"与钱柜公司涉案注册商标的主要部分"钱柜"在文字、读音、繁简字体等方面均相

[①]《最高人民法院关于审理商标民事纠纷案件适用法律若干问题的解释》第8条规定："商标法所称相关公众，是指与商标所标识的某类商品或者服务有关的消费者和与前述商品或者服务的营销有密切关系的其他经营者。"

同，加注的英文部分并不为相关公众在识别服务来源时有太多关注，故该差异不影响天宇歌城使用的被控侵权标识与钱柜公司涉案注册商标相似性的认定。并且被告提供的KTV服务与原告注册商标核定服务项目（第41类）中的提供娱乐场所及提供KTV设施相同。因此，被告系在同一种服务上使用了与原告涉案注册商标相似的标识，且容易导致混淆，其行为侵犯了原告享有的涉案注册商标专用权。

（二）如何确定侵犯注册商标专用权的赔偿额

2001年修正的《中华人民共和国商标法》规定了三种基本的侵权赔偿额计算方法，如果前两种不适用时，适用第三种。其第56条规定，侵犯商标专用权的赔偿数额，为侵权人在侵权期间因侵权所获得的利益，或者被侵权人在被侵权期间因被侵权所受到的损失，包括被侵权人为制止侵权行为所支付的合理开支。同时，《解释》第13条规定，在适用这两种赔偿额计算方式时，人民法院可以依据权利人的选择计算。而如果侵权人因侵权所得利益，或者被侵权人因被侵权所受损失难以确定的，由人民法院根据侵权行为的情节判决给予50万元以下的赔偿。

2013年修正的《中华人民共和国商标法》对侵权赔偿额计算方法作出了调整，借鉴专利法关于专利侵权的赔偿计算方法，将赔偿额确认方式改为有前后相继顺序的四层次的认定方案。具体如下。

首先应当按照权利人因被侵权所受到的实际损失确定。其次在实际损失难以确定时，再按照被侵权人因侵权所获利益确定。如果权利人的损失或者侵权人获得的利益难以确定的，参照该商标许可使用费的倍数合理确定。再次，对恶意侵犯商标专用权，情节严重的，可以在按照实际损失、侵权获利或商标许可使用费倍数确定数额的一倍以上三倍以下确定赔偿数额。最后，权利人因被侵权所受到的实际损失、侵权人因侵权所获得的利益、注册商标许可使用费难以确定的，由人民法院根据侵权行为的情节判决给予300万元以下的赔偿。

值得注意的是，2013年修正的《中华人民共和国商标法》首次明确了惩罚性赔偿的规定，提高了法定赔偿的最高限额，这对于遏制商标侵权行为将起到一定的效果。

五、案件启示及建议

（一）证明被侵权人的实际损失或侵权人所获利益的举证难度

虽然法院酌定是商标侵权案件当中最后的确定侵权赔偿责任的方法，但这是在法律实践当中使用最多的，纵观我国商标侵权判例不难发现，我国绝大多数商标侵权案件均是由法院酌定赔偿金额。造成这一现象的原因一方面在于举证被侵权人的实际损失或侵权人的所获利益存在难度，另一方面在于权利人事前准备不足，缺乏固定证据的意识。

在实践中，常见的举证权利人实际损失的方式是举证其公司整体销售利润较之前年度下降，但举证难点在于：（1）经营过程中本身存在商业风险，无法证明利润减少是直接由于侵权人的侵权行为导致；（2）商家通常存在多款产品，难以举证证明损失确实是由于侵权人的行为导致权利人某款产品销量减少。同样，想要证明侵权人所获利益也存在类似难度。因此，按照商标许可使用费的倍数以及法院酌定赔偿成为更为常见的赔偿数额确定方法。

本案中，钱柜公司提交了其与北京钱柜娱乐有限公司、上海钱源娱乐有限公司、上海钱汇文化娱乐有限公司签订的商标权许可使用合同，使用期限均为1年，许可费用分别为人民币77万元、85万元和90万元，但本案二审法院最终酌情判令赔偿25万元。因为虽然商标法规定了侵权损失的计算可以参考商标使用许可费的数额，但在参考过程中不能机械地照搬费用标准，而应当考虑许可使用的地域、种类、时间等因素，其中地域因素非常重要。本案被告在重庆市江北区一家门店使用侵权商标，即使使用的商标相同，但商标的辐射范围与北京、上海等地被许可人使用商标的辐射范围并不一致。实际上，如果本案原告在一审阶段认为15万元的赔偿额过少，应在二审阶段提交其他知名KTV公司，例如好乐迪、宝乐迪、温莎、普乐迪等在北京、上海及重庆等地商标许可费的证据材料，横向比较重庆与北京、上海等地商标许可费用的差距，以做进一步证明。而对于被控侵权一方，面对商标权利人提交的此类商标许可费证据，除了可以主张许可使用的地域、种类等存在差异外，还应特别注意要求对方提供商标被许可人已实际支付了许可费用的证据，防止对方提交"倒签许可合同"作为虚假证据。

此外，本案原告提交了共计人民币1405元的交通食宿发票作为本案的取证费用，但其中存在与案件无关甚至内容相互矛盾的票据，因此该笔费用没有被完全支持。因此，对于商标权利人及其代理人而言，在调查取证的过程中要求开具规范的发票、收据非常重要。

（二）侵权行为人的主观态度对赔偿数额的影响

《商标法》第63条首次提出了商标的惩罚性赔偿，因此，侵权行为人的主观态度对赔偿数额有着极大的影响，对恶意侵犯商标专用权，情节严重的，可以在实际损失、所获利益、商标许可使用费合理倍数的一倍以上三倍以下确定赔偿数额。

（三）建议

（1）建议商标权人对不同商标产品分别标注价格、分别记账并进行审计。

为避免在诉讼过程中无法证明某一特定商标产品的销量、利润减少数额等，建议企业在日常销售过程中对不同产品分别进行记账、统计。具体为：在销售合同中即明确标明各类产品的名称、型号、单价、销售数量，并分别开具发票、分别记账，必要时每年年终进行审计。

（2）建议商标权人时刻关注行业动向，定期对客户进行回访，必要时从第三方处进行取证。

想要直接从侵权人处拿到其销售盈利的证据存在较大难度，建议权利人在得知侵权人侵权事实后，对下游客户进行访问，收集侵权人销售的相关证据，包括但不限于销售量、销售范围、影响力等，而后再提起诉讼。

（3）如前所述，侵权人的主观恶意程度通常会对赔偿数额产生影响，若侵权人能够尽早停止侵权行为，则可以在一定程度上减轻赔偿数额，因此，建议侵权人尽早停止侵权行为以减轻赔偿数额。

第六章

商标专用权的权属纠纷问题

主要原理： 民事行为的效力以及商标权利的转让

素材： 雷迪（中国）有限公司与华趣多投资有限公司、上海雷迪机械仪器有限公司、吴基胜商标专用权权属纠纷案

一、案情简介

2001年9月21日，中华人民共和国国家工商行政管理总局商标局（以下简称国家商标局）授予原告雷迪（中国）有限公司（以下简称雷迪公司）"雷迪"注册商标专用权，注册证号为1638223，核定使用商品为第9类，包括塑料管线定位仪、井盖探测仪、电缆故障定位仪等，专用期限为2001年9月21日至2011年9月20日。2002年11月，吴基胜作为雷迪公司的执行董事，同意将"雷迪"商标无偿转让给华趣多投资有限公司（以下简称华趣多公司）。2003年10月14日，国家商标局对"雷迪"注册商标专用权的变更进行公告。后华趣多公司授权上海雷迪机械仪器有限公司（以下简称上海雷迪公司）使用"雷迪"商标。

2007年，雷迪公司请求法院判令：（1）被告吴基胜擅自将注册号为第1638223号的"雷迪"商标转让给被告华趣多投资有限公司的行为无效；（2）第1638223号"雷迪"商标归原告所有，被告华趣多投资有限公司向原告返还该商标；（3）被告上海雷迪机械仪器有限公司与被告华趣多投资有限公司的商标许可使用合同无效；（4）被告华趣多投资有限公司和被告上海雷迪机械仪器有限公司立即停止使用第1638223号"雷迪"商标；（5）三被告向原告支付原告为本案所支付的合理费用，包括调查费、公证费、律师费等共计人民币346 827.53元；（6）本案的诉讼费由三被告共同承担。

上海市第二中级人民法院经审理后认为，被告吴基胜在未获原告许可的情况下，擅自以原告名义对外转让其"雷迪"注册商标，侵犯了原告的权益；被告华趣多公司明知吴基胜无权转让原告商标，仍无偿受让，主观上不具有善意。两被告恶意串通，损害了原告的合法权益，故该转让商标的行为系无效民事行为，"雷迪"商标专用权应归原告所有。原告因其商标被不法转让而提起本案诉讼，被告吴基胜和被告华趣多公司应赔偿原告因本案而支出的合理费用。因此，判决被告吴基胜擅自将第1638223号"雷迪"注册商标转让给被告华趣多投资有限公司的行为无效；第1638223号"雷迪"注册商标专用权归原告雷迪（中国）有限公司所有，被告华趣多投资有限公司将第1638223号"雷迪"注册商标返还原告雷迪（中国）有限公司；被告华趣多投资有限公司和被告吴基胜赔偿原告雷迪（中国）有限公司合理费用人民币30 000元。一审判决后，华趣多公司、上海雷迪公司、吴基胜提起上诉。二审法院经审理认为，华趣多公司在受让"雷迪"注册商标时，应当知道作为被上诉人雷迪公司执行董事的吴基胜并未得到雷迪公司的授权，故吴基胜未经雷迪公司许可擅自将"雷迪"注册商标无偿转让给华趣多公司的代表行为无效。因此，吴基胜以雷迪公司名义与华趣多公司签订的"雷迪"注册商标无偿转让合同亦无效，上诉人华趣多公司应当向被上诉人雷迪公司返还"雷迪"注册商标专用权。原审法院适用《中华人民共和国合同法》第52条第(2)项的规定认定涉案商标转让合同无效，属适用法律不当，应予纠正。但原审法院对该法条的适用并不影响本案的实体处理结果。因此，判决驳回上诉，维持原判。

从案件整个过程而言，争议焦点集中在：第一，被告吴基胜向被告华趣多公司转让"雷迪"商标的行为是否有效；第二，原告要求各被告支付合理费用有无事实和法律依据；第三，本案是否已超过诉讼时效期间。

二、法学原理及分析

《中华人民共和国民法通则》

第四条 民事活动应当遵循自愿、公平、等价有偿、诚实信用的原则。

《中华人民共和国合同法》

第五十条 法人或者其他组织的法定代表人、负责人超越权限订立的合同，除相对人知道或者应当知道其超越权限的以外，该代表行为有效。

第五十一条 无处分权的人处分他人财产，经权利人追认或者无处分权的人订立合同后取得处分权的，该合同有效。

第五十二条 有下列情形之一的，合同无效：

（一）一方以欺诈、胁迫的手段订立合同，损害国家利益；

（二）恶意串通，损害国家、集体或者第三人利益；

（三）以合法形式掩盖非法目的；

（四）损害社会公共利益；

（五）违反法律、行政法规的强制性规定。

第五十六条 无效的合同或者被撤销的合同自始没有法律约束力。合同部分无效，不影响其他部分效力的，其他部分仍然有效。

第五十八条 合同无效或者被撤销后，因该合同取得的财产，应当予以返还；不能返还或者没有必要返还的，应当折价补偿。有过错的一方应当赔偿对方因此所受到的损失，双方都有过错的，应当各自承担相应的责任。

第五十九条 当事人恶意串通，损害国家、集体或者第三人利益的，因此取得的财产收归国家所有或者返还集体、第三人。

《中华人民共和国商标法》

第四条 自然人、法人或者其他组织在生产经营活动中，对其商品或者服务需要取得商标专用权的，应当向商标局申请商标注册。

本法有关商品商标的规定，适用于服务商标。

第五条 两个以上的自然人、法人或者其他组织可以共同向商标局申请注册同一商标，共同享有和行使该商标专用权。

第四十二条 转让注册商标的，转让人和受让人应当签订转让协议，并共同向商标局提出申请。受让人应当保证使用该注册商标的商品质量。

转让注册商标的，商标注册人对其在同一种商品上注册的近似的商标，或者在类似商品上注册的相同或者近似的商标，应当一并转让。

对容易导致混淆或者有其他不良影响的转让，商标局不予核准，书面通知申请人并说明理由。

转让注册商标经核准后，予以公告。受让人自公告之日起享有商标专用权。

与著作权、名誉权等权益不同，根据我国相关法律规定，注册商标专用权需要向商标局提出申请并经注册才享有，且商标注册过程及注册后相关的主体均可向商标复审委员会提出宣告注册商标无效的申请，因此需要通过诉讼方式解决的商标权权属纠纷问题并不常见。

转让商标权需要当事人双方签订转让协议并向商标局提出申请，受让人自公告之日起享有商标专用权。但商标局仅对商标转让合同的表面有效性进行审核，因此如果商标转让合同已经商标局审核并进行了公告，受让人形式上获得了商标专用权，但当事人或第三方认为商标转让合同存在我国法律规定的无效、被撤销的情形的，仍可以请求法院判定转让合同无效。

《最高人民法院关于审理民事案件适用诉讼时效制度若干问题的规定》

第一条 当事人可以对债权请求权提出诉讼时效抗辩，但对下列债权请求权提出诉讼时效抗辩的，人民法院不予支持：

（一）支付存款本金及利息请求权；

（二）兑付国债、金融债券以及向不特定对象发行的企业债券本息请求权；

（三）基于投资关系产生的缴付出资请求权；

（四）其他依法不适用诉讼时效规定的债权请求权。

我国法律规定的诉讼时效是针对债权请求权，而物权请求权不适用诉讼时效的相关规定，商标权作为无形资产的一种，商标权属确认请求权类似于物权的确认请求权，不适用诉讼时效的相关规定。

三、案件介绍

案由

案由：商标专用权权属纠纷

案号

一审案号：（2007）沪二中民五（知）初字第25号

二审案号：（2011）沪高民三（知）终字第8号

案件当事人

一审原告、二审被上诉人：雷迪（中国）有限公司

一审被告、二审上诉人：华趣多投资有限公司（Watch Dog Investments Limited）

一审被告、二审上诉人：上海雷迪机械仪器有限公司

一审被告、二审上诉人：吴某某（Wu, Chee Sheng Jackson）

案件材料

1. 一审民事判决书

上海市第二中级人民法院民事判决书

（2007）沪二中民五（知）初字第25号

原告：雷迪（中国）有限公司

被告：华趣多投资有限公司（Watch Dog Investments Limited）

被告：上海雷迪机械仪器有限公司

被告：吴某某（Wu, Chee Sheng Jackson）

原告雷迪（中国）有限公司诉被告华趣多投资有限公司、上海雷迪机械仪器有

限公司商标专用权权属纠纷一案，本院于2007年1月10日受理后，依法组成合议庭，于2007年12月6日公开开庭进行了审理，原告雷迪（中国）有限公司的委托代理人赵××、被告华趣多投资有限公司（以下简称华趣多公司）的委托代理人陆××、被告上海雷迪机械仪器有限公司（以下简称上海雷迪公司）的委托代理人张××到庭参加诉讼。因本案的处理必须以正在审理中的另一案件的审理结果为依据，本院于同日裁定中止审理。2009年9月15日，根据原告的申请，本院通知吴某某作为本案的被告参加诉讼。2010年10月21日，本院再次公开开庭进行了审理，原告的委托代理人吴××、赵××，被告华趣多公司的委托代理人陆××，被告上海雷迪公司的委托代理人张××，被告吴某某的委托代理人黄××到庭参加诉讼。本案现已审理终结。

原告诉称：原告是注册证号为第1638223号"雷迪"商标的商标专用权人。2002年11月10日，原告的执行董事吴某某未经原告许可，恶意将"雷迪"商标无偿转让给被告华趣多公司。后被告吴某某又担任被告上海雷迪公司总裁。上海雷迪公司在其网站上和对外经营中擅自使用原告的"雷迪"商标，并发表声明公开宣传"雷迪"商标归上海雷迪公司所有。原告认为，被告吴某某作为原告公司的执行董事，利用职务之便，未经许可擅自向被告华趣多公司无偿转让"雷迪"商标，被告华趣多公司并非善意取得，不能取得"雷迪"商标的商标专用权；被告上海雷迪公司在对外经营中宣传"雷迪"商标是自己所有，引起了市场混淆。据此，原告请求法院判令：（1）被告吴某某擅自将注册号为第1638223号的"雷迪"商标转让给被告华趣多投资有限公司的行为无效；（2）第1638223号"雷迪"商标归原告所有，被告华趣多投资有限公司向原告返还该商标；（3）被告上海雷迪机械仪器有限公司与被告华趣多投资有限公司的商标许可使用合同无效；（4）被告华趣多投资有限公司和被告上海雷迪机械仪器有限公司立即停止使用第1638223号"雷迪"商标；（5）三被告向原告支付原告为本案所支付的合理费用，包括调查费、公证费、律师费等共计人民币346 827.53元；（6）本案的诉讼费由三被告共同承担。

被告华趣多公司辩称：不同意原告提出的全部诉讼请求。华趣多公司是合法受让，合法持有原告主张的有争议的商标，所以不应当返还。原告提出的第（3）、（4）项诉讼请求，不属于本案处理范围。原告提出的第（5）项诉讼请求缺乏法律依据，本案是权属纠纷，不存在合理费用支付的问题，且该费用的相当一部分曾在另案中主张，法院已经处理过。

被告上海雷迪公司辩称：原告要求返还商标的请求和我国现行法律相冲突。原告的其他诉讼请求没有法律依据，故请求法院驳回原告的诉讼请求。

被告吴某某辩称：原告针对第三被告的诉讼请求是第（1）、（5）项。在之前的案件中已经明确，第三被告是代表公司对外转让商标，并非个人的转让行为，故原告第（1）项诉讼请求称第三被告系个人的转让行为，缺乏法律依据；原告的第（5）项诉讼请求系针对第三被告同一个侵权行为，之前已经提出过赔偿请求，现在再提出，属于一案两诉。

经审理查明：

2001年9月21日，中华人民共和国国家工商行政管理总局商标局（以下简称国家商标局）授予原告"雷迪"注册商标专用权，注册证号为1638223，核定使用商品为第9类，包括塑料管线定位仪、井盖探测仪、电缆故障定位仪等，专用期限为2001年9月21日至2011年9月21日。2002年11月，吴某某作为原告公司的执行董事，同意将"雷迪"商标无偿转让给华趣多公司。2003年10月14日，国家商标局对"雷迪"注册商标专用权的变更进行公告。后华趣多公司授权上海雷迪公司使用"雷迪"商标。

2007年1月12日，上海市第一中级人民法院受理了雷迪（中国）有限公司诉吴某某董事、监事、经理损害公司利益纠纷一案。该案中，原告雷迪（中国）有限公司诉称，被告吴某某作为其公司的执行董事，擅自将"雷迪"商标的专用权无偿转让给华趣多公司，属恶意处分公司财产的行为，违反了公司董事的信托义务，对公司造成巨大经济损失，为此，请求判令：（1）被告擅自处分"雷迪"注册商标专用权的行为无效；（2）被告向原告公开赔礼道歉；（3）被告赔偿原告经济损失人民币300万元；（4）被告赔偿原告因调查侵权事实而支付的费用人民币303 643元。上海市第一中级人民法院经审理认为，"雷迪"注册商标的专用权系原告所有，属原告公司的合法资产。被告作为原告公司的执行董事，在未提交公司董事会决议并通过的情况下，擅自无偿将"雷迪"商标专用权转让给他人，该处置原告无形资产的行为明显损害了原告的合法权益，违反了公司董事对公司所负有的忠实及勤勉的法定义务，构成对原告合法权益的侵犯。但原告未能提供其自身因"雷迪"商标专用权转让所遭受损失或被告通过系争商标专用权转让获得过个人利益的事实依据，故原告要求被告赔偿损失人民币300万元的诉讼请求，缺乏事实依据。原告要求被告公开赔礼道歉，因案件纠纷不涉及人身权的侵害，故对其诉讼请求不予支持。原告要求被告赔偿因调查侵权事实所支付的费用，系由公证费、翻译费及交通费组成，因该诉讼请求缺乏相应的事实及法律依据，故也不予支持。该案中，上海市第一中级人民法院同时明确，原告主张被告代表原告对外转让系争商标专用权的行为无效，因该项诉请所涉及的法律关系与公司董事损害公司利益纠纷不属同一法律关系，故该院对此不予处理。据此，上海市第一中级人民法院于2008年3月21日对该案作出判决：驳回原告雷迪（中国）有限公司的诉讼请求。判决后，雷迪（中国）有限公司和吴某某均不服而提起上诉。上海市高级人民法院经审理认为，原审判决认定事实清楚，法律适用正确，遂于2009年8月3日做出判决：驳回上诉，维持原判。

上述事实，由第1638223号商标注册证、上海市第一中级人民法院（2007）沪一中民五（商）初字第18号民事判决书、上海市高级人民法院（2008）沪高民四（商）终字第33号民事判决书以及当事人的陈述意见等证明，本院予以确认。

根据当事人的诉、辩称和举证、质证意见，本案的争议焦点是：第一，被告吴某某向被告华趣多公司转让"雷迪"商标的行为是否有效；第二，原告要求各被告支付合理费用有无事实和法律依据。

关于第一个争议焦点，原告认为，上海市第一中级人民法院（2007）沪一中民五（商）初字第18号民事判决书已认定吴某某擅自将原告的第1638223号"雷迪"商标以原告名义无偿转让给华趣多公司，侵犯了原告合法权益的事实。被告华趣多公司认为，原告不能证明商标转让合同无效，华趣多公司作为合同相对人，并无义务去注意原告公司的内部管理规定，从形式上看，原告已经在商标转让合同上加盖公章，应当认为是原告的真实意思表示，不能因为吴某某的行为损害原告利益，就否认商标转让合同的对外效力。被告上海雷迪公司认为，上海市第一中级人民法院的案件是原告起诉自己的员工，是其公司内部的问题，与本案无关。被告吴某某认为，转让商标的行为是代表原告公司所为，并非个人行为。

本院认为，吴某某向华趣多公司转让"雷迪"商标的行为，已被上海市第一中级人民法院的生效判决确认为违反公司董事对公司所负有的忠实及勤勉的法定义务，侵犯了原告的合法权益，故该行为的实质系吴某某擅自对外无偿转让公司资产，属无权处分行为。该无权处分行为所导致的吴某某与原告之间的内部关系，已为上海市第一中级人民法院生效判决所确认；而能否对外发生法律效力，则要看作为交易第三方的华趣多公司是否善意并支付了合理的对价。本案中，华趣多公司和吴某某均承认，为受让"雷迪"商标，华趣多公司委托吴某某代为办理商标转让注册事宜。在向国家商标局递交的"转让注册商标申请书"上,也是吴某某代华趣多公司在"受让人"处签名。也就是说,吴某某在转让"雷迪"商标时,既"代表"转让方原告公司,也是受让方华趣多公司的代理人。由此,华趣多公司在受让"雷迪"商标时,应知道吴某某没有得到原告公司的授权,无权代表原告作出转让商标的决定。在此情况下,华趣多公司仍以无须了解原告公司的内部管理为由,进而主张商标转让的效力,显然不能认为具有善意。另一方面,华趣多公司受让"雷迪"商标专用权系无偿取得,并未支付任何对价。虽然华趣多公司称,因上海雷迪公司使用"雷迪"字号在先,原告对商标予以抢注,故双方约定由原告在获得商标注册后,再无偿转让给上海雷迪公司指定的华趣多公司,但各被告并未就此提供书面证据,且上述意见也不能否认原告对"雷迪"注册商标享有合法权利。因此,"雷迪"商标被无偿转让并不合乎常理。结合前述对华趣多公司主观认知状态的分析,可确认华趣多公司在受让"雷迪"商标时不符合善意第三人的条件,故吴某某向华趣多公司转让"雷迪"商标的行为是无效民事行为,被告华趣多公司应向原告返还非法取得的第1638223号"雷迪"商标。

关于第二个争议焦点,原告提交了相应财务票据以证明其实际支出,包括:律师费1计22 000美元,系支付给上海恒方知识产权咨询有限公司;律师费2计5500美元,系支付给上海市××律师事务所;原告董事Paul Rendell宣誓书的公证、认证费计585.75英镑;中国香港律师取证费87 000港币;上海市黄浦区第一公证处(2006)沪证内经字第5561号、第6704号公证书的公证费人民币2000元;证据材料翻译费人民币8221元;其他支出(差旅、交通、邮寄、复印等)人民币11 786元;中国香港律师法律意见书费用21 460港币。以上共计人民币346 827.53元(其他币种按当时汇率折算)。被告华趣多公司认为:本案是权属纠纷,原告要求支付合理费用缺乏法律依据。就证据而言,原告主张的律师费1针对的实际上是公民代理,根据规定,公民代理不能提供有偿服务,故该笔费用不合理;律师费2缺乏收费依据;中国香港律师法律意见书费用不是合理费用;其他费用原告已在上海市第一中级人民法院的案件中主张过,故不能再提出。被告上海雷迪公司和被告吴某某同意华趣多公司的意见。

本院认为,原告因注册商标被擅自转让而提起本案诉讼,为调查事实和参加诉讼,客观上确已支付相关费用,即因本案有实际损失,故对其主张的该项请求,可在合理的范围内予以支持。具体而言:第一,原告主张的律师费1并非支付给律师事务所，故该笔费用不能得到支持；第二，对原告主张的律师费2，本院将根据本案纠纷的实际情况，确定属于合理开支范围内的数额；第三，因中国香港律师意见书欲证明的被告吴某某作为执行董事与原告公司之间的内部关系，已为上海市第一中级人民法院的生效民事判决书所证实，故本院不认可该笔费用为本案的合理费用；第四，对于原告主张的其他曾在上海市第一中级人民法院审理的案件中主张过的费用，因该判决明确表明不予处理涉及转让系争商标专用权的知识产权纠纷，故本院将对原告主张的费用中与本案有关的合理部分，根据案件的具体情况，酌情加以确定。

审理中，被告华趣多公司提出，原告提起本案诉讼，已超过诉讼时效期间。本院认为，本案是商标专用权权属纠纷，原告提起诉讼，是因为对注册商标的归属有争议，而请求法院予以确认。原告所行使的，类似于物权的确认请求权，而非基于商标专用权被侵犯而产生的债权请求权。根据《最高人民法院关于审理民事案件适用诉讼时效制度若干问题的规定》第1条的规定，当事人可以对债权请求权提出诉讼时效抗辩。显然，本案原告行使的请求权不在此列，对该请求权不能适用诉讼时效的规定，故被告华趣多公司的主张不能成立。

此外，关于原告主张的要求确认被告上海雷迪公司与被告华趣多公司的商标许可使用合同无效，以及判令被告华趣多公司和被告上海雷迪公司立即停止使用"雷迪"商标的诉讼请求，涉及的法律关系与本案的商标专用权权属纠纷并非同一法律关系，故本院对其不予处理。在本案确认"雷迪"商标专用权归属之后，如原告认为被告的行为侵犯其商标专用权，可另行提起诉讼。

综上，本院认为，被告吴某某在未获原告许可的情况下，擅自以原告名义对外转让其"雷迪"注册商标，侵犯了原告的权益；被告华趣多公司明知吴某某无权转让原告商标，仍无偿受让，主观上不具有善意。两被告恶意串通，损害了原告的合法权益，故该转让商标的行为系无效民事行为，"雷迪"商标专用权应归原告所有。原告因其商标被不法转让而提起本案诉讼，被告吴某某和被告华趣多公司应赔偿原告因本案而支出的合理费用。据此，依据《中华人民共和国民法通则》第96条、第134条第1款第（7）项，《中华人民共和国合同法》第52条第（2）项、第59条的规定，判决如下：

（1）被告吴某某擅自将第1638223号"雷迪"注册商标转让给被告华趣多投资有限公司的行为无效；

（2）第1638223号"雷迪"注册商标专用权归原告雷迪（中国）有限公司所有，

被告华趣多投资有限公司于本判决生效之日起30日内，将第1638223号"雷迪"注册商标返还原告雷迪（中国）有限公司；

（3）被告华趣多投资有限公司和被告吴某某于本判决生效之日起10日内，赔偿原告雷迪（中国）有限公司合理费用人民币30 000元；

（4）驳回原告雷迪（中国）有限公司的其他诉讼请求。

如被告华趣多投资有限公司和被告吴某某未按本判决指定的期间履行给付金钱义务，应当依照《中华人民共和国民事诉讼法》第229条的规定，加倍支付迟延履行期间的债务利息。

本案案件受理费人民币7302.41元，由原告雷迪（中国）有限公司负担人民币2969.98元，被告华趣多投资有限公司和被告吴某某负担人民币4332.43元。

如不服本判决，原告雷迪（中国）有限公司、被告华趣多投资有限公司、被告吴某某可在判决书送达之日起30日内，被告上海雷迪机械仪器有限公司可在判决书送达之日起15日内，向本院递交上诉状，并按对方当事人的人数提出副本，上诉于上海市高级人民法院。

2010年11月17日

2. 二审民事判决书

上海市高级人民法院民事判决书

（2011）沪高民三（知）终字第8号

上诉人（原审被告）：华趣多投资有限公司（Watch Dog Investments Limited）

上诉人（原审被告）：上海雷迪机械仪器有限公司

上诉人（原审被告）：吴基胜（Wu, CheeShengJackson）

被上诉人（原审原告）：雷迪（中国）有限公司

上诉人华趣多投资有限公司、上诉人上海雷迪机械仪器有限公司、上诉人吴基胜因商标权权属纠纷一案，不服上海市第二中级人民法院（2007）沪二中民五（知）初字第25号民事判决，向本院提起上诉。本院于2011年1月26日受理后，依法组成合议庭，于同年3月15日公开开庭审理了本案。上诉人华趣多投资有限公司（以下简称华趣多公司）的委托代理人陆××、上诉人上海雷迪机械仪器有限公司（以下简称上海雷迪公司）的委托代理人张××、上诉人吴基胜的委托代理人黄××，被上诉人雷迪（中国）有限公司（以下简称雷迪公司）的委托代理人吴××、林

××到庭参加了诉讼。本案现已审理终结。

原审法院经审理查明：2001年9月21日，中华人民共和国国家工商行政管理总局商标局（以下简称国家商标局）授予原告"雷迪"注册商标专用权，注册证号为1638223，核定使用商品为第9类，包括塑料管线定位仪、井盖探测仪、电缆故障定位仪等，专用期限为2001年9月21日至2011年9月21日。2002年11月，吴基胜作为原告公司的执行董事，同意将"雷迪"商标无偿转让给华趣多公司。2003年10月14日，国家商标局对"雷迪"注册商标专用权的变更进行公告。后华趣多公司授权上海雷迪公司使用"雷迪"商标。

2007年1月12日，上海市第一中级人民法院受理了雷迪（中国）有限公司诉吴基胜董事、监事、经理损害公司利益纠纷一案。该案中，原告雷迪（中国）有限公司诉称，被告吴基胜作为其公司的执行董事，擅自将"雷迪"商标的专用权无偿转让给华趣多公司，属恶意处分公司财产的行为，违反了公司董事的信托义务，对公司造成巨大经济损失，为此，请求判令：（1）被告擅自处分"雷迪"注册商标专用权的行为无效；（2）被告向原告公开赔礼道歉；（3）被告赔偿原告经济损失人民币300万元；（4）被告赔偿原告因调查侵权事实而支付的费用人民币303 643元。上海市第一中级人民法院经审理认为，"雷迪"注册商标的专用权系原告所有，属原告公司的合法资产。被告作为原告公司的执行董事，在未提交公司董事会决议并通过的情况下，擅自无偿将"雷迪"商标专用权转让给他人，该处置原告无形资产的行为明显损害了原告的合法权益，违反了公司董事对公司所负有的忠实及勤勉的法定义务，构成对原告合法权益的侵犯。但原告未能提供其自身因"雷迪"商标专用权转让所遭受损失或被告通过系争商标专用权转让获得过个人利益的事实依据，故原告要求被告赔偿损失人民币300万元的诉讼请求，缺乏事实依据。原告要求被告公开赔礼道歉，因案件纠纷不涉及人身权的侵害，故对其诉讼请求不予支持。原告要求被告赔偿因调查侵权事实所支付的费用，系由公证费、翻译费及交通费组成，因该诉讼请求缺乏相应的事实及法律依据，故也不予支持。该案中，上海市第一中级人民法院同时明确，原告主张被告代表原告对外转让系争商标专用权的行为无效，因该项诉请所涉及的法律关系与公司董事损害公司利益纠纷不属同一法律关系，故该院对此不予处理。据此，上海市第一中级人民法院于2008年3月21日对该案作出判决：驳回原告雷迪（中国）有限公司的诉讼请求。判决后，雷迪（中国）有限公司和吴基胜均不服而提起上诉。上海市高级人民法院经审理认为，原审判决认定事实清楚，法律适用正确，遂于2009年8月3日做出判决：驳回上诉，维持原判。

原审法院认为，本案的争议焦点是：第一，被告吴基胜向被告华趣多公司转让"雷迪"商标的行为是否有效；第二，原告要求各被告支付合理费用有无事实和法律依据。

关于第一个争议焦点，原审法院认为，吴基胜向华趣多公司转让"雷迪"商标的行为，已被上海市第一中级人民法院的生效判决确认为违反公司董事对公司所负有的忠实及勤勉的法定义务，侵犯了原告的合法权益，故该行为的实质系吴基胜擅自对外无偿转让公司资产，属无权处分行为。该无权处分行为所导致的吴基胜与原告之间的内部关系，已为上海市第一中级人民法院生效判决所确认；而能否对外发生法律效力，则要看作为交易第三方的华趣多公司是否善意并支付了合理的对价。本案中，华趣多公司和吴基胜均承认，为受让"雷迪"商标，华趣多公司委托吴基胜代为办理商标转让注册事宜。在向国家商标局递交的"转让注册商标申请书"上，也是吴基胜代华趣多公司在"受让人"处签名。也就是说，吴基胜在转让"雷迪"商标时，既"代表"转让方原告公司，也是受让方华趣多公司的代理人。由此，华趣多公司在受让"雷迪"商标时，应知道吴基胜没有得到原告公司的授权，无权代表原告做出转让商标的决定。在此情况下，华趣多公司仍以无须了解原告公司的内部管理为由，进而主张商标转让的效力，显然不能认为具有善意。另一方面，华趣多公司受让"雷迪"商标专用权系无偿取得，并未支付任何对价。虽然华趣多公司称，因上海雷迪公司使用"雷迪"字号在先，原告对商标予以抢注，故双方约定由原告在获得商标注册后，再无偿转让给上海雷迪公司指定的华趣多公司，但各被告并未就此提供书面证据，且上述意见也不能否认原告对"雷迪"注册商标享有合法权利。因此，"雷迪"商标被无偿转让并不合乎常理。结合前述对华趣多公司主观认知状态的分析，可确认华趣多公司在受让"雷迪"商标时不符合善意第三人的条件，故吴基胜向华趣多公司转让"雷迪"商标的行为是无效民事行为，被告华趣多公司应向原告返还非法取得的第1638223号"雷迪"商标。

关于第二个争议焦点，原审法院认为，原告因注册商标被擅自转让而提起本案诉讼，为调查事实和参加诉讼，客观上确已支付相关费用，即因本案有实际损失，故对其主张的该项请求，可在合理的范围内予以支持。具体而言：第一，原告主张的支付给上海恒方知识产权咨询有限公司的律师费，并非支付给律师事务所，故该笔费用不能得到支持；第二，对原告主张的支付给上海市××律师事务所的律师费，原审法院根据本案纠纷的实际情况，确定属于合理开支范围的数额；第三，因中国香港律师意见书欲证明的被告吴基胜作为执行董事与原告公司之间的内部关系，已为上海市第一中级人民法院的生效民事判决书所证实，故原审法院不认可该笔费用为本案的合理费用；第四，对于原告主张的其他曾在上海市第一中级人民法院审理的案件中主张过的费用，因该判决明确表明不予处理涉及转让系争商标专用权的知识产权纠纷，故原审法院将对原告主张的费用中与本案有关的合理部分，根据案件的具体情况，酌情加以确定。

审理中，被告华趣多公司提出，原告提起本案诉讼，已超过诉讼时效期间。原审法院认为，本案是商标专用权权属纠纷，原告提起诉讼，是因为对注册商标的归属有争议，而请求法院予以确认。原告所行使的，类似于物权的确认请求权，而非基于商标专用权被侵犯而产生的债权请求权。根据《最高人民法院关于审理民事案件适用诉讼时效制度若干问题的规定》第1条的规定，当事人可以对债权请求权提出诉讼时效抗辩。显然，本案原告行使的请求权不在此列，对该请求权不能适用诉讼时效的规定，故被告华趣多公司的主张不能成立。

此外，关于原告主张的要求确认被告上海雷迪公司与被告华趣多公司的商标许可使用合同无效，以及判令被告华趣多公司和被告上海雷迪公司立即停止使用"雷迪"商标的诉讼请求，涉及的法律关系与本案的商标专用权权属纠纷并非同一法律关系，故原审法院对其不予处理。在本案确认"雷迪"商标专用权归属之后，如原告认为被告的行为侵犯其商标专用权，可另行提起诉讼。

综上，原审法院认为，被告吴基胜在未获原告许可的情况下，擅自以原告名义对外转让其"雷迪"注册商标，侵犯了原告的权益；被告华趣多公司明知吴基胜无权转让原告商标，仍无偿受让，主观上不具有善意。两被告恶意串通，损害了原告的合法权益，故该转让商标的行为系无效民事行为，"雷迪"商标专用权应归原告所有。原告因其商标被不法转让而提起本案诉讼，被告吴基胜和被告华趣多公司应赔偿原告因本案而支出的合理费用。据此，依照《中华人民共和国民法通则》第96条、第134条第1款第（7）项，《中华人民共和国合同法》第52第（2）项、第59条的规定，判决：（1）被告吴基胜擅自将第1638223号"雷迪"注册商标转让给被告华趣多公司的行为无效；（2）第1638223号"雷迪"注册商标专用权归原告雷迪公司所有，被告华趣多公司于判决生效之日起30日内，将第1638223号"雷迪"注册商标返还原告雷迪公司；（3）被告华趣多公司和被告吴基胜于判决生效之日起10日内，赔偿原告雷迪公司合理费用人民币30 000元；（4）驳回原告雷迪公司的其他诉讼请求。本案一审案件受理费人民币7302.41元,由原告雷迪公司负担人民币2969.98元,被告华趣多公司和被告吴基胜负担人民币4332.43元。

判决后,华趣多公司、上海雷迪公司、吴基胜均不服,向本院提起上诉。

上诉人华趣多公司请求撤销一审判决第(1)、(2)、(3)项;改判确认雷迪公司与华趣多公司订立的转让"雷迪"商标的合同有效,"雷迪"商标系华趣多公司合法持有;一、二审案件受理费由被上诉人雷迪公司负担。其主要上诉理由为:第一,原审法院认定事实错误。(1)原审法院错误地将吴基胜代表被上诉人将"雷迪"商标转让给华趣多公司的职务行为认定为吴基胜的个人行为。(2)原审法院错误地认定华趣多公司在受让"雷迪"商标时"应知道吴基胜没有得到原告公司的授权,无权代表原告做出转让商标的决定"。法律并不禁止同一代理人可以作为商标转让双方的代理人办理手续,从吴基胜的双方代理行为也不能得出华趣多公司应当知道吴基胜没有得到公司授权的事实。相反,吴基胜是被上诉人的法定代表人,且被上诉人还将公司公章交予吴基胜使用,华趣多公司应相信吴基胜得到了公司授权,有权代表被上诉人实施转让商标的行为。(3)原审法院错误地否定了上海雷迪公司对"雷迪"字号的在先权利和被上诉人抢注对上海雷迪公司侵权在先的事实。"雷迪"商标转让行为的实质系侵权人向受害人返还抢注的商标,而不是商标买卖行为,无须支付对价。华趣多公司是善意的受让人,不可能也没有必要采取"恶意串通"的手段受让商标。第二,原审法院适用法律错误。(1)原审法院关于本案不适用诉讼时效的认定错误。本案应当适用诉讼时效的规定,而被上诉人提起诉讼时,已经超过了两年的诉讼时效期间。(2)原审法院依据《中华人民共和国合同法》第52条第(2)项认定吴基胜擅自转让"雷迪"商标的行为无效,该法条与本案系争行为不能对应。(3)原审法院在本案中认定的"合理费用"不能适用《中华人民共和国民法通则》第134条的规定。

上诉人上海雷迪公司请求撤销一审判决,并依法改判驳回被上诉人雷迪公司的诉讼请求。其主要上诉理由为:第一,原审判决认定事实有误,错误地将商标转让行为界定为个人行为,致使判决在法律适用上出现偏差。"雷迪"商标的转让是发生在雷迪公司与华趣多公司之间的,该转让行为并不是吴基胜的个人行为。第二,原审法院错误地将转让行为认定为无效。"雷迪"商标的转让行为属于公司行为,该转让行为无法归属于我国民法通则和合同法上规定的任何一种无效行为。第三,关于本案转让商标的行为,华趣多公司以及上海雷迪公司在主观上都是善意的。上海雷迪公司使用"雷迪"商号在前，被上诉人雷迪公司注册"雷迪"商标的行为是一种抢注行为，侵犯了上海雷迪公司的合法权益。华趣多公司在受让商标时不存在恶意，相反是为了维护上海雷迪公司的合法权益。第四，原审法院适用法律错误。《中华人民共和国合同法》第52条第（2）项的规定是针对合同无效的，而本案判决并不涉及合同无效。

上诉人吴基胜请求撤销一审判决，依法改判驳回被上诉人雷迪公司的诉讼请求。其主要上诉理由为：第一，原审法院错误地将被上诉人转让商标的行为认定为吴基胜的个人行为。商标的转让行为是发生在被上诉人与华趣多公司之间的，吴基胜的职务行为不可能认定为吴基胜的个人行为。原审法院关于吴基胜个人转让商标行为无效的判决缺乏事实依据和法律依据。第二，原审法院关于吴基胜赔偿被上诉人合理费用的判决缺乏事实依据。本案中，转让商标的行为是被上诉人的行为，因此吴基胜不应当承担任何责任。原审法院将吴基胜列为被告并要求吴基胜承担赔偿责任，违反了"一事不再理"的原则。第三，原审法院认定吴基胜与华趣多公司有恶意串通的行为缺乏事实和法律依据。

针对上诉人华趣多公司、上诉人上海雷迪公司、上诉人吴基胜的上诉请求以及所依据的事实和理由，被上诉人雷迪（中国）有限公司一并答辩称：第一，吴基胜转让"雷迪"商标的行为系无权转让行为，吴基胜的行为也构成无效民事行为中的"双方代理"。本案中，吴基胜未得到公司其他董事的许可，擅自将"雷迪"商标转让给了与自己密切相关的其他公司，该行为并非职务行为。第二，商标权的取得不适用善意取得原则。第三，本案中，华趣多公司不构成善意第三人。华趣多公司无偿受让"雷迪"商标，不符合善意取得的适用条件。华趣多公司通过其实际控制人吴基胜实施双方代理受让"雷迪"商标，主观上不具备善意条件。第四，本案是商标专用权权属纠纷，被上诉人行使的是我国物权法中规定的确认物权请求权，不适用诉讼时效制度的规定。第五，确认合同无效不适用诉讼时效的规定。第六，原审法院判决上诉人华趣多公司、吴基胜承担的"合理费用"于法有据。上诉人华趣多公司、吴基胜的行为侵犯了被上诉人的商标所有权和专用权，依法应当承担赔偿损失的民事责任。据此，请求驳回各上诉人的上诉请求，维持一审判决。

二审中，上诉人华趣多公司、上诉人上海雷迪公司、上诉人吴基胜以及被上诉人雷迪公司均未向本院提交新的证据材料。

经审理查明，原审法院将第1638223号"雷迪"注册商标的专用期限误写为"2001

年9月21日至2011年9月21日",实际应为"2001年9月21日至2011年9月20日",对原审法院的上述笔误,本院予以纠正。原审法院查明的其余事实属实,本院予以确认。

本院认为,被上诉人雷迪公司作为"雷迪"注册商标的所有权人,该商标的转让应当得到其同意并经其明确授权。

关于"雷迪"注册商标的转让是否有效的问题。本院认为,民事活动应当遵循自愿、公平、等价有偿、诚实信用的原则,违反诚实信用原则的交易行为不受法律保护。上诉人华趣多公司、上诉人上海雷迪公司均称,上海雷迪公司使用"雷迪"字号在先,雷迪公司系抢注"雷迪"商标,故双方约定由雷迪公司获得商标注册后,再无偿转让给上海雷迪公司指定的华趣多公司。但是,对于上述主张,华趣多公司以及上海雷迪公司均未能提供充分的证据加以证明,本院对该主张难以采信。虽然在向国家商标局递交的"转让注册商标申请书"上盖有被上诉人雷迪公司的公章,但是该盖章行为是作为被上诉人雷迪公司执行董事的上诉人吴基胜在未经公司董事会同意的情况下擅自作出的,且吴基胜擅自无偿将"雷迪"商标专用权转让给他人的行为,业已被上海市第一中级人民法院的生效判决确认为违反公司董事对公司所负有的忠实及勤勉的法定义务,侵害了雷迪公司的合法权益。上诉人华趣多公司受让"雷迪"注册商标专用权时未支付任何对价,系无偿取得;同时,华趣多公司系委托吴基胜代为办理作"雷迪"注册商标转让注册事宜,吴基胜并在"转让注册商标申请书"上代华趣多公司在"受让人"处签名,因此事实上吴基胜在转让"雷迪"商标时,既"代表"转让方雷迪公司,同时又是受让方华趣多公司的代理人。根据上述事实可以认定,华趣多公司在受让"雷迪"注册商标时,应当知道吴基胜并未得到雷迪公司的授权,无权代表雷迪公司作出转让该商标的决定。《中华人民共和国合同法》第50条规定,法人或者其他组织的法定代表人、负责人超越权限订立的合同,除相对人知道或者应当知道其超越权限的以外,该代表行为有效。本案中,华趣多公司在受让"雷迪"注册商标时,应当知道作为被上诉人雷迪公司执行董事的吴基胜并未得到雷迪公司的授权,故吴基胜未经雷迪公司许可擅自将"雷迪"注册商标无偿转让给华趣多公司的代表行为无效。因此,吴基胜以雷迪公司名义与华趣多公司签订的"雷迪"注册商标无偿转让合同亦无效,上诉人华趣多公司应当向被上诉人雷迪公司返还"雷迪"注册商标专用权。原审法院适用《中华人民共和国合同法》第52条第(2)项的规定认定涉案商标转让合同无效,属适用法律不当,应予纠正。但原审法院对该法条的适用,并不影响本案的实体处理结果。

关于上诉人华趣多公司以及上诉人吴基胜是否应当赔偿被上诉人雷迪公司合理费用的问题。本院认为，上诉人吴基胜在未获得雷迪公司授权的情况下，擅自以雷迪公司名义对外无偿转让"雷迪"注册商标；上诉人华趣多公司在应知吴基胜无权转让系争商标的情况下，仍无偿受让"雷迪"注册商标。被上诉人雷迪公司因其"雷迪"注册商标被不法转让而提起本案诉讼，并确实为调查事实和参加诉讼而支付了相关费用。因此，被上诉人雷迪公司因本案而遭受了实际损失，原审法院在合理范围内确定吴基胜和华趣多公司应赔偿雷迪公司因本案而支出的合理费用，并无不当。

关于本案是否适用诉讼时效的问题。本院认为，包括商标在内的知识产权是一种无形财产权，本案又是一起商标专用权权属纠纷，被上诉人雷迪公司行使的是确认涉案注册商标专用权权利归属的请求权。因此，上诉人华趣多公司主张对本案商标权权利归属的确认请求权适用诉讼时效制度，缺乏法律依据，本院不予支持。

综上所述，原审判决认定事实基本清楚，判决结果正确，应予维持。依照《中华人民共和国民法通则》第4条、第96条、第134条第1款第（7）项，《中华人民共和国合同法》第50条、第56条、第58条，《中华人民共和国民事诉讼法》第153条第1款第（1）项、第158条之规定，判决如下：

驳回上诉，维持原判。

本案二审案件受理费人民币550元，由上诉人华趣多投资有限公司负担人民币184元，上诉人上海雷迪机械仪器有限公司负担人民币183元，上诉人吴基胜负担人民币183元。

本判决为终审判决。

2012年5月18日

四、案件相关问题解析

商标专用权（the exclusive right to use a trademark）指商标权人依法对其商标所享有的专有使用权。同时由于我国现行《商标法》实行的是商标注册原则，商标权主要通过注册取得，所以此处所说的商标主要指"注册商标"，而未注册商标不享有商标专用权。①

商标转让是商标注册人在注册商标的有效期内，依法定程序，将商标专用权转让给另一方的行为。②

关于本案商标转让行为是否有效，一审法院认定吴基胜以雷迪公司名义与华趣多公司签订的"雷迪"注册商标无偿转让合同无效，一审法院是依据《合同法》第52条第（2）项，即恶意串通损害了他人的合法权益，故该转让商标的行为系无效民事行为；而二审法院的法律依据是《合同法》第50条，即法人或者其他组织的法定代表人、负责人超越权限订立的合同，除相对人知道或者应当知道其超越权限的以外，该代表行为有效。华趣多公司在受让"雷迪"注册商标时，应当知道作为被上诉人雷迪公司执行董事的吴基胜并未得到雷迪公司的授权，故吴基胜未经雷迪公司许可擅自将"雷迪"注册商标无偿转让给华趣多公司的代表行为无效。笔者同意二审法院的观点，吴基胜在转让"雷迪"商标时，既"代表"转让方雷迪公司，同时又代表受让方华趣多公司。对于吴基胜未得到雷迪公司的授权擅自将"雷迪"注册商标无偿转让给华趣多公司这一情况，华趣多公司对此知情，因此该转让行为无效。相较于一审法院认为吴基胜与华趣多公司恶意串通损害雷迪公司利益而认定转让行为无效，笔者认为二审法院对该转让行为性质的认定更为适当。

关于本案华趣多公司、吴基胜是否应当赔偿雷迪公司合理费用的问题，《最高人民法院关于审理商标民事纠纷案件适用法律若干问题的解释》第17条明确规定："商标法第五十六条第一款规定的制止侵权行为所支付的合理开支，包括权利人或者委托代理人对侵权行为进行调查、取证的合理费用。人民法院根据当事人的诉讼请求和案件具体情况，可以将符合国家有关部门规定的诉讼费用计算在赔偿范围内。"一、二审法院均根据案件的具体情况在合理范围内支持了雷迪公司主张的合理费用，包括支付给律师事务所的律师费以及与本案相关的其他合理费用，而对于支付给非律师事务所的律师费以及在其他案件中已经主张过的费用则没有支持。

关于诉讼时效问题，由于诉讼时效只适用于债权请求权，而包括商标专用权在

---

① 梁钰："商标权与商标专用权的辨析——兼谈《商标法》的第三次修订"，载 http://fzzy.chinacourt.org/article/detail/2012/05/id/519876.shtml，最后访问时间：2015年11月20日。

② 百度百科：http://baike.baidu.com/link?url=k_xvie8Tmsl06_GslZoONPp2JiuvqS-tfaGE05NkcX-ERsGuVn6Roy8iEYaRGFQAO_JcKcZuuwfSlZrsbicDVQK#reference-[1]-191009-wrap，最后访问时间：2015年11月20日。

内的知识产权是一种无形财产权,属于物权请求权,上诉人华趣多公司主张对本案商标权权利归属的确认请求权不能适用诉讼时效制度,因此不能提出诉讼时效抗辩。

五、案件启示及建议

(一)加强商标等无形资产管理

商标最大的功能在于识别商品,因此商标在一定程度上代表一个企业的商誉和形象,故此商标权利人应加强对商标等无形资产的日常管理,建议企业建立完善的知识产权管理体系,对商标的设计、申请、使用等各个阶段进行监控。

首先,在商标设计时就要对同类或类似产品进行先期调查,避免与他人在先权利冲突,这里所说的在先权利包括但不限于企业名称字号、著作权、外观设计专利等。由于商标的重要性,建议企业不申请或使用与他人已有的商标相似的商标,在商标设计时考虑自身商品的属性、企业字号、产品目标客户群、商标辨识度等各种因素,综合比对,选择最适合的商标。同时,若委托他人进行设计或由员工进行设计的,应与商标设计人就设计成果的著作权进行约定,委托他人约定的,约定成果著作权属于委托人;企业员工进行设计的,约定属于职务作品,著作权归属于企业,从而避免发生设计人著作权与商标权权属发生冲突的情况。如有需要,还可以约定保密条款。

其次,在商标申请过程中,需要挑选合适的类别及子项目,有必要时可以在同类商品或近似商品中申请相同或近似商标,形成防御商标池。

最后,在使用过程中注意商标权属的稳定性,对商标授权制度严格加以规范,加强商标授权管理,防止企业法定代表人、负责人等高级管理人员超越权限转让商标等无形资产情况的发生。

(二)积极履行权益,打击商标侵权

由于商标权属纠纷不受诉讼时效限制,因此,权利人在任何时候发现商标专用权被他人侵害,均可向法院提出返还请求权。

如发生企业法定代表人、负责人侵犯公司利益擅自转让公司商标的情况,公司应注意保留和收集商标受让方知情的所有证据,避免在双方诉诸法律手段后商标权利人一方处于被动地位。

商标权利人可以向侵权方主张为确认商标专用权权属而支出的合理费用，该合理费用应为权利人客观上确已支付的相关费用，如调查费、律师费、诉讼费等。主张合理费用时应注意以下几点：第一，主张的合理费用需要提供相关的证据，费用的发票应当由相应的机构开具，如律师费的发票、收据应当由律师事务所开具，否则可能得不到法院的支持；第二，要提供与本案有关的合理费用，如主张的费用与案件无关，则不属于合理费用；第三，商标权利人应当注意，在其他案件中已主张过的合理费用不要重复提出，否则也难以获得法院的支持和认可。

（三）公司高管的忠实勤勉义务

《公司法》第147条、第148条等相关法律法规均规定了董事、高级管理人员对公司负有忠实义务和勤勉义务，不得侵占公司的财产，如果公司董事、高级管理人员存在挪用公司资产或违反对公司忠实义务的其他行为的，所得收入应当归公司所有。

因此，作为公司的董事、高级管理人员，应当以维护公司的利益为己任，不得实施侵害公司权益的行为。若公司的董事、高级管理人员的行为违反了对公司忠实义务，公司可以要求其返还所得利益。

第七章

商标抢注及在先权利问题

主要原理： 已经注册的商标，自商标注册之日起五年内，在先权利人可以请求商标评审委员会宣告该注册商标无效

素材： 河南省宋河酒业股份有限公司与河南省宋井酒业有限公司著作权权属、商标侵权纠纷案

一、案情简介

河南省宋河酒业股份有限公司（以下简称宋河酒业）和河南省宋井酒业有限公司（以下简称宋井酒业）都是生产白酒的酒厂。2014年6月24日宋河酒业向河南省周口市中级人民法院提起诉讼，诉称宋井酒业未经宋河酒业的同意，抄袭宋河酒业设计的标徽图形，并在国家商标局为其申请注册商标，以及在多款产品上广泛使用，构成对宋河酒业标徽著作权的侵权。宋河酒业请求法院认定宋井酒业在其产品及其宣传使用中侵犯了宋河酒业标徽的著作权，并请求判决宋井酒业赔偿因侵权给宋河酒业造成的损失。一审法院支持了宋河酒业的部分诉讼请求，判令宋井酒业停止侵权并赔偿损失。宋井酒业不服，遂向河南省高级人民法院提起上诉，最终二审法院驳回上诉，维持原判。

二、法学原理分析

《中华人民共和国著作权法》

第四十七条 有下列侵权行为的，应当根据情况，承担停止侵害、消除影响、赔礼道歉、赔偿损失等民事责任：

（一）未经著作权人许可，发表其作品的；

……

（四）歪曲、篡改他人作品的；

……

（七）使用他人作品，应当支付报酬而未支付的；

……

第四十九条 侵犯著作权或者与著作权有关的权利的，侵权人应当按照权利人的实际损失给予赔偿；实际损失难以计算的，可以按照侵权人的违法所得给予赔偿。赔偿数额还应当包括权利人为制止侵权行为所支付的合理开支。

权利人的实际损失或者侵权人的违法所得不能确定的，由人民法院根据侵权行为的情节，判决给予五十万元以下的赔偿。

未经著作权人许可使用他人作品，应当支付报酬而未支付报酬的，属于侵犯著作权人著作权的行为，著作权人可以据此要求行为人停止侵害、消除影响、赔礼道歉、赔偿损失。而具体的损失计算方式首先是按照权利人的实际损失进行计算，其次按照侵权人的违法所得进行计算，如上述两种方式均无法计算的，法院可以酌定。

《中华人民共和国商标法》

第九条 申请注册的商标，应当有显著特征，便于识别，并不得与他人在先取得的合法权利相冲突。

……

第三十二条 申请商标注册不得损害他人现有的在先权利，也不得以不正当手段抢先注册他人已经使用并有一定影响的商标。

第三十三条 对初步审定公告的商标，自公告之日起三个月内，在先权利人、利害关系人认为违反本法第十三条第二款和第三款、第十五条、第十六条第一款、第三十条、第三十一条、第三十二条规定的，或者任何人认为违反本法第十条、第十一条、第十二条规定的，可以向商标局提出异议。公告期满无异议的，予以核准注册，发给商标注册证，并予公告。

第四十五条 已经注册的商标，违反本法第十三条第二款和第三款、第十五条、第十六条第一款、第三十条、第三十一条、第三十二条规定的，自商标注册之日起五年内，在先权利人或者利害关系人可以请求商标评审委员会宣告该注册商标无效。对恶意注册的，驰名商标所有人不受五年的时间限制。

……

第六十三条 侵犯商标专用权的赔偿数额，按照权利人因被侵权所受到的实际损失确定；实际损失难以确定的，可以按照侵权人因侵权所获得的利益确定；权利人的损失或者侵权人获得的利益难以确定的，参照该商标许可使用费的倍数合理确定。对恶意侵犯商标专用权，情节严重的，可以在按照上述方法确定数额的一倍以上三倍以下确定赔偿数额。赔偿数额应当包括权利人为制止侵权行为所支付的合理开支。

人民法院为确定赔偿数额，在权利人已经尽力举证，而与侵权行为相关的账簿、资料主要由侵权人掌握的情况下，可以责令侵权人提供与侵权行为相关的账簿、资料；侵权人不提供或者提供虚假的账簿、资料的，人民法院可以参考权利人的主张和提供的证据判定赔偿数额。

权利人因被侵权所受到的实际损失、侵权人因侵权所获得的利益、注册商标许可使用费难以确定的，由人民法院根据侵权行为的情节判决给予三百万元以下的赔偿。

"他人现有的在先权利"是指在商标注册申请人提出商标注册申请之前，他人已经取得的权利，如外观设计专利权、著作权、企业名称权等。申请商标注册不得损害他人现有的在先权利。如果申请注册的商标侵害他人现有的在先权利的，若商标尚在初步审定公告内，则在先权利人自公告之日起3个月内，可以向商标局提出异议；已经注册的商标，自商标注册之日起5年内，在先权利人可以请求商标评审委员会宣告该注册商标无效。

三、案件介绍

案由

案由：著作权权属、侵权纠纷案

案号

一审案号：（2014）周知民初字第41号

二审案号：（2015）豫法知民终字第9号

案件当事人

一审原告、二审被上诉人：河南省宋河酒业股份有限公司

一审被告、二审上诉人：河南省宋井酒业有限公司

案件法律文书

1. 一审民事判决书

河南省周口市中级人民法院民事判决书

（2014）周知民初字第41号

原告：河南省宋河酒业股份有限公司

被告：河南省宋井酒业有限公司

原告河南省宋河酒业股份有限公司（以下简称宋河酒业公司）与被告河南省宋井酒业有限公司（以下简称宋井酒业公司）侵犯著作权纠纷一案，原告于2014年6月24日向本院提起诉讼。本院受理后，依法组成合议庭并于2014年8月18日公开开庭审理了本案。原告宋河酒业公司的委托代理人苏××、被告宋井酒业公司的委托代理人李××到庭参加诉讼。本案现已审理终结。

原告宋河酒业公司诉称，宋河标徽于1993年发表，并由原告使用十余年，该标徽的著作权属于原告，被告未经原告同意，抄袭原告设计的标徽图形，在国家商标

局为其申请注册商标，在多款产品上广泛使用。被告构成对原告标徽著作权的侵权，请求：（1）认定被告在其产品及其宣传使用侵犯了原告标徽的著作权；（2）判决被告因侵权给原告造成的损失50万元；（3）被告承担诉讼费用。

原告宋河酒业公司提供以下证据。

第一组证据：周口市中级人民法院（2012）周民初字第104号民事判决书、河南省高级人民法院（2013）豫法知民终字第80号民事判决书、最高人民法院（2014）民申字第51号民事裁定书，证明生效的裁判文书已经确认标徽的著作权属于原告，标徽不侵犯被告商标专用权。

第二组证据：侵权的商品实物照片两张，证明被告在其产品包装上使用原告的标徽，对原告的著作权构成侵权。

第三组证据：被告对标徽申请注册的申请信息，证明被告未经原告允许，私自将原告享有著作权的标徽申请为注册商标，侵犯了原告的著作权。

第四组证据：鹤壁市工商行政管理局山城分局查处扣押的产品清单及商品标识，证明被告在鹤壁市销售的产品使用了原告的标徽。

被告对原告提供的证据质证意见如下。

对于证据1，三份民事判决书虽然生效了，但适用法律错误。一审判决书认定没有质证的证据违法，使用未修订的《著作权法》第46条为适用法律错误；在质证时没有见过对方的著作权证；二审判决书引用的法律错误；最高人民法院的民事裁定，没有经过庭审直接驳回。

被告宋井酒业公司辩称，原告标徽系模仿被告商标，在下边画三条水纹，没有新的创意，没有独创性，不构成著作权法所要求的作品，不应受到著作权法的保护。被告2011年8月16日申请的9853570号"宋"商标系被告为保护商标的延续发展而设计的图案，并得到国家商标局的认可，虽然原告提出商标异议，但商标复审委员会正在审查中，未发现他人在同类或近似商品上已经注册，商标复审程序未结束，法院不应受理本案。原告1992年征集徽标侵犯了被告商标在先专有权，不应受到法律保护。原告的标徽并没有大量使用在1998年出厂的产品上，不应受到著作权法保护。商标权与著作权发生冲突时，应以保护在先权利为原则，原告1992年4月13日征集的标徽侵犯了被告1980年注册的商标，被告的商标专用权应受到保护。请求依法驳回原告的起诉。

根据双方的诉辩意见，本院归纳本案的争议焦点为：（1）宋河酒业公司对宋河徽标是否享有合法的著作权;(2)宋井酒业公司在其生产销售的产品上使用注册号9853570商标是否侵犯了宋河酒业公司的著作权;(3)宋河酒业公司的著作权与宋井酒业公司的商标权发生冲突时如何适用法律进行保护;(4)宋河酒业公司主张的赔偿数额是否有事实依据。

对于证据2,9853570号注册商标是宋井酒业公司董事长在其原有注册商标的基础上创新发展的,已经获得商标局认可,是被告自己设计的,具有新颖和独创性,不构成对原告的侵权。

对于证据3,原告原来相关案件中举证的盖有河南日报章的宋河商标征集是1992年的,原告起诉是1993年的;且该证据是复印件,不是原件,不能作为证据使用。对方原来相关案件举证提交的作品登记证书也是复印件,本案原告在本案中把这两份证据都撤回,不作为证据提交了。

对于证据4,工商局扣押产品已经返还给经销商了。

被告提供的证据如下。

(1)河南省高级人民法院庭审笔录复印件一份,证明原告的标徽不具有独创性,是在被告的商标基础上修改的,从其征集设计使用起就构成了对被告该商标在先权利的侵犯。

(2)被告的商标注册证原件和复印件,证明被告对争议商标享有注册商标权。

(3)原告向商标局申请注册商标四次均被驳回,证明原告申请的商标与被告商标近似,原告构成对我方注册商标的侵权。

(4)宋河酒业公司原来生产的宋河粮液酒瓶酒盒和1998年的鹿邑大曲酒瓶实物,证明原来宋河酒业公司没有使用过该争议标徽。

原告对被告提供的证据质证意见如下。

对于证据1,真实性没有异议,原告发的那个征集的标徽虽然是在对方商标基础上修改的,但不影响原告享有该标徽的著作权。

对于证据2,第一份1980年的注册商标经司法认定不侵犯对方的该商标权,第二份注册商标与本案无关,第三份注册商标正好证明对方侵犯原告的著作权。

对于证据3,四份申请注册商标信息真实性没有异议,虽然申请注册商标被驳回,但不影响原告著作权的享有;经过法院的生效民事裁判文书,原告没有侵犯被告的注册商标权这一事实已经由司法程序认可。

对于证据4,原告使用该争议标徽不违法;对方举证的该证据不能达到其证明目的。

经庭审质证，本院确认以下案件事实。

1991年9月5日，原河南省宋河酒厂在《河南日报》发布征集厂徽启事，具体要求：（1）厂徽反映宋河酒厂的特征、荣誉和企业精神；（2）图案力求简单明了；（3）最好古色古香和时代感兼而有之，并设立相应奖项。1992年4月13日，宋河酒厂在《河南日报》发布厂徽征集评选揭晓公告，公告为宋河酒厂厂徽，自此，在宋河酒厂产品上大量使用并进行了宣传。

2009年3月9日，原告通过拍卖方式整体购买了原河南省宋河酒厂资产，并由原宋河酒厂出资人鹿邑县人民政府确认原告现为原宋河酒厂厂徽的所有权人。原告继续在其产品上使用标识。

被告宋井酒业公司注册号为139566注册商标虽然是1980年4月11日申请注册，但是其2003年从黑龙江一家国有企业受让而来，专用权期限为2003年3月1日至2013年2月8日；2009年12月20日宋井酒业公司又申请注册了商标，注册证号为第796032号，核定使用商品第33类，有效期自2011年1月28日至2021年1月27日，其后即在其产品上使用该商标。2011年8月16日，宋井酒业公司将标徽稍微拉宽后向国家商标局申请注册商标，申请使用商品为33类。2012年7月20日，国家商标局予以初审公告，宋河酒业公司对9853570号商标提出异议，商标局尚未作出裁定。

2012年10月10日原告就被告宋井酒业公司侵权著作权纠纷一案向周口市中级人民法院提起诉讼，请求依法认定被告在酒产品上使用的商标侵犯了原告标徽的著作权，并判决因被告侵权而造成的损失50万元。周口市中级人民法院于2013年4月7日作出（2012）周民初字第104号民事判决，判决：（1）被告宋井酒业有限公司停止使用注册号为796032的商标，赔偿宋河酒业股份有限公司经济损失人民币60 000元，于本判决生效后10日内履行完毕；（2）驳回被告宋井酒业有限公司的反诉请求；（3）驳回宋河酒业股份有限公司的其他诉讼请求。宋井酒业公司不服该判决，向河南省高级人民法院提起上诉，河南省高级人民法院于2013年9月25日作出（2013）豫法知民终字第80号民事判决，驳回上诉，维持原判。宋井酒业公司不服，向最高人民法院申请再审，最高人民法院于2014年7月16日作出（2014）民申字第51号民事裁定，驳回宋井酒业公司的再审申请。

2014年4月30日，鹤壁市工商行政管理局山城分局扣押孔建国销售的宋井酒业公司生产的宋酒大曲酒490件、大曲酒450件，产品包装物及产品上均使用了"宋"字商标。

本院认为，法律权利是一定社会主体享有的、被法律确认和保障的，并以一定自由行为表现和实现的正当利益。权利即使取得形式意义上的法律确认，但如果建立在侵害他人合法权利基础上，亦不能成为权利，此即权利冲突。本案中，根据已生效的周口市中级人民法院（2012）周民初字第104号民事判决书、河南省高级人民法院（2013）豫法知民终字第80号民事判决书、最高人民法院（2014）民申字第51号民事裁定书，上述裁判文书均已经确认标徽的著作权属于宋河酒业公司，在无相反确凿证据证明情况下，宋河酒业公司对标徽享有合法的著作权。被告宋井酒业公司关于标徽不构成著作权法所要求的作品，不应受到著作权法保护的答辩意见不能成立，本院不予支持。

根据我国《商标法》第9条规定，申请注册的商标，应当有显著特征，便于识别，并不得与他人在先取得的合法权利相冲突。本案中，2011年8月16日，宋井酒业公司未经宋河酒业公司同意，将标徽稍微变形拉宽后向国家商标局申请注册商标，既违反了我国著作权法的规定，也违反了我国《商标法》第32条关于申请商标注册不得损害他人现有的在先权利的规定，侵犯了宋河酒业公司的标徽著作权。

宋井酒业公司拥有的注册号139566注册商标虽然注册时间为1980年，但该商标是宋井酒业公司2003年从黑龙江一家国有企业受让而来并开始使用的。宋河标徽是1991年通过公开征集的方式，在满足了征集方的设计要求下，于1992年正式确定为厂徽的，宋河标徽是具有较高独创性的美术作品，符合著作权法关于作品的要求，构成作品，从1992年正式确认为厂徽开始，宋河标徽就享有著作权。通过对宋井酒业公司139566注册商标和宋河酒业公司标徽两个商业标记进行图形直观对比分析，宋河酒业公司徽标与宋井酒业公司第139566号注册商标图形两者差异较大，并无近似性。宋河酒业公司徽标并不侵害宋井酒业公司第139566号注册商标专用权。宋井酒业公司2009年12月20日申请注册的796032号注册商标是在模仿抄袭宋河酒业公司标徽基础上形成的，侵害了宋河酒业公司标徽著作权。

综上所述，宋井酒业公司不论是2009年12月20日申请注册的796032号注册商标，还是2011年8月16日申请注册的9853570号商标，均是在模仿抄袭宋河酒业公司标徽基础上形成的，并不是在139566号注册商标图形基础上发展而来，因此，宋井酒业公司关于9853570号商标系其为保护商标的延续发展而设计的图案缺乏事实和法律依据，本院不予采信。

根据双方的主张，双方均认为对方的权利侵害了己方的权利，即依《著作权法》和《商标法》认可的权利发生了冲突。根据《民法通则》《著作权法》《商标法》《反不正当竞争法》以及最高人民法院相关司法解释的规定，解决此类权利冲突适用保护在先原则、诚实信用原则、公平竞争原则、尊重历史原则以及利益平衡原则。本案中，从宋河酒业公司标徽1992年正式确认为厂徽开始，宋河酒业公司就对标徽就享有著作权。之后，宋河标徽一直被广泛使用于宋河酒业公司的形象宣传、产品包装上。宋河酒业公司作为著名的大型酿酒企业，在行业内享有较高声誉，具有较高的知名度。宋河标徽经过宋河酒业公司的长期使用，已经与宋河酒业公司形成了相互对应的关系，具有了较高的知名度，成为宋河酒业公司特有的商业标记。宋井酒业公司与宋河酒业公司同属白酒行业，且两个公司同处一个区域，宋井酒业公司在申请注册9853570号商标时显然知道宋河酒业公司标徽在形象宣传、产品包装上的使用情况。宋井酒业公司仍然于2011年8月16日申请注册9853570号商标，明显具有攀附宋河酒业公司标徽知名度的意图，目的是给消费者造成商品来源的混淆，违反诚实信用原则和公平竞争原则，同时也侵犯了宋河酒业公司标徽在先的著作权。

宋井酒业公司在未取得商标专用权的情况下，且未经标徽著作权人宋河酒业公司同意许可，就以盈利为目的，在产品上使用标记，严重侵害了宋河酒业公司标徽的著作权，根据《中华人民共和国著作权法》第48条的规定，宋井酒业公司应承担停止侵权、赔偿损失的民事责任。关于损失赔偿数额，根据《中华人民共和国著作权法》第49条规定，侵犯著作权或者与著作权有关的权利的，侵权人应当按照权利人的实际损失给予赔偿；实际损失难以计算的，可以按照侵权人的违法所得给予赔偿。赔偿数额还应当包括权利人为制止侵权行为所支付的合理开支。权利人的实际损失或者侵权人的违法所得不能确定的，由人民法院根据侵权行为的情节，判决给予50万元以下的赔偿。本案中，宋河酒业公司未提供证据证明其受到实际损失情况，宋井酒业公司违法所得情况也没有确凿证据证明，结合宋河酒业公司品牌知名度、宋井酒业公司侵权行为的性质和侵权时间，本院酌定宋井酒业公司赔偿宋河酒业公司经济损失5万元。依照《中华人民共和国著作权法》第47条第（11）项、第48条、第49条，《中华人民共和国民事诉讼法》第152条的规定，判决如下：

（1）河南省宋井酒业有限公司停止使用注册号为9853570号商标，并于本判决生效后10日内赔偿河南省宋河酒业股份有限公司经济损失人民币50 000元。

（2）驳回河南省宋河酒业股份有限公司的其他诉讼请求。

如果未按本判决指定的期间履行金钱给付义务，应当依照《中华人民共和国民事诉讼法》第253条之规定，加倍支付迟延履行期间的债务利息。

案件受理费8800元，河南省宋河酒业股份有限公司负担5800元，河南省宋井酒业有限公司负担3000元。

如不服本判决，可在判决书送达之日起15日内向本院递交上诉状，并按对方当事人的人数提交副本，上诉于河南省高级人民法院。

2014年9月30日

2. 二审民事判决书

河南省高级人民法院民事判决书

（2015）豫法知民终字第9号

上诉人（原审被告）：河南省宋井酒业有限公司

被上诉人（原审原告）：河南省宋河酒业股份有限公司

上诉人河南省宋井酒业有限公司（以下简称宋井酒业公司）与被上诉人河南省宋河酒业股份有限公司（以下简称宋河酒业公司）侵犯著作权纠纷一案，宋河酒业公司于2014年6月24日向河南省周口市中级人民法院（以下简称原审法院）提起诉讼，请求判令：（1）认定宋井酒业公司在其产品及其宣传使用（以下简称"宋"字商标）侵犯了宋河酒业公司标徽（以下简称"宋"字厂徽）的著作权；（2）判决宋井酒业公司因侵权给宋河酒业公司造成的损失50万元；（3）宋井酒业公司承担诉讼费用。原审法院于2014年9月30日作出（2014）周知民初字第41号民事判决。宋井酒业公司不服，向本院提起上诉，本院于2014年12月23日受理后，依法组成合议庭，于2015年1月22日公开开庭进行了审理。宋井酒业公司的法定代表人杨××、委托代理人秦××，宋河酒业公司的委托代理人苏××到庭参加诉讼。本案现已审理终结。

原审法院经审理查明：1991年9月5日，原河南省宋河酒厂在《河南日报》发布征集厂徽启事，具体要求：厂徽反映宋河酒厂的特征、荣誉和企业精神；图案力求简单明了；最好古色古香和时代感兼而有之，并设立相应奖项。1992年4月13日，河南省宋河酒厂在《河南日报》发布厂徽征集评选揭晓公告，公告"宋"字厂徽为酒厂厂徽，自此，在酒厂产品上大量使用并进行了宣传。

2009年3月9日，宋河酒业公司通过拍卖方式整体购买了原河南省宋河酒厂资产，并由原宋河酒厂出资人鹿邑县人民政府确认宋河酒业公司现为原宋河酒厂厂徽的所有权人。宋河酒业公司继续在其产品上使用"宋"字厂徽标识。

宋井酒业公司注册号为139566注册商标虽然是1980年4月11日申请注册，但是其2003年从黑龙江一家国有企业受让而来，专用权期限为2003年3月1日至2013年2月8日；2009年12月20日宋井酒业公司又申请注册了商标，注册证号为第796032号，核定使用商品第33类，有效期自2011年1月28日至2021年1月27日，其后即在其产品上使用该商标。2011年8月16日，宋井酒业公司将标徽稍微拉宽后向国家商标局申请注册商标，申请使用商品为33类。2012年7月20日，国家商标局予以初审公告，宋河酒业公司对9853570号"宋"字商标提出异议，商标局尚未作出裁定。

2012年10月10日宋河酒业公司就宋井酒业公司侵权著作权纠纷一案向原审法院提起诉讼，请求依法认定宋井酒业公司在酒产品上使用的商标侵犯了宋河酒业公司"宋"字厂徽的著作权，并判决因宋井酒业公司侵权而造成的损失50万元。原审法院于2013年4月7日作出（2012）周民初字第104号民事判决，判决：（1）宋井酒业公司停止使用注册号为796032的商标，赔偿宋河酒业公司经济损失人民币6万元，于判决生效后10日内履行完毕；（2）驳回宋井酒业公司的反诉请求；（3）驳回宋河酒业公司的其他诉讼请求。宋井酒业公司不服该判决，向本院提起上诉，本院于2013年9月25日作出（2013）豫法知民终字第80号民事判决，驳回上诉，维持原判。宋井酒业公司不服，向最高人民法院申请再审，最高人民法院于2014年7月16日作出（2014）民申字第51号民事裁定，驳回宋井酒业公司的再审申请。

2014年4月30日，鹤壁市工商行政管理局山城分局扣押孔建国销售的宋井酒业公司生产的宋酒大曲酒490件、大曲酒450件，产品包装物及产品上均使用了"宋"字商标。

原审法院认为，法律权利是一定社会主体享有的、被法律确认和保障的，并以一定自由行为表现和实现的正当利益。权利即使取得形式意义上的法律确认，但如果建立在侵害他人合法权利基础上，亦不能成为权利，此即权利冲突。本案中，根据已生效的周口市中级人民法院（2012）周民初字第104号民事判决书、河南省高级人民法院（2013）豫法知民终字第80号民事判决书、最高人民法院（2014）民申字第51号民事裁定书，上述裁判文书均已经确认"宋"字厂徽的著作权属于宋河酒业公司，在无相反确凿证据证明情况下，宋河酒业公司对"宋"字厂徽享有合法的著作权。宋井酒业公司关于"宋"字厂徽不构成著作权法所要求的作品，不应受到著作权法保护的答辩意见不能成立，不予支持。

根据《中华人民共和国商标法》（以下简称《商标法》）第9条规定，申请注册的商标，应当有显著特征，便于识别，并不得与他人在先取得的合法权利相冲突。本案中，2011年8月16日，宋井酒业公司未经宋河酒业公司同意，将标徽稍微变形拉宽后向国家商标局申请注册商标，既违反了《中华人民共和国著作权法》（以下简称《著作权法》）的规定，也违反了《商标法》第32条关于申请商标注册不得损害他人现有的在先权利的规定，侵犯了宋河酒业公司的"宋"字厂徽著作权。

宋井酒业公司拥有的注册号139566注册商标虽然注册时间为1980年，但该商标是宋井酒业公司2003年从黑龙江一家国有企业受让而来并开始使用的。宋河标徽是1991年通过公开征集的方式，在满足了征集方的设计要求下，于1992年正式确定为厂徽的，宋河标徽是具有较高独创性的美术作品，符合著作权法关于作品的要求，构成作品，从1992年正式确认为厂徽开始，宋河标徽就享有著作权。通过对宋井酒业公司139566注册商标和宋河酒业公司"宋"字厂徽两个商业标记进行图形直观对比分析，宋河酒业公司"宋"字厂徽与宋井酒业公司第139566号注册商标图形两者差异较大，并无近似性。宋河酒业公司"宋"字厂徽并不侵害宋井酒业公司第139566号注册商标专用权。宋井酒业公司2009年12月20日申请注册的796032号注册商标是在模仿抄袭宋河酒业公司"宋"字厂徽基础上形成的，侵害了宋河酒业公司"宋"字厂徽著作权。

综上所述，宋井酒业公司不论是2009年12月20日申请注册的796032号注册商标，还是2011年8月16日申请注册的9853570号商标，均是在模仿抄袭宋河酒业公司"宋"字厂徽基础上形成的，并不是在139566号注册商标图形基础上发展而来，因此，宋井酒业公司关于9853570号商标系其为保护商标的延续发展而设计的图案缺乏事实和法律依据，不予采信。

根据双方的主张，双方均认为对方的权利侵害了己方的权利，即依《著作权法》和《商标法》认可的权利发生了冲突。根据《民法通则》《著作权法》《商标法》《反不正当竞争法》以及最高人民法院相关司法解释的规定，解决此类权利冲突适用保护在先原则、诚实信用原则、公平竞争原则、尊重历史原则以及利益平衡原则。本案中，宋河酒业公司"宋"字厂徽从1992年正式确认为厂徽开始，宋河酒业公司就对"宋"字厂徽就享有著作权。之后,宋河标徽一直被广泛使用于宋河酒业公司的形象宣传、产品包装上。宋河酒业公司作为著名的大型酿酒企业,在行业内享有较高声誉,具有较高的知名度。"宋"字厂徽经过宋河酒业公司的长期使用,已经与宋河酒业公司形成了相互对应的关系,具有了较高的知名度,成为宋河酒业公司特有的商业标记。宋井酒业公司与宋河酒业公司同属白酒行业,且两个公司同处一个区域,宋井酒业公司在申请注册9853570号商标时显然知道宋河酒业公司"宋"字厂徽在形象宣传、产品包装上的使用情况。宋井酒业公司仍然于2011年8月16日申请注册9853570号商标,明显具有攀附宋河酒业公司"宋"字厂徽知名度的意图,目的是给消费者造成商品来源的混淆,违反诚实信用原则和公平竞争原则,同时也侵犯了宋河酒业公司"宋"字厂徽在先的著作权。

宋井酒业公司在未取得商标专用权的情况下,且未经"宋"字厂徽著作权人宋河酒业公司同意许可,就以盈利为目的,在产品上使用标记,严重侵害了宋河酒业公司标徽的著作权,根据《著作权法》第48条的规定,宋井酒业公司应承担停止侵权、赔偿损失的民事责任。关于损失赔偿数额,根据《著作权法》第49条规定,侵犯著作权或者与著作权有关的权利的,侵权人应当按照权利人的实际损失给予赔偿;实际损失难以计算的,可以按照侵权人的违法所得给予赔偿。赔偿数额还应当包括权利人为制止侵权行为所支付的合理开支。权利人的实际损失或者侵权人的违法所得不能确定的,由人民法院根据侵权行为的情节,判决给予50万元以下的赔偿。本案中,宋河酒业公司未提供证据证明其受到实际损失情况,宋井酒业公司违法所得情况也没有确凿证据证明,结合宋河酒业公司品牌知名度,宋井酒业公司侵权行为的性质和侵权时间,法院酌定宋井酒业公司赔偿宋河酒业公司经济损失5万元。依照《著作权法》第47条第(11)项、第48条、第49条、《中华人民共和国民事诉讼法》第152条的规定,判决:(1)宋井酒业公司停止使用注册号为9853570号商标,并于判决生效后10日内赔偿宋河酒业公司经济损失人民币5万元;(2)驳回宋河酒业公司的其他诉讼请求。如果未按判决指定的期间履行金钱给付义务,应当依照《中华人民共和国民事诉讼法》第253条之规定,加倍支付迟延履行期间的债务利息。案件受理费8800元,宋河酒业公司负担5800元,宋井酒业公司负担3000元。

宋井酒业公司上诉称:(1)原审根据证据复印件认定事实错误,宋河酒业公司不享有"宋"字厂徽著作权。宋井酒业公司享有的"宋"字商标使用权应自1980

年4月申请注册时计算,一审认定从2003年企业受让时开始计算使用权显失公平。宋河酒业公司2009年3月通过拍卖方式整体购买了原河南省宋河酒厂资产,原审认定宋河酒业公司1992年就享有厂徽著作权没有事实和法律依据。(2)原生效判决认定的是第7960329号商标侵犯宋河酒业公司的著作权,宋井酒业公司2011年申请注册的第9853570号"宋"字商标与原生效判决审理的商标不是同一个商标,不应适用生效判决认定的事实作为本案的依据。宋井酒业公司注册的商标不侵犯宋河酒业公司的著作权,原审判决赔偿5万元没有事实和法律依据。因此,请求撤销原审判决,驳回宋河酒业公司的起诉,一、二审诉讼费由宋河酒业公司承担。

宋河酒业公司答辩称:宋河酒业公司起诉符合法律规定,法院生效判决已认定宋河酒业公司享有"宋"字厂徽的著作权,宋井酒业公司的"宋"字商标侵犯了宋河酒业公司的著作权。原审判决认定事实清楚,适用法律正确。

根据双方当事人上诉、答辩情况,并征询当事人意见,本院归纳本案二审争议焦点如下:(1)宋河酒业公司是否享有"宋"字厂徽著作权;(2)宋井酒业公司是否侵犯宋河酒业公司"宋"字厂徽的著作权以及应否承担赔偿责任。

本院经审理,对原审判决查明的事实予以确认。

本院认为:根据最高人民法院《关于适用〈中华人民共和国民事诉讼法〉若干问题的意见》第75条第(4)项规定,已为人民法院发生法律效力的裁判所确定的事实,当事人无须举证。本案中宋河酒业公司起诉的依据是其享有"宋"字厂徽的著作权,这一事实在本院(2013)豫法知民终字第80号民事判决书、最高人民法院(2014)民申字第51号民事裁定书中均作出认定,宋井酒业公司在本案中仍诉称宋河酒业公司不享有"宋"字厂徽著作权这一理由没有依据,本院不予支持。至于原法院生效判决认定的宋井酒业公司侵犯宋河酒业公司著作权及商标权的其他事实,与本案审理的宋井酒业公司申请注册的第9853570号"宋"字商标是否侵犯"宋"字厂徽的著作权这一焦点问题不具有关联性,原审法院并未予以采信,也未作为本案认定事实的依据。因此,宋井酒业公司关于宋河酒业公司不享有"宋"字厂徽著作权,不具备本案起诉资格的理由不能成立,本院不予支持。

将宋井酒业公司申请注册的第9853570号"宋"字商标与宋河酒业公司的"宋"字厂徽对比,其整体构图、局部细节、设计元素等与宋河酒业公司享有的"宋"字厂徽完全一致,宋河酒业公司"宋"字厂徽的著作权形成于1992年4月该作品完成之时,宋井酒业公司2011年8月申请注册"宋"字商标,侵犯了宋河酒业公司的在先权利,侵犯了宋井酒业公司享有的"宋"字厂徽的著作权。根据《著作权法》第49条规定,在权利人的实际损失或者侵权人的违法所得不能确定的情况下,人民法院根据侵权行为的情节可以酌定赔偿数额,故原审法院在法律规定范畴内酌定宋井酒业公司赔偿宋河酒业公司5万元具有法律依据。

综上,宋井酒业公司的上诉理由不能成立,本院不予支持。原审判决认定事实清楚,适用法律正确,本院依法予以维持。依照《中华人民共和国民事诉讼法》第170条第1款第(1)项的规定,判决如下:

驳回上诉,维持原判。

二审案件受理费1050元,由河南省宋井酒业有限公司负担。

本判决为终审判决。

2015年3月13日

四、案件相关问题解析

(一)宋井酒业公司在其生产销售的产品上使用注册号9853570商标是否侵犯了宋河酒业公司的著作权

商标号	139566	9853570	—
商标名称	宋	宋	—
申请人／著作权人	河南省宋井酒业有限公司	河南省宋井酒业有限公司	河南省宋河酒业有限公司
商标／标徽图案			

通过对比可以看出,宋河酒业的标徽与宋井酒业"9853570"号的商标在造型、颜色、含义以及组合后的整体结构上不容易区别,且双方都是从事生产白酒的行业,宋河酒业的标徽本身具有较强的显著性。宋河酒业是我国比较知名的酒业,其生产的产品具有较高的知名度。标徽或者驰名商标作为一个承载着企业及其商标巨大商誉的符号,还蕴含着丰富多彩的文化功能。因此,宋井酒业的商标与宋河酒业的标徽构成侵犯著作权意义上的近似。

（二）宋河酒业公司的著作权与宋井酒业公司的商标权发生冲突时如何适用法律进行保护

依据《中华人民共和国著作权法实施条例》，作品是指文学、艺术和科学领域内具有独创性并能以某种有形形式复制的智力成果。[①] 在本案中，宋河酒业美术作品的著作权与宋井酒业商标权发生了冲突。

商标权与著作权冲突是指不同的主体依据商标法和著作权法对同一客体分别享有商标权与著作权，由此而产生的商标权人和著作权人实际利益关系相互抵触的法律状态。[②]客体的同一性是权利冲突存在的首要条件。著作权是权利人对具有独创性、可复制性的智力创作成果所享有的权利，保护的是作品的独创性，其客体属于智力劳动成果；商标权是权利人对其注册商标依法享有的专有使用权，保护的是商标的识别性，其客体属于工商业标记。可见，商标权与著作权作为两项不同的知识产权，在权利的性质及功能上均有较大差别，一般不会发生权利冲突。

但如果当事人未经许可，将他人享有著作权的作品申请为注册商标或者作为商标加以使用，即某个受著作权法保护的"独创性"作品同时又具备商标法要求的"识别性"，商标权与著作权指向同一客体时，就会产生权利冲突。[③]它要求同一客体上存在多个相互冲突的知识产权时，按照权利取得的先后顺序保护在先权利。因著作权自创作完成自动产生，而商标权自注册登记产生，著作权的在先性要求该作品的创作完成时间须早于商标的申请注册时间。[④]

根据《商标法》第9条规定，申请注册的商标应当有显著特征，便于识别，并不得与他人在先取得的合法权利相冲突。如果申请注册的商标侵害他人现有的在先权利的，若商标尚在初步审定公告内，则在先权利人自公告之日起3个月内，可以向商标局提出异议；已经注册的商标，自商标注册之日起5年内，在先权利人可以请求商标评审委员会宣告该注册商标无效。当然，也可以采用著作权侵权诉讼的途

[①] "保护在先权利原则与禁止混淆原则的理解"，网址 http://www.zwjkey.com/onews.asp?ID=12862，最后访问时间：2016年2月5日。

[②] 金炜："商标权与著作权的权利冲突及解决路途——以公平效益为视角"，网址 http://court.gmw.cn/html/article/201109/13/77430.shtml，最后访问时间：2016年2月4日。

[③] 同上。

[④] 同上。

径进行维权，要求侵权人停止侵权行为，以达到停止使用侵权的注册商标的目的。

五、案件启示及建议

2014年的政府工作报告指出，"以创新支撑和引领经济结构优化升级"。随着我国市场经济体制的不断完善，社会公民、企业的商标及著作权意识不断增强，目前人们也形成了一定的共识，即我国的企业想要在激烈的市场竞争中占有一席之地，必须走自主创新道路，打造属于自己的名牌。① 因为不同市场主体在相同或类似商品或服务上使用或注册了相同或近似的商标，虽然存在阻却违法性的事由，但商标共存的权利人之间、共存商标权利人与社会公众之间必将因商标识别和区分功能受到一定程度的影响而产生权利冲突。②

（一）如何处理著作权与商标权的冲突

商标权与著作权发生冲突时，既要保护在先著作权人的合法利益，也要注重在后商标权人的正当利益。③

著作权与商标权冲突的表现形式即申请人注册商标时使用了他人享有著作权的作品或作品使用了他人已经注册的商标这两种情况④，在本案中即是第一种情况，宋井酒业注册商标时使用了宋河酒业享有著作权的作品，模仿了宋河酒业作品的内容。根据我国商标法的规定，注册商标不得侵犯他人已经取得的在先权利，如果在先权利人的著作权取得时间早于商标注册日，那么一般在先权利人可以阻止商标的注册。当著作权人不能提供证据证明其作品的完成时间早于商标注册申请日时，将不能阻止商标的注册。⑤ 相对而言，如果对方的著作权出现在商标注册申请后，那

---

① 李春："禁恶意注册，促公平竞争——新《商标法》关于制止恶意注册的规定"，载《中国工商报》，2014年4月17日。
② 王华栋："商标共存背景下禁止混淆原则的检视"，山东省菏泽市中级人民法院2015年版。
③ 金炜："商标权与著作权的权利冲突及解决路途——以公平效益为视角"，网址 http://court.gmw.cn/html/article/201109/13/77430.shtml，最后访问时间：2016年2月4日。
④ "商标权与著作权权利冲突的表现形式及解决"，网址 http://www.sipo.gov.cn/mtjj/2014/201402/t20140213_904213.html，最后访问时间：2016年2月6日。
⑤ 同上。

么也没有商标权人侵犯对方著作权的说法。

(二) 如何保障合法的在先权利

《商标法》第9条适用于"他人在先取得的合法权利",这里的"合法权利"是指他人在先取得的商标权。另外,对于《商标法》第32条中描述的"他人现有的在先权利",诸多文章中持有不同观点,笔者比较倾向于是指包括但不限于在先的著作权、外观设计专利权、商号权、肖像权、姓名权和在先使用商标所形成的权利等。[①]

《商标法》通过行政措施和司法程序对权利人的在先权利进行保护。涉及行政保护措施的法条规定了三种制度,即商标注册驳回制度、商标异议制度及商标争议制度。

商标驳回制度是指凡不符合《商标法》有关规定或者同他人在同种商品或类似商品上已经注册或初步审定的商标相同或近似的,由商标局驳回申请。[②] 在注册商标申请人向商标局提交材料后,商标局一般自收到材料之日起9个月内对申请注册的商标信息进行审查,若审查结果符合《商标法》规定的注册条件,则会对申请注册的商标进行初步审定公告;反之,若不符合条件,则驳回申请人的请求。在初步审定公告发出后,有一个3个月的异议期,在此期间,任何公民对申请注册的商标存在意见或者不同意其注册的,可以向商标局提交异议材料,商标局会根据材料对异议申请进行审核,申请注册的商标若确实侵犯了他人的权利或不符合注册条件,则将被不予授予商标注册,即说明商标异议成立。以上这两种制度可以说是商标注册的审查制度。另外,《商标法》规定,已经注册的商标,若违反《商标法》第32条规定的,自商标注册之日起5年内,利害关系人在5年内可以请求商标评审委员会撤销该注册商标。根据上述法条规定,在先权利是可以通过行政程序获得保护的。

在司法程序方面,被侵权人可以向人民法院提起行政诉讼和民事诉讼。《商标法》

[①] 桂庆凯:"浅析商标法中的'在先权利'",网址 http://www.unitalen.com.cn/html/report/22580-1.htm,最后访问时间:2016年2月16日。

[②]《中华人民共和国商标法》第31条规定:"申请注册的商标,凡不符合本法有关规定或者同他人在同一种商品或者类似商品上已经注册的或者初步审定的商标相同或者近似的,由商标局驳回申请,不予公告。"

对驳回复审的裁定、异议复审的裁定及争议裁定不服的，可以向人民法院提起诉讼。总之，《商标法》将商标确权案件的审判权赋予了人民法院，虽然处理争议的时间可能过长，但还是有效地保障了权利人的在先权利。

（三）著作权登记的重要性

根据《著作权法》等相关规定，著作权自生成之时起享有，不论是否发表、是否进行著作权登记，但是著作权登记仍然极其重要。与其他权属证明的功能一样，首先，著作权登记可以明确作品的著作权人；其次，通过著作权登记可以证明作品的形成时间，这对于以在先权为抗辩理由对抗其他权利时具有极其重要的作用。

（四）在商业活动中，商家及企业应当遵循几个原则

1. 诚实信用原则

对于经营者而言，只有商标不被假冒、仿冒和非法侵占（抢注），经营者所提供的商品和服务的质量特点才能借助商标的识别作用而被消费者认识，并借由商标建立自己的信誉，凭借商标参与市场竞争。[①] 故意侵犯他人商标权的行为，属于严重违背诚实信用原则，既损害了商标所有人的利益，又扰乱了市场经济秩序，还损害了消费者的权益。

2. 保护在先权利原则

在先权利是相对于"在后权利"而言的，同一客体先产生的权利较之于后产生的权利，即为在先权利。保护在先权利是处理知识产权权利冲突的首要规则。[②] 保护在先权利原则要求在后权利的创设、行使均不得侵犯在此之前已存在并受法律保护的在先权利。

3. 利益平衡原则

利益平衡原则是指通过法律的权威协调各方面的冲突因素，使相关各方的利益在共存和相容的基础上达到合理的优化状态，它是知识产权法的理论基础，著作权

[①] 张玉敏："维护公平竞争是商标法的根本宗旨——以《商标法》修改为视角"，载《法学论坛》，2008年第2期。

[②]《保护在先权利原则与禁止混淆原则的理解》，网址 http://www.zwjkey.com/onews.asp?ID=12862，最后访问时间：2016年2月5日。

法的建立始终离不开平衡利益原则的理论与指导。[①]其实质是化解和处理矛盾，调解和平衡利益，以实现法律效果、社会效果和政治效果的统一。[②]在著作权法中，著作权人的利益和社会公共的利益在本质上具有一致性，并且是相辅相成、互相作用的；[③]同样，商标法不仅保护商标权人的利益，也同时保护着竞争者和公众的利益。[④]

另外，不仅知识产权的权利人要遵守利益平衡原则，法院、司法机关在判案时也要遵守此原则，兼顾双方当事人的利益，无论是从维权方面还是商业角度，都需要认识到利益平衡原则对维护社会稳定、市场良性竞争的重要性。

4. 及时维权原则

商业活动中，经营者除避免实施侵犯他人权益的行为、保障市场有序运行外，也要时刻关注自身权利被他人侵犯的情况，维护自身合法权益。一旦发现他人侵权的情况，应当及时维权，避免因超过诉讼时效而无法保障权益的情况发生。

[①] 刘阳、刘东："基于利益平衡原则和著作权保护与合理使用、信息资源共享讨论"，网址http://dfcn.mzyfz.com/detail.asp?id=253365&dfid=24&cid=108，最后访问时间：2016年2月6日。

[②] 章毓："论利益平衡原则的司法运用——以商业维权案件司法审判为视角"，网址http://www.jsfy.gov.cn/llyj/xslw/2013/09/17181024489.html，最后访问时间：2016年2月16日。

[③] "著作权法中利益平衡的基本原则"，网址http://www.doc88.com/p-2915576689128.html，最后访问时间：2016年2月15日。

[④] 冯晓青："商标法利益平衡原理研究"，载《长白学刊》2007年第5期。

第八章

确认不侵犯注册商标专用权纠纷

主要原理：确认不侵权之诉的受理条件及认定规则

素材：无锡艾弗国际贸易有限公司与被告鳄鱼恤有限公司确认不侵犯注册商标专用权纠纷案

一、案情简介

本案原告无锡艾弗国际贸易有限公司（以下简称无锡艾弗）受韩国公司委托进行定牌生产牛仔裤，2010年在出口韩国时接到上海海关作出的"扣留侵权嫌疑货物告知书"，告知货物涉嫌侵犯本案被告鳄鱼恤有限公司的"CROCODILE"注册商标专用权，海关已予以扣留。原告为此向上海市浦东新区人民法院提起确认不侵犯注册商标专用权之诉。

原告诉称：涉诉牛仔裤上的商标系新加坡鳄鱼公司在韩国注册，商标权人对韩国亨籍公司进行了商标许可，韩国亨籍公司进而委托韩国艾弗公司代为制造鳄鱼牌服装，并确认韩国艾弗公司可以委托原告在中国定牌加工，原告依据该许可进行定牌生产的牛仔裤全部出口韩国，未在国内进行销售，不可能造成国内相关公众的混淆和误认，故原告请求法院判令未侵犯被告的商标专用权。

被告辩称：第一，原告的行为构成侵权，原因为被告是"CROCODILE"商标在中国的权利人，原告未经被告许可在商品上标注就是使用，即构成侵权，即使原告现未在国内销售，也应防范由于现在的错误影响而在将来导致的消费者上当受骗；而且根据新加坡鳄鱼公司与韩国亨籍公司签订的商标许可协议的约定，原告不可能获得任何合法授权在中国国内使用涉案商标。第二，定牌加工中的侵权行为危害我国的经济利益和当事人的经济利益。第三，在行政机关已经介入，且相关权利最终可通过行政程序及行政诉讼程序得到救济的情况下，原告直接跳过海关而提起确认不侵权之诉，不符合法律规定的受理要件。

2011年3月上海市浦东新区人民法院作出一审判决，认定原告无锡艾弗的行为不构成侵权，鳄鱼恤有限公司不服提起上诉，上海市第一中级人民法院2011年7月作出二审判决，驳回上诉，维持原判。

纵观本案，争议焦点集中在两点：原告无锡艾弗能否提起确认不侵权之诉，以及原告进行定牌加工的行为是否侵犯被告的商标专用权。

二、法学原理及分析

（一）确认不侵权之诉的受理条件

《中华人民共和国民事诉讼法》

第一百一十九条 起诉必须符合下列条件：

（一）原告是与本案有直接利害关系的公民、法人和其他组织；

（二）有明确的被告；

（三）有具体的诉讼请求和事实、理由；

（四）属于人民法院受理民事诉讼的范围和受诉人民法院管辖。

上述规定是针对所有民商事案件的受理条件，同样适用于确认不侵权之诉，对照规定中的四个条件，本案争议焦点一其实为无锡艾弗是否有提起确认不侵权之诉的主体资格，即是否与案件有直接利害关系。对此，二审法院认为原告因被告向海关答复侵权而被海关扣留货物，并发告知书，告知书使得原告能否继续从事此类加工行为存在不确定性，从而直接影响其经营行为，故其与本案有直接的利害关系，满足第（1）项的要求，有权提出本案确认不侵权之诉。

（二）不侵犯商标专用权的认定

《最高人民法院关于审理商标民事纠纷案件适用法律若干问题的解释》

第九条 商标法第五十二条第（一）项规定的商标相同，是指被控侵权的商标与原告的注册商标相比较，二者在视觉上基本无差别。

商标法第五十二条第（一）项规定的商标近似，是指被控侵权的商标与原告的注册商标相比较，其文字的字形、读音、含义或者图形的构图及颜色，或者其各要素组合后的整体结构相似，或者其立体形状、颜色组合近似，易使相关公众对商品的来源产生误认或者认为其来源与原告注册商标的商品有特定的联系。

本案中法院没有机械地应用案件审理时的《中华人民共和国商标法》（2001年修正版）第52条第（1）项的规定，认为未经商标权人许可，只要在同种商品上使用与注册商标近似的商标即侵权，通过结合商标的地域性及其识别性的基本功能，以其是否使国内相关公众对商品来源产生误认或混淆为标准来认定是否构成侵权，进而得出因商品未在国内销售且标志韩国及新加坡公司等明确来源信息不会对国内相关公众有误导作用，故原告的行为不侵权。

《民事案件案由规定》

为了正确适用法律，统一确定案由，根据《中华人民共和国民法通则》《中华人民共和国物权法》《中华人民共和国合同法》《中华人民共和国侵权责任法》和《中华人民共和国民事诉讼法》等法律规定，结合人民法院民事审判工作实际情况，对民事案件案由规定如下：

153.确认不侵害知识产权纠纷：

（1）确认不侵害专利权纠纷；

（2）确认不侵害商标权纠纷；

（3）确认不侵害著作权纠纷。

三、案件介绍

案由

案由：确认不侵害注册商标专用权纠纷

案号

一审案号：（2010）浦民三（知）初字第146号

二审案号：（2011）沪一中民五（知）终字第130号

案件当事人

一审原告、二审被上诉人：无锡艾弗国际贸易有限公司

一审被告、二审上诉人：鳄鱼恤有限公司

案件生效法律文书

1.一审民事判决书

上海市浦东新区人民法院民事判决书

（2010）浦民三（知）初字第146号

原告：无锡艾弗国际贸易有限公司

被告：鳄鱼恤有限公司

原告无锡艾弗国际贸易有限公司诉被告鳄鱼恤有限公司确认不侵犯注册商标专

用权纠纷一案,本院受理后,依法组成合议庭公开开庭进行了审理。原告无锡艾弗国际贸易有限公司的委托代理人陶××、潘××,被告鳄鱼恤有限公司的委托代理人于××、符××到庭参加诉讼。本案现已审理终结。

原告无锡艾弗国际贸易有限公司诉称,原告一直从事服装定牌加工业务,多年来接受韩国公司 A4 STYLE CO., LTD(以下称韩国艾弗公司)和韩国公司 HYUNG JI APPAREL CO., LTD(即韩国亨籍服饰有限公司,以下称韩国亨籍公司)的委托订单,加工经(新加坡)鳄鱼国际机构私人有限公司(以下简称新加坡鳄鱼公司)授权的鳄鱼牌服装,这些服装根据订单全部出口至韩国,在国内不进行任何销售。原告于2010年2月10日收到上海海关作出的"扣留侵权嫌疑货物告知书",告知原告,被告发函认为原告在上海外高桥港区海关报关出口的棉制梭织女士牛仔裤涉嫌侵犯被告所拥有的"CROCODILE"注册商标专用权,海关因而扣留了该批女士牛仔裤。原告认为,该批女士牛仔裤并未侵犯被告所拥有的"CROCODILE"商标专用权,牛仔裤上使用的"Crocodile 及图"商标和"CROCODILE"商标系新加坡鳄鱼公司在韩国注册,商标权人与韩国亨籍公司签订有商标许可协议,委任韩国亨籍公司为其仅限于韩国境内使用上述商标的成衣制造商,韩国亨籍公司委托韩国艾弗公司代为制造鳄鱼牌服装,并确认韩国艾弗公司可以委托原告在中国定牌加工,并将产品全部直接出口至韩国,因此原告依要求加工该批牛仔裤。原告仅提供服装加工服务,该批服装在国内没有任何销售,而是全部出口到韩国销售。这种外有注册商标,全部销售在外,国内仅仅贴牌,并无任何销售的模式,不可能造成国内相关公众的混淆和误认,不应被认定为商标侵权。被告向海关发函认为原告定牌加工的该批女士牛仔裤侵犯其"CROCODILE"注册商标专用权,导致该批牛仔裤被海关扣留而无法按时出口至韩国,加工合同无法正常履行,给原告造成了经济损失,也严重干扰了原告的其他定牌加工业务。因此,原告起诉请求判令:确认原告定牌加工的、全部销往国外的、在中国境内没有任何销售的服装上使用的"Crocodile 及图"商标和"CROCODILE"商标不侵犯被告所拥有的第246898号"CROCODILE"注册商标专用权。

被告鳄鱼恤有限公司辩称:(1)原告的行为构成侵犯商标专用权。①被告是该商标在中国的唯一合法拥有者,原告不能证明其使用的商标系在中国注册并合法使用。根据商标的地域性原则,一国对仅在他国获得的商标专用权不承担保护的义务,故原告在韩国获得的注册商标使用权并不能成为在中国使用的依据。②原告所谓的未销售不构成使用的观点不能成立。我国对商标侵权的界定采纳"使用说",在商品或服务上标注商标就是一种"使用"。根据相关规定,原告从事定牌加工行为时应对使用的商标进行审查,不得侵犯他人在中国享有的注册商标专用权。根据知识产权海关保护的相关规定,被告请求海关扣货是合法合理的。③关于商标的"混淆"或"误认"。保护商标权不仅帮助消费者防范现在的误认,也要防范由于现在的错误影响而在将来导致的消费者上当受骗。因此,原告的商品即使还未销售,也构成侵权。④根据新加坡鳄鱼公司与韩国亨籍公司签订的商标许可协议,如果韩国亨籍公司要委托他人加工生产,需经新加坡鳄鱼公司严格授权,且商标的使用仅限于韩国,原告不可能获得任何合法授权在中国国内使用涉案商标。(2)定牌加工中的侵权行为危害我国的经济利益和当事人的经济利益。如前所述,原告的行为构成商标侵权无疑,若此种方式能逃避法律的制裁,大量仿冒产品就可以出入中国海关如入无人之境,海关备案制度也就失去了存在的意义。低端仿冒行为的猖獗,导致"中国制造"成为"假冒伪劣"的代名词,严重损害了中国的外贸形象。(3)原告的确认不侵权之诉的请求难以成立。在行政机关已经介入,且相关权利最终可通过行政程序及行政诉讼程序得到救济的情况下,原告直接跳过海关而提起确认不侵权之诉,不符合法律规定的受理要件。

经审理,本院确认以下事实。

被告鳄鱼恤有限公司于1996年3月30日经我国国家商标局核准注册第246898号"CROCODILE"商标,核定使用商品为第25类裤子等,有效期至2016年3月29日。

新加坡鳄鱼公司在韩国注册了以下商标:1987年11月19日注册0147499号"Crocodile及图"商标,有效期至2017年11月19日,指定商品为第45类长裤等;2005年10月5日注册0633791号"CROCODILE"文字商标,有效期至2015年10月5日,指定商品为第25类牛仔裤等;2006年4月3日注册40-0657083号"Crocodile"文字商标,有效期至2016年4月3日,指定商品为第25类长裤等。

新加坡鳄鱼公司(许可方)与韩国亨籍公司(被许可方,2009年11月更名为时装集团亨籍有限公司)于2007年4月23日签订"商标许可协议",约定:被许可方无权将其在本协议下获取的任何权利转授予他人。被许可方有权与另一方洽谈生产特许商品或特许商品的组建,以供被许可方依照本协议第3.2款及3.3款的规定进行其专有的销售、使用及配销。被许可方同意并保证只在附件B指明的授权生产地点生产特许商品。未经许可方事先书面同意,被许可方不得将其生产设施迁移至另一个地点或扩充至多个地点。3.2款约定,如果被许可方在任何时候想要由第三方在地域内生产含有许可之商标的特许商品或其部件，必须通知许可方有关上述预定制造商的名称及地址，并指明涉及的特许商品或部件且须取得许可方的事先书面许可，作为维持本协议效力的条件。如果许可方准备授予上述许可，须先满足以下条件：（a）被许可方签署一份由许可方提供的同意书表格，以及（b）被许可方促使上述每位制造商及承包商签署相关协议书；以及（c）许可方收到双方签署的协议书正本。3.3款约定，如果被许可方在任何时候想要由第三方在地域以外生产含有许可之商标的特许商品或其部件，除了上述同意之3.2款所列明的所有条件之外，还必须承诺并担保由被许可方将上述制造完成的特许商品或部件输入回地域内，以便在地域内通过销售渠道进行销售及配销。对于任何因被许可方以上述方式从地域以外获取其供应品而导致第三方对许可方提出法律诉讼所产生的任何损失，被许可方保证会补偿许可方并使许可方免受其害。19.3款约定禁止分让许可：被许可方不得以任何方式、形式或形态分让本协议的许可。被许可方分让许可的行为包括被许可方在未经许可方事先书面同意下与任何人士、企业及/或一方达成任何有关商标使用的口头或书面、直接或间接、部分或完整的分让许可协议或约定。根据协议的附件A，本协议的商标包括0633791号"CROCODILE"商标、0147499号"Crocodile及图"商标、40-0657083号"Crocodile"商标等，地域均只限于韩国。根据附件B，协议的许可期间为2007年3月1日至2014年2月28日。

2009年11月30日，（韩国）亨籍公司（买方）与韩国艾弗公司（卖方）签订合同书，名称为女性牛仔裤，数量3500条，单价27 900韩元，交货日期2010年1月29日。

2009年12月2日，原告（卖方）与韩国艾弗公司（买方）签订加工合同，品名为女士牛仔裤，数量3500条，单价每条11.3美金，金额与数量允许5%增减由卖方决定。

韩国亨籍公司向韩国艾弗公司出具的确认书，称其委托该公司加工生产的款式，可以在原告处加工生产，所制造的所有鳄鱼牌服装必须全部发回韩国，在中国境内不得进行任何销售。同时授权的商标除"Crocodile"外，还需加上"CROCODILE" "Crocodile及图"和鳄鱼图形商标。

2010年7月23日，新加坡鳄鱼公司出具授权书：韩国亨籍公司与该公司在2007年4月23日签署授权合约，该公司确认，亨籍公司可以授权韩国艾弗公司和无锡艾弗国际贸易有限公司代为制造鳄鱼牌女性成衣服饰，且所有其制造或经其授权制造的鳄鱼牌女性成衣服饰仅限在韩国境内销售，被授权商标包括0633791号"CROCODILE"商标、0147499号"Crocodile及图"商标、40-0657083号"Crocodile"商标等，本授权书溯及既往。

2010年1月29日，原告申报出口，报关单显示，运抵国为韩国，商品名称棉制女裤，数量3484条，单价11.3美元。

2010年2月10日，上海海关向原告发出"扣留侵权嫌疑货物告知书"，告知上述货物涉嫌侵犯被告的"CROCODILE"注册商标专用权，海关已予以扣留。原告如认为海关扣留的货物未侵犯被告的"CROCODILE"商标专用权的，应当向海关提出书面说明并附送相关证据。原告随即向海关提出异议。

扣留的牛仔裤吊牌及腰背贴显示"CROCODILE LADIES"，吊牌及水洗标上有"Crocodile及图"标识。吊牌上有亨籍公司的名称、地址、网址（www.crocodilelady.com），并有销售商亨籍公司，韩国原料、中国加工，本制品是亨籍服装株式会社企划，并与鳄鱼国际机构私人有限公司在技术及品牌合作的产品，大韩民国著名品牌认证等文字。

2010年10月11日，上海海关向被告发出"侵权嫌疑货物知识产权状况认定通知书"，对原告申报出口的3484条标有"CROCODILE"商标的棉制梭织女士牛仔裤不能认定是否侵犯被告的"CROCODILE"商标专用权；请被告在2010年11月8日前向人民法院申请采取责令停止侵权行为或财产保全的措施，并将人民法院有关协助执行通知送达海关，逾期，海关将放行有关货物。由于被告到期未向法院提出申请，上海海关已将涉案牛仔裤放行。

以上事实，由原告提供的新加坡鳄鱼公司在韩国的商标注册证、商标许可协议、合同书、加工合同、确认书、授权书、报关单、扣留侵权嫌疑货物告知书，新加坡鳄鱼公司、韩国亨籍公司及韩国艾弗公司的企业注册资料，被告提供的商标注册证、侵权嫌疑货物知识产权状况认定通知书及本院调取的报关单等证据在案佐证。

本院认为，本案系确认不侵权之诉，双方争议的焦点在于以下两点。

一、原告能否提起本案确认不侵权之诉

本院认为，提起确认不侵权之诉应以原告受到侵权警告为前提条件。由于海关在检查中发现原告申报出口的货物上使用了与被告相同的注册商标，涉嫌侵犯被告的注册商标专用权，在被告提出扣留申请后，原告申报出口的商品被海关扣留，并接到了海关关于涉案货物涉嫌商标侵权而被扣留的通知，该通知与原告有直接的利害关系,其必然使原告的利益受到影响,因此可以认为原告受到了内容明确的侵权警告。同时,由于被告向海关申请扣留原告货物,导致原告能否接受境外公司的委托进行定牌加工处于不确定状态,直接影响到原告的经营行为。虽然原告起诉时,上海海关对涉案行为尚在处理期间,但在本院首次开庭之前,上海海关发出了不能认定原告出口的货物是否侵犯被告注册商标专用权的通知,即海关未能在其处理期间对原告的行为性质作出认定,从而使原告的行为是否构成商标侵权处于待定状态,而被告在收到通知后并未根据海关的通知向法院申请采取责令停止侵权行为或财产保全的措施。原告向法院提出请求确认不侵权的诉讼可以使侵权纠纷的不确定状态得以结束,并使其以后的经营活动能够正常进行。因此,原告的确认不侵权之诉符合起诉的条件。

二、原告的定牌加工出口行为是否侵犯了被告的注册商标专用权

本院认为,根据《中华人民共和国商标法》(2001年修正)第52条规定,未经商标注册人的许可,在同一种商品或者类似商品上使用与其注册商标相同或者近似的商标的,属侵犯注册商标专用权的行为。但商标的本意就是为了区分商品或服务,商标受保护的基础体现在其所具有的识别性上,因此,本案中认定商标侵权行为应当结合是否会使相关公众对商品产生混淆或误认来进行综合判断。

首先,原告的生产行为属于涉外定牌加工的行为。原告申报出口的服装上使用的商标是新加坡鳄鱼公司在韩国合法注册的商标,核定使用商品为长裤、牛仔裤等,境外公司在委托原告加工的女裤上使用涉案商标的行为并未超出商标核定使用的范围。原告受境外公司的委托,按照境外公司的要求加工女裤,女裤标签上标明了委托加工方韩国亨籍公司和商标权利人新加坡鳄鱼公司,与原告提供的商标授权情况相印证。同时,原告加工的该批女裤全部被运回韩国,原告并未在国内销售。虽然加工合同约定加工数量为3500条,但同时约定了5%的溢短装条款,因此产品数量在3325~3675条之间都是符合合同约定的,故可以认定原告申报出口3484条女裤系履行加工合同。因此,原告的行为属于接受境外公司委托而进行的涉外定牌加工行为。被告称原告可能在中国市场上销售涉案牛仔裤,但没有提出相应证据,本院不予采信。

其次,原告使用涉案商标具有合法授权,原告并无侵权的主观故意和过错。新加坡鳄鱼公司在韩国享有"Crocodile及图""CROCODILE""Crocodile"注册商标专用权,韩国亨籍公司根据与新加坡鳄鱼公司签订的"商标许可协议"享有上述商

标在韩国的使用权,有权在协议约定范围内使用上述商标。根据"商标许可协议"的约定,若要由第三方在韩国以外生产含有上述商标的商品或其部件,必须经商标权人书面许可,且必须保证全部返销韩国。韩国亨籍公司出具了确认书,明确可以在原告处加工生产涉案服装,并要求必须全部发回韩国。新加坡鳄鱼公司于2010年7月23日出具的授权书又对韩国亨籍公司通过韩国艾弗公司向原告定牌加工的行为进行了确认,虽然新加坡鳄鱼公司的授权书是在本案诉讼中作出的,但授权书明确效力溯及既往,也就是说新加坡鳄鱼公司对于委托原告加工涉案服装是许可的。因此,原告加工并将涉案牛仔裤返销韩国的行为符合"商标许可协议"的约定,原告在加工的服装上使用涉案商标具有商标权利人合法的授权,原告并无侵权的主观故意和过错。

最后,原告定牌加工的行为并未造成市场混淆,也未对被告造成影响及损失。商标的基本功能来源于识别功能,核心在于避免一般消费者对商品来源产生混淆。商标依附于商品,只有使用在商品上并投入市场后,才能发挥其功能、体现其价值。虽然涉案商标与被告的注册商标近似,也被使用在相同的商品上,但涉案产品吊牌上标明了商标权利人新加坡鳄鱼公司的名称及韩国的品牌认证等,原告基于境外相关权利人的明确委托加工涉案产品后全部发往韩国,产品不在中国境内销售。涉案商标仅在中国境外产生商品来源的识别作用,不可能造成国内相关公众的混淆、误认,而被告取得的商标权只在国内产生法律效力,因此不会对被告在国内的商标权造成损害。且被告在韩国不享有"CROCODILE"商标专用权,其不可以在该国销售附有与新加坡鳄鱼公司相同或近似商标的同类商品,因此,涉案牛仔裤在韩国销售也不会对被告的利益产生影响。

综上,原告接受境外商标权人的委托加工含有"Crocodile 及图""CROCODILE"商标的服装并全部交付境外委托方的行为,不构成对被告享有的"CROCODILE"注册商标专用权的侵犯。据此,依照《中华人民共和国商标法》(2001年修正)第52条第(1)项、《最高人民法院关于审理商标民事纠纷案件适用法律若干问题的解释》第8条、第9条之规定,判决如下:

确认原告无锡艾弗国际贸易有限公司在申报出口韩国的服装上使用"Crocodile 及图"和"CROCODILE"商标的行为不构成对被告鳄鱼恤有限公司享有的第246898号"CROCODILE"注册商标专用权的侵犯。

本案案件受理费人民币800元(原告已预付),由被告鳄鱼恤有限公司承担。

如不服本判决，可在判决书送达之日起，原告在15日内，被告在30日内，向本院递交上诉状，并按对方当事人的人数提出副本，上诉于上海市第一中级人民法院。

2011年3月28日

2. 二审民事判决书

上海市第一中级人民法院民事判决书

（2011）沪一中民五（知）终字第130号

上诉人（原审被告）：（香港）鳄鱼恤有限公司

被上诉人（原审原告）：无锡艾弗国际贸易有限公司

上诉人（香港）鳄鱼恤有限公司〔以下简称（香港）鳄鱼恤公司〕因确认不侵害注册商标专用权纠纷一案，不服上海市浦东新区人民法院（2010）浦民三（知）初字第146号民事判决，向本院提起上诉。本院于2011年5月26日受理后，依法组成合议庭，于同年6月16日公开开庭审理了本案。上诉人（香港）鳄鱼恤公司的委托代理人于××，被上诉人无锡艾弗国际贸易有限公司（以下简称无锡艾弗公司）的委托代理人陶××、潘××到庭参加了诉讼。本案现已审理终结。

原审法院查明：（香港）鳄鱼恤公司于1996年3月30日经我国国家商标局核准注册第246898号"crocodile"商标，核定使用商品为第25类裤子等，有效期至2016年3月29日。

新加坡鳄鱼公司在韩国注册了以下商标：1987年11月19日注册0147499号"Crocodile及图"商标，有效期至2017年11月19日，指定商品为第45类长裤等；2005年10月5日注册0633791号"crocodile"文字商标，有效期至2015年10月5日，指定商品为第25类牛仔裤等；2006年4月3日注册40-0657083号"crocodile"文字商标，有效期至2016年4月3日，指定商品为第25类长裤等。

新加坡鳄鱼公司（许可方）与韩国亨籍公司（被许可方，2009年11月更名为时装集团亨籍有限公司）于2007年4月23日签订"商标许可协议"，约定：被许可方无权将其在本协议下获取的任何权利转授予他人。被许可方有权与另一方洽谈生产特许商品或特许商品的组建，以供被许可方依照本协议第3.2款及3.3款的规定进行其专有的销售、使用及配销。被许可方同意并保证只在附件B指明的授权生产地点生产特许商品。未经许可方事先书面同意，被许可方不得将其生产设施迁移至另一个地点或扩充至多个地点。3.2款约定,如果被许可方在任何时候想要由第三方在地域内生产含有许可之商标的特许商品或其部件,必须通知许可方有关上述预定制造商的名称及地址,并指明涉及的特许商品或部件且须取得许可方的事先书面许可,作为维持本协议效力的条件。如果许可方准备授予上述许可,须先满足以下条件:(a)被许可方签署一份由许可方提供的同意书表格,以及(b)被许可方促使上述每位制造商及承包商签署相关协议书;以及(c)许可方收到双方签署的协议书正本。3.3款约定,如果被许可方在任何时候想要由第三方在地域以外生产含有许可之商标的特许商品或其部件,除了上述同意之3.2款所列明的所有条件之外,还必须承诺并担保由被许可方将上述制造完成的特许商品或部件输入回地域内,以便在地域内通过销售渠道进行销售及配销。对于任何因被许可方以上述方式从地域以外获取其供应品而导致第三方对许可方提出法律诉讼所产生的任何损失,被许可方保证会补偿许可方并使许可方免受其害。19.3款约定禁止分让许可:被许可方不得以任何方式、形式或形态分让本协议的许可。被许可方分让许可的行为包括被许可方在未经许可方事先书面同意下与任何人士、企业及/或一方达成任何有关商标使用的口头或书面、直接或间接、部分或完整的分让许可协议或约定。根据协议的附件A,本协议的商标包括0633791号"CROCODILE"商标、0147499号"Crocodile及图"商标、40-0657083号"Crocodile"商标等,地域均只限于韩国。根据附件b,协议的许可期间为2007年3月1日至2014年2月28日。

2009年11月30日,(韩国)亨籍公司(买方)与韩国艾弗公司(卖方)签订合同书,名称为女性牛仔裤,数量3500条,单价27 900韩元,交货日期2010年1月29日。

2009年12月2日,无锡艾弗公司(卖方)与韩国艾弗公司(买方)签订加工合同,品名为女士牛仔裤,数量3500条,单价每条11.3美金,金额与数量允许5%增减,由卖方决定。

韩国亨籍公司向韩国艾弗公司出具的确认书,称其委托该公司加工生产的款式,可以在无锡艾弗公司处加工生产,所制造的所有鳄鱼牌服装必须全部发回韩国,在中国境内不得进行任何销售。同时授权的商标除"Crocodile"外,还需加上"Crocodile""Crocodile及图"和鳄鱼图形商标。

2010年7月23日,新加坡鳄鱼公司出具授权书:韩国亨籍公司与该公司在2007年4月23日签署授权合约,该公司确认,亨籍公司可以授权韩国艾弗公司和无锡艾弗公司代为制造鳄鱼牌女性成衣服饰,且所有其制造或经其授权制造的鳄鱼牌女性成衣服饰仅限在韩国境内销售,被授权商标包括0633791号"CROCODILE"商标、0147499号"Crocodile及图"商标、40-0657083号"Crocodile"商标等,本授权书溯及既往。

2010年1月29日,无锡艾弗公司申报出口,报关单显示,运抵国为韩国,商品名称棉制女裤,数量3484条,单价11.3美元。

2010年2月10日,上海海关向无锡艾弗公司发出"扣留侵权嫌疑货物告知书",告知上述货物涉嫌侵犯(香港)鳄鱼恤公司的"CROCODILE"注册商标专用权,海关已予以扣留。无锡艾弗公司如认为海关扣留的货物未侵犯(香港)鳄鱼恤公司的"CROCODILE"商标专用权的,应当向海关提出书面说明并附送相关证据。无锡艾弗公司随即向海关提出异议。

扣留的牛仔裤吊牌及腰背贴显示"CROCODILE LADIES",吊牌及水洗标上有"Crocodile及图"标识。吊牌上有亨籍公司的名称、地址、网址(www.crocodilelady.com),并有销售商亨籍公司,韩国原料、中国加工,本制品是亨籍服装株式会社企划,并与鳄鱼国际机构私人有限公司在技术及品牌合作的产品,大韩民国著名品牌认证等文字。

2010年10月11日,上海海关向(香港)鳄鱼恤公司发出"侵权嫌疑货物知识产权状况认定通知书",对无锡艾弗公司申报出口的3484条标有"CROCODILE"商标的棉制梭织女士牛仔裤不能认定是否侵犯(香港)鳄鱼恤公司的"CROCODILE"商标专用权;请该司在2010年11月8日前向人民法院申请采取责令停止侵权行为或财产保全的措施,并将人民法院有关协助执行通知送达海关,逾期,海关将放行有关货物。由于(香港)鳄鱼恤公司到期未向法院提出申请,上海海关已将涉案牛仔裤放行。

原审法院认为:

一、关于无锡艾弗公司能否提起本案确认不侵权之诉

提起确认不侵权之诉应以无锡艾弗公司受到侵权警告为前提条件。由于海关在检查中发现无锡艾弗公司申报出口的货物上使用了与(香港)鳄鱼恤公司相同的注册商标,涉嫌侵犯(香港)鳄鱼恤公司的注册商标专用权,在(香港)鳄鱼恤公司提出扣留申请后,无锡艾弗公司申报出口的商品被海关扣留,并接到了海关关于涉案货物涉嫌商标侵权而被扣留的通知,该通知与无锡艾弗公司有直接的利害关系,

其必然使无锡艾弗公司的利益受到影响,因此可以认为无锡艾弗公司受到了内容明确的侵权警告。同时,由于(香港)鳄鱼恤公司向海关申请扣留无锡艾弗公司货物,导致无锡艾弗公司能否接受境外公司的委托进行定牌加工处于不确定状态,直接影响到无锡艾弗公司的经营行为。虽然无锡艾弗公司起诉时,上海海关对涉案行为尚在处理期间,但在本院首次开庭之前,上海海关发出了不能认定无锡艾弗公司出口的货物是否侵犯(香港)鳄鱼恤公司注册商标专用权的通知,即海关未能在其处理期间对无锡艾弗公司的行为性质作出认定,从而使无锡艾弗公司的行为是否构成商标侵权处于待定状态,而(香港)鳄鱼恤公司在收到通知后并未根据海关的通知向法院申请采取责令停止侵权行为或财产保全的措施。无锡艾弗公司向法院提出请求确认不侵权的诉讼可以使侵权纠纷的不确定状态得以结束,并使其以后的经营活动能够正常进行。因此,无锡艾弗公司的确认不侵权之诉符合起诉的条件。

二、关于无锡艾弗公司的定牌加工出口行为是否侵犯了(香港)鳄鱼恤公司的注册商标专用权

根据《中华人民共和国商标法》(2001年修正)第52条规定,未经商标注册人的许可,在同一种商品或者类似商品上使用与其注册商标相同或者近似的商标的,属侵犯注册商标专用权的行为。但商标的本意就是为了区分商品或服务,商标受保护的基础体现在其所具有的识别性上,因此,本案中认定商标侵权行为应当结合是否会使相关公众对商品产生混淆或误认来进行综合判断。

首先,无锡艾弗公司的生产行为属于涉外定牌加工的行为。无锡艾弗公司申报出口的服装上使用的商标是新加坡鳄鱼公司在韩国合法注册的商标,核定使用商品为长裤、牛仔裤等,境外公司在委托无锡艾弗公司加工的女裤上使用涉案商标的行为并未超出商标核定使用的范围。无锡艾弗公司受境外公司的委托,按照境外公司的要求加工女裤,女裤标签上标明了委托加工方韩国亨籍公司和商标权利人新加坡鳄鱼公司,与无锡艾弗公司提供的商标授权情况相印证。同时,无锡艾弗公司加工的该批女裤全部被运回韩国,无锡艾弗公司并未在国内销售。虽然加工合同约定加工数量为3500条,但同时约定了5%的溢短装条款,因此产品数量在3325~3675条之间都是符合合同约定的,故可以认定无锡艾弗公司申报出口3484条女裤系履行加工合同。因此,无锡艾弗公司的行为属于接受境外公司委托而进行的涉外定牌加工行为。(香港)鳄鱼恤公司称无锡艾弗公司可能在中国市场上销售涉案牛仔裤,但没有提出相应证据,原审法院对此不予采信。

其次，无锡艾弗公司使用涉案商标具有合法授权，无锡艾弗公司并无侵权的主观故意和过错。新加坡鳄鱼公司在韩国享有"crocodile及图""crocodile""crocodile"注册商标专用权，韩国亨籍公司根据与新加坡鳄鱼公司签订的"商标许可协议"享有上述商标在韩国的使用权，有权在协议约定范围内使用上述商标。根据"商标许可协议"的约定，若要由第三方在韩国以外生产含有上述商标的商品或其部件，必须经商标权人书面许可，且必须保证全部返销韩国。韩国亨籍公司出具了确认书，明确可以在无锡艾弗公司处加工生产涉案服装，并要求必须全部发回韩国。新加坡鳄鱼公司于2010年7月23日出具的授权书又对韩国亨籍公司通过韩国艾弗公司向无锡艾弗公司定牌加工的行为进行了确认，虽然新加坡鳄鱼公司的授权书是在本案诉讼中作出的，但授权书明确效力溯及既往，也就是说新加坡鳄鱼公司对于委托无锡艾弗公司加工涉案服装是许可的。因此，无锡艾弗公司加工并将涉案牛仔裤返销韩国的行为符合"商标许可协议"的约定，无锡艾弗公司在加工的服装上使用涉案商标具有商标权利人合法的授权，无锡艾弗公司并无侵权的主观故意和过错。

最后，无锡艾弗公司定牌加工的行为并未造成市场混淆，也未对（香港）鳄鱼恤公司造成影响及损失。商标的基本功能来源于识别功能，核心在于避免一般消费者对商品来源产生混淆。商标依附于商品，只有使用在商品上并投入市场后，才能发挥其功能、体现其价值。虽然涉案商标与（香港）鳄鱼恤公司的注册商标近似，也被使用在相同的商品上，但涉案产品吊牌上标明了商标权利人新加坡鳄鱼公司的名称及韩国的品牌认证等，无锡艾弗公司基于境外相关权利人的明确委托加工涉案产品后全部发往韩国，产品不在中国境内销售。涉案商标仅在中国境外产生商品来源的识别作用，不可能造成国内相关公众的混淆、误认，而（香港）鳄鱼恤公司取得的商标权只在国内产生法律效力，因此不会对（香港）鳄鱼恤公司在国内的商标权造成损害。且（香港）鳄鱼恤公司在韩国不享有"CROCODILE"商标专用权，其不可以在该国销售附有与新加坡鳄鱼公司相同或近似商标的同类商品，因此，涉案牛仔裤在韩国销售也不会对（香港）鳄鱼恤公司的利益产生影响。

综上，无锡艾弗公司接受境外商标权人的委托加工含有"Crocodile及图""CROCODILE"商标的服装并全部交付境外委托方的行为，不构成对（香港）鳄鱼恤公司享有的"CROCODILE"注册商标专用权的侵犯。

据此，原审法院依照《中华人民共和国商标法》（2001年修正）第52条第（1）项，《最高人民法院关于审理商标民事纠纷案件适用法律若干问题的解释》第8条、第

9条之规定，判决确认无锡艾弗公司无锡艾弗国际贸易有限公司申报出口韩国的服装上使用"Crocodile及图"和"CROCODILE"商标的行为不构成对（香港）鳄鱼恤公司（香港）鳄鱼恤有限公司享有的第246898号"Crocodile"注册商标专用权的侵犯。

原审判决后，（香港）鳄鱼恤公司不服，向本院提起上诉，请求撤销原审判决，驳回被上诉人的全部诉讼请求。主要理由是：（1）被上诉人侵权事实明显，上诉人已及时提请海关处理侵权事宜，在海关处理过程中，被上诉人无权提起确认不侵权之诉；（2）被上诉人未获得合法授权使用涉案商标，不能以韩国亨籍公司出具的确认书及新加坡鳄鱼公司的事后补充授权认定被上诉人使用商标的合法性；（3）被上诉人没有证据证明其未在中国境内销售涉案商品；（4）根据相关法律规定，被上诉人未经商标注册人的许可，在同一种商品或者类似商品上使用与上诉人注册商标相同或者近似的商标，侵犯了上诉人的注册商标专用权，不能以其系定牌加工行为，涉案商品全部销售在境外，未导致公众混淆、误认为由，认定其不构成商标侵权；（5）原审存在未审先判、多次拖延审理的情况，审判程序违法。

被上诉人无锡艾弗公司答辩称：（1）原审程序合法；（2）被上诉人在收到海关相关侵权警告后，因上诉人未在合理期限内起诉，为了使侵权纠纷的不确定状态得以结束，使被上诉人对其是否可以继续从事此类定牌加工业务得以明确，故提起本案诉讼，符合法律规定；（3）被上诉人定牌加工行为拥有合法授权，且已对韩国亨籍公司及韩国艾弗公司使用涉案商标的授权事宜履行了合理的审查义务；（4）被上诉人的定牌加工产品全部销往境外，在境内没有销售，不会导致相关公众混淆和误认，故原审认定不构成商标侵权并无不当。综上所述，被上诉人认为原审认定事实清楚，判决并无不当，请求二审法院驳回上诉人的上诉请求。

二审期间，上诉人向本院提交了：1.北京市方正公证处（2010）京方正内经证字第07390号"公证书"；2.上海市浦东新区人民法院传票三份。上诉人以证据1证实，本案一审庭审前，原审法院即就本案发表了倾向性意见，属于未审先判，程序违法。同时，上诉人以证据2证实，原审多次变更开庭时间，最终拖延至涉案商品因上海海关不能认定是否侵犯上诉人商标专用权，而予以放行后才进行庭审。

被上诉人对上述证据的真实性、合法性均没有异议，但认为该两份证据与本案均不具有关联性。

经查，上诉人提交的（2010）京方正内经证字第07390号"公证书"的主要内容为"浦东知识产权司法保护网"上登载的由原审法院承办法官撰写的题为"新形势下定牌加工的侵权认定应注意'四个审查'"一文。该文陈述了本案由该院立案受理的事实以及审判实践中对定牌加工行为的不同观点,并阐述了作者对此类案件应从四方面全面审查、个案分析的意见。综上,该证据内容仅涉及审判实践中的观点,并未就本案作出相关评判意见,故上诉人以此证实原审法院违反审判程序、未审先判,于法无据,本院对此不予采信。

此外,对上诉人提交的三份原审庭审传票,经查,该三次传票传唤均符合法律规定,不存在程序违法之嫌,故本院对上述证据亦不予采信。

被上诉人在二审期间未提供新的证据。

经审理查明,原审法院认定的事实基本属实,本院予以确认。

另查明,2010年10月11日,上海海关向上诉人(香港)鳄鱼恤公司发出的"侵权嫌疑货物知识产权状况认定通知书"记载:"……我关于2010年1月29日查验发现无锡艾弗国际贸易有限公司申报出口韩国的棉制梭织女式牛仔裤涉嫌侵犯你单位在总署备案的'CROCODILE'商标专用权。你单位于2010年2月3日向我关提出知识产权海关保护申请。我关于2010年2月10日将上述货物予以扣留。……"

二审庭审中,上诉人明确表示,海关曾要求其确认涉案商标是否与该公司商标相近似、生产厂家是否系该公司所属生产商等内容。上诉人亦曾回复海关,确认涉案商标与其商标相同,且该厂家非其公司所属。

本院认为,本案双方争议焦点主要是:被上诉人是否有权提起本案确认不侵权之诉;原审判决确认不侵权是否有法律依据。

一、被上诉人是否有权提起本案确认不侵权之诉

根据《中华人民共和国民事诉讼法》第108条之规定:"起诉必须符合下列条件:(一)原告是与本案有直接利害关系的公民、法人和其他组织;(二)有明确的被告;(三)有具体的诉讼请求和事实、理由;(四)属于人民法院受理民事诉讼的范围和受诉人民法院管辖。"本院认为,本案中被上诉人是否有权提起确认不侵权之诉,应以其是否与本案有直接利害关系为条件。经查,上海海关发现被上诉人在申报出口的货物上使用了与上诉人相同的注册商标,涉嫌侵犯上诉人的注册商标专用权,且在上诉人根据海关要求就相关问题进行答复后,对涉案货物予以扣留,并向被上诉人发出"扣留侵权嫌疑货物告知书"。该事实亦在二审庭审中得到了上诉人的确认。故本案中海关扣留被上诉人货物并向其发出书面告知书,系对被上诉人涉嫌侵权行为的一种明确的侵权警告。尽管该警告系以海关书面告知书形式向被上诉人发出,

但该告知书是以被上诉人为警告对象,明确了涉案货物涉嫌侵犯上诉人的注册商标专用权的内容,使被上诉人能否继续从事此类加工行为存在不确定性,从而直接影响被上诉人的经营行为,故其与本案有直接的利害关系,有权提出本案确认不侵权之诉。此外,上诉人认为本案诉讼应在海关作出处理决定后提起的上诉理由,本院认为没有相关法律依据,故对该上诉理由,本院不予支持。

二、原审判决确认被上诉人申报出口的服装上使用"Crocodile及图"和"CROCODILE"商标的行为不构成对上诉人享有的注册商标专用权的侵犯,是否具有法律依据

本院认为,首先,国内定牌加工企业取得国外委托方的委托生产订单,应履行合理的审查义务,包括取得国外商标的权利授权证明等。本案中,根据新加坡鳄鱼公司(许可方)与韩国亨籍公司(被许可方)于2007年4月23日签订的"商标许可协议"3.3款的约定、韩国亨籍公司向韩国艾弗公司出具的确认书以及新加坡鳄鱼公司于2010年7月23日出具的授权书的记载,韩国亨籍公司得到"Crocodile及图"和"CROCODILE"商标权人新加坡鳄鱼公司的许可,在保证所有加工服装发回韩国、不在中国境内销售的前提下,可以在被上诉人处加工生产涉案服装。尽管新加坡鳄鱼公司的授权书系在一审过程中出具,但该授权书明确了"效力溯及既往",即明确了新加坡鳄鱼公司对韩国亨籍公司有权授权被上诉人加工涉案服装,并在服装上印制涉案商标的认可。综上,被上诉人加工涉案服装并全部发回韩国销售的行为是取得合法授权的。上诉人(香港)鳄鱼恤公司以被上诉人系未获得合法授权使用涉案商标为由,认为被上诉人使用涉案商标不具有合法性的上诉理由,本院不予采信。

其次,上诉人认为被上诉人没有证据证明其未在中国境内销售涉案产品。经查,根据韩国亨籍公司与韩国艾弗公司签订的合同书、被上诉人与韩国艾弗公司签订的加工合同以及海关报关单记载,被上诉人加工的涉案商品已全部被运回韩国,并未在国内销售。虽然加工合同约定的加工数量与实际报关出口的数量存在差额,但该差额符合合同约定的"5%增减数量"。上诉人对被上诉人未在境内销售涉案商品存有异议,但没有提供相关证据加以佐证,故本院对该上诉理由亦不予采信。

再次,上诉人认为被上诉人定牌加工的行为属于对其在中国境内依法注册的商标的使用,该行为侵犯了其注册商标专用权。本院认为,商标的基本功能在于对商品的识别,包括对商品产地、制造商等商品来源信息的识别。定牌加工是指有境外委托方提供商标,境内的受托方将其提供的商标印在所加工的商品上,并将加工后

的产品全部返还给委托方,受托方不负责对外销售的生产组织方式。本案现有证据可以证实,被上诉人系根据合法委托进行定牌加工的服装生产企业。其使用国外商标权人(新加坡鳄鱼公司)的涉案商标,并将其所生产的服装全部销往韩国,不在中国境内销售。虽然涉案商标与上诉人在我国境内的注册商标近似,并使用在相同的商品上,但由于被上诉人生产的服装吊牌上标明了商标权人系新加坡鳄鱼公司、销售商系韩国亨籍公司等清晰、明确的商品来源信息,且上述服装由被上诉人在中国境内加工后,全部销往境外(韩国),对国内相关公众识别上诉人相同商品的产地、制造商等信息不可能产生混淆、误认,故不会对上诉人在我国境内取得的商标权造成损害。上诉人认为该定牌加工行为构成商标侵权的上诉理由于法无据,本院不予支持。

综上,被上诉人依据合法授权,承接定牌加工业务,在其生产的服装上使用"Crocodile及图"和"CROCODILE"商标,并全部销往境外的行为不构成对上诉人享有的注册商标专用权的侵犯,原审判决于法有据,并无不当。

综上所述,原审认定事实清楚,适用法律正确,本院应予维持;上诉人的上诉理由不能成立,本院对其上诉请求应予驳回。据此,依照《中华人民共和国民事诉讼法》第153条第1款第(1)项、第158条的规定,判决如下:

驳回上诉,维持原判。

二审案件受理费人民币800元,由上诉人(香港)鳄鱼恤有限公司负担。

本判决为终审判决。

2011年7月15日

四、案件相关问题解析

(一)商标案件确认不侵权之诉的起诉条件

2008年4月1日开始施行的《民事案件案由规定》中明确规定了确认不侵权纠纷的案由。在案由释义中,规范了确认不侵权纠纷的定义为:利益受到特定知识产权影响的行为人,以该知识产权权利人为被告提起的,请求确认其行为不侵犯该知识产权的诉讼。在释义中列举了三类四级案由,其中就包括确认不侵犯专利权纠纷。[1]

---

[1] 赵蕾:"确认不侵权之诉的理论探讨及程序细化",载《法制研究》2011年第1期,第93页。

本案一审法院认定提起确认不侵权之诉应以原告受到侵权警告为前提条件，二审法院也通过论证海关发给原告的告知书即是原告收到的内容明确的侵权警告认定无锡艾弗有权起诉，也就是说，在商标案件中证明与案件有直接利害关系需要证明收到了内容明确的侵权警告，这样认定的依据何在呢？

2001年苏州龙宝生物工程实业公司与苏州朗力福保健品有限公司请求确认不侵犯专利权纠纷案是我国第一起确认不侵权案件，针对该案，2002年最高院批复：对于符合条件的起诉，人民法院应当受理，由于被告向销售原告产品的商家发函称原告的产品涉嫌侵权，导致经销商停止销售原告的产品，使得原告的利益受到了损害，原告与本案有直接的利害关系……由此打开了我国确认不侵权之诉的大门，此后不少法院开始受理此类案件，2008年最高人民法院《民事案件案由规定》将确认不侵权纠纷列入案由，2009年最高人民法院《关于当前经济形势下知识产权审判服务大局若干问题的意见》第13条确认了知识产权权利人针对特定主体发出侵权警告且未在合理期限内依法提起诉讼的，被警告人可以提起确认不侵权诉讼。

上述文件并没有将确认不侵权之诉上升到法律层面，关于确认不侵权注册商标专用权案件的受理条件等仍未有明确规定，但最高人民法院《关于审理侵犯专利权纠纷案件应用法律若干问题的解释》第18条明确规定了确认不侵犯专利权纠纷的受理条件："权利人向他人发出侵犯专利权的警告，被警告人或者利害关系人经书面催告权利人行使诉权，自权利人收到该书面催告之日起一个月内或者自书面催告发出之日起二个月内，权利人不撤回警告也不提起诉讼，被警告人或者利害关系人向人民法院提起请求确认其行为不侵犯专利权的诉讼的，人民法院应当受理。"在目前对商标案件没有明确规定的条件下，确认不侵犯注册商标专用权之诉的受理可以参照适用。

（二）确认不侵犯注册商标专用权之诉管辖法院的确定

关于确认不侵权之诉的管辖，并无明确的法律规定，但实践中法院均按照侵权之诉来确定管辖，即根据《最高人民法院关于审理商标民事纠纷案件适用法律若干问题的解释》第6条，由侵权行为的实施地、侵权商品的储藏地或者查封扣押地、被告住所地人民法院管辖。

（三）商标的地域性

本案中（香港）鳄鱼恤有限公司在中国申请了"CROCODILE"注册商标，新加坡鳄鱼公司在韩国申请了"CROCODILE"注册商标，两个商标均合法存在，且法院最终判决确认无锡艾弗国际贸易有限公司不侵犯（香港）鳄鱼恤有限公司的商标权，这事实上是由商标的地域性特征决定的。

商标的地域性是指商标仅在注册国享有专用权与受到法律保护，在其他国家不当然承认及保护该权利，例如，本案中的鳄鱼恤有限公司仅在中国境内享有"CROCODILE"商标的注册商标专用权，受中国法律保护；而新加坡鳄鱼公司在韩国境内享有"CROCODILE"商标的注册商标专用权，受韩国法律保护。二者表面上看似无冲突，但在本案中发生冲突，因为"被上诉人生产的服装吊牌上标明了商标权人系新加坡鳄鱼公司、销售商系韩国亨籍公司等清晰、明确的商品来源信息，且上述服装由被上诉人在中国境内加工后，全部销往境外（韩国），对国内相关公众识别上诉人相同商品的产地、制造商等信息不可能产生混淆、误认，故不会对上诉人在我国境内取得的商标权造成损害"。

（四）何为涉外定牌加工

本案中无锡艾弗国际贸易有限公司为涉外定牌加工生产者，那么何谓涉外定牌加工？涉外定牌加工也称贴牌生产，即是一种国内企业接受外国企业的委托，生产商品并将外国企业的商标贴附于商品之上，最终将全部商品出口国外的生产加工模式。

（五）确认不侵权之诉可否附带损害赔偿请求

本案中原告无锡艾弗并未请求法院判令被告鳄鱼恤有限公司对其行为造成的损失承担损害赔偿责任，但实践中是否可以在提起确认不侵权之诉的同时要求被告承担损害赔偿责任呢？对此答案是肯定的，但实践中法院奉行的是不告不理原则，即没有提出请求就不进行审理。

五、案件启示及建议

（一）定牌加工行为不侵犯国内商标权的构成要件

关于本案是否认定无锡艾弗侵犯鳄鱼恤有限公司的商标专用权这一争议焦点，

综合上海市浦东新区人民法院及上海市第一中级人民法院的观点，均从以下三个方面论证了无锡艾弗不构成侵权：一是无锡艾弗系受委托生产；二是委托方有韩国的合法商标许可证明；三是无锡艾弗对商标的合法性进行了审查；四是无锡艾弗生产的产品全部出口，未在国内销售。从法官的论证过程可以总结出，涉外定牌加工行为在同时具备以下四个条件的基础上不构成侵权。

第一，受托加工方根据委托方的委托进行生产，体现在实践中需要受托加工方与委托方签订书面协议进行明确约定，关键是对委托生产的产品类型、数量、价格以及出口目的国的约定。

第二，委托方合法拥有产品出口目的国的注册商标权利，此权利包括注册商标专用权或许可使用权，注册商标专用权需有商标权属证明，而许可使用权则需要商标权人的授权许可证明。

第三，受托加工方对委托方的商标权利尽了合理审查义务，即受托加工方需要审查委托方在出口目的国是否具有商标权属证明或商标权人的权属证明及授权许可证明。

第四，受托加工方生产的产品应根据协议约定全部出口目的国，不得在国内销售。

本案通过上述四个不认定侵权条件的论证，判决定牌加工生产者不侵权，对于商标权人与受托生产方均有重要启示。

（二）建议在可能涉及的国家均申请注册商标

对于商标权人而言，首先，为避免因商标地域性而导致商标在国外无法得到保护或者反被诉侵权的后果，建议商标权人依据外国的法律在当地申请注册商标，企业可视需要在企业进行涉外贸易的国家或企业商品在国家申请注册商标，甚至在全球注册。其次，要合理行使自己的权利，发现疑似侵权行为应仔细研究，认定确实侵权后再主张权利，并且通过发函主张权利且收到对方的回函或答复后，应及时采取司法途径来进行维权，否则一旦受警告方向法院提起确认不侵权之诉且法院最终认定不侵权，除负担律师费及时间成本外，很可能还要承担因此给受警告方造成的损失赔偿责任。

（三）定牌加工方应当注意留存证据

提起确认不侵权之诉的条件为收到内容明确的警告后经催告商标权人仍不采取行动，所以，对于受警告方即定牌加工生产方而言，首先，应当保留好商标权人的警告函及自己的催告函。而想获得该类案件胜诉的最关键的一点是要保证自己不侵权，因此建议定牌加工方留存全套文件并及时进行归档，包括但不限于接受国外权利人的委托的文件，如合同、授权委托书、国外权利人的主体资格文件、权属证明文件，国内定牌加工的相关文件，销往国外的相关文件以及未在国内进行销售的相关文件材料。

（四）优先选择受理确认不侵权之诉的法院进行起诉

如前所述，确认不侵犯商标专用权纠纷仍未有法律明确规定起诉及受理条件，有的法院目前仍不受理此类纠纷，故在确保管辖权的基础上，应选择能受理此类纠纷的法院，且因各地审理法官素质不同，建议选择受理此类纠纷多且较大城市的法院。

（五）避免贪图小利、因小失大

若定牌加工方加工的产品国内商标所有人与委托定牌加工方不一致的，则定牌加工方只能为委托方进行加工，不得在国内销售，否则就侵犯了国内商标权利人的商标专用权。侵犯商标专用权诉讼中，权利人或其代理人往往会采用各种方法搜集他人的侵权证据，其中不乏伪装成交易相对方主动发出要约进行诱导侵权等。因此，定牌加工方在收到他人希望其在国内销售的要约时，建议拒绝，否则可能因小失大，被认定为侵权。

第九章

商标权许可合同纠纷及商标权许可注意事项

主要原理： 商标权许可合同的类型、法律效力及纠纷解决

素材： 上海帕弗洛文化用品有限公司与毕加索国际企业股份有限公司等商标使用许可合同纠纷案

一、案情简介

2000年4月1日,毕加索国际企业股份有限公司(以下简称毕加索公司)、美商毕卡索创意公司与中国台湾帕弗洛公司共同签署了一份授权契约书,授权中国台湾帕弗洛公司商业使用或再授权他人商业使用毕加索公司在大陆地区申请注册的商标专用权。2003年、2005年中国台湾帕弗洛公司与上海帕弗洛公司(以下简称原告)分别签署了一份授权契约书,授权原告使用上述注册商标。同时2003年、2008年,毕加索公司也分别出具了授权证明书,证明授予原告在中国大陆地区使用涉案商标。其中,在2008年9月8日的证明书中,声明了"独家制造与销售"。商标局在2009年3月12日核准了毕加索公司与原告的商标使用许可合同备案。后2012年1月1日,毕加索公司与原告签署商标使用许可备案提前终止协议,终止日期为2012年1月1日,直至同年3月13日,商标局发布了许可合同备案关系提前终止的公告。在2012年2月16日,毕加索公司与上海艺想文化用品有限公司(以下简称艺想公司)签订了商标使用许可合同书,将涉案商标授权给艺想公司独占使用,毕加索公司同日出具授权书称艺想公司为中国大陆地区唯一独家授权。

2012年12月4日上海第一中级人民法院受理该案,并于2014年2月18日、3月21日、7月29日三次公开开庭进行了审理。

原告诉称,其为涉案商标的独占许可使用人,并提交一系列证据欲证明艺想公司及毕加索公司恶意串通签订了商标许可使用合同,损害原告合法利益。原告据此请求法院判令艺想公司及毕加索公司之间的商标许可使用合同及授权书无效,并要求两者共同赔偿原告经济损失100万元。

艺想公司辩称,原告没有获得毕加索公司的独占许可使用权,2012年1月1日毕加索公司与原告的商标授权使用关系已终止,其于同年2月16日获得商标独占许可实施权未侵犯原告任何权利;同时,其向原告提起侵权诉讼是维护自身权利,非恶意串通。

毕加索公司书面辩称,在2010年后,经与中国台湾帕弗洛公司协商多次,台湾帕弗洛公司仍未将向原告授权的授权权利金支付给毕加索公司,毕加索公司才将涉案商标许可给艺想公司。同时,毕加索公司在与艺想公司签署商标许可实施合同时已经履行了告知义务,由此造成的原告的损失应由艺想公司承担。

一审法院因原告主张合同无效事由不能成立,故判决驳回原告全部诉讼请求。

后原告与艺想公司不服一审判决,向上海高级人民法院提起上诉,并于 2015 年 4 月 24 日公开审理。二审法院对事实及相关问题作出了补充说明,但以上诉人的上诉请求均缺乏事实和法律依据为由驳回了两个上诉人的请求,最终判决驳回上诉,维持原判。

二、法学原理及分析

(一)法定合同无效情形涉及法条

《中华人民共和国合同法》

第五十二条 有下列情形之一的,合同无效:
(一)一方以欺诈、胁迫的手段订立合同,损害国家利益;
(二)恶意串通,损害国家、集体或者第三人利益;
(三)以合法形式掩盖非法目的;
(四)损害社会公共利益;
(五)违反法律、行政法规的强制性规定。

《合同法》第 52 条规定的即是我国法定合同无效情形。其中第(1)项的要件中,客观上是通过"欺诈"或"胁迫"的手段,客体损害的是"国家"利益;第(2)项的要件中,合同的主体主观上是"恶意"串通,客体损害的是"国家""集体"或"第三人"利益;第(3)项的要件中,客观上掩盖的是"非法"目的,该非法目的应是违反国家的强制性规定的目的;第(4)项的要件中,客观上损害的是公共利益,而非个人利益,对象是不特定的社会公众;第(5)项需要注意的是,违反"法律""行政法规"的强制性规定,不包括部门规章、地方法规及其他规章制度。

(二)注册商标许可合同备案制度涉及法条

《中华人民共和国商标法》

第四十三条第三款 许可他人使用其注册商标的,许可人应当将其商标使用许可报商标局备案,由商标局公告。商标使用许可未经备案不得对抗善意第三人。

《中华人民共和国商标法实施条例》

第六十九条 许可他人使用其注册商标的,许可人应当在许可合同有效期内向商标局备案并报送备案材料。备案材料应当说明注册商标使用许可人、被许可人、许可期限、许可使用的商品或者服务范围等事项。

上述法条规定了我国对于注册商标许可合同的备案采取的是备案对抗主义，即如果许可人将商标许可合同备案，备案合同的被许可人可以以此对抗第三人；如果许可人没备案，则未备案的被许可人不能对抗善意的第三人。

（三）商标使用许可种类涉及法条

《最高人民法院关于审理商标民事纠纷案件适用法律若干问题的解释》

第三条 商标法第四十条规定的商标使用许可包括以下三类：

（一）独占使用许可，是指商标注册人在约定的期间、地域和以约定的方式，将该注册商标仅许可一个被许可人使用，商标注册人依约定不得使用该注册商标；

（二）排他使用许可，是指商标注册人在约定的期间、地域和以约定的方式，将该注册商标仅许可一个被许可人使用，商标注册人依约定可以使用该注册商标但不得另行许可他人使用该注册商标；

（三）普通使用许可，是指商标注册人在约定的期间、地域和以约定的方式，许可他人使用其注册商标，并可自行使用该注册商标和许可他人使用其注册商标。

第四条第二款 在发生注册商标专用权被侵害时，独占使用许可合同的被许可人可以向人民法院提起诉讼；排他使用许可合同的被许可人可以和商标注册人共同起诉，也可以在商标注册人不起诉的情况下，自行提起诉讼；普通使用许可合同的被许可人经商标注册人明确授权，可以提起诉讼。

上述法条规定了商标使用许可分为三类，即独占许可、排他许可及普通许可。不同许可方式所带来的权益效果不同，在发生商标专用权侵权时，其诉讼地位也不同。

（四）商标使用许可合同中许可人责任涉及法条

《中华人民共和国商标法》（2001年修正）

第四十条第一款 商标注册人可以通过签订商标使用许可合同，许可他人使用其注册商标。许可人应当监督被许可人使用其注册商标的商品质量。被许可人应当保证使用该注册商标的商品质量。

上述法条规定了商标许可合同的许可人的监督责任，许可人应当监督被许可人的商品质量，而被许可人根据《中华人民共和国消费者权益保护法》《中华人民共和国产品质量法》等法律法规对其生产的产品承担责任。

三、案件介绍

案由

案由：商标许可合同纠纷

案号

一审案号：（2012）沪一中民五（知）初字第250号

二审案号：（2014）沪高民三（知）终字第117号

案件当事人

一审原告、二审上诉人：上海帕弗洛文化用品有限公司

一审被告、二审上诉人：上海艺想文化用品有限公司

一审被告、二审被上诉人：毕加索国际企业股份有限公司

案件法律文书

上海市高级人民法院民事判决书

（2014）沪高民三（知）终字第117号

上诉人（原审原告）：上海帕弗洛文化用品有限公司

上诉人（原审被告）：上海艺想文化用品有限公司

被上诉人（原审被告）：毕加索国际企业股份有限公司

上诉人上海帕弗洛文化用品有限公司（以下称帕弗洛公司）、上诉人上海艺想文化用品有限公司（以下称艺想公司）因商标使用许可合同纠纷一案，不服上海市第一中级人民法院（2012）沪一中民五（知）初字第250号民事判决，向本院提起上诉。本院受理后，依法组成合议庭，于2015年4月24日公开开庭进行了审理。上诉人帕弗洛公司的委托代理人王××、上诉人艺想公司的法定代表人王××到庭参加了诉讼。被上诉人毕加索国际企业股份有限公司（以下称毕加索公司）经本院合法传唤，无正当理由拒不到庭，本院依法缺席审理。本案现已审理终结。

原审中帕弗洛公司诉称，其成立于2003年6月，是一家专业从事书写工具设计、

生产、销售的企业。毕加索公司系第××××××××号图文商标（以下称涉案商标）的商标权人。在涉案商标申请之前，毕加索公司与案外人美商毕卡索创意公司、中国台湾帕弗洛股份有限公司（以下称台湾帕弗洛公司）共同签署一份授权契约书，约定毕加索公司同意授权台湾帕弗洛公司商业使用或再授权他人商业使用其在大陆地区申请注册之商标专用权。2003年7月9日，台湾帕弗洛公司按照上述三方授权契约书的约定与帕弗洛公司签订了授权契约书，将毕加索公司授权的涉案商标授权给帕弗洛公司在书写工具上使用，授权期限为2003年7月9日至2008年12月31日。2005年3月21日，台湾帕弗洛公司与帕弗洛公司签订授权契约书补充协议，将上述商标的许可使用期限延长至2013年12月31日。上述两份授权契约书均同时提交给毕加索公司备查。毕加索公司作为涉案商标的权利人，分别于2003年7月9日、2008年9月8日两次向帕弗洛公司出具授权证明书，同意帕弗洛公司在中国大陆地区书写工具领域独家使用该商标，授权期间为2003年7月9日至2013年12月31日。上述授权证明书和台湾帕弗洛公司与帕弗洛公司签订的授权契约书授权期限一致，说明毕加索公司认可上述台湾帕弗洛公司对帕弗洛公司的授权。2010年2月11日，毕加索公司与帕弗洛公司签订了授权契约书，明确其授权在原契约基础上延展10年，自2014年1月1日起至2023年12月31日止。自2003年7月至今，帕弗洛公司一直将涉案商标使用在自己生产的书写工具上，并投入大量人力、物力、财力对涉案商标进行宣传推广，使涉案商标的价值和知名度不断提升。

艺想公司成立于2008年5月，亦从事书写工具的生产与销售。艺想公司从成立之初就一直从事仿冒帕弗洛公司"毕加索书写工具"的不正当竞争行为。毕加索公司违反与帕弗洛公司的商标许可授权约定，于2012年2月与艺想公司签订商标使用许可合同，擅自将涉案商标授权给艺想公司独占许可使用，许可期限自2012年1月15日至2013年5月20日，并授权艺想公司进行全国维权打假行动，致使帕弗洛公司产品遭到工商机关查处。帕弗洛公司认为，帕弗洛公司系涉案商标的独占许可使用权人，艺想公司作为与帕弗洛公司同业竞争者，在成立之初就知道帕弗洛公司系涉案商标独占许可使用权人的事实，在明知帕弗洛公司被许可使用期限未届满的情况下，与商标权利人毕加索公司恶意串通，签订系争商标使用许可合同，非法剥夺了帕弗洛公司的独占许可使用权，损害帕弗洛公司利益。毕加索公司和艺想公司向工商行政管理部门投诉帕弗洛公司侵权使用涉案商标，致使帕弗洛公司产品遭商场、超市下架。艺想公司还以其享有涉案商标独占许可使用权为由，在全国各地法院向帕弗洛公司提起侵权诉讼，帕弗洛公司为应诉支付了高额的律师费用。因此，两者的行为应认定为《中华人民共和国合同法》（以下称《合同法》）第52条第2项所规定的"恶意串通，损害第三人合法利益"以及第（5）项所规定的"违反法律、行政法规的强制性规定"。据此，帕弗洛公司诉至原审法院，请求判令：（1）毕加索公司与艺想公司签订的商标许可使用合同及相应授权书无效；（2）两者共同赔偿帕弗洛公司经济损失人民币100万元（以下币种同）。

在一审庭审中，帕弗洛公司进一步明确其要求确认无效的系争合同为毕加索公司与艺想公司分别于2012年2月16日、2月28日签订的两份《商标使用许可合同》（以下称系争合同）。其中，2月28日签订的商标使用许可合同系用于国家工商行政管理总局商标局（以下称商标局）备案，双方之间的权利义务详细约定在2月16日签订的合同中，因此上述两份合同均指向同一个商标许可使用法律关系。关于艺想公司的主观恶意，帕弗洛公司主张体现在2月16日商标使用许可合同中，具体条款为："第六条、商标许可使用费的支付：（一）第一期2012年1月15日至2013年使用许可费35万元……（二）双方签约后甲方合同备案成功后再付10万元。特别说明：甲方应在签订此合同一年内完成许可合同备案；除因商标局审查程序、期限冗长之外，若因甲方未积极撤销与上海帕弗洛在国家商标局之备案合同或者其他原因未在国家商标局办妥备案的，则乙方有权终止本合同。第十二条、甲方义务：商标代理机构将双方签署的商标使用许可合同和甲方撤销上海帕弗洛公司原备案合同的材料递交商标局后，甲方主合同义务履行完毕，但甲方还应全力配合乙方在市场的打假……第十七条、合同违约和责任：……三、甲方应保证除乙方外不得在同类产品上向第三方授权。乙方在对市场上侵权、仿冒维权过程中，甲方不得与任何一方私自和解；一旦和解，甲方应赔偿乙方一百五十万元；乙方如与帕弗洛以外第三方和解的，应告知甲方。"帕弗洛公司认为，上述合同条款可以体现出艺想公司明知帕弗洛公司享有涉案商标的独占许可使用权，仍然与毕加索公司签订独占实施许可合同，其目的就是通过商标使用许可，不恰当地侵占帕弗洛公司多年推广、使用涉案商标所累积的商誉。此外，按照《最高人民法院关于审理商标民事纠纷案件适用法律若干问题的解释》第3条第（1）项之规定：商标独占使用许可，是指商标注册人在约定的期间、地域和以约定的方式，将该注册商标仅许可一个被许可人使用，商标注册人依约定不得使用该注册商标。毕加索公司作为商标权利人，在帕弗洛公司独占许可使用权授权期间内已无权将涉案商标许可给他人使用，因此，两者之间的系争合同也符合《合同法》第52条第（5）项所规定的"违反国家法律、行政法规的强制性规定"，系争合同应被判定无效。

帕弗洛公司主张要求赔偿的经济损失包括毕加索公司与艺想公司之间的恶意串通行为给帕弗洛公司造成的经济损失和商誉损失。其中，经济损失是指帕弗洛公司为应对艺想公司在全国范围内的侵权诉讼已支出的律师费和差旅费共计431 556元。帕弗洛公司所主张的100万元经济赔偿数额在扣除上述金额后的其余部分为帕弗洛公司主张的商誉损失，应参照《中华人民共和国商标法》（2001年修正）第56条第2款商标侵权行为的法定赔偿数额由法院酌定。按照《中华人民共和国民法通则》第130条的规定，二人以上共同侵权造成他人损害的，应当承担连带责任。由于毕加索公司、艺想公司的恶意串通属于共同侵权，因此两者应当承担连带赔偿责任。

艺想公司辩称：（1）帕弗洛公司没有获得毕加索公司关于涉案商标的独占许可使用权。帕弗洛公司提供的三方授权契约书不是涉及涉案商标的授权契约，与本案无关。帕弗洛公司在商标局备案的独占使用许可合同系伪造，因此商标局备案所记载的许可方式也不能证实帕弗洛公司享有涉案商标的独占许可使用权。目前可以证明帕弗洛公司获得涉案商标使用权的证据仅是毕加索公司出具的两份授权证明书，而该两份授权证明书中没有关于授权性质的具体约定，故帕弗洛公司获得的仅是涉案商标独家使用权，而非法律规定的独占许可使用权。（2）根据商标局的公告，涉案商标权利人毕加索公司与帕弗洛公司之间的商标授权使用关系已于2012年1月1日提前终止。艺想公司于2012年2月16日获得涉案商标的独占许可实施权，没有侵犯帕弗洛公司的任何权利，艺想公司主观上也不存在与毕加索公司恶意串通的状态。（3）艺想公司在取得涉案商标的独占许可使用权后，帕弗洛公司仍在大量生产使用涉案注册商标的产品，艺想公司为此在全国范围内向工商行政管理部门提出投诉，并提起侵权诉讼，是维护其独占许可使用权的正当行为，该维权行为不是因主观恶意而造成的帕弗洛公司损失。（4）毕加索公司与帕弗洛公司及案外人上海大者实业有限公司（以下称大者公司）恶意串通，在本案诉讼期间将涉案商标转让给大者公司，侵犯了艺想公司在合同中约定的优先购买权、独占使用权。综上，请求法院驳回帕弗洛公司的全部诉讼请求。

毕加索公司书面答辩称：2000年4月1日，毕加索公司与美商毕卡索创意公司、台湾帕弗洛公司签订授权契约书，毕加索公司授权台湾帕弗洛公司商业使用或再授权他人商业使用涉案商标。此后，台湾帕弗洛公司将涉案商标授权给帕弗洛公司使用，使用范围为书写工具。2003年7月9日、2008年9月8日，毕加索公司两次向帕弗洛公司出具授权证明书，同意将涉案商标授予帕弗洛公司在中国大陆地区商业使用，并同意毕加索公司对商品进行监制，其中第二份授权证明书的授权期限截至2013年12月31日，授权内容为"中国大陆地区独家制造与销售"。2010年2月11日，帕弗洛公司针对2014年1月1日以后的授权事宜，直接与毕加索公司签订了授权契约书，约定在原契约基础上延展10年，自2014年1月1日起至2023年12月31日止。此外，毕加索公司未与帕弗洛公司签订其他商标使用合同，也未对商标使用许可合同进行备案。按照其与美商毕卡索创意公司、台湾帕弗洛公司签订的上述三方授权契约书约定，应由台湾帕弗洛公司将其授权的权利金进行再分配，但在2010年后，台湾帕弗洛公司未将向帕弗洛公司授权的授权权利金支付给毕加索公司，致使毕加索公司作为商标权利人无法从商标授权中获得任何利益。毕加索公司曾多次与台湾帕弗洛公司进行协商，但双方未达成一致意见。毕加索公司无奈之下才将涉案商标许可给帕弗洛公司竞争对手艺想公司使用。毕加索公司在与艺想公司签约时，已将涉案商标授权情况告知艺想公司法定代表人王红新，包括帕弗洛公司仿冒毕加索公司负责人林达光签名以获取商标许可合同备案的情况，王红新对该商标前期授权尚未终止非常清楚，仅要求毕加索公司尽快撤销帕弗洛公司在商标局的商标备案合同，同时约定任何一方不得私自与帕弗洛公司和解。因此，毕加索公司认为，其在授权给艺想公司使用涉案商标时，已经履行了相关告知义务，由此给帕弗洛公司带来的任何损失，均应由艺想公司承担。帕弗洛公司在本案中主张100万元的经济损失，但并未提供任何证据予以证明，即使帕弗洛公司遭受了损失，毕加索公司也不承担任何赔偿责任。据此，请求原审法院驳回帕弗洛公司的全部诉讼请求。

为证实其诉讼主张，帕弗洛公司向原审法院提供了如下证据材料：

证据1，授权契约书；证据2，第×××××××号商标注册证；证据3，授权契约书及授权契约补充协议。上述证据旨在证明台湾帕弗洛公司代表毕加索公司与帕弗洛公司签订涉案商标授权合同，帕弗洛公司通过台湾帕弗洛公司的转授权，获得了涉案商标在中国大陆的使用权。

证据4，授权证明书（2003年7月9日至2008年9月9日）；证据5，授权证明书（2008年9月8日至2013年12月31日）。证据4、5旨在证明毕加索公司作为商标权利人认可台湾帕弗洛公司与帕弗洛公司签订的商标授权合同，并出具了授权证明，授予帕弗洛公司在书写工具类商品上使用涉案商标的独占许可使用权。

证据6，授权契约书，旨在证明毕加索公司认可帕弗洛公司使用涉案商标的合法性，并同意在原契约基础上延展10年。

证据7，商标许可使用合同，旨在证明毕加索公司、艺想公司明知帕弗洛公司的商标授权尚未终止，仍签订商标许可使用合同，系恶意串通行为，侵害了帕弗洛公司享有的商标在先独家使用权。

证据8，授权书；证据9，声明书；证据10，声明书。证据8、9、10旨在证明毕加索公司出具给艺想公司的"打假"授权书、声明书。

证据11，毕加索公司致嘉定工商局的投诉书；证据12，艺想公司致汇金百货徐家汇店的投诉书；证据13，艺想公司致嘉定工商局的投诉书；证据14，停止销售侵权产品告知书（艺想公司律师函发布侵权产品的告知书）；证据15，汇金百货专柜照片；证据16，西安工商局新城分局财务清单。证据11至证据16旨在证明毕加索公司、艺想公司的投诉书从格式到内容均完全一致，进一步证明两者存在恶意串通的事实；由于两者的恶意投诉行为，给帕弗洛公司企业及产品市场声誉造成恶劣影响，使帕弗洛公司遭受巨大经济损失。

证据17，上海市第一中级人民法院民事判决书；证据18，上海市高级人民法院民事判决书。证据17、18旨在证明艺想公司知晓帕弗洛公司获得了涉案商标权利人授权，并自2004年已经使用涉案商标，艺想公司从成立之初就有恶意仿冒的不正当竞争行为，多年来一直进行仿冒。其获得涉案商标授权的动机是进一步混淆市场，达到高度仿冒帕弗洛公司商品的目的，因此艺想公司并非善意第三人。

证据19，2012年2月16日毕加索公司与艺想公司签订的商标许可合同书及其公证书，旨在证明毕加索公司与艺想公司签订合同是为了获取高额授权金，艺想公司对帕弗洛公司尚在涉案商标授权使用期内的事实是明知的。

证据20，艺想公司致最高人民法院的信函及所附商标许可备案材料，内容是艺想公司知晓在商标局备案的许可合同上林达光的签名是虚假的；证据21，毕加索公司的声明，毕加索公司也不认可在商标局的备案合同，因林达光的签名并不属实，毕加索公司认为是无效合同。证据20、21旨在证明毕加索公司、艺想公司均知晓在商标局备案的商标许可合同系无效合同，该合同不调整帕弗洛公司与毕加索公司之间的商标授权关系，两者以终止备案公告作为解除帕弗洛公司商标授权关系的依据显然与事实不符，进一步说明两者存在主观恶意。

证据22，艺想公司向各地法院提交的民事诉状及案件受理证明；证据23，帕弗洛公司为应对各地涉案商标侵权诉讼而支出的部分费用。证据22、23旨在证明毕加索公司、艺想公司的所谓维权行为给帕弗洛公司企业及产品市场声誉造成恶劣影响，使帕弗洛公司遭受巨大的经济损失。

证据24，台湾帕弗洛公司的收据及证明，旨在证明帕弗洛公司一直按照授权契约书支付涉案商标的授权使用费，台湾帕弗洛公司予以接受；帕弗洛公司与毕加索公司之间的商标授权关系并未终止。

证据25，预交上诉案件受理费通知及诉讼收费专用票据，旨在证明帕弗洛公司已提出上诉，西安中院的一审判决尚未生效。

证据26，台湾地区公（认）证书核对证明，旨在证明台湾帕弗洛公司主体资格依然存在。

证据27，上海仲裁委员会（2011）沪仲案字第0651号裁决书，旨在证明证据1美商毕卡索创意公司、毕加索公司、台湾帕弗洛公司三方授权契约书真实合法。

证据28，（2012）浙杭知初字第625号民事判决书；证据29，（2012）浙杭知初字第626号民事判决书；证据30，（2013）浙知终字第312号民事判决书。以上证据旨在证明生效判决已经确认了毕加索公司向帕弗洛公司出具的两份授权证明书真实有效，帕弗洛公司和毕加索公司之间的涉案商标授权许可关系从未终止。

证据31，大者公司的声明及涉案商标核准转让证明，旨在证明涉案商标已被核准转让至大者公司名下，大者公司对毕加索公司给帕弗洛公司的授权予以认可，并同意帕弗洛公司继续使用涉案商标；大者公司对艺想公司的商标独占使用权不认可，如判决毕加索公司、艺想公司之间的商标授权合法有效，则违背了大者公司作为商标权利人的真实意思表示。

证据32，（2012）穗天法知民初字第1280号民事判决书，该案系艺想公司向帕弗洛公司提起的侵权诉讼案件中的一个，该判决书认可毕加索公司向帕弗洛公司出具的两份授权证明书系真实有效。

证据33，林达光在大陆的出入境记录，旨在证明毕加索公司的负责人林达光在2013年1月1日至2013年1月27日在中国大陆境内，其声明（证据21）是在中国上海出具；补强帕弗洛公司证据21，即毕加索公司负责人林达光在2013年1月26日在中国大陆向帕弗洛公司出具的声明。

证据34，帕弗洛公司与北京××律师事务所签订的代理协议，旨在证明帕弗洛公司为应对各地涉案商标侵权诉讼而支出的律师费,给帕弗洛公司造成了巨大的损失。

证据35,(2014)沪徐证经字第1399号公证书,旨在证明台湾帕弗洛公司有权代表毕加索公司授权帕弗洛公司使用涉案商标;在授权期间,帕弗洛公司系在书写工具领域独占使用涉案商标,毕加索公司无权再授权其他主体使用该商标。

证据36,涉案商标"核准续展注册证明";证据37,涉案商标注册证。证据36、证据37旨在证明涉案商标已经核准续展,商标有效期续展至2023年5月20日,商标权利人为大者公司。

艺想公司对帕弗洛公司提供的证据材料质证意见为:证据1因没有原件,对其真实性、关联性、合法性均有异议。对证据2的真实性无异议,对关联性提出异议,本案涉案商标不是艺术脸谱,故该合同不是涉案商标的授权使用合同。证据3经过裁剪,对真实性提出异议,由于涉及中国台湾地区的公司,没有经过相关的公证认证手续,故对该证据的合法性也提出异议;补充协议真实性、合法性有异议,甲方是授权人台湾帕弗洛公司,被授权人是帕弗洛公司,授权标的物与本案无关联性;授权的是英文商标,本案涉案商标是图文组合商标,涉案商标在2003年获得商标注册证,如果是涉案商标的授权使用,应该标注授权商标的号码、图形、类别和内容等。对证据4、5的真实性提出异议,盖章无法进行核实,因涉及台湾公司,没有经过公证认证,不具有合法性。对证据6的真实性有异议,第2页时间、内容等用涂改液进行了涂改;授权人是台湾公司,没有进行公证认证,合法性有异议;第1条书写的是原契约时间的延长,是指商标局里备案的许可合同,契约的时间是2014年1月1日,与本案没有关联性。对证据7、证据8的真实性、合法性、关联性均无异议。证据9、证据10、证据11、证据12、证据13、证据14的真实性均无异议,其中证据12是其在嘉定工商局按照毕加索公司的格式,以商标独占许可人名义进行了投诉,投诉书内容的一致不能证明毕加索公司、艺想公司存在事先串通。对证据15、证据16的真实性提出异议。对证据17、证据18的真实性没有异议,对关联性提出异议,该案是2008年的不正当竞争案件,三款产品是否构成仿冒的判决与本案无关联性。对证据19的真实性、合法性没有异议,艺想公司为了谨慎合法地获得涉案商标授权,对商标权利人毕加索公司提出很多的要求,由于涉案商标是帕弗洛公司早些时候使用的,该涉案许可合同商标局已经备案,备案合同的法律效力大于没有备案的合同的法律效力,艺想公司特别要求毕加索公司撤销与帕弗洛公司备案的涉案商标许可合同。对证据20的真实性没有异议，但仅是艺想公司的单方陈述，最高院也并未采信，帕弗洛公司曾经在工商管理部门查处时陈述签字的虽然不是林达光本人，但是获得了林达光的授权，因此帕弗洛公司的备案应当是合法的。对证据21的真实性有异议，声明的时间是2013年1月26日，与2012年2月16日与艺想公司签订涉案商标独占使用权时是矛盾的，并且当事人不能以单方面的声明就推定国家行政机关做出的行政行为，如果林达光当时用于备案的签字是虚假的，帕弗洛公司应当提供相应证据予以证明，并向国家行政机关提出撤销该备案，但帕弗洛公司至今没有维权行动。因此，艺想公司认为帕弗洛公司备案的合同是真实的。对证据22的真实性没有异议，这是艺想公司获得涉案商标实施权后，付出巨额的许可使用费，因帕弗洛公司侵犯了其独占许可使用权，在工商部门投诉拖延的情况下，向各地法院维权的行为。对证据23的真实性没有异议，因发票上没有注明案号，所以对关联性提出异议。对证据24的真实性有异议，收据盖的是台湾帕弗洛公司的章，没有经过公证认证，对关联性及合法性也均有异议。对证据25的真实性没有异议。对证据26的真实性没有异议，对关联性提出异议，不能证实帕弗洛公司的证明目的，反而证明台湾帕弗洛公司在2003年、2005年期间的授权和再授权行为是无效和非法的，期间台湾帕弗洛公司被台湾地区的工商、行政管理部门对其主体资格进行了解散，2013年才恢复，在恢复身份期间只能做清算和收尾的工作，没有再授权的权利。对证据27的真实性没有异议，对关联性提出异议。证据28的真实性没有异议，关联性有异议。证据28、证据29和证据30三份判决书的真实性无异议，但与本案不具关联性。对证据31的真实性没有异议，对涉案商标已被转让的事实予以认可，但与本案无关，该声明恰恰证明现商标所有人大者公司和帕弗洛公司恶意串通转让涉案商标的行为。证据32的判决未生效，因此对其关联性也提出异议。对证据33的真实性不确认，与本案没有关联性，林达光于2013年1月已经不是毕加索公司的法定代表人，其未经毕加索公司授权，无权代表公司发表意见和声明。证据34真实性没有异议，没有指明哪个案件和案号，无法认可关联性，反而证明艺想公司在确认涉案商标授权使用备案提前终止使用的公告发出后以律师函告知帕弗洛公司停止生产和销售。对证据35的真实性、合法性和关联性均不予认可，附件6恰恰证明台湾帕弗洛公司授权的是PICASSO品牌，不是涉案商标；附件7签名无法确认，签名者也没有得到毕加索公司的授权，所涉及的内容与涉案商标无关联；公证书的情况说明真实性、合法性和关联性均有异议，公证员明确表示公证内容是签名和盖章,关先生能否代表台湾帕弗洛公司,没有委托书和授权书,不能证明其意见就是台湾帕弗洛公司的意见。对证据36、证据37的真实性没有异议,但其与本案没有关联性,发生的行为是2013年。

对于帕弗洛公司提供的上述证据材料,结合艺想公司的质证意见,原审法院认证意见为:关于证据1至证据6,帕弗洛公司能够提供证据3、证据4、证据5、证据6的原件,证据之间的内容可以相互印证,其中证据3虽然经过裁剪,但其内容亦得到毕加索公司授权证明书以及答辩意见的印证,而艺想公司就上述证据部分提出的真实性异议未能提供相应反驳证据,故原审法院对帕弗洛公司提供的上述证据真实性予以确认,对帕弗洛公司证明其享有涉案注册商标独占许可使用权的事实予以确认。关于证据7至证据16及证据19,艺想公司对其中证据7至证据14、证据19的真实性不持异议,艺想公司虽对证据15、证据16的真实性提出异议,但未能提供反驳证据,因此原审法院对上述证据的真实性均予以确认。对于上述证据的关联性,原审法院认为,帕弗洛公司提供上述证据可以证实2012年2月16日、2月28日,毕加索公司、艺想公司两次签订了关于涉案商标的独占实施许可合同。此后,毕加索公司授权艺想公司在全国范围内开展对侵权产品的打假行为,其中包括针对帕弗洛公司的投诉,毕加索公司也向工商行政管理部门进行了针对帕弗洛公司的商标侵权投诉,毕加索公司、艺想公司向工商行政管理部门的投诉书内容基本一致,对帕弗洛公司提供上述证据的其余待证事实,原审法院认为缺乏关联性。证据17、证据18系生效判决,故原审法院对两份生效判决认定的事实予以采信,但帕弗洛公司的待证事实系帕弗洛公司的推定,故原审法院对证据与待证事实之间的关联性不予认可。对于证据20的真实性予以确认,但对该证据与待证事实之间的关联性不予确认。证据21系毕加索公司在帕弗洛公司提起本案诉讼后所发表,因毕加索公司系本案当事人,具有利害关系,故原审法院对其声明的真实性不予确认。关于证据22、证据23、证据27、证据28、证据29、证据30,帕弗洛公司待证事实是证明毕加索公司两份授权证明书真实有效,其中有两份为生效判决,根据法律规定,原审法院对生效判决书所认定的事实可以直接采信,因此对帕弗洛公司上述待证事实予以采信。证据24为台湾帕弗洛公司的收据及证明,真实性予以确认,可以证实帕弗洛公司支付商标授权使用费的事实,但其余授权关系尚未终止的待证事实不具有关联性。对证据25、证据26的真实性、合法性、关联性予以确认。对证据31的真实性予以确认,对涉案商标已核准转让与大者公司的事实予以采信，对帕弗洛公司其余事实不予采信。证据32为未生效判决书，故原审法院不予采信。证据33为毕加索公司负责人林达光的出入境记录，该证据具有真实性，故原审法院对林达光的出入境时间予以确认，结合毕加索公司的书面答辩意见，可以证实帕弗洛公司提交商标局备案的商标使用备案合同上林达光的签名系伪造的事实。对证据34律师代理协议的真实性予以确认，可以证实在艺想公司起诉后帕弗洛公司聘请律师的事实，但帕弗洛公司起诉主张该部分费用系因无效合同所遭受的经济损失系法律适用问题，而非事实问题，故对帕弗洛公司提交该证据的待证事实与该证据之间的关联性不予确认。证据35与本案不具有关联性。证据36、证据37可以证实涉案商标已经核准续展注册并转让与大者公司的事实，故原审法院予以采信。

艺想公司向原审法院提供如下证据材料：

证据1，国家工商行政管理总局2012第10期第七分册商标公告公证书，商标局在2012年第10期第七分册第5566页的提前终止许可使用合同公告，旨在证明帕弗洛公司于2012年1月1日已丧失对涉案商标的使用权。

证据2，商标使用许可合同书及其公证书，旨在证明艺想公司在确定涉案商标与帕弗洛公司的授权使用关系公告解除后才与毕加索公司签订涉案商标独占许可权。证据2-1，毕加索公司营业执照公证书；证据2-2，毕加索公司经过海基会海廉陆（法）公证书；证据2-3，毕加索公司涉案商标公证书；证据2-4，毕加索公司将涉案商标独占许可给艺想公司公证书，旨在证明艺想公司从2012年1月15日起已获得毕加索公司涉案商标的独占许可实施权。

证据3，西安中院判决书，旨在证明西安中院在判决之前曾到上海公安局闸北经侦支队就涉案商标的详细情况向上海市公安局经侦大队进行了调查，涉案商标所有人毕加索公司曾经在该队进行说明。

证据4，（2012）沪东证经字第12296号公证书及实物，证据内容是艺想公司通过公证在大润发超市购买到帕弗洛公司的商品，旨在证明帕弗洛公司没有按照其与台湾帕弗洛公司授权契约书的约定使用涉案商标。

证据5，许可合同备案通知书，旨在证明毕加索公司早在2008年就知道涉案商标与帕弗洛公司之间的许可合同已经在商标局备案。

证据6，涉案商标转让给大者公司的证明。

证据7，涉案商标现权利人大者公司无偿长期将涉案商标授权给帕弗洛公司使用的商标使用许可合同。

上述证据6、证据7旨在证明毕加索公司与帕弗洛公司和大者公司三方恶意串通，违反国家外汇管制的规定，偷逃国家巨额税收并侵犯艺想公司的在先购买权及独占使用权。

证据8，艺想公司向徐汇法院的起诉书及传票，旨在证明本案涉及的另案诉讼。

证据9，帕弗洛公司与毕加索公司就涉案商标于2012年1月1日提前终止使用协议书一份。

证据10，帕弗洛公司通过上海思远商标代理有限公司就涉案商标提前终止申请书。

证据11，商标权利人毕加索公司通过北京天平专利商标代理有限公司就涉案商标提前终止申请书。

证据9、证据10、证据11旨在证明国家工商行政管理总局发布涉案商标终止公告，证实终止公告发生的原因、结果和商标局做出公告的依据。

证据12，从商标局调取的经东方公证处公证的商标使用许可合同书及其公证书。

帕弗洛公司对艺想公司提供的证据材料质证意见为：对证据1商标公告的真实性没有异议，对关联性提出异议。涉案商标公告发布的时间是2012年3月13日，晚于毕加索公司、艺想公司签订的商标使用许可合同的时间，该证据反而证明两者在签订使用许可合同时没有看到这份商标公告，根据两者之间的约定要求毕加索公司撤销备案合同，说明签订这份合同时毕加索公司与帕弗洛公司的许可合同备案还没有被撤销。由于上述备案申请文件上林达光的签名均不是其本人所签，因此该证据无法证明帕弗洛公司与毕加索公司商标许可合同的关系，该备案的提前终止不影响帕弗洛公司与毕加索公司之间的许可关系，艺想公司对该事实是清楚的。对证据2营业执照、公证手续、许可合同等的真实性没有异议，对许可合同的合法性有异议；对证据3的真实性没有异议，该案判决已经上诉，故未生效。对证据4的真实性、合法性没有异议，对关联性有异议，帕弗洛公司已按照授权契约书的约定标注了毕加索公司的英文名称。台湾帕弗洛公司授权帕弗洛公司明确约定权利基础是美商毕卡索创意公司的英文名称，已标注在盒子侧面。对证据5的真实性没有异议，该许可合同仅供办理备案之用，即使备案合同是真实的，按照协议对商标的其他约定也不受其影响。毕加索公司于2011年知道备案签名仿冒事宜，为此帕弗洛公司已主动撤销该备案。毕加索公司也重新提交了申请，商标局反馈说备案关系已经终止，故没有必要重复撤销。对证据6、证据7的真实性无异议,但其与本案不具有关联性,是否存在偷逃国家税款的情况不是本案审理的范围。对证据8的真实性没有异议,对关联性提出异议。对证据9、证据10、证据11从商标局档案室调取的事实予以认可,但对上述书证内容的真实性不予认可。对证据12的真实性认可,对关联性不予认可。

原审法院对艺想公司提供证据材料的认证意见为:对艺想公司提供的证据真实性均予以确认。对于证据1,艺想公司的待证事实是帕弗洛公司已于2012年1月1日丧失对涉案商标的许可实施权,对此原审法院认为,该证据反映的事实是帕弗洛公司与毕加索公司就涉案商标的许可使用合同备案关系提前终止,故该证据不能反映出艺想公司的待证事实,与本案缺乏关联性。证据2为本案系争合同,且与本案具有关联性,故对该证据原审法院予以采信,但该证据无法反映艺想公司关于"其在得知帕弗洛公司与毕加索公司之间备案关系已经终止后才签订系争合同"的待证事实,故原审法院对该证据与其待证事实之间的关联性不予认可。对于证据3,由于该案判决尚未生效,故该判决所认定的事实原审法院不予采信。证据4、证据6、证据7、证据8与本案不具有关联性,原审法院不予采信。证据5、证据9、证据10、证据11、证据12与本案具有关联性,原审法院予以采信。

根据在案证据及双方当事人的陈述,原审法院经审理查明:

2000年4月1日,美商毕卡索创意公司(Picassocreations, Inc)(甲方)、毕加索公司(乙方)与台湾帕弗洛公司(丙方)签订授权契约书,约定甲乙二方同意授权丙方使用著作权及商标权。该授权契约书约定:一、授权内容:(一)甲方授权标的:甲方同意授权丙方商业使用或再授权他人商业使用甲方在美国注册取得的毕卡索画作衍生著作的著作权及在大陆地区注册之艺术脸谱图商标专用权;(二)乙方授权标的:乙方同意授权丙方商业使用或再授权他人商业使用乙方在大陆地区申请注册之商标专用权;(三)授权商业使用区域:大陆地区;(四)授权商品类别:以各商标申请注册登记之专用商品类别为限……(五)授权期间:2000年4月1日起至2006年3月31日止。二、权利金:(一)丙方对外收取权利金总额,扣除10%法务费用、20%营业管销广告等费用,所余70%,由丙方各给付其中三分之一予甲、乙二方,作为权利金。三、监督……(三)丙方再转授权他人使用授权标的无须个别征得甲乙二方之同意,甲乙二方如知有厂商有签订授权契约之意愿,须征得丙方同意,由丙方与之签约,甲乙二方不得私下与厂商签约。……十二、通知义务:丙方与厂商签订授权合约时,应提供契约正本及厂商资料予甲乙二方参考。……

毕加索公司随后向商标局申请注册图形商标。商标局于2003年5月21日核准注册涉案图形商标,核定使用商品为第16类:纸、桌上纸杯垫、纸餐巾、卡纸板制品、雪茄烟用套环、笔记本或绘图本、卡片、印刷品、贺卡、印刷出版物、图画、照片、纸牌、包装纸、书籍装订材料、文具、墨水、印章(印)、书写工具、文具或家用胶带、直角尺、绘画仪器、绘画材料、电动或非电动打字机、教学材料(仪器除外)、室内水族池、日历(年历)等,商标注册号第×××××××号,商标权利人为毕加索公司,注册有效期限自2003年5月21日至2013年5月20日止。

2003年7月9日,台湾帕弗洛公司与帕弗洛公司签订授权契约书,约定台湾帕弗洛公司(甲方)同意授权帕弗洛公司(乙方)使用著作权及商标权。该授权契约书约定:"一、授权内容:(一)甲方授权标的:美商毕卡索创意公司在美国注册之PICASSO画作衍生著作权之重制权;毕加索公司授权甲方在大陆地区申请注册之艺术脸谱商标专用权。(二)授权商业使用区域:中国(港、澳、台除外)地区。(三)授权商品类别:书写工具:笔(钢笔、钢珠笔、原子笔、签字笔及墨水等配件)。(四)授权期间:2003年7月9日至2008年12月31日;……十六、契约效力:本契约一式四份,经双方当事人亲阅后,基于自由意志而订立,自当事人亲自签字后始生效力,由当事人各执一份,二份交美商毕卡索创意公司与毕加索公司备查。"

2003年7月9日,毕加索公司出具授权证明书,证明在2003年7月9日至2008年12月31日授权帕弗洛公司在中国大陆地区推广笔类产品,并使用系争商标。

2005年3月21日,台湾帕弗洛公司(甲方)与帕弗洛公司签订授权契约补充协议,调整授权期限与品牌使用费。授权期限约定为2003年7月9日至2013年12月31日。

2008年9月8日,毕加索公司再次出具授权证明书,授予帕弗洛公司在中国大陆地区在书写工具类别上商业使用涉案商标,权利内容:中国大陆地区独家制造与销售,授权期限自2008年9月10日起至2013年12月31日止。

2009年3月12日,商标局向毕加索公司发出商标使用合同备案通知书,告知毕加索公司于2008年6月30日报送的许可帕弗洛公司使用第×××××××号注册商标的使用许可合同备案申请已被核准。

2010年2月11日,毕加索公司与帕弗洛公司签订授权契约书,约定同意将合法使用之商标权利转授予帕弗洛公司。该授权契约书约定:"第一条、授权使用之商标为:商标注册证第×××××××号,商标图样为;第二条、授权制造、销售之商品为书写工具(铱金笔、圆珠笔、自动笔、签字笔及墨水等配件);……第三条、授权商品之制造、销售区域为仅限中国大陆地区,不含香港、澳门、台湾及其他国家和地区;……第四条、授权期限及授权权利金为:1.书写工具(铱金笔、圆珠笔、自动笔、签字笔及墨水等配件)在原契约基础上延展十年,自2014年1月1日起至2023年12月31日止,共计十年。每年1月1日支付。"

2012年1月1日,毕加索公司(甲方)与帕弗洛公司(乙方)签订商标使用许可合同备案提前终止协议,约定:"一、甲、乙双方于2003年签订关于第×××××××号商标使用许可合同,并向国家商标局申请许可备案,备案号:××××××××,许可期限自2003年7月9日至2013年5月19日;二、经双方友好协商,双方一致同意提前终止第×××××××号商标使用许可备案,提前终止日期为2012年1月1日;三、该协议仅供办理提前终止第×××××××号商标使用许可备案之用,甲、乙双方关于该商标的其他约定不受影响。"

2012年3月13日,商标局发布2012年第10期商标公告,该公告提前终止许可合同备案公告栏内登载了商标编号为×××××××号"PIMIO"注册商标毕加索公司与帕弗洛公司许可合同备案关系提前终止,提前终止日期为2012年1月1日。2012年4月12日,毕加索公司报送商标局备案变更提前终止,4月17日商标局以已经提前终止为由不予受理。

2012年2月16日,毕加索公司(甲方)与艺想公司在上海签订商标使用许可合同书。该合同约定:"第二条、独占使用;第五条、许可期限2012年1月15日至2017年8月31日;第六条、商标许可使用费的支付:(一)第一期2012年1月15日至2013年使用许可费35万元……(二)双方签约后甲方合同备案成功后再付10万元。特别说明:甲方应在签订此合同一年内完成许可合同备案;除因商标局审查程序、期限冗长之外,若因甲方未积极撤销与上海帕弗洛在国家商标局之备案合同或者其他原因未在国家商标局办妥备案的,则乙方有权终止本合同;第十二条、甲方义务:商标代理机构将双方签署的商标使用许可合同和甲方撤销上海帕弗洛公司原备案合同的材料递交商标局后,甲方主合同义务履行完毕,但甲方还应全力配合乙方在市场的打假……第十七条、合同违约和责任:……三、甲方应保证除乙方外不得在同类产品上向第三方授权。乙方在对市场上侵权、仿冒维权过程中，甲方不得与任何一方私自和解；一旦和解，甲方应赔偿乙方一百五十万元；乙方如与帕弗洛以外第三方和解的，应告知甲方。"

同日，毕加索公司出具授权书称艺想公司是中国大陆地区唯一独家授权。同日，林达光出具声明，毕加索公司委托王红新或沈国银全国打假。

2012年2月28日，毕加索公司、艺想公司签订商标使用许可合同，并于商标局备案。

2013年2月6日，商标局核准涉案注册商标权利人由毕加索公司转让与大者公司。2013年6月7日，商标局核准涉案商标续展，续展注册有效期自2013年5月21日至2023年5月20日。

原审法院认为，根据双方当事人的诉辩主张，本案的争议焦点在于以下三点：（1）帕弗洛公司是否获得了涉案商标的独占许可使用权；（2）本案系争合同是否具有恶意串通损害第三人利益的无效事由；（3）本案系争合同是否因违反法律法规而应被认定为无效。

一、帕弗洛公司获得了涉案商标的独占许可使用权

艺想公司认为，毕加索公司与美商毕卡索创意公司、台湾帕弗洛公司共同签署的授权契约书第一条约定，美商毕卡索创意公司授权标的为"在美国注册取得之毕卡索画作衍生著作的著作权及在大陆地区注册之艺术脸谱图商标专用权"；毕加索公司同意授权使用、商业使用其在大陆地区申请注册之商标专用权（商标图样、申请专用商品类别及申请号数详细如附表三），而帕弗洛公司并未提供相应的合同附件，且涉案第×××××××号"PIMIO"图文商标并非艺术脸谱，故上述三方授权契约书所指向的授权商标并非本案涉案商标，根据帕弗洛公司提交的毕加索公司授权证明书不能证实帕弗洛公司享有涉案商标的独占许可使用权。对此，原审法院认为，我国商标法所规定的商标使用许可包括独占实施许可、排他使用许可和普通使用许可，其中独占实施许可是指商标注册人在约定的期间、地域和以约定的方式，将该注册商标仅许可一个被许可人使用，商标注册人依约定不得使用该注册商标。商标独占实施许可权是否成立，主要取决于商标权利人和被授权方之间就该商标的授权使用是否达成合意以及双方确认的许可使用方式。根据本案所查明的事实：上述三方授权协议书签订之时，涉案商标尚未获得注册，毕加索公司与台湾帕弗洛公司、美商毕卡索创意公司约定将毕加索公司在中国大陆地区注册商标名称归纳为"艺

术脸谱"。该协议同时约定，该商标获得注册后将许可给台湾帕弗洛公司使用或转授权，台湾帕弗洛公司的转授权无须征得毕加索公司的同意。此后，毕加索公司按约在中国大陆地区注册涉案第×××××××号商标。台湾帕弗洛公司根据上述三方协议书的约定，将该商标转授权给帕弗洛公司使用。毕加索公司作为商标权利人，出具了授权证明书予以确认。此后，毕加索公司还与帕弗洛公司直接签订了授权使用合同，约定按原授权契约延期许可事项。上述三方协议书、商标注册证明、毕加索公司出具的授权证明书和毕加索公司与帕弗洛公司所签订的授权契约书等证据之间可以相互印证，反映出涉案商标由台湾帕弗洛公司从毕加索公司处获得授权后转授权给帕弗洛公司使用的事实。毕加索公司在书面答辩意见中也对上述事实予以确认。因此，原审法院对帕弗洛公司主张的关于涉案商标的授权过程之事实予以采信。帕弗洛公司获得涉案商标使用权的合同关系真实有效。根据毕加索公司的书面答辩意见，确认其所出具的两份授权证明书系真实有效，而2008年9月8日其所出具的第二份授权证明书载明"权利内容：中国大陆地区独家制造与销售"，可以表明商标权利人授权帕弗洛公司使用涉案商标的授权方式符合我国商标法律规定的独占实施许可方式。因此，帕弗洛公司在2008年9月10日至2013年12月31日期间享有涉案商标的独占许可使用权。此外，涉案第×××××××号商标为图形商标，该商标本身并无"PIMIO"的文字表述，故仅以协议书上将商标名称归纳为艺术脸谱为由，主张三方协议书以及台湾帕弗洛公司与帕弗洛公司之间的授权契约与涉案商标无关，缺乏事实和法律依据，原审法院不予采纳。

二、本案系争合同不属于"恶意串通，损害第三人合法利益"的无效合同

依法成立的合同即具有法律效力。合同的订立应尊重当事人的意思自治，同时也应当遵循诚信原则。只有符合《合同法》第52条所规定的法定事由的合同，才可被认定为无效。《合同法》第52条第（2）项所规定的"恶意串通，损害国家、集体或第三人利益"的合同是指合同当事人非法勾结，为牟取私利，而共同订立的损害国家、集体或者第三人利益的合同。因此，该合同关系从本质上来说是非法的，因而成为第三人可以申请认定合同无效的法定事由。就本案而言，根据已经查明的事实，艺想公司与毕加索公司所签订的两份涉案商标许可使用合同内容真实，因此，帕弗洛公司主张该两份合同无效，应当证实两者的行为符合《合同法》第52条第（2）项所规定的"恶意串通损害第三人利益"的要件事实，即两者为了实现损害帕弗洛公司合法权益的目的而实施了恶意串通的订约行为。

首先，在毕加索公司、艺想公司的主观方面，帕弗洛公司认为，毕加索公司是涉案商标的权利人，为了获得更高的商标授权许可使用费，在明知与帕弗洛公司没有解除合同的情况下，单方将商标授权给艺想公司使用，其损害帕弗洛公司作为商标独占许可使用权人的主观故意明显。而根据两者在2月16日商标使用许可合同中关于商标许可使用费支付的特别约定以及毕加索公司的书面答辩，可以确认艺想公司对于帕弗洛公司享有涉案商标的独占许可使用权的事实是明知的。艺想公司作为帕弗洛公司竞争对手，一直没有停止仿冒帕弗洛公司产品的行为，曾在知名商品的特有名称、包装装潢上从事仿冒帕弗洛公司产品的不正当竞争行为，艺想公司在明知帕弗洛公司享有涉案商标独占许可使用权的情况下，仍然与毕加索公司签订独占实施许可合同，其目的就是通过商标使用许可，不当地获得涉案商标授权，进一步混淆市场，不恰当地侵占帕弗洛公司多年推广、使用涉案商标所累积的商誉。对此，原审法院认为，毕加索公司和艺想公司之间所签订的商标使用许可合同系双方当事人真实意思表示，该两份合同所指向的商标使用许可关系真实存在，艺想公司亦支付了部分商标使用费作为对价。因此，艺想公司签订系争合同的目的在于获取涉案商标的独占许可使用权。艺想公司虽然曾经实施过不正当竞争行为，但其通过与商标权利人订立商标使用许可合同获取涉案商标独占许可使用权后，在其产品上使用涉案商标并不构成商标仿冒行为，也不必然构成对帕弗洛公司的不正当竞争。因此，艺想公司签订系争合同的目的并非出于损害帕弗洛公司的合法权益，也没有实施不正当竞争的主观恶意。艺想公司在与毕加索公司进行合同磋商时得知帕弗洛公司享有独占许可使用权的事实，但已经要求毕加索公司撤销其与帕弗洛公司的独占实施许可合同备案，故不能仅因艺想公司明知帕弗洛公司享有独占许可使用权的事实就认定其具有损害帕弗洛公司利益的主观恶意。毕加索公司作为商标权人，在涉案商标已经授权帕弗洛公司独占实施期间内，擅自与艺想公司签订新的独占实施许可合同，致使帕弗洛公司作为独占许可使用权人无法正常使用涉案商标，帕弗洛公司可以按照其与毕加索公司之间的相关合同约定维护其合法权益。

其次，在毕加索公司、艺想公司的行为事实方面，帕弗洛公司认为，系争合同特别设置了针对帕弗洛公司不允许一方私自和解的条款，且毕加索公司与艺想公司分别出具的商标侵权投诉书在内容、形式上基本一致，可以证实两者在签订系争合同之前就达成了旨在损害帕弗洛公司作为涉案商标独占许可使用权人的合意，两者构成恶意串通行为。艺想公司则辩称，其在得知商标权人已经与帕弗洛公司解除了商标使用许可合同关系后，才与毕加索公司签订新的使用许可合同，在合同中对许可使用费的支付所做分段支付的特别约定是为了合法地保护艺想公司自身的合法权益。艺想公司在获得商标独占许可使用权后，为维护自身合法权益进行了投诉和起诉，没有与毕加索公司相互串通的行为事实。对此，原审法院认为，"系争合同特别设置了针对帕弗洛公司不允许一方私自和解的条款"系艺想公司为保护自身合同利益而采取的措施，并不能证实其有损害帕弗洛公司合法利益的主观恶意。艺想公司在与毕加索公司签订了独占实施使用合同并支付了相应独占实施许可费用后，作为涉案商标的独占许可使用权人向工商行政部门提出投诉并非恶意损害帕弗洛公司合法利益的行为。毕加索公司、艺想公司投诉书内容相似亦不能证实两者具有合意损害帕弗洛公司利益的行为事实。

三、系争合同并未违反法律、行政法规的强制性规定

帕弗洛公司还主张，根据《最高人民法院关于审理商标民事纠纷案件适用法律若干问题的解释》的相关规定，毕加索公司已经将涉案商标许可给帕弗洛公司独占使用，按照约定其无权将涉案商标许可给他人使用。因此，系争两份合同均构成合同法上"违反法律、行政法规的强制性规定"，应被认定为无效合同。对此，原审法院认为，合同法规定当事人可以按照平等自愿的原则自由缔约，仅在该合同的订立违反了法律和行政法规的强制性规定时才排除合同当事人的意思自治。帕弗洛公司所主张的《最高人民法院关于审理商标民事纠纷案件适用法律若干问题的解释》第3条第（1）项的内容是对我国商标法所规定的三种商标使用许可方式的定义，显然并不属于强制性法律规范。因此，系争合同的订立并未违反法律、行政法规的强制性规定，帕弗洛公司据此主张系争合同无效，亦缺乏事实和法律依据。

综上所述，帕弗洛公司在本案中主张毕加索公司与艺想公司所签订的系争两份商标许可使用合同无效，但帕弗洛公司所主张的无效事由均不能成立，故帕弗洛公司要求确认系争合同以及相应授权书无效的诉讼请求，原审法院不予支持。帕弗洛公司在该合同无效的基础上所主张的相应赔偿，原审法院亦不支持。

据此，原审法院根据《中华人民共和国合同法》第52条第（2）项、第（5）项，《中华人民共和国民事诉讼法》第144条之规定，判决：驳回帕弗洛公司的全部诉讼请求。本案一审案件受理费13 800元，由帕弗洛公司负担。

一审判决后,帕弗洛公司、艺想公司均不服,向本院提起上诉。

帕弗洛公司的上诉请求为:撤销原判,发回重审或改判支持其原审诉讼请求。其主要上诉理由为:(1)原审查明事实错误。毕加索公司在商标局的备案合同系伪造,原审法院认定该许可合同进行了备案、毕加索公司与帕弗洛公司于2012年1月1日签订提前终止备案协议,并无事实依据。(2)原审适用法律错误。原审法院认为毕加索公司与艺想公司签订的商标独占许可使用合同并非无效合同,属定性错误。1)艺想公司明知帕弗洛公司与毕加索公司之间存在商标许可关系,其仍与毕加索公司签订独占许可合同,其目的是进一步混淆市场、仿冒帕弗洛公司产品。且合同订立后,艺想公司据此向工商行政管理部门投诉帕弗洛公司,主观恶意明显。2)系争合同属于艺想公司与毕加索公司恶意串通损害帕弗洛公司利益的无效合同。①从主观动机看,毕加索公司明知其与帕弗洛公司的商标许可关系并未到期,仍违背诚信原则与艺想公司签订商标许可合同,显属故意;艺想公司与帕弗洛公司生产销售同类产品,一直存在仿冒等不正当竞争行为,意图通过获得涉案商标许可使用授权进一步混淆市场。②系争合同专门设置了限制合同双方与帕弗洛公司和解的条款,是将双方利益捆绑后共同对抗帕弗洛公司,可佐证双方存在恶意串通行为。③未尽合理的通知、注意义务,毕加索公司和艺想公司均知悉帕弗洛公司享有涉案商标的许可使用权,即使毕加索公司要授权艺想公司使用涉案商标,也应事先解除原授权使用关系,艺想公司也应调查此前的涉案商标许可使用关系是否已经解除。两被上诉人未尽到合理通知、注意义务,具有恶意。④在商标局备案的商标许可合同并未生效,其"林达光"签名并非毕加索公司负责人林达光的真实签名,而艺想公司在另案中曾致函最高人民法院称帕弗洛公司存在假冒签名骗取备案的行为,表明艺想公司知悉备案合同系假合同,其在系争合同中仅要求毕加索公司撤销备案合同,表明艺想公司清楚知悉涉案商标的前期授权关系尚未终止。⑤系争合同签订时,提前终止备案尚未公告,合同双方难以知悉备案已被提前终止,因此艺想公司主观恶意明显。⑥系争合同双方共同投诉、举报帕弗洛公司的商标侵权行为,表明双方事先有沟通、预谋。3)即使艺想公司与毕加索公司签订的许可合同有效,鉴于帕弗洛公司已被原审法院认定于2008年9月10日至2013年12月31日期间享有涉案商标的独占许可使用权,艺想公司也不可能获得涉案商标的许可使用权,原审法院将系争合同有效等同于商标授权有效,系对法律理解有误。

艺想公司答辩认为,商标使用许可合同备案已经商标局公告,具有行政效力,是真实合法的，帕弗洛公司并无证据证明存在虚假签名；独家不同于独占，帕弗洛公司所获得的并非涉案商标的独占许可使用权；艺想公司并未与毕加索公司恶意串通，其是在涉案商标许可合同备案终止之后才与毕加索公司签订商标使用许可合同，合法合理；艺想公司与毕加索公司签订商标独占使用许可合同后，其即获得涉案商标的使用权，有权利进行向工商部门投诉等维权行动。

毕加索公司未发表答辩意见。

艺想公司认同原审的判决结果，但认为原审认定的部分事实错误，请求发回重审或改判。其主要上诉理由为：（1）原审判决对帕弗洛公司的证据1、3、4、5、6的真实性予以确认，据此认定帕弗洛公司对涉案商标享有独占许可使用权，属认定事实错误。证据1、3、4、5不符合证据的形式要件，证据6与本案无关，法院均不应采信。（2）帕弗洛公司提交的证据28、29、30与本案无关，不能据此认定毕加索公司的授权书有效。（3）帕弗洛公司提交的证据24不符合证据条件，且与本案无关联性。（4）帕弗洛公司提交的证据33与本案并无关联，亦难以认定备案合同上林达光签名系伪造。（5）毕加索公司与帕弗洛公司存在直接利害关系，拒不到庭参加诉讼，法院不应采信其答辩意见；毕加索公司与帕弗洛公司恶意串通，损害国家税收利益及艺想公司利益，其已另案提起诉讼。

帕弗洛公司答辩认为：（1）原审证据1虽未提交原件，但已提供（2014）沪徐证经字第1399号公证书、（2011）沪仲案字第0651号裁决书予以佐证，足以证明台湾帕弗洛公司有权与帕弗洛公司签订涉案商标许可合同；原审证据3经过裁剪是为了防止泄露商业秘密，与本案相关的内容是真实的；原审证据4、证据5形成于中国大陆地区，形式合法；原审证据6所涉及的即为涉案商标。原审法院据此认定帕弗洛公司享有涉案商标的许可使用权，有事实和法律依据。（2）原审证据28、29、30均为人民法院生效判决，原审法院采纳相关事实于法有据。（3）原审证据24，其中的收据形成于中国大陆地区。（4）原审证据33，原审法院结合该证据和毕加索公司的意见认定备案许可合同上林达光签名系伪造，该认定并无错误。（5）是否损害国家利益不在本案审理范围之内。

毕加索公司未发表答辩意见。

帕弗洛公司、艺想公司、毕加索公司在二审中均未向本院提交新的证据材料。

本院经审理查明，原审法院查明的事实基本属实。

本院另查明：（1）2008年9月8日，毕加索公司出具授权证明书，授予帕弗洛公司中国大陆地区在书写工具类别上商业使用涉案商标,权利内容:中国大陆地区独家制造与销售,授权期限自2008年9月10日起至2013年12月31日止;2010年2月11日,毕加索公司与帕弗洛公司签订授权契约书,约定涉案商标授权期限为书写工具(铱金笔、圆珠笔、自动笔、签字笔及墨水等配件)在原契约基础上延展10年,自2014年1月1日起至2023年12月31日止。(2)艺想公司在2015年7月24日本院召集其及帕弗洛公司谈话时表示,其在与毕加索公司签订系争合同时,并不知晓帕弗洛公司与毕加索公司之间签订的合同的内容,但其知悉帕弗洛公司与毕加索公司之间就涉案商标存在使用许可关系;其在与毕加索公司签订系争合同时,毕加索公司称已与帕弗洛公司解除商标使用许可合同,因此其才敢与毕加索公司签订系争合同。(3)商标局《商标使用许可合同备案通知书》(发文编号:2008许09180HZ)载明备案商标的注册号为第×××××××号,许可期限为2003年7月9日至2013年5月19日;在该备案的商标使用许可合同中,所许可使用的商标为"PIRHLE及图"商标。(4)《商标使用许可合同备案变更/提前终止申请书》载明商标名称为:"PIMIO及图",商标注册号:×××××××,备案号:××××××××××;《提前终止许可合同备案公告》载明商标注册号×××××××,商标名称"PIMIO",提前终止日期为2012年1月1日。

本院认为,本案争议焦点为:(1)商标局商标使用许可合同备案之效力以及备案合同和其后的备案提前终止协议是否存在伪造毕加索公司负责人签名的问题;(2)帕弗洛公司关于其享有涉案商标独占使用许可授权的证据之效力问题;(3)台湾帕弗洛公司、毕加索公司与帕弗洛公司之间的商标使用许可关系的性质;(4)艺想公司与毕加索公司签订的独占使用许可合同是否因恶意串通损害第三人利益而无效;(5)艺想公司能否依据其与毕加索公司签订的系争合同获得涉案商标使用权。

一、商标局商标使用许可合同备案之效力以及备案合同和其后的备案提前终止协议是否存在伪造毕加索公司负责人签名问题

关于毕加索公司与帕弗洛公司之间的商标使用许可合同的备案,帕弗洛公司认为商标局备案的合同及2012年的备案提前终止协议上之毕加索公司负责人签名系伪造,艺想公司则认为签名真实。本院认为,虽然上述备案合同及备案提前终止公告中的商标名称与涉案商标并不一致,但其商标注册号均与涉案商标相同;同时,

商标局《商标使用许可合同备案通知书》载明的备案商标的注册号亦与涉案商标的注册号一致，因此应认定上述备案及其后的备案提前终止公告均与涉案商标相关。备案之许可合同以及《提前终止许可合同备案公告》中的商标名称虽有所出入，但在商标注册号均相同的情况下，应以商标注册号为依据确定所指向的商标标识。由于毕加索公司未到案参与诉讼，原审法院依据在案证据依法认定商标使用许可合同已经备案、该备案于2012年1月1日提前终止之事实，于法不悖。商标局将商标使用许可合同备案及终止备案的情况予以公告，其目的在于使不特定的第三人获悉涉案商标使用许可之权利变动状况，从而维护商标使用许可交易的安全。虽然备案之合同与帕弗洛公司和毕加索公司、台湾帕弗洛公司间签订的相关协议并非同一，但商标使用许可合同备案的实质是将商标使用许可关系予以公示，且原审法院并未将备案之合同文本作为确定帕弗洛公司和毕加索公司之间权利义务的依据，因此并不影响帕弗洛公司的合法权益。基于商标局对毕加索公司与帕弗洛公司之间的商标使用许可合同的备案及其后备案终止的公告具有公示效力，相关公众应知悉毕加索公司与帕弗洛公司之间就涉案商标存在独占使用许可关系、该备案于2012年1月1日终止。本院认为，相关合同文本之签名即使系伪造，鉴于本案实际情况，也应认定不影响上述商标局备案和备案提前终止之公示的真实性及法律效力，因此不影响本案的判决结果。况且，即使如帕弗洛公司所称，备案合同及提前终止备案协议上之毕加索公司负责人签名均系伪造，但帕弗洛公司并未对此备案及此后该备案之终止提出异议，其已获得备案产生之相应利益，现又欲否定备案之效力，有悖诚信。如在他案中确需对相关签名是否伪造作出判断，则可在他案中另行解决。

二、帕弗洛公司关于其享有涉案商标独占使用许可授权的证据之效力问题

关于艺想公司在上诉中对原审帕弗洛公司证据1、3、4、5、6、24、28、29、30、33所提出的意见，这些意见艺想公司在原审中即已提出，原审判决已经予以分析回应，本院认同原审法院关于上述证据的认定意见，在此不再赘述。本院认为，帕弗洛公司提供的上述证据并非孤证，而是可以构建起完整的证据链，证明涉案商标的使用许可授权过程及许可使用期间。原审法院并未直接采信毕加索公司的答辩意见，而是综合在案证据对涉案商标使用许可授权的事实进行了认定，并无不妥，故本院对艺想公司的上诉意见不予支持。

三、台湾帕弗洛公司、毕加索公司与帕弗洛公司之间的商标使用许可关系的性质

艺想公司认为帕弗洛公司并未获得涉案商标的独占许可使用权。关于台湾帕弗洛公司、毕加索公司与帕弗洛公司之间的商标使用许可关系的性质，本院认为，台湾帕弗洛公司与帕弗洛公司于2003年7月9日签订了授权契约书并于2005年3月21日签订了授权契约补充协议，根据上述协议，帕弗洛公司可以在大陆地区使用涉案商标。2003年7月9日，毕加索公司出具授权证明书，授权帕弗洛公司于2003年7月9日至2008年12月31日间使用涉案商标；2008年9月8日，毕加索公司再次出具授权证明书，授权帕弗洛公司于2008年9月10日至2013年12月31日间独家使用涉案商标；2010年2月11日，毕加索公司与帕弗洛公司签订授权契约书，约定将使用涉案商标的关系在原契约基础上延展10年，即自2014年1月1日至2023年12月31日。上述合同均系当事人的真实意思表示，合法有效，且毕加索公司为涉案商标的商标权人，其合法授权他人使用涉案商标的行为具有法律效力。根据上述合同约定，帕弗洛公司享有2008年9月10日至2023年12月31日间在大陆地区独家使用涉案商标的权利。所谓"独"，即单一、唯一之义，上述合同中所谓独家使用，指涉案商标只能由被许可人帕弗洛公司使用，他人包括商标权人毕加索公司在内均不得使用，此种使用方式符合《最高人民法院关于审理商标民事纠纷案件适用法律若干问题的解释》第3条对独占使用许可的定义，艺想公司所称的"独家"不同于"独占"之理由难以成立。关于独占使用许可的期间，依据毕加索与帕弗洛之间授权合同，在合同当事人并未协商变更的情况下，应认定帕弗洛公司享有2008年9月10日至2023年12月31日间在大陆地区独占使用涉案商标的权利，原审判决仅认定帕弗洛公司在2008年9月10日至2013年12月31日期间享有涉案商标的独占许可使用权并不全面，本院在此予以补充认定。

四、艺想公司与毕加索公司签订的独占使用许可合同是否因恶意串通损害第三人利益而无效

帕弗洛公司认为毕加索公司与艺想公司签订的系争合同因恶意串通损害其利益而无效。本院认为，艺想公司与毕加索公司于2012年2月签订的系争商标使用许可合同书，双方意思表示真实一致，合同已经成立并生效。关于艺想公司与毕加索公司是否存在恶意串通损害第三人利益并导致合同无效的问题，本院认为：首先，艺想公司与帕弗洛公司生产销售类似书写工具产品，在同一市场展开竞争，且毕加索公司在向法院提交的书面答辩意见中称已将其与帕弗洛公司的商标使用许可情况

告知艺想公司；其次，艺想公司与毕加索公司在商标局2012年3月13日公告终止备案之前的2012年2月16日即签订系争商标使用许可合同，虽然商标使用许可合同备案于2012年1月1日终止，但并无证据表明帕弗洛公司与毕加索公司的商标独占使用许可合同关系已经解除，不能仅依据备案之终止而推定商标使用许可合同之解除；再者，艺想公司亦表示其知悉帕弗洛公司与毕加索公司之间的涉案商标使用许可关系。据此，可以认定艺想公司在与毕加索公司签订系争商标使用许可合同时，知晓帕弗洛公司与毕加索公司之间存在涉案商标独占使用许可关系，因而在重复授权情况下，艺想公司并不属于在后被授权之善意第三人。

然而艺想公司不属于善意第三人，仅意味着其对毕加索公司与帕弗洛公司之间的涉案商标独占使用许可关系是知情的，并不一定意味着其与毕加索公司间存在恶意串通并损害第三人利益之行为。《中华人民共和国合同法》第52条所规定的恶意串通，通常表现为利用合同形式转移财产、逃避债务以及与相对人之代理人串通损害相对人利益等，其行为本身即具有违法性，因此法律规定此类合同无效。从恶意串通的构成要件看，既需证明主观上存在加害故意，又需证明客观上存在串通行为。而本案中，艺想公司与毕加索公司签订使用许可合同的目的在于使用涉案商标，虽然艺想公司和毕加索公司在签订系争合同时，并未以毕加索公司和帕弗洛公司解除其双方在先的商标独占使用许可合同为合同生效前提之做法存在不妥，导致先后两个商标独占使用许可合同的许可期间存在重叠，但综合艺想公司在其系争合同中要求毕加索公司积极撤销与帕弗洛公司的备案合同等条款，本院认为本案中尚无充分证据证明艺想公司有加害帕弗洛公司的主观恶意，亦无证据证明艺想公司和毕加索公司间存在串通行为，因此难以认定此种合同行为属恶意串通损害第三人利益之行为。艺想公司是否存在仿冒等不正当竞争行为，与本案之合同纠纷并无关联。艺想公司、毕加索公司的投诉、举报行为，系基于其自认为艺想公司已获得涉案商标的独占许可使用权，且相应行政机关并未做出帕弗洛公司违法的决定，难言属于双方恶意串通之行为。至于系争合同专门设置的限制合同双方与第三方和解的条款，符合艺想公司维护其合同利益的目的，系市场竞争中的常见手段，同样难以认定系恶意串通行为。虽然艺想公司试图影响毕加索公司与帕弗洛公司之间的涉案商标独占使用许可关系的动机是明显的，但鉴于艺想公司与帕弗洛公司系同业竞争者，其采用与涉案商标权利人毕加索公司签订独占使用许可合同、要求毕加索公司不得在同类产品上向第三方授权使用涉案商标的方式展开市场竞争，该竞争方式本身并不具有违法性。本院认为，系争合同不符合认定合同无效的法定条件，涉案各方之间的纠纷，可以通过追究违约责任等方式予以解决。

五、艺想公司能否依据其与毕加索公司签订的系争合同获得涉案商标使用权

本院认为，虽然本案中艺想公司与毕加索公司之间的商标使用许可合同已成立并生效，但合同已生效并不等于合同已被实际履行，合同中约定的内容是否已被合同双方依约履行，应以双方的实际履行行为为准。鉴于艺想公司在本案中辩称其已获得而帕弗洛公司并未获得涉案商标的独占许可使用权，本院认为关于帕弗洛公司、艺想公司是否享有涉案商标独占许可使用权以及许可使用期间的问题，仍应再予明确。本院认为，首先，如上文所述，艺想公司、毕加索公司均知悉帕弗洛公司与毕加索公司就涉案商标存在的独占使用许可关系，艺想公司相对于帕弗洛公司与毕加索公司之间的商标独占使用许可合同关系而言，不属于善意第三人。其次，毕加索公司与帕弗洛公司之间就涉案商标存在独占使用许可合同关系，且该独占使用许可合同正常履行，虽然毕加索公司与帕弗洛公司之间的涉案商标使用许可合同备案于2012年1月1日终止，但在无证据表明帕弗洛公司与毕加索公司的商标独占使用许可合同已被解除的情况下，应认定该独占使用许可合同关系依然存续。由于艺想公司不属于善意第三人，因此，帕弗洛公司依据其与毕加索公司间的商标使用许可合同取得的涉案商标独占许可使用权，可以对抗艺想公司与毕加索公司之间的商标使用许可合同关系。虽然毕加索公司与艺想公司之间的商标使用许可合同已成立并生效，但由于帕弗洛公司就涉案商标取得的独占许可使用权一直存续，毕加索公司已不能对涉案商标的使用权进行处分。鉴于毕加索公司实际上并未履行其与艺想公司签订的商标使用许可合同之义务，艺想公司也就不能据此系争合同获得涉案商标的使用权。换言之，艺想公司与毕加索公司签订的系争合同，并不能剥夺帕弗洛公司对涉案商标享有的独占许可使用权。由此，帕弗洛公司依据在先的独占使用许可合同已经形成的商标使用的状态，应认定未被在后的商标独占使用许可合同关系所打破，否则将有悖公平诚信原则、扰乱商标使用秩序并最终有损相关消费者利益。原审判决虽认定系争合同并非无效，但并未认定艺想公司享有涉案商标的独占许可使用权，本院认为并无不当。艺想公司与毕加索公司如就系争合同产生纠纷，可通过追究违约责任等方式另案解决。此外，艺想公司是否另案起诉毕加索公司与帕弗洛公司恶意串通损害国家税收利益及艺想公司利益，属另案审理范围，本案不予审查。

综上所述，上诉人上海帕弗洛文化用品有限公司、上诉人上海艺想文化用品有

限公司的上诉请求均缺乏事实和法律依据，应予驳回。依照《中华人民共和国民事诉讼法》第 170 条第 1 款第（1）项之规定，判决如下：

驳回上诉，维持原判。

本案二审案件受理费人民币 13 800 元，由上诉人上海帕弗洛文化用品有限公司负担人民币 13 044 元、上诉人上海艺想文化用品有限公司负担人民币 756 元。

本判决为终审判决。

2015 年 9 月 30 日

四、案件相关问题解析

本案中，由于毕加索国际企业股份有限公司（以下简称毕加索公司）曾出具的授权证明书中对上海帕弗洛文化用品有限公司（以下简称原告）授权描述的内容为"中国大陆地区独家制造与销售"，上海艺想文化用品有限公司（以下简称艺想公司）抗辩称原告所获得的是商标独家使用权，而非法律所规定的商标独占许可使用权。这里涉及了究竟什么是商标独占许可使用权的问题。

首先，根据《商标法》（2001 年修正）第 40 条第 1 款，商标注册人可以通过签订商标许可合同，许可他人使用注册商标。

其次，根据《最高人民法院关于审理商标民事纠纷案件适用法律若干问题的解释》第 3 条，上述的商标许可可以分为三类，分别是"独占使用许可""排他使用许可"及"普通使用许可"。其中"独占使用许可"指的是商标注册人将注册商标只许可给一个被许可人使用，同时商标注册人承诺自己不使用该注册商标，也就是只有独占被许可人能使用该注册商标。"排他使用许可"指的是商标注册人将注册商标只许可给一个被许可人使用，而商标注册人自己也可以使用，也就是说排他被许可人及商标注册人两个主体能使用该注册商标。"普通使用许可"指的是商标注册人将注册商标许可给普通被许可人后，商标注册人除自己能使用外，还能许可给其他人使用，也就是说所有的普通被许可人以及商标注册人都可以使用该注册商标。

根据本案毕加索公司授权证明书的表述，"中国大陆地区独家制造与销售"，要想达到"独家"的效果，只有毕加索公司授权原告一人在中国大陆地区制造、销售有涉案商标的产品，同时毕加索公司自己也不能使用。因此，名称上是"独家使用权"，但实际的效果就是《最高人民法院关于审理商标民事纠纷案件适用法律若干问题的解释》中所述的"独占使用许可"。所以，本案中法院并没有采纳艺想公司的辩解。

而在这里，笔者还想补充的是，《最高人民法院关于审理商标民事纠纷案件适用法律若干问题的解释》第3条所述的三种商标使用许可类型并非强制性的规定，在本质上，商标使用许可合同属于民事合同范畴，许可人与被许可人签署商标独占使用许可合同后，许可人也可以与第三方签一份商标独占使用许可合同，但第二份合同并不会因为与第一份合同冲突而无效，具体笔者将在第五部分的第（一）点中详细解析。

五、案件启示及建议

（一）注册商标许可使用合同备案效力问题

本案中，原告诉艺想公司及毕加索公司，请求判令艺想公司及毕加索公司之间的注册商标独占许可合同无效。其中，原告与毕加索公司在先具有注册商标独占使用许可关系，同时也在商标局进行了备案，在2012年1月1日，原告与毕加索公司提前解除了许可合同的备案。在艺想公司知晓毕加索公司与原告约定解除许可合同备案，但商标局还未将解除备案公告时，毕加索公司将涉案商标许可给艺想公司独占使用。毕加索公司则以商标局公告许可合同备案解除为由，辩称原告与毕加索公司的许可使用关系已解除。这里就涉及了注册商标许可使用合同备案效力的问题。

根据《商标法》第43条第3款[①]的规定，我国注册商标许可合同备案制度采取的是备案对抗主义，即无备案，不得对抗第三人；有备案，可以对抗第三人。至于注册商标使用许可合同的效力，与是否在商标局备案无关（除非许可合同中约定备案为合同生效要件），无特别约定的注册商标使用许可合同在依法成立后即生效。

[①]《中华人民共和国商标法》第43条第3款规定："许可他人使用其注册商标的，许可人应当将其商标使用许可报商标局备案，由商标局公告。商标使用许可未经备案不得对抗善意第三人。"

艺想公司与毕加索公司之间的商标使用许可合同由于非恶意串通损害第三方利益或违反其他强制性规定的情形，故为成立且生效的合同。

而至于备案的效力问题，从法条上看是"商标使用许可未经备案不得对抗善意第三人"，反过来说就是商标许可合同经备案后可以对抗第三人的商标权。

首先，要明确的是商标许可合同备案产生的是以国家名义为商标使用权人变更进行公示的公信力。而许可人与被许可人签订的商标许可使用合同产生的是以协议方式在合同主体之间约定的对商标使用权进行变更的合同约束力。合同约束力只能在合同主体之间产生效力，但国家的公信力可以在国家范围内所有主体间产生效力。这也就是商标备案后能够对抗善意第三人的理论基础。

其次，商标独占许可合同所产生的商标独占使用权其实是由一个权利及一项承诺所组成的，即被许可人在一定时间、空间范围内对商标的使用权以及在一定时间、空间范围内只有被许可人能使用该商标的承诺。打个比方，在商标专用权人 A 与 B 签订商标独占许可合同后，A 又与 C 签订了一份商标独占许可合同的情况下，A 并不是将商标使用权完全转让给了 B，而是将 A 的商标专用权授权给 B 使用，同时承诺只有 B 一人能使用。而 A 又将商标许可给 C 使用其实是违反了其只有 B 一人能使用的承诺。而 A 本质上一直享有商标的专用权，只不过 A 与 B 之间的承诺限制了 A 再使用该商标。有另外一种观点认为："在先被许可人取得商标使用权后，原许可人就失去了商标使用权，因此其与后被许可人签署的商标许可合同属于无权处分的合同。"笔者认为这种观点是错误的，商标许可使用合同本质是一种授权合同，而非权利转让合同，将权利授予他人不意味着自身失去了该权利，独占许可合同只是授权人对自己的使用权做了限制。

由此就能引申出在司法实践中，对商标独占使用重复许可时处理的基本思路。

1. 两个被许可人均未对商标许可合同进行备案。这种情况下，先要判断在后的被许可人是否为善意

第一种情况，在后许可人为善意，则在先被许可人与在后被许可人都能非独占地使用该商标，同时可以向许可人主张违约责任。两个被许可人的商标许可合同由于都未进行过备案，因此都不具备对抗第三人的国家公信力，许可使用关系的效力仅限于许可人与被许可人。又因为在后被许可人为善意，作为善意第三人与在先被许可人地位平等，故而两个许可合同不存在优先级。所以，两个被许可人都能依据各自的商标许可合同使用商标，同时由于许可人违反其被许可人独占使用商标的承

诺，因此都能向许可人主张违约责任。

第二种情况，在后被许可人为恶意，则在先被许可人可以认定在后被许可人的许可使用合同无效（根据具体案情，有些个案不能确认合同无效，如本案），独占使用该商标，并对其造成的损失向许可人及在后被许可人追偿。由于在后被许可人为恶意，在一般情况下法院会判定恶意的在后被许可人与本来就知情的许可人签订的商标许可使用合同属于《合同法》第52条第（2）项规定的"双方恶意串通，损害第三人利益"的法定无效合同，从而在后被许可人使用注册商标的依据，即商标许可合同自始无效。因此，在先被许可人可以向在后被许可人追偿在后被许可人使用注册商标造成的损失，同时向许可人追偿违约的损失。

而本案从大体上与第二种情况相类似，但很关键的差别在于本案的在后被许可人既非善意也非恶意。由于本案的在后被许可人虽然明知有在先被许可人的存在，但其是认为在先被许可人的商标使用权因解除备案而无效，才与许可人签署了商标许可使用合同。这种情况下，不能认定双方恶意串通，所以该合同成立且生效，原告可以以其商标独占使用权对抗该合同关系，因为原告的对抗，所以毕加索公司许可的商标使用权实际不得履行，艺想公司并没有获得该商标的使用权。综上，本案中原告要求判决艺想公司及毕加索公司之间的合同无效的请求被一审法院驳回，原告不服上诉后，二审法院驳回上诉维持原判，但在一审基础上明确了原告的商标独占使用权。

2. 在先被许可人的商标使用许可合同已经经过商标使用许可备案

这种情况下，若在后被许可人还与许可人签署商标独占许可合同，在后被许可人不能得到商标使用权，同时还需赔偿使用商标所造成的在先被许可人的损失，此外许可人还需对在先被许可人承担违约责任。由于备案具有国家公信力，这种国家公信力可以用来对抗除协议双方外的第三人，所以，根据《商标法》第43条第3款，在先被许可人的许可合同经备案后可以对抗善意第三人，也当然能对抗恶意的第三人。

3. 在后被许可人的商标使用许可合同已经经过商标使用许可备案。这种情况也需要判断在后许可人是善意还是恶意

第一种情况，在后被许可人为善意，则在后被许可人将得到商标的独占使用权，并可以以该独占使用权主张在先被许可人停止使用商标，但不得要求在先被许可人为其在先使用商标行为承担赔偿损失的责任；在先被许可人在得知在后被许可

人的许可合同备案后，须停止使用商标，但可以向商标许可人主张违约责任，追偿损失。由于在后被许可人为善意，在善意的前提下取得了商标许可合同的备案，其商标使用权从协议拘束力上升到了国家公信力。而在先被许可人的许可合同由于没有进行备案，只具有协议拘束力。因此，在后的被许可人可以对抗在先的被许可人，在先的被许可人因此失去对商标的使用权。但在在后被许可人的合同备案之前，在先被许可人仍能依据合同使用商标，为合法使用，故无须为这部分的使用行为赔偿。

但在司法实践中还有另外一种观点，虽然在后被许可人为善意，但由于许可人明知其已将商标独占许可给在先被许可人使用，后又将该商标独占许可给在后被许可人使用还进行了备案，属于《中华人民共和国合同法》第52条第（3）项①"以合法形式掩盖非法目的"的情形，即许可人通过对在后商标许可合同进行备案的合法形式，掩盖其将注册商标重复许可、获取不当利益的目的，损害在先被许可人的合法权利，所以，在后的商标许可合同为无效合同。笔者认为，这种观点是不可取的。首先，以合法形式掩盖非法目的中的"非法目的"应为国家强制性的规定，而我国法律并没有强制规定商标专用权人一定不能与不同人签订商标独占实施许可合同，涉及商标独占实施许可合同的相关法律只有《最高人民法院关于审理商标民事纠纷案件适用法律若干问题的解释》的第3条以及第4条第2款，但都没对重复签署两份商标独占实施许可合同有明令禁止的规定。所以，将注册商标重复许可并非非法，而是在合法签署合同范围内的违约行为，不能依据上述《中华人民共和国合同法》第52条第（3）项的规定认定合同无效。其次，如果认定许可人与善意的在后被许可人签订的合同属于无效合同，由于认定合同无效的依据是许可人以合法形式掩盖非法目的，不论被许可人是善意还是恶意，备案还是没有备案，该合同都为无效合同，那么如果善意的在后被许可人经备案后，被在先未备案的被许可人发现，并提起诉讼主张在后的合同无效时，依据该逻辑，该合同无效，善意的在后被许可人即使备案了也失去商标的使用权，这明显与《商标法》第43条第3款"备案对抗制度"所规定的经备案可以对抗善意第三人、未经备案不得对抗善意第三人的原则相违背。因为在上述逻辑下，经备案的即使善意的在后被许可人非但不能对抗善意第三人即

---

①《中华人民共和国合同法》第52条规定："有下列情形之一的，合同无效：……（三）以合法形式掩盖非法目的；……"

在先被许可人，还会被在先被许可人对抗。综上，笔者认为这种观点是不妥的，但在司法实践中，仍有法院持这样的观点，如当事人为在先被许可人，还是可以采取以上观点进行辩论。

第二种情况，在后被许可人为恶意，则情况跟上述未备案的在后被许可人为恶意的情况差不多，在先被许可人可以认定在后被许可人的商标许可使用合同无效，在先被许可人拥有商标的独占使用权，同时对于在后被许可人及许可人造成的损失，在先被许可人可以追究相应的违约责任或侵权责任。由于在后被许可人为恶意的情况下，许可人与被许可人签订的商标独占许可使用合同符合《中华人民共和国合同法》第52条第（2）项法定合同无效的构成要件，为无效合同，而对无效的商标许可关系进行备案，该备案的基础无效，故也为无效的备案，所以在后被许可人不得以备案对抗在先被许可人。由于合同无效是自始无效，一方面在先被许可人继续拥有商标的独占使用权，另一方面在后被许可人还需赔偿因使用商标对在先被许可人造成的损失。

对商标独占许可进行重复许可时，上文对因商标许可合同备案效力产生的纠纷做了简要的解析，从上述分析中不难看出，商标独占许可重复许可中有两个关键要素，一个是进行备案，一个是善意。

首先，在备案问题上，由于《商标法》第43条第3款明确规定了备案的主体必须是许可人，所以被许可人在备案问题上很被动，而不备案又会直接导致被许可人商标使用权丧失或与他人分享的风险。在这里，笔者建议被许可人在签署商标使用许可合同时，增加如下内容，以减少自身的风险：

（1）增加许可人备案义务条款，将许可人备案商标使用许可合同作为合同中甲方义务，通过合同拘束许可人的行为。

（2）增加有关备案的期限的条款。如果没有有关备案期限的条款，那么备案义务条款就跟没有一样，许可人可以不断拖延备案的时间，时间越长，被许可人的风险越大。笔者建议以一个月为限，最长不超过三个月。

（3）增加未备案的违约条款，并将违约责任具体化。由于知识产权纠纷的损失难以明确，如果以实际损失作为违约责任，被许可人很难对实际的损失举出证据，所以，直接通过具体数额违约金作为责任更有利于实现许可人的违约责任。因此，对于许可人在备案期限内未备案的行为，一定要明确违约责任。

其次，在善意问题上，被许可人要尽到审慎义务，保持自身善意地位，在了解商标的权利情况后再与许可人签署商标使用许可合同。笔者建议，被许可人在签署商标使用许可合同时，应注意如下几点：

（1）通过中国商标局的官网"中国商标网"[①]查询商标的基本情况及公告信息，打印并留档。

（2）让许可人书面承诺该商标除许可人外，没有其他在先权利人对该商标享有任何权利。

（3）如支付的商标许可使用费过低，被许可人需要仔细考量是否商标具有权利瑕疵。

（4）如许可人告知或被许可人发现该商标已有其他人在先享有使用权，那么被许可人再与许可人签署商标使用许可合同将会有非常大的风险。

（二）注册商标许可合同内容问题启示

如今，商品经济发展的多样性促进了注册商标的使用与流转，而相应地，因商标许可使用合同签订的不规范而导致的纠纷也越来越多。近年来，除本案外，包括王老吉诉加多宝商标仲裁案、苹果 iPAD 商标案等纠纷，都与注册商标许可合同在签订时未考虑妥当有关。笔者在此就注册商标许可合同签订时当事人需重视的内容做简要的介绍，希望抛砖引玉，除给读者介绍一些实用性的技巧外，并能启示读者，在签署注册商标许可合同时能有所帮助。

1. 商标许可合同的标的

商标许可合同，顾名思义就是将商标使用权许可给他人使用的合同，其标的就是商标的使用权。但要知道，注册商标的使用是在特定时间、特定空间、特定商品上使用的标志，如对于标的的表述不明，则很容易产生纠纷。

（1）使用商品类别。在实践中，很多商标注册人会将商标注册于多个产业品类的商品上，而同样的商标注册在不同产业类别上并获得注册后，就相当于注册了多个注册商标。被许可人在签署合同时要关注合同中是否有对注册商标所适用产业类别的描述，若无则必须明确该类别。同时，被许可人需要确认该类别是否与被许可人将生产的产品为同一品类。

[①] 中国商标局商标查询官网：http://sbj.saic.gov.cn/sbcx/。

(2) 注册证有效期。根据《商标法》（2001年修正）第37条、第38条[①]的规定，注册商标的有效期为10年，期满之前可以续展注册，续展次数并没有限制。由于注册商标有效期较长，容易被当事人忽略，但如果注册商标专用权人未进行续展，同时在有效期满后6个月的宽限期内仍然未申请续展的，注册商标将会被注销。所以，商标许可人与被许可人在签订商标许可使用合同时须了解清楚注册商标的有效期，在期限届满时，被许可人要提醒许可人或许可人自己要对注册商标申请续展。

(3) 注册商标保护区域。注册商标的区域性纠纷一般发生在涉外的商标许可合同纠纷中，其中苹果iPAD商标案就是一起典型的因注册商标地域性产生的纠纷。案件基本情况是：唯冠（台湾）公司拥有iPAD商标在中国台湾地区的专用权，而唯冠（深圳）公司拥有iPAD商标在中国大陆的专用权。美国苹果公司从唯冠（台湾）公司处购买iPAD的商标专用权时，合同中并没有明确该商标的地域性，只说明了是唯冠（台湾）公司所拥有的商标。最后，由于唯冠（台湾）公司与唯冠（深圳）公司是两个不同主体，苹果公司并没有取得iPAD商标在大陆的专用权，苹果为此又被判决向唯冠（深圳）公司支付6000万美元。所以，在涉及国际性多个地区的商标许可使用合同中，一定要明确合同涉及商标的使用区域范围，如未明确的，被许可人一定要与许可人明确这一点。

(4) 注册证号。商标注册号是判别注册商标很重要的属性因素，就我国注册商标制度来看，注册号与注册商标是一一对应的。比如本案中，毕加索公司与台湾帕弗洛公司签署的商标使用许可合同以及与原告的授权声明书中，对于涉案商标的文字表述是不一致的，艺想公司曾以此辩称两个合同中的商标并非同一个商标，但最后指向的商标注册号是一致的，因此法院也认可两份文件中所指向的商标为同一商标。所以，商标许可使用合同的当事人应尽量使用商标注册号来确定许可商标，避免只通过文字或图形的描述来确定合同标的。

---

① 《中华人民共和国商标法》（2001年修正）第37条规定："注册商标的有效期为10年，自核准注册之日起计算。"

第38条规定："注册商标有效期满，需要继续使用的，应当在期满前六个月内申请续展注册；在此期间未能提出申请的，可以给予六个月的宽展期。宽展期满仍未提出申请的，注销其注册商标。每次续展注册的有效期为十年。续展注册经核准后，予以公告。"

2. 商标许可合同的当事人

(1) 商标许可人对被许可人的资格审查。

商标许可人在签署商标许可使用合同前,需要审查被许可人的经营、生产规模等硬实力,经营理念、企业文化等软实力,以及被许可人产品的质量情况。

首先,硬实力方面,被许可人的经营、生产规模将直接导致商标许可人的商标将来的市场占有率以及对市场的影响力,规模大的被许可人会给许可人带来更多的利益。

其次,软实力方面,被许可人的经营理念与企业文化是否与许可人商标的理念一致将直接导致许可人商标的发展方向,如果经营理念与商标的理念不一致将导致商标所蕴含的价值贬损或更糟的情况,比如,高档餐饮的商标授权给一家管理混乱的企业,那么势必将对商标的价值产生不利的影响。

最后,产品质量方面,这也是最重要的一点,根据《商标法》(2001年修正)第43条第1款[①],商标许可人对被许可人使用其商标的产品承担监督责任,如果商标被许可人生产的产品质量不合格,商标许可人也没尽到监督义务,许可人会有侵犯他人人身或财产权利的风险。此外,在美国,如果许可人将商标授权给被许可人后不管,将会失去注册商标的专用权。

(2) 商标被许可人对商标许可人的资格审查。

商标被许可人在签署商标许可使用合同前,需要核查该商标注册人与许可人主体是否一致、许可的商标是否为注册商标以及该许可商标的权属情况。

首先,核查商标注册人与许可人主体是否一致。根据《商标法》第43条第1款,商标使用许可合同的许可人应当是商标注册人,但在实践中,很多商标实际注册人是企业的实际控制人或主要负责人等个人,而对外宣传往往是以企业名义,将个人与企业混同。因此,被许可人要对商标的注册人进行核查,判断商标的注册人是否与许可人主体一致,避免因主体不一致而导致交了许可使用费却仍不能使用商标的结果。

其次,核查许可商标是否为注册商标。由于我国法律并没有规定禁止市场主体

[①]《中华人民共和国商标法》(2001年修正)第43条第1款规定:"商标注册人可以通过签订商标使用许可合同,许可他人使用其注册商标。许可人应当监督被许可人使用其注册商标的商品质量。被许可人应当保证使用该注册商标的商品质量。"

对未注册商标的使用许可，只要在不违反法定合同无效或撤销情况下，双方自愿订立的商标许可使用合同是受法律保护的。由于未注册的商标（除驰名商标等特殊情况外）是不受我国法律保护的，不具有商标的专用权，所以被许可人即使没签订合同、未缴纳许可使用费，也可以使用未注册商标。而在订立完合同、缴纳许可使用费后，被许可人再想要回这些费用就不太可能了。所以，被许可人要在订立商标许可使用合同前，审查商标是否为注册商标，以避免不必要的损失。

最后，被许可人有条件时还应对许可商标的权属情况进行审查。商标的权属状况包括商标是否有在先权利人、是否处于被侵权或混淆的状态、是否有企业使用与该商标相同的文字符号作为企业名称等状况。有些商标表面上没什么问题，但也许有人已经对商标提出异议、撤销申请或权属诉讼，这样的商标权利处于极其不稳定的状态，随时可能发生权属变更或被撤销不能使用的情况，这些都将影响商标许可使用合同的效力、存续和履行。所以，被许可人在有条件的情况下对商标的权属情况进行审查，可以避免商标使用过程中的不确定性。

3. 商标许可合同的许可方式

商标许可合同的许可方式可分为三种，分别是独占许可、排他许可和普通许可。三种许可的含义已在第四部分中详细阐述，在此不再赘述。其中，独占许可的被许可人是排除许可人使用商标，这种模式下，在使用过程中遭遇商标侵权行为时，要求独占被许可人有独立的诉讼能力。所以，许可人应根据自身情况，核实被许可人的综合资质，审慎决定许可方式。同时，许可人也可以根据选用的许可方式，在法律规定范围内自行约定遭遇侵权时的起诉主体。

此外，许可人还可以具体约定是否允许被许可人再实施许可，或是约定被许可人再实施许可要经许可人同意等限制被许可人实施再许可的款项。

4. 商标许可合同的许可期限

商标许可合同中应当明确被许可人使用商标的期限，该期限不能超过商标注册证的有效期。此外，许可人与被许可人还可协商约定在合同期满后使用该商标货物销售的缓冲期限等一些有利于双方继续合作的期限条款。

5. 商标许可合同的许可费用

商标许可合同的许可费用是许可人与被许可人利益博弈的过程。常见的许可费计算方法有两种，一种方式是一次性约定许可费的金额；另一种方式是根据被许可人的营业收入，按比例进行支付。从许可人的角度来看，在被许可人经营状况不确定的情况下，许可人更偏向于一次性约定许可费的方式，这样可以避免被许可人经营的不确定性；而在被许可人经营状况良好的情况下，许可人约定以营业收入的一定比率作为许可费的方式将会得到更多的利益。而从被许可人的角度，其与许可人正好相反。关于商标许可使用费的费率，有一种观点认为要看商标营销费用的承担，商标营销费用如果由许可人承担较多，则费率就偏高；由被许可人承担较多，则费率就偏低。

在王老吉与加多宝商标权纠纷案中，两者矛盾激化的原因之一就在于没有合理地约定商标许可使用费。在2010年之前，王老吉与广药的商标许可合同中，商标许可使用费的支付方式就是每年一次性支付450万元（2000年前）或每年一次性支付506万（2000年至2010年）。但随着加多宝集团将"王老吉"品牌做得越来越大，在2010年"王老吉"商标品牌估值1080亿元，在这种情况下，每年500多万元的商标许可使用费对价值如此巨大的商标来说就显得有些少了。如果在2010年后，两者能协商一致，将商标许可费的计算方法改为按营业收入一定比率计算的方式达成续签协议，那么两者就从一定意义上的对立面转为共赢的合作伙伴，也就不会有之后众多的诉讼纠纷。

所以，在商标许可使用合同签订过程中，根据不同情况，对许可费用的计算方式作出合理的改变会对许可人与被许可人之间的合作起到润滑作用。对此，无论是许可人还是被许可人，都需要审慎对待。

6. 商标许可合同中对增值利益的分配

对于商标许可合同中被许可人在经营过程中造成使用商标价值增加部分的归属问题，我国现有的法律制度中并未有具体的规定。但根据加多宝公司与王老吉商标权纠纷案的结果来看，在商标许可期限届满时，如无特别约定，被许可人无法获得商标增值的商誉及利益。同时，法律也没有规定商标被许可使用人不能获得增值的商誉及利益，所以根据"契约自由"，商标许可使用合同当事人可以在合同中明确约定商标许可使用期间商标增值部分及其收益的分配方式。尤其是被许可人，为维护自身通过经营获得的利益，可以事前在合同中约定，使用期满后如商标有增值，被许可人应当获得一定的利益，如商标因被许可人经营不善而贬值，则被许可人应对许可人给予一定的补偿。

7. 商标许可合同中的质量义务条款

质量义务条款指的是商标许可使用合同的双方当事人约定，若被许可人生产、销售的贴有许可人许可使用商标的产品存在质量问题或是质量低于某一标准，那么许可人可向被许可人主张赔偿责任。商标许可合同的质量义务条款是为了保障许可商标的内在价值不受被许可人恶性使用而贬值。许可人可以在合同中约定该条款，以防止被许可人损害许可人商标的商誉。

8. 商标许可合同的备案

有关商标备案的效力、内容及注意事项，笔者已在上文第五部分第（一）点"注册商标许可使用合同备案效力问题"中做了详细分析，不再赘述。商标许可使用合同的备案关乎被许可人的切身利益，因此在合同中应当得到体现。

第十章

商标权转让合同纠纷及商标权转让注意事项

主要原理： 商标转让的程序性要求、常见法律风险及其应对

素材： 江门市新会区吉满堂茶业有限公司与尤泽锋、姚浜灿商标权转让合同纠纷案

一、案情简介

尤泽锋系注册号为第9412973号（申请日为2011年5月3日，有效期限自2012年5月21日至2022年5月20日）、第10125583号（申请日为2011年10月31日，注册有效期限自2012年5月21日至2022年5月20日）商标的注册人。该两枚商标均是吉满堂的文字与拼音组合的商标，即"吉满堂JIMANTANG"商标，但注册类别不同。

2011年11月1日，尤泽锋与林天芳、周璟、林涛四方签订《合作协议》，约定组建江门市新会区吉满堂茶业有限公司（以下简称吉满堂公司），共同经营"吉满堂"牌系列橘普茶，且约定尤泽锋将"吉满堂"商标转让给该公司拥有。2012年5月22日，2012年6月15日，尤泽锋与其他股东先后签订"股权转让协议""股东会决议"，约定尤泽锋保证把注册在其名下的吉满堂商标及网络域名等转回吉满堂，并协助办理相关手续，直至转让成功为止。2012年10月8日，尤泽锋与吉满堂公司签订"商标转让协议"，并出具声明书表明自愿将上述商标的专用权、申请权转让给吉满堂公司，并办理了公证。2012年10月22日，吉满堂公司就两枚商标向国家商标局提出转让申请。国家商标局于2013年5月22日作出两份"转让申请补正通知书"，告知吉满堂公司该两枚商标又于2012年10月19日办理了将同一商标转让给另一自然人的申请，要求该公司提交补正材料。

2012年9月19日，尤泽锋与姚浜灿签订了"商标转让协议"，约定尤泽锋将注册号为第9412973号的"吉满堂JIMANTANG"商标的商标权转让给姚浜灿。2012年10月19日，姚浜灿就注册号为第9412973号商标向国家商标局提出转让申请。同年11月12日，国家商标局受理该转让申请。2013年5月27日，国家商标局作出了"转让申请补正通知书"，告知姚浜灿该商标又于2012年10月22日办理了将同一商标转让给吉满堂公司的申请，要求其提交补正材料。2013年6月8日，尤泽锋再次出具声明书声明其本人确定自愿将上述注册商标转让给姚浜灿，不会转让给吉满堂公司，并办理了公证。

一审法院审理后认为，吉满堂公司与尤泽锋之间的商标转让协议以及尤泽锋与姚浜灿之间的商标转让协议均合法有效，本着商标保护应物尽其用的原则，将涉案商标由吉满堂公司受让及使用可以更好地发挥商标识别商品来源的作用及市场价值，故判决注册号分别为第10125583号、第9412973号的"吉满堂

JIMANTANG"商标的专用权归吉满堂公司所有。

尤泽锋、姚浜灿不服一审判决提起上诉,二审法院经审理后维持了原判。

二、法学原理及分析

(一)商标权转让取得时间问题涉及法条

《中华人民共和国商标法》

第四十二条 转让注册商标的,转让人和受让人应当签订转让协议,并共同向商标局提出申请。受让人应当保证使用该注册商标的商品质量。

转让注册商标的,商标注册人对其在同一种商品上注册的近似的商标,或者在类似商品上注册的相同或者近似的商标,应当一并转让。

对容易导致混淆或者有其他不良影响的转让,商标局不予核准,书面通知申请人并说明理由。

转让注册商标经核准后,予以公告。受让人自公告之日起享有商标专用权。

本条款规定了转让注册商标需要的两个前提条件,一为双方签订转让协议,二为共同向商标局提出申请;同时规定了受让人自公告之日起享有商标专用权。

(二)商标转让程序涉及法条

《中华人民共和国商标法实施条例》

第三十一条 转让注册商标的,转让人和受让人应当向商标局提交转让注册商标申请书。转让注册商标申请手续应当由转让人和受让人共同办理。商标局核准转让注册商标申请的,发给受让人相应证明,并予以公告。

转让注册商标,商标注册人对其在同一种或者类似商品上注册的相同或者近似的商标未一并转让的,由商标局通知其限期改正;期满未改正的,视为放弃转让该注册商标的申请,商标局应当书面通知申请人。

第三十二条 注册商标专用权因转让以外的继承等其他事由发生移转的,接受该注册商标专用权的当事人应当凭有关证明文件或者法律文书到商标局办理注册商标专用权移转手续。

注册商标专用权移转的,注册商标专用权人在同一种或者类似商品上注册的相同或者近似的商标，应当一并移转；未一并移转的，由商标局通知其限期改正；期满未改正的，视为放弃该移转注册商标的申请，商标局应当书面通知申请人。

商标移转申请经核准的，予以公告。接受该注册商标专用权移转的当事人自公告之日起享有商标专用权。

以上条款对商标转让的具体程序作出了规定，明确了商标受让人自商标局公告之日起享有商标专用权。

三、案件介绍

案由

案由：商标权转让合同纠纷

案号

一审案号：（2013）潮中法民三初字第 3 号

二审案号：（2014）粤高法民三终字第 828 号

案件当事人

一审原告、二审被上诉人：江门市新会区吉满堂茶业有限公司

一审被告、二审上诉人：尤泽锋

一审第三人、二审上诉人：姚浜灿

案件法律文书

广东省高级人民法院民事判决书

（2014）粤高法民三终字第 828 号

上诉人（原审被告）：尤泽锋

上诉人（原审第三人）：姚浜灿

被上诉人（原审原告）：江门市新会区吉满堂茶业有限公司

上诉人尤泽锋、姚浜灿因与被上诉人江门市新会区吉满堂茶业有限公司（以下简称吉满堂公司）商标权转让合同纠纷一案，不服广东省潮州市中级人民法院（2013）潮中法民三初字第 3 号民事判决，向本院提起上诉。本院受理后，依法组成合议庭进行了审理。本案现已审理终结。

吉满堂公司于 2013 年 6 月 19 日向原审法院起诉称：2011 年 11 月 1 日，尤

泽锋与林天芳、周璟、林涛合资成立吉满堂公司，并约定由尤泽锋将其申请注册的"吉满堂"商标转让给吉满堂公司使用，后吉满堂公司一直使用该商标进行经营。2012年因吉满堂公司的四位股东在经营上分歧，一致决定由尤泽锋退出合资经营，将其股份转让给另外三位股东。四股东于2012年5月22日签订了"股权转让协议"，约定尤泽锋的股份转让给其他三股东，并保证"将注册在甲方（即尤泽锋）名下的吉满堂商标及网络域名等转让回吉满堂，并协助办理相关手续"。吉满堂公司的股东于2012年6月15日召开股东会议，决议通过了上述"股权转让协议"，同时，尤泽锋再次保证"把注册在自己名下的吉满堂公司商标及网络域名等转让回吉满堂公司"。此后，吉满堂公司、尤泽锋于2012年10月8日签订了"商标转让协议"，约定由尤泽锋将其所有的"吉满堂"商标（注册号：10125583、9412973）转让给吉满堂公司；同日，尤泽锋前往广东省潮州市韩江公证处办理了公证书，确认将其所有的"吉满堂"商标（注册号：10125583、9412973）转让给吉满堂公司，该转让是其真实意思表示。吉满堂公司现已经将全部商标转让费用付清给尤泽锋。吉满堂公司于2012年10月22日向国家工商行政管理总局商标局（以下简称"国家商标局"）申请办理该两个商标的转让手续，国家商标局依法受理了吉满堂公司的申请。吉满堂公司却在2013年5月22日收到了国家商标局的"转让申请补正通知书"，得知尤泽锋于2012年10月19日已经向国家商标局申请将"吉满堂"商标转让给姚浜灿。吉满堂公司、尤泽锋签订的"商标转让协议"是双方真实的意思表示，且尤泽锋已通过办理公证手续确认将"吉满堂"商标转让给吉满堂公司。尤泽锋本应严格履行"商标转让协议"中的义务，前往国家商标局办理商标转让手续，但其私下将同一商标再转让给姚浜灿，该行为已经构成了严重违约。根据《合同法》第107条的规定，尤泽锋应当继续履行与吉满堂公司签订的"商标转让协议"，办理相关转让手续并赔偿吉满堂公司的损失。故请求：（1）依法判令尤泽锋履行与吉满堂公司签订的"商标转让协议"，前往国家商标局办理"吉满堂"商标（注册号：10125583、9412973）的转让手续；（2）本案诉讼费用由尤泽锋承担。在举证期限内，吉满堂公司认为尤泽锋与姚浜灿恶意串通订立商标转让合同，姚浜灿与本案有利害关系，故向原审法院申请追加姚浜灿作为本案第三人参加诉讼，并且变更诉讼请求为：（1）请求判决"吉满堂"商标（注册号：10125583、9412973）所有权归吉满堂公司，并判令尤泽锋前往国家商标局协助吉满堂公司办理转让手续；（2）请求依法判决撤销尤泽锋与姚浜灿签订的商标转让协议；

（3）本案诉讼费用由尤泽锋承担。

尤泽锋辩称：（1）尤泽锋已于2012年9月19日与姚浜灿订立"商标转让协议"，将第9412973号商标转让给姚浜灿，同日，尤泽锋在广东省广州市公证处办理了第9412973号商标转让声明公证，并由第9412973号商标受让人向国家商标局提出商标转让申请，国家商标局于当日受理了姚浜灿的申请。2013年5月27日，国家商标局向姚浜灿发出"转让申请补正通知书"，姚浜灿接到通知后，向尤泽锋提出交涉，尤泽锋遂于2013年6月13日在广东省广州市公证处就国家商标局的"转让申请补正通知书"作出声明。（2）尤泽锋将第9412973号商标转让给吉满堂公司并非本人的真实意思表示，系在受胁迫情况下不得已作出的行为。尤泽锋与林天芳、周璟、林涛原都是吉满堂公司股东，在经营过程中，林天芳、周璟、林涛利用股东多数优势掣肘、排挤作为大股东的尤泽锋，致使经营过程中发生严重分歧，造成公司难以经营。在股东林天芳、周璟、林涛的排斥下，尤泽锋不得不退出吉满堂公司。在股权转让过程中，林天芳、周璟、林涛等人又恶意压价，甚至附加种种条件胁迫尤泽锋，在林天芳、周璟、林涛等人不守信用的情况下，尤泽锋无奈之下才声明将第9412973号商标转让给吉满堂公司，但这并非其真实意思表示。（3）2012年10月8日尤泽锋作出的声明书不是本人的真实意思表示，尤泽锋在此表示反悔，并愿意按照声明书中的声明，"如有虚假陈述，愿承担相应的经济和法律责任"。综上，请求法院查明事实，驳回吉满堂公司的诉讼请求。

姚浜灿述称：（1）姚浜灿与尤泽锋就涉案"吉满堂"商标转让在先，包括合同签订在先、公证在先、向国家商标局申请转让在先。（2）姚浜灿系善意取得涉案"吉满堂"商标。姚浜灿在与尤泽锋签订涉案商标转让合同时，并不知悉其与吉满堂公司的关系，在签订涉案商标转让合同后，按合同约定全额支付了商标转让款，尤泽锋于2012年9月19日在广东省广州市广州公证处公证了涉案商标转让的声明。姚浜灿收到国家商标局"转让申请补正通知书"后，尤泽锋又于2013年6月8日通过公证再次声明自愿将涉案商标转让给姚浜灿，本人系善意取得涉案商标的第三人。因此，请求法院依据事实和法律，判决涉案商标权利归属本人。

原审法院经审理查明：吉满堂公司原系尤泽锋与林天芳、周璟、林涛合资成立的公司。2011年11月1日，尤泽锋与林天芳、周璟、林涛四方签订"合作协议"，约定组建"吉满堂有限公司"，共同经营"吉满堂"牌系列橘普茶，在新会工商行政管理局登记注册；其中第17条约定"由乙方（即尤泽锋）以个人名义注册的'吉满堂'商标以伍仟伍佰元人民币转让给该公司拥有"。2011年12月22日，吉满堂公司成立，公司类型为有限责任公司，经营茶叶、柑橘初级加工等。此后，因尤泽锋与其他股东林天芳、周璟、林涛在经营过程中存在意见分歧，2012年5月22日，尤泽锋（甲方）与吉满堂公司的其他股东林天芳（乙方）、周璟（丙方）、林涛（丁方）签订了"股权转让协议"，约定：由林天芳、周璟、林涛三方以橘普茶购买尤泽锋在吉满堂公司所有的21%股份，该股权转让对价必须在四方完成本协议约定的保证条款后支付；该协议第2条保证条款第（5）项约定"甲方保证必须把注册在甲方名下的吉满堂商标及网络域名等转回吉满堂，并协助办理相关手续，直至转让成功为止（相关转让协议另行签订）"；协议各方还对合同的变更与解除、违约责任及赔偿等事宜作出约定。

2012年6月15日，尤泽锋与林天芳、周璟、林涛作为吉满堂公司的股东召开股东会议并签署了"股东会决议"，其中第（1）项内容为：尤泽锋保证必须把注册在自己名下的吉满堂公司商标及网络域名等转让回吉满堂公司，并协助办理相关手续，直至转让成功为止（本协议对应于2012年5月22日签订的股东转让协议第2条第（5）项）（相关转让协议另行签订）。

尤泽锋系注册号为第9412973号商标的注册人，也是申请号为第10125583号商标的申请人。该两枚商标均是吉满堂的文字与拼音组合的商标，即"吉满堂JIMANTANG"商标。第9412973号商标的注册有效期限自2012年5月21日至2022年5月20日，核定使用商品类别为第30类，即"茶，天然增甜剂，蜂蜜，粥，豆浆，含淀粉食品，食用酶，食用芳香剂，搅稠奶油制剂，家用嫩肉剂"。第10125583号商标的专用权期限自2013年1月7日至2023年1月6日，核定使用商品/服务类别为第35类，即"人事管理咨询，商业区迁移（提供信息），会计，自动售货机出租，寻找赞助等"。

2012年10月8日，尤泽锋出具声明书，表明其本人是第9412973号注册商标的注册人，也是第10125583号申请商标的申请人，其自愿将上述商标的专用权、申请权转让给吉满堂公司；此系其本人的真实意愿，如有虚假陈述，愿承担相应的经济和法律责任。同日，吉满堂公司、尤泽锋在广东省潮州市韩江公证处就上述声明办理了公证手续。

2012年9月19日，尤泽锋与姚浜灿签订了"商标转让协议"，主要约定：尤泽锋将注册号为第9412973号的"吉满堂JIMANTANG"商标的商标权以转让费用人民币14 000元永久性转让给姚浜灿，转让费用在协议签订当日一次性以现金支付；自协议签订之日起，该商标权正式归受让方，该协议生效后甲方协助乙方办理变更注册手续，所需费用由乙方承担；双方还约定了违约责任及纠纷解决方式。在协议签订之日，姚浜灿向尤泽锋支付了商标转让费人民币14 000元。同日，尤泽锋出具声明书，并在广东省广州市广州公证处办理了该声明的公证手续。尤泽锋在声明中称其自愿将注册号为第9412973号的"吉满堂JIMANTANG"商标转让给姚浜灿，自声明之日起该商标的转让生效。

2012年10月19日，姚浜灿就注册号为第9412973号的商标向国家商标局提出转让申请。同年11月12日，国家商标局受理该转让申请。2013年5月27日，国家商标局作出了"转让申请补正通知书"，告知姚浜灿该商标又于2012年10月22日办理了将同一商标转让给吉满堂公司的申请，要求其提交补正材料。

2012年10月22日，吉满堂公司就注册号为第10125583号及第9412073号的商标向国家商标局提出转让申请。国家商标局于2013年5月22日作出两份"转让申请补正通知书"，告知吉满堂公司该两份商标又于2012年10月19日办理了将同一商标转让给另一自然人的申请，要求该公司提交补正材料。

2013年6月8日，尤泽锋再次出具声明书，声明其是第9412973号注册商标的注册人，其本人已收到发文日期为2013年5月27日、发文编号为2012转83226BZ1的"转让申请补正通知书"，其本人确定自愿将上述注册商标转让给姚浜灿，不会转让给吉满堂公司，自声明之日起，上述商标的转让生效。同日，尤泽锋在广东省广州市广州公证处办理了该声明的公证手续。

此后，吉满堂公司因未能办理上述两份商标的转让申请手续，于2013年6月18日向原审法院起诉，提出前述的诉讼请求。

在举证期限内，根据尤泽锋的申请，原审法院依法委托广东天正司法鉴定中心对吉满堂公司所提供的证据4"商标转让协议"中的"尤泽锋"签名及捺印，以及证据6的两份收款收据中的"尤泽锋"签名进行司法鉴定。广东天正司法鉴定中心于2014年1月20日作出穗司鉴字20140700300007号鉴定意见书，于2013年12月31日作出穗司鉴字20140600300008号鉴定意见书。其中，穗司鉴字20140700300007号的鉴定意见为："2012年10月08日尤泽锋与江门市新会区吉满堂茶叶有限公司订立的'商标转让协议'转让方（章）栏目中'尤泽锋'签名上的红色指印与样本指印不是同一人所留。"穗司鉴字20140600300008号的鉴定意见为:"1.检材商标转让协议落款转让方(章)处的'尤泽锋'签名与委托人提交指定的样本上的'尤泽锋'签名不是同一人所写;2.落款时间均为'2012年10月15日'的两份收款收据收款单位处的'尤泽锋'签名与委托人提交指定的样本上的'尤泽锋'签名不是同一人所写。"本次鉴定,尤泽锋共支付了鉴定费人民币13 140元。

原审法院认为:根据吉满堂公司、尤泽锋及姚浜灿的诉辩意见分析,本案系商标权转让合同纠纷。本案审理的焦点问题是:(1)吉满堂公司、尤泽锋之间的商标转让行为是否成立并生效?(2)尤泽锋与姚浜灿之间的商标转让协议是否合法?(3)吉满堂公司要求涉案的注册号第10125583号、第9412973号"吉满堂JIMANTANG"商标的所有权归该公司是否可以支持?

第一,关于吉满堂公司、尤泽锋之间的商标转让行为是否成立并生效的问题。吉满堂公司起诉认为,该公司成立时尤泽锋与其他股东约定将其申请注册的"吉满堂"商标转让予吉满堂公司使用,之后该公司一直使用该商标进行经营;且"股权转让协议"及"股东决议"中尤泽锋均保证将注册在其名下的吉满堂商标及网络域名等转让回给吉满堂公司,并协助办理相关手续;吉满堂公司、尤泽锋签订了"商标转让协议",约定由尤泽锋将其所有的注册号为第10125583号、第9412973号的"吉满堂JIMANTANG"商标转让给吉满堂公司,该公司已经将全部商标转让费用付清给尤泽锋;该协议是双方真实意思表示,尤泽锋已办理公证确认,其应继续履行与吉满堂公司签订的"商标转让协议"。经查,从尤泽锋申请对"商标转让协议"进行鉴定时所提供样本"合作协议"的内容看,尤泽锋与林天芳、周璟、林涛组建吉满堂公司是经营"吉满堂"牌系列橘普茶,且协议中约定尤泽锋以个人名义注册的"吉满堂"商标以5500元人民币转让给该公司拥有。结合吉满堂公司成立后经营的商品是"吉满堂"牌系列橘普茶,以及第9412973号"吉满堂JIMANTANG"商标注册证由吉满堂公司持有的事实,可以认定吉满堂公司在经营过程中受让并使用了第9412973号"吉满堂JIMANTANG"商标。吉满堂公司所提供的2012年10月8日"商标转让协议"经鉴定结论确认,协议中转让方的签名及捺印虽然不是尤泽锋所为,但是结合尤泽锋于同日出具并经公证的声明书关于尤泽锋称其自愿将涉案的第10125583号、第9412973号"吉满堂JIMANTANG"商标转让给吉满堂公司的意思表示,而且吉满堂公司到国家商标局办理了涉案商标权转让申请手续的实际情况,足以证明吉满堂公司、尤泽锋双方对于涉案商标转让的意思表示真实,而且达成合意,并且已经实际履行了涉案商标的转让行为。《中华人民共和国合同法》（以下称《合同法》）第44条第1款规定，依法成立的合同，自合同成立时生效。吉满堂公司、尤泽锋系具有相应的民事权利能力和民事行为能力的法人和自然人，且涉案商标转让行为并不违反法律、法规，也是双方当事人的真实意思表示，故吉满堂公司、尤泽锋之间就涉案第10125583号、第9412973号"吉满堂JIMANTANG"商标的转让行为成立且生效，原审法院予以确认。尤泽锋辩称吉满堂公司强买强卖涉案商标，且上述声明不是其真实意思表示，缺乏事实依据，不予支持。

第二，关于尤泽锋与姚浜灿之间的"商标转让协议"是否合法的问题。吉满堂公司以尤泽锋与姚浜灿恶意串通损害其公司利益为由，要求撤销尤泽锋与姚浜灿所订立的"商标转让协议"。根据《合同法》第52条的规定，合同双方当事人恶意串通损害国家、集体或者第三人利益是导致合同无效的一种情形。从本案现有证据来看，姚浜灿对于尤泽锋与吉满堂公司股东之间的股权转让及有关涉案商标转让的保证条款并不知情，现有证据也未能证明姚浜灿在签订"商标转让协议"时存在恶意串通的事实，故尤泽锋与姚浜灿之间订立"商标转让协议"并不符合恶意串通的构成要件。吉满堂公司认为尤泽锋与姚浜灿恶意串通损害其公司利益，缺乏事实依据。该协议是尤泽锋与姚浜灿双方的真实意思表示，也不违反法律、法规的规定，该协议依法成立。吉满堂公司以尤泽锋与姚浜灿恶意串通为由，请求撤销该"商标转让协议"，理据不足，原审法院不予支持。对于姚浜灿称其已善意取得涉案商标的问题，根据《中华人民共和国商标法》第42条第4款"转让注册商标经核准后，予以公告。受让人自公告之日起享有商标专用权"的规定，姚浜灿虽然向国家商标局申请办理涉案的第9412973号商标的转让手续，但尚未经国家商标局核准。因此，对于姚浜灿称其善意取得涉案第9412973号商标，要求享有涉案商标权的意见，不予支持。

第三，关于吉满堂公司要求享有涉案的注册号为第10125583号、第9412973号的"吉满堂JIMANTANG"商标所有权的问题。根据《合同法》第6条的规定，当事人行使权利、履行义务应当遵循诚实信用原则。尤泽锋与吉满堂公司的股东签订的"股权转让协议"及"股东决议"中，有关于保证将注册在其名下的吉满堂商标及网络域名等转让回吉满堂公司，并协助办理相关手续的承诺。此后，尤泽锋却将同一商标与姚浜灿签订转让协议，该行为违反了诚实信用原则，应予以制止。鉴于本案所涉标的物为特定的注册商标，事实上也不可能同时履行两份协议，应结合本案实际情况综合予以确定。原审法院认为,商标的基本功能是区分商品或服务标识及其来源。吉满堂公司的经营范围包括涉案商标核定使用商品的事实存在。本着商标保护应物尽其用的原则,将涉案商标由吉满堂公司受让及使用可以更好地发挥商标识别商品来源的作用及市场价值。鉴于吉满堂公司及姚浜灿所提出的涉案商标转让申请均未取得国家商标局的核准,根据诚实信用原则,结合商标的使用情况及社会效果,尤泽锋应当继续履行与吉满堂公司之间的"商标转让协议",协助该公司办理相关转让手续。吉满堂公司要求涉案的第10125583号、第9412973号"吉满堂JIMANTANG"商标归该公司所有,依法应予支持。尤泽锋与姚浜灿之间的"商标转让协议"已无实际履行的可能,姚浜灿可依据合同责任另行向尤泽锋主张相关权利。

综上所述,原审法院依照《中华人民共和国合同法》第6条、第44条、第107条,《中华人民共和国商标法》第42条第1款及《最高人民法院关于民事诉讼证据的若干规定》第2条的规定,判决如下:(1)注册号分别为第10125583号、第9412973号的"吉满堂JIMANTANG"商标的专用权归吉满堂公司所有;(2)尤泽锋应于判决生效之日起30日内协助吉满堂公司办理上述两枚商标的转让手续;(3)驳回吉满堂公司的其他诉讼请求。案件受理费人民币1000元、鉴定费人民币13 140元,均由尤泽锋负担。案件受理费已由吉满堂公司垫付,尤泽锋应于判决生效之日起5日内将该款付还吉满堂公司。

尤泽锋不服原审判决,上诉称:(1)原审判决没有依法正确认定证据。在原审审理过程中,有关两份穗司鉴字第20140700300007号、第20140600300008号司法鉴定书明确证实,在吉满堂公司提供的证据4——2012年10月8日的"商标转让协议书"中"尤泽锋"的签名及指模均与尤泽锋无关,有力地否定了该协议的真实性,从而否定了尤泽锋向吉满堂公司转让第9412973号商标的行为。一审判决对这两份鉴定书也确认了效力,但是没有作出正确的认定,反而依据公证书里一份声明书就确认了尤泽锋向吉满堂公司转让商标行为成立和有效,明显属于证据认定错误。(2)原审判决没有正确处理尤泽锋与姚浜灿的合法有效的商标转让行为。①尤泽锋与姚浜灿的商标转让发生于2012年9月19日,姚浜灿并已在2012年10月19日获得国家商标局受理转让申请,而吉满堂公司出示的"商标转让协议"在2012年10月8日才签订,2012年10月22日才向国家商标局提出转让申请,时间上吉满堂公司的受让明显后于姚浜灿。②原审判决也已确认,姚浜灿是善意签订有关受让商标合同，其行为合法有效，但又不予支持和保护，明显自相矛盾和违法。③就算尤泽锋在2012年10月8日也作出了将第9412973号商标转让给吉满堂公司的意思表示，但是在此之前该第9412973号商标已转让给姚浜灿，而导致尤泽锋之后再向吉满堂公司的转让行为不能成立和无效，姚浜灿受让在先的合法行为应当受到法律的保护，原审判决反而确认后一个无效的转让行为，是极其严重的错误。（3）原审判决遗漏、忽略了主要事实，并且作出错误认定。①根据尤泽锋与吉满堂公司2012年5月22日签订的"股权转让协议"及2012年5月5日的"商标转让协议"，尤泽锋应向吉满堂公司转让的仅仅是注册号为第10125583号的吉满堂注册商标，并不涉及第9412973号注册商标。尤泽锋与吉满堂公司双方在2012年5月5日签订的"商标转让协议"第3条明确约定，转让的商标只是涉及申请号为10125583号（该申请号与获得注册后的注册号相同）、类别为第35类的吉满堂商标，没有包括第9412973号注册商标，第9412973号注册商标的类别为第30类，与第10125583号注册商标属于不同类别。原审判决并未查清和忽略了这个事实，并且全部将两个商标均判给吉满堂公司，是错误的。②尤泽锋已经依据商标转让协议约定，向吉满堂公司转让了第10125583号商标，履行了有关义务。③有关吉满堂公司出具的收款收据，并没有得到尤泽锋的认可，属于其单方面制作，吉满堂公司并没有向尤泽锋支付有关转让费，一审对此没有作出认定，是遗漏了重要事实。（4）原审判决以第9412973号商标比较适合由吉满堂公司使用为由，将第9412973商标所有权判归吉满堂公司，于法无据，完全无视案件事实和法律。根据本案的事实证明，尤泽锋与吉满堂公司的股权协议和商标转让协议里均明确不涉及9412973号商标，只是在2012年10月8日才提及转让此商标，但在此之前，姚浜灿已依法受让该商标；而且，在将第9412973号商标转让给姚浜灿后，尤泽锋已经无权再向吉满堂公司转让，这种情形下，姚浜灿与吉满堂公司在受让9412973号商标的问题上并不是处于同样的不确定状态，一审判决再以谁使用该商标比较合适这个不客观的理由来判定商标归属，显然是严重偏袒吉满堂公司，显失公平和枉法裁判。本案的正确处理是，依法应当确认和保护签订在前、发生法律效力在先的尤泽锋与姚浜灿之间的转让合同，吉满堂公司与尤泽锋的有关合同不能履行的责任问题则应当由吉满堂公司另案主张。综上所述，请求二审法院撤销原审判决，依法驳回吉满堂公司的诉讼请求，本案一审、二审的所有诉讼费用由吉满堂公司承担。

姚浜灿不服原审判决，上诉称：（1）原审判决没有正确认定姚浜灿合法受让涉案第9412973号注册商标的有效行为。①姚浜灿与尤泽锋的商标转让发生于2012年9月19日，姚浜灿并已在2012年10月19日获得国家商标局受理转让申请；而吉满堂公司出示的"商标转让协议"在2012年10月8日才签订，2012年10月22日才向国家商标局提出转让申请，吉满堂公司的受让时间在姚浜灿之后。②原审判决明确确认姚浜灿签订第9412973号注册商标转让合同是善意的，其行为合法有效，但又不予支持和保护，属于自打嘴巴。③就算尤泽锋在2012年10月8日又作出了将第9412973号商标转让给吉满堂公司的意思表示，但是在此之前该第9412973号商标已转让给姚浜灿，而导致尤泽锋之后再向吉满堂公司转让的行为是无效的，姚浜灿受让在先的合法行为应当受到法律的保护，原审判决确认后一个转让行为无效是错误的。④姚浜灿已经向尤泽锋支付了转让费，提出转让申请并获得国家商标局受理，整个受让过程已经完成，只是等国家商标局的确认而已，吉满堂公司并没有支付转让费，整个合同根本还没有完成履行手续，竟然得到原审法院的支持，原审法院显失公平公正。（2）原审判决认定证据错误。两份穗司鉴字第20140700300007号、第20140600300008号司法鉴定书的结论明确证实，由吉满堂公司提供的证据4——2012年10月8日的"商标转让协议书"中，有关"尤泽锋"的签名及指模均与尤泽锋无关，这已经否定了这个协议的真实性，证明尤泽锋向吉满堂公司转让第9412973号商标的行为是不真实的。原审判决对这两份鉴定书也确认了效力，但是没有采纳作为依据，反而仅凭公证书里的一份声明书就确认尤泽锋向吉满堂公司转让商标行为成立和有效，明显偏袒吉满堂公司，显失公平。吉满堂公司出具的收款收据并没有得到姚浜灿的认可，属于其单方面制作，吉满堂公司并没有向尤泽锋支付有关转让费，原审判决遗漏了该重要事实。（3）原审判决以第9412973号商标比较适合由吉满堂公司使用为由，将该商标所有权判归吉满堂公司，于法无据，完全无视案件事实和法律。姚浜灿与吉满堂公司在受让9412973号商标的问题上，并不是处于同样的不确定的待定状态，如果不是后来的无效转让行为，姚浜灿取得9412973号商标专用权是毫无疑义的，原审判决再以谁使用该商标比较合适这个不客观的理由来判定商标归属，显然是严重偏袒吉满堂公司，显失公平。本案依法应当确认和保护签订在前、发生法律效力在先的姚浜灿与尤泽锋之间的转让合同，吉满堂公司与尤泽锋的有关合同不能履行的责任问题则应当由吉满堂公司另案主张。综上，请求二审法院撤销原审判决，驳回吉满堂公司的诉讼请求，确认第9412973号注册商标的专用权归姚浜灿所有，本案一审、二审诉讼费用由吉满堂公司承担。

吉满堂公司答辩称：原审判决认定事实清楚、适用法律正确，请求二审法院驳回上诉，维持原判。

经审理，本院对原审法院查明的上述事实予以确认。

本院另查明：尤泽锋名下的第9412973号注册商标的申请日期为2011年5月3日，第10125583号注册商标的申请日期为2011年10月31日。广州市荔湾区龙湾山里人茶行为姚浜灿经营的个体工商户，注册日期为2010年9月3日，经营范围：批发兼零售：预包装食品、散装食品（在《食品流通许可证》核定项目及有效期限内从事经营）。

本院认为：本案系商标权转让合同纠纷。本案二审当事人争议的焦点是：吉满堂公司与尤泽锋之间的商标转让协议以及尤泽锋与姚浜灿之间的商标转让协议是否合法有效，应履行哪一份转让协议？

根据我国《合同法》的规定，只要当事人的意思表示一致，合同就成立，同时就生效，除非对合同生效附条件或期限，或者国家法律行政法规设有专门的审批规定。商标法规定的商标转让协议是典型的民事合同，根据商标协议进行商标转让时，当事人依法应向国家商标局提供的资料包括转让协议、当事人的身份证明、转让标的等，由国家商标局进行形式性审查。商标转让的核准不是行政审批，所以，商标转让协议并非要经过国家商标局核准后才生效。申请商标转让时，当事人所提供的商标转让协议作为形式要件之一，由国家商标局进行审查，进行的也是形式性审查。只要具备了形式要件，国家商标局无权对当事人的意思表示进行干预。如有争议，应按民事争议解决。国家商标局的核准注册和公告起到的是公示作用。这一行政行为对于商标转让协议的成立和生效不发生本质影响。

根据本案查明的事实，尤泽锋分别于2011年5月3日、10月31日向国家商标局申请注册了第9412973号、第10125583号注册商标，该两个商标均由"吉满堂"+"JIMANTANG"组成，并分别于2012年5月21日、2013年1月7日取得专用权。2011年11月1日，尤泽锋与林天芳、周璟、林涛签订"合作协议"，约定共同投资组建吉满堂公司，从事经营"吉满堂"牌系列橘普茶。该协议除了约定各股东的出资额、持股比例等外，还特别约定"由乙方（即尤泽锋）以个人名义注册的'吉满堂'商标以伍仟伍佰元人民币转让给该公司拥有"，"本协议一式四份，甲、乙、丙、丁四方各执一份，公司存档壹份，具同等法律效力，自四方签字之日起生效"。各股东均于当天在该协议上签名确认，因此，该协议已经自该日起发生法律效力，各方当事人应严格按照约定履行各自的义务。而在该日之前，尤泽锋以其个人名义向国家商标局申请注册了第9412973号、第10125583号"吉满堂"+"JIMANTANG"商标，因此，根据该协议的约定，尤泽锋应及时与吉满堂公司一起向国家商标局申请办理核准转让该两个商标的手续。尤泽锋与林天芳、周璟、林涛于2012年5月22日签订的"股权转让协议"、2012年6月15日召开的吉满堂公司股东会议并签署的"股东会决议"，再次明确规定尤泽锋必须把注册在其名下的上述两个"吉满堂"商标转让给吉满堂公司，并协助办理相关手续，直至转让成功为止。虽然2012年10月15日两份收款收据中"尤泽锋"的签名、2012年10月8日尤泽锋与吉满堂公司签订的"商标转让协议"中的"尤泽锋"的签名及捺印，经原审法院委托广东天正司法鉴定中心进行司法鉴定，认为不是本案当事人尤泽锋的签名及捺印，但是吉满堂公司与尤泽锋之间是否签订了该"商标转让协议"以及吉满堂公司是否已经向尤泽锋支付了商标转让款，并不能影响到在此之前吉满堂公司的股东与尤泽锋之间所达成的有关转让涉案商标给吉满堂公司的协议的效力。

尤泽锋与姚浜灿于2012年9月19日签订的"商标转让协议"，约定尤泽锋将第9412973号"吉满堂"+"JIMANTANG"注册商标以14 000元的价格转让给姚浜灿。吉满堂公司认为尤泽锋与姚浜灿之间存在恶意串通、损害吉满堂公司利益的情形，要求撤销该商标转让合同，但是，吉满堂公司没有提供充分证据来支持其主张，原审法院认为吉满堂公司的该主张不能成立，并认定尤泽锋与姚浜灿签订的该"商标转让协议"依法成立，并无不当，本院予以维持。

因尤泽锋与林天芳、周璟、林涛签订的"合作协议"，尤泽锋与姚浜灿签订的"商标转让协议"均为合法有效，而该两份协议所涉及的标的物之一均为第9412973号注册商标，因此该两份协议不可能同时履行。但是，第一，尤泽锋与林天芳、周璟、林涛签订的"合作协议""股权转让协议""股东会决议"的时间早于尤泽锋与姚浜灿签订的"商标转让协议"的时间。第二，姚浜灿与尤泽锋签订"商标转让协议"时，该商标注册证原件已经由吉满堂公司持有并保管。第三，吉满堂公司企业名称中的字号为"吉满堂"，与该商标组成部分的文字、拼音相一致，吉满堂公司的经营范围包括经营茶叶，该商标核定使用的商品之一也为茶，而且吉满堂公司已经实际在先使用该注册商标，该商标已经发挥了识别商品来源的功能，与吉满堂公司之间已经建立了一定的联系。姚浜灿经营的个体工商户——广州市荔湾区龙湾山里人茶行，其字号中并没有含有"吉满堂"字样。第四，涉案第9412973号注册商标仍注册在尤泽锋的名下，国家商标局还没有办理核准转让及公告的手续。综上，涉案第9412973号注册商标由吉满堂公司享有，既有利于保护使用在先者的利益，也有利于更好地发挥该注册商标识别商品来源的作用及其市场价值，既有利于避免权利冲突，也有利于避免造成相关公众的混淆、误认。因此，本案应履行尤泽锋与林天芳、周璟、林涛之间签订的"合作协议""股权转让协议"及"股东会决议"，尤泽锋应按照约定及法律规定协助吉满堂公司向国家商标局办理涉案注册商标的转让核准手续。姚浜灿与尤泽锋之间的"商标转让协议"无法履行，从而造成姚浜灿的损失，姚浜灿可另循法律途径向尤泽锋主张相关权利。尤泽锋、姚浜灿上诉认为涉案商标应由姚浜灿享有，理由不成立，本院不予支持。

综上所述，原审判决认定事实清楚，适用法律正确，依法应予维持，上诉人尤泽锋、姚浜灿的上诉理由和请求均不成立，本院予以驳回。依照《中华人民共和国民事诉讼法》第170条第1款第（1）项之规定，判决如下：

驳回上诉，维持原判。

本案二审案件受理费人民币2000元，分别由上诉人尤泽锋、姚浜灿各负担人民币1000元。

本判决为终审判决。

2014年11月13日

四、案件相关问题解析

根据《商标法》第42条第4款，受让人自公告之日起享有商标专用权。笔者认为，商标专用权的取得并非双方签订转让协议后立即取得，而是自商标局公告后取得，其模式类似于一些物权的取得方式，在商标局公告之前，商标专用权仍属于转让人。《北京市高级人民法院关于审理商标民事纠纷案件若干问题的解答》的第35条[①]中

[①]《北京市高级人民法院关于审理商标民事纠纷案件若干问题的解答》第35条规定："注册商标转让合同生效后，核准公告前，商标权仍然由转让人享有，受让人对商标侵权行为无权起诉。但是转让合同约定受让人在合同签订之日起可以使用该注册商标，并授予受让人对商标侵权行为起诉权的，受让人可以起诉。"

也明确了该观点，其认为注册商标转让合同生效后，核准公告前，商标权仍然由转让人享有。

在本案中，一审法院判决第一项认定注册号分别为第 10125583 号、第 9412973 号"吉满堂 JIMANTANG"商标的专用权归吉满堂公司所有，然而根据前述分析，在两枚商标的转让尚未由商标局公告前，商标专用权由尤泽锋享有，吉满堂公司享有的是要求尤泽锋履行完成商标转让程序的债权而非专用权，显然二审法院在判决中已经意识到了问题，并作出了"涉案第9412973号注册商标仍注册在尤泽锋的名下，国家商标局还没有办理核准转让及公告的手续"的解释，但最终还是维持原判决"涉案第9412973号注册商标由吉满堂公司享有"。而笔者认为，法院在判决中直接认定商标专用权直接归于受让人并不妥当。

在尤泽锋与吉满堂公司、姚浜灿签订的两份商标转让协议同时有效的前提下，法院基于尤泽锋与吉满堂公司签订的商标权转让协议在先、吉满堂公司保管并持有着商标注册证原件、吉满堂公司与系争商标已建立了一定联系、系争商标已经发挥了识别商品来源的功能等原因，认为尤泽峰需要履行与吉满堂公司之间的商标转让约定，却并未考虑尤泽锋有自由选择是履行商标转让协议还是通过向吉满堂公司支付违约金的方式从而不履行协议。因此笔者认为，二审法院维持原判有待商榷，如果能够依照其说理部分观点改判尤泽锋应履行与吉满堂公司股东林天芳、周璟、林涛之间签订的"合作协议""股权转让协议"及"股东会决议"，尤泽锋应按照约定及法律规定协助吉满堂公司向国家商标局办理涉案注册商标的转让核准手续更为妥当。

五、案件启示及建议

（一）商标转让过程中的程序性要求

依据《商标法》第 42 条、《商标法实施条例》第 31 条和第 32 条的规定，我国办理商标转让一般经历以下几个步骤：转让人与受人签订商标转让协议，商标转让人至公证处办理商标转让声明公证，转让人与受让人共同向商标局提出转让申请，商标局受理、审查、公告、核发转让证明。其中向商标局进行申请并获得转让注册商标核准公告是必备程序，受让人自公告之日起享有商标专用权，因此商标受让人一定要督促转让人尽早办理变更手续。

但此处需要说明的是，在申请商标转让所需提交的材料中，依据我国法律、法规及商标局发布的商标申请指南，其均未要求申请人提交经过公证的转让人商标转让声明，但若申请人未提交，商标局往往会以补正通知书的形式要求申请人补充提交，而一旦需要补正材料，转让完成的时间必将大幅度延后。

此外，依据商标局发布的商标申请指南，在申请商标转让时有必要注意以下问题：

(1) 转让注册商标的，商标注册人对其在相同或类似商品上注册的相同或近似商标应当一并转让。转让注册商标申请不应存在可能产生误认、混淆或者其他不良影响。

(2) 转让人、受让人为外国人或外国企业的，应当在申请书中指定国内接收人负责接收商标局的法律文件。

(3) 转让申请提交后，对符合受理条件的转让申请，商标局给申请人发出"受理通知书"（直接办理的，将按照申请书上填写的地址，以邮寄方式发给申请人；经代理的，发送给代理组织）。不符合受理条件的，不予受理，并向申请人发出"不予受理通知书"（直接办理的，将按照申请书上填写的地址，以邮寄方式发给申请人；经代理的，发送给代理组织）。

(4) 如果转让申请需要补正的，商标局给申请人发出补正通知（直接办理的，将按照申请书上填写的地址，以邮寄方式发给申请人；经代理的，发送给代理组织），要求申请人限期补正。申请人未在规定期限内按要求补正的，商标局有权对转让申请视为放弃或不予核准。

(5) 转让申请核准后，直接办理的，商标局将按照申请书上填写的地址，以邮寄方式发给受让人转让证明；经代理的，发送给代理组织。对于注册商标，将该商标的转让事宜刊登公告。证明上的落款日期为公告之日，受让人自该日起享有商标专用权。

(6) 转让申请被视为放弃或不予核准的，商标局发出"视为放弃通知书"或"不予核准通知书"。直接办理的，将按照申请书上填写的地址，以邮寄方式发给申请人；经代理的，发送给代理组织。

(7) 转让申请书中的受让人为多个人共有的，商标局的有关通知或证明仅发给代表人。其他共有人需要证明的，应申请补发。

(8) 如果是申请人委托商标代理机构办理转让申请的，商标局将所有书件都寄发给该商标代理机构。

（9）申请书的类别应按照《商标注册证》核定的国际分类类别填写。①

（二）商标转让常见法律风险

首先，对于转让方而言，最大的风险在于商标转让费用支付风险。因此，建议转让方审核受让方的主体资格、留存其主体资格相关证明文件，如身份证、营业执照等。需要注意的是，根据《自然人办理商标注册申请注意事项》相关规定，从事生产、制造、加工、拣选、经销商品或者提供服务的自然人，方能申请或受让商标权，如以个体工商户负责人、个人合伙合伙人、农村承包经营户的签约人等自然人，其他未依法获准从事经营活动的自然人无法受让商标权。其次，建议在商标转让合同中约定分期付款，并且尽量约定在完成商标转让申请前支付大部分转让款。

对于受让方而言，风险在于以下几点：

（1）商标的权利人、保护类别等其他信息是否满足要求以及是否处于有效状态。对此，建议受让人首先要求转让人提供商标注册证书的原件，其次在商标局的官方网站（http://sbj.saic.gov.cn/sbcx/）上对商标的状态进行查询，审核权利人与转让人是否一致、保护类别是否符合预期、是否已经注册成功并处于有效状态等；并就上述事项在商标转让合同中进行明确，并要求转让人承诺商标权不具备其他权利瑕疵、转让商标事宜已经取得应有的决策程序或授权。

（2）是否已经将商标许可给他人使用。根据《最高人民法院关于审理商标民事纠纷案件适用法律若干问题的解释》的规定，注册商标的转让不影响转让前已经生效的商标使用许可合同的效力，但商标使用许可合同另有约定的除外。因此，建议受让人向转让人了解清楚商标是否已经许可，若有许可，需要明确具体的许可类型以及后续处理，在商标权转让合同中对商标许可情况等进行明确约定。

（3）是否能够成功受让商标。如前所述，商标受让人自公告之日起享有商标专用权，也就是说，即使签订了商标权转让合同，但是如果商标权人不配合进行后续变更手续，受让人仍旧不能享受权利人的相关权益。对此建议分期付款，并约定部分款项在商标转让公告后支付。

---

① http://sbj.saic.gov.cn/sbsq/sqzn/201404/t20140430_144500.html，摘自国家工商行政管理总局商标局网站《申请转让注册商标注册申请》，最后访问时间：2016年2月5日。

(4) 其他风险。商标转让行为往往伴随着某产品经营权或产品、企业商誉的转让，因此商标受让人需要限制商标转让人存在其他类似商标或在其他近似类别下存在相同商标，也要防止商标转让人在转让商标后仍然自营或委托他人经营与商标保护类别相同或相似的产品，实质上造成竞争。对此，建议对上述行为在商标转让合同中进行禁止并约定高额违约金。

第十一章

互联网时代网络服务商的商标侵权责任

主要原理：商标网络侵权的特殊性及网络服务商的法律责任

素材：衣念（上海）时装贸易有限公司与浙江淘宝网络有限公司、杜国发侵害商标权纠纷案

一、案情简介

衣念（上海）时装贸易有限公司（以下简称衣念公司）自案外人韩国依兰德有限公司处获得了第1545520号注册商标和第1326011号注册商标的独占许可使用权。浙江淘宝网络有限公司（以下简称淘宝公司）是淘宝网的经营管理者。衣念公司发现在淘宝网上存在大量卖家发布侵害第1545520号注册商标和第1326011号注册商标商标权的商品信息，为杜绝侵权行为的发生，衣念公司长期、频繁地向淘宝公司投诉侵权淘宝卖家的侵权行为。其中，仅2009年9月底至11月期间，衣念公司就7次向淘宝公司投诉杜国发在其淘宝店铺内发布侵权商品信息。淘宝公司历次接到衣念公司投诉后，均及时删除了侵权信息。

然而衣念公司认为，根据《淘宝网用户行为管理规则》等规则，若卖家发布侵权信息的，根据其情节，还应受到警告、限制发布商品信息、冻结账户等处罚，但淘宝公司未对杜国发采取除删除侵权信息外的任何处罚措施，欠缺处罚力度。2009年11月20日，衣念公司从杜国发的淘宝网店购买了侵权商品并进行证据保全公证后向法院提起诉讼，请求判令：杜国发与淘宝公司共同赔偿其经济损失及合理费用84 900元，并赔礼道歉。

上海市浦东新区人民法院经审理后认为，杜国发销售侵权商品，不能举证证明商品的合法来源，应承担侵权赔偿责任。经衣念公司多次投诉后，淘宝公司知道杜国发通过淘宝网销售侵权商品，但未采取必要措施加以制止，构成帮助侵权，故判决被告杜国发、淘宝公司共同赔偿衣念公司经济损失及为制止侵权支付的合理费用共计1万元。一审判决后，淘宝公司提起上诉。二审法院经审理判决驳回上诉，维持原判。

二、法学原理及分析

（一）案件审理时法律原理

《中华人民共和国商标法》（2001年修正）

第五十二条 有下列行为之一的，均属侵犯注册商标专用权：

（一）未经商标注册人的许可，在同一种商品或者类似商品上使用与其注册商标相同或者近似的商标的；

（二）销售侵犯注册商标专用权的商品的；

（三）伪造、擅自制造他人注册商标标识或者销售伪造、擅自制造的注册商标标识的；

（四）未经商标注册人同意，更换其注册商标并将该更换商标的商品又投入市场的；

（五）给他人的注册商标专用权造成其他损害的。

《中华人民共和国商标法实施条例》（2002年修订）

第五十条 有下列行为之一的，属于商标法第五十二条第（五）项所称侵犯注册商标专用权的行为：

（一）在同一种或者类似商品上，将与他人注册商标相同或者近似的标志作为商品名称或者商品装潢使用，误导公众的；

（二）故意为侵犯他人注册商标专用权行为提供仓储、运输、邮寄、隐匿等便利条件的。

《最高人民法院关于审理商标民事纠纷案件适用法律若干问题的解释》

第十条 人民法院依据商标法第五十二条第（一）项的规定，认定商标相同或者近似按照以下原则进行：

（一）以相关公众的一般注意力为标准；

（二）既要进行对商标的整体比对，又要进行对商标主要部分的比对，比对应当在比对对象隔离的状态下分别进行；

（三）判断商标是否近似，应当考虑请求保护注册商标的显著性和知名度。

第十一条 商标法第五十二条第（一）项规定的类似商品，是指在功能、用途、生产部门、销售渠道、消费对象等方面相同，或者相关公众一般认为其存在特定联系、容易造成混淆的商品。

类似服务，是指在服务的目的、内容、方式、对象等方面相同，或者相关公众一般认为存在特定联系、容易造成混淆的服务。

商品与服务类似，是指商品和服务之间存在特定联系，容易使相关公众混淆。

《中华人民共和国民法通则》

第一百三十条 二人以上共同侵权造成他人损害的，应当承担连带责任。

《关于贯彻执行〈中华人民共和国民法通则〉若干问题的意见（试行）》（1988年）

第一百四十八条 教唆、帮助他人实施侵权行为的人，为共同侵权人，应当承担连带民事责任。

教唆、帮助无民事行为能力人实施侵权行为的人，为侵权人，应当承担民事责任。

教唆、帮助限制民事行为能力人实施侵权行为的人，为共同侵权人，应当承担主要民事责任。

《最高人民法院关于审理商标民事纠纷案件适用法律若干问题的解释》

第十六条 侵权人因侵权所获得的利益或者被侵权人因被侵权所受到的损失均难以确定的，人民法院可以根据当事人的请求或者依职权适用商标法第五十六条第二款的规定确定赔偿数额。

人民法院在确定赔偿数额时，应当考虑侵权行为的性质、期间、后果，商标的声誉，商标使用许可费的数额，商标使用许可的种类、时间、范围及制止侵权行为的合理开支等因素综合确定。

当事人按照本条第一款的规定就赔偿数额达成协议的，应当准许。

第十七条 商标法第五十六条第一款规定的制止侵权行为所支付的合理开支，包括权利人或者委托代理人对侵权行为进行调查、取证的合理费用。

人民法院根据当事人的诉讼请求和案件具体情况，可以将符合国家有关部门规定的律师费用计算在赔偿范围内。

《中华人民共和国商标法》（2001年修正）

第五十六条 侵犯商标专用权的赔偿数额，为侵权人在侵权期间因侵权所获得的利益，或者被侵权人在被侵权期间因被侵权所受到的损失，包括被侵权人为制止侵权行为所支付的合理开支。

前款所称侵权人因侵权所得利益，或者被侵权人因被侵权所受损失难以确定的，由人民法院根据侵权行为的情节判决给予五十万元以下的赔偿。

销售不知道是侵犯注册商标专用权的商品，能证明该商品是自己合法取得的并说明提供者的，不承担赔偿责任。

（二）现行法律原理

《中华人民共和国商标法》

第五十七条 有下列行为之一的，均属侵犯注册商标专用权：

（一）未经商标注册人的许可，在同一种商品上使用与其注册商标相同的商标的；

（二）未经商标注册人的许可，在同一种商品上使用与其注册商标近似的商标，或者在类似商品上使用与其注册商标相同或者近似的商标，容易导致混淆的；

（三）销售侵犯注册商标专用权的商品的；

（四）伪造、擅自制造他人注册商标标识或者销售伪造、擅自制造的注册商标标识的；

（五）未经商标注册人同意，更换其注册商标并将该更换商标的商品又投入市场的；

（六）故意为侵犯他人商标专用权行为提供便利条件，帮助他人实施侵犯商标专用权行为的；

（七）给他人的注册商标专用权造成其他损害的。

第六十三条 侵犯商标专用权的赔偿数额，按照权利人因被侵权所受到的实际损失确定；实际损失难以确定的，可以按照侵权人因侵权所获得的利益确定；权利人的损失或者侵权人获得的利益难以确定的，参照该商标许可使用费的倍数合理确定。对恶意侵犯商标专用权，情节严重的，可以在按照上述方法确定数额的一倍以上三倍以下确定赔偿数额。赔偿数额应当包括权利人为制止侵权行为所支付的合理开支。

人民法院为确定赔偿数额，在权利人已经尽力举证，而与侵权行为相关的账簿、资料主要由侵权人掌握的情况下，可以责令侵权人提供与侵权行为相关的账簿、资料；侵权人不提供或者提供虚假的账簿、资料的，人民法院可以参考权利人的主张和提供的证据判定赔偿数额。

权利人因被侵权所受到的实际损失、侵权人因侵权所获得的利益、注册商标许可使用费难以确定的，由人民法院根据侵权行为的情节判决给予三百万元以下的赔偿。

《中华人民共和国侵权责任法》

第三十六条 网络用户、网络服务提供者利用网络侵害他人民事权益的，应当承担侵权责任。

网络用户利用网络实施侵权行为的，被侵权人有权通知网络服务提供者采取删除、屏蔽、断开链接等必要措施。

网络服务提供者知道网络用户利用其网络服务侵害他人民事权益，未采取必要措施的，与该网络用户承担连带责任。

三、案件介绍

案由

案由：侵害商标权纠纷

案号

一审案号：(2010)浦民三（知）初字第 426 号

二审案号：(2011)沪一中民五（知）终字第 40 号

案件当事人

一审原告、二审被上诉人：衣念（上海）时装贸易有限公司

一审被告、二审上诉人：浙江淘宝网络有限公司

一审被告：杜国发

案件法律文书

上海市第一中级人民法院民事判决书

(2011)沪一中民五（知）终字第 40 号

上诉人（原审被告）：浙江淘宝网络有限公司

被上诉人（原审原告）：衣念（上海）时装贸易有限公司

原审被告：杜国发

上诉人浙江淘宝网络有限公司（以下简称淘宝公司）因侵害商标权纠纷一案，不服上海市浦东新区人民法院（2010）浦民三（知）初字第 426 号民事判决，向本院提起上诉。本院于 2011 年 2 月 17 日受理后，依法组成合议庭，于同年 3 月 23 日公开开庭审理了本案。上诉人淘宝公司的委托代理人张××、颜××，被上诉人原告衣念（上海）时装贸易有限公司（以下简称衣念公司）的委托代理人戴××、陈××，原审被告杜国发到庭参加诉讼。本案现已审理终结。

原审法院经审理查明：

案外人依兰德有限公司（E.LAND LTD）是一家韩国公司。依兰德有限公司是第 1545520 号注册商标和第 1326011 号注册商标的权利人。第 1545520 号注册商标核定使用的商品为第 25 类的服装，第 1326011 号注册商标核定使用的商品为第 25 类的夹克（服装）、短裤、工作服、汗衫、衬衫、内衣、围巾、短统袜、帽子、运动

鞋。2009年1月1日，依兰德有限公司向原告衣念公司出具"商标维护授权委托书"，声明：委托衣念公司全权代表我公司在中国大陆独占使用第1545520号、第1326011号等注册商标及商标权维护行动，包括侵权人的信息调查、证据采集、产品真伪鉴定、侵权投诉以及诉讼、请求侵权人赔偿损失。2009年9月，上海服装鞋帽商业行业协会出具"证明"，称：根据上海服装鞋帽商业协会定点商场休闲女装类销售统计资料，衣念公司生产的TEENIE WEENIE牌休闲女装，2006年至2008年销售额所占市场份额在行业同类产品中名列前三位，在全国同类产品中排名前五位。衣念公司生产的TEENIE WEENIE、E.LAND休闲女装被上海市名牌推荐委员会推荐为2009年度上海名牌。

被告淘宝公司是淘宝网（网址：www.taobao.com）的经营管理者，淘宝公司为用户提供网络交易平台服务。淘宝网交易平台分为商城（即B2C）和非商城（即C2C），没有工商营业执照的个人也可以申请在淘宝网开设网络店铺（非商城），被告杜国发即属于非商城的卖家。非商城的卖家和买家通过淘宝网实现交易时，淘宝网不收取费用。淘宝网对个人卖家实行实名认证，卖家先在淘宝网注册一个账户，注册时需输入真实姓名、身份证号码、联系方式等信息。淘宝公司通过公安部身份证号码查询系统等途径核实卖家填写的身份信息的真实性，淘宝网用户只有通过实名认证后才能开设网络店铺。卖家可在该店铺发布待售的商品信息，包括价格、尺码、颜色、商品图片等信息。根据淘宝公司提供的数据，2009年上半年，淘宝网实现交易额809亿元，会员数1.45亿。

淘宝公司制定并发布了《淘宝网服务协议》《商品发布管理规则》《淘宝网用户行为管理规则》等规则，这些规则多次提到禁止用户发布侵犯他人知识产权的商品信息，并制定了相关处罚措施。2009年9月15日生效的《淘宝网用户行为管理规则（非商城）》规定：淘宝网用户在商品名、商品介绍等信息或载体中侵犯他人知识产权属于违规行为；侵犯他人知识产权的违规行为包括所有违反《禁止及限制交易物品管理规则》内有关条款或《商标法》（2001年修正）、《著作权法》《专利法》等法律法规的行为。此外，该规则还规定了相应的处罚措施：淘宝网用户有商标侵权、专利侵权等违规行为，将受到限制发布商品14天、下架所有商品信息、公示处罚（警告）14天的处罚，同时记6分。淘宝网用户违规行为记分是为了记录用户在淘宝网违规行为的一种方式。违规行为记分按每一自然年为周期（1月1日至12月31日）。违规记分扣满12分，淘宝公司将对账户做冻结处理，用户只有通过考核后，淘宝公司才会解除冻结。用户在学习期后才可以参加考核，学习期按记分周期内的冻结次数乘以3计算，例：首次冻结1×3=3天，第二次冻结2×3=6天。账户冻结后该用户可以登录淘宝网，但限制发布商品信息，下架用户的所有商品信息。对于情节特别严重的违规行为，淘宝公司有权对用户做永久封号处理。2010年6月10日，淘宝公司发布了同时适用商城和非商城的《淘宝网用户行为管理规则（修订版）》，对淘宝网用户的违规行为进行了细化，并调整了处罚措施。其中对侵犯他人知识产权的违规行为规定了三级处罚措施，一级为有确切证据证明卖家出售假冒商品且情节特别严重的，扣48分；二级为有确切证据证明卖家出售假冒商品的，扣12分；三级为所发布或使用的商品、图片、店铺名等店铺内容侵犯商标权、著作权、专利权，或者存在误导消费者情况的，扣4分。当扣分达到或超过12分但未到24分时，会员将被同时处以店铺屏蔽、限制发布商品、限制发送站内信息、限制社区所有功能及公示警告7天；当扣分达到或超过24分但未达到48分时，会员将被同时处以店铺屏蔽、限制发布商品、限制发送站内信息、限制社区所有功能及公示警告14天；当扣分达到或超过36分但未达到48分时，会员将被处下架所有商品，并处限制发布商品、限制发送站内信息、限制社区所有功能、关闭店铺及公示警告21天；当扣分达到或超过48分时，会员将被处永久封号。

淘宝网公布了知识产权侵权投诉途径，权利人可通过电话、信函、电子邮件等途径向淘宝公司进行投诉。本案审理过程中，淘宝公司以商标侵权为例解释了其对知识产权侵权投诉的处理流程。（1）权利人投诉。权利人投诉应该提供以下资料：①权利证明以及身份证明；②侵权链接；③判断侵权成立的初步证明或者充足的理由；④对某个卖家重复投诉的，还要标注重复投诉的具体时间、重复投诉的次数。其中，判断侵权成立的初步证明可以是网页上明显的侵权的信息、公证购买证据、卖家在聊天中的自认。判断侵权的理由必须是法定的侵权成立的理由，而不能以价格、未经授权销售等理由。权利人通过款式等判断被投诉产品非其生产，只要做单方陈述即可作为判断侵权的证明。（2）侵权成立后的处理。权利人提供完整的投诉资料后，淘宝公司会对相关资料进行下列形式审查，包括：①商标权是否存在，并有效存续；②权利人的主体资格是否有效存续；③权利人提供的判断侵犯商标权的理由及（或）证据是否初步成立；④权利人判断侵犯商标权的理由与其提供的链接结果（即指认侵权的对象）间是否存在对应关系。通过上述四步骤形式审查后，采取以下措施：①删除涉嫌侵权的链接；②如果权利人为进一步通过司法程序主张权利提出需要涉嫌侵权人的信息，淘宝公司可以提供涉嫌侵权会员的姓名、联系方式和身份证号码；③对被投诉的卖家进行处罚。

衣念公司认为淘宝网有大量卖家发布侵权商品信息。衣念公司利用淘宝网提供的搜索功能，通过关键字搜索涉嫌侵权的商品，再对搜索结果进行人工筛查，并通过电子邮件将侵权商品信息的网址发送给淘宝公司，同时衣念公司向淘宝公司发送书面通知函及相关的商标权属证明材料，要求淘宝公司删除侵权商品信息并提供卖家真实信息。淘宝公司收到衣念公司的投诉后，对衣念公司提交的商标权属证明进行核实，对衣念公司投诉的商品信息逐条进行人工审核，删除其中淘宝公司认为构成侵权的商品信息，并告知衣念公司发布侵权商品信息的卖家的身份信息。因衣念公司认定的淘宝网上的侵权商品信息非常多，衣念公司几乎在每个工作日都向淘宝公司投诉，每天投诉的商品信息少则数千条，多则达数万条。根据统计，自2009年9月29日至2009年11月18日，衣念公司向淘宝公司投诉的侵权商品信息有131 261条，淘宝公司经审核后删除了其中的117 861条。2010年2月23日至2010年4月12日，衣念公司向淘宝公司投诉的商品信息有153 277条，淘宝公司经审核后删除了其中的124 742条。淘宝公司删除的商品信息数量约占衣念公司投诉总量的85%。衣念公司的投诉涉及TEENIE WEENIE、Eland等14个商标。淘宝公司根据衣念公司的投诉删除商品信息后，有的卖家会向淘宝公司提出异议，并提供其销售的商品具有合法来源的初步证据。淘宝公司会将卖家的异议转交给衣念公司。衣念公司有时会撤回投诉，撤回投诉的原因，有的确实属于因错误投诉而撤回投诉，有的则是由于其暂时无法判断是否侵权而撤回投诉。上述投诉中，包含了衣念公司于2009年9月29日至2009年11月11日期间针对杜国发的7次投诉，其中有3次涉及TEENIE WEENIE商标，4次涉及依兰德有限公司的另一个注册商标SCAT。淘宝公司接到衣念公司投诉后即删除了杜国发发布的商品信息，杜国发并未就此向衣念公司及淘宝公司提出异议，淘宝公司也未对杜国发采取处罚措施。直至2010年9月，淘宝公司才对杜国发进行扣分等处罚。

衣念公司的委托代理人于2009年11月19日向上海市长宁公证处（以下简称长宁公证处）申请证据保全公证。2009年11月20日，长宁公证处出具了（2009）沪长证字第6449号公证书，该公证书载明以下主要内容：打开IE浏览器，在地址栏输入http://shop35344840.taobao.com，进入名为"传说中de傀傀"的店铺。该网店首页显示：卖家信用为606，买家信用为109，宝贝数量为1037，创店时间为

2008年2月7日。首页的"最新公告"称：本店所出售的部分是专柜正品，部分是仿原单货,质量可以绝对放心……页面左侧的类目栏,有"PORTS(宝资)""LEE""TEENIE WEENIE""E-LAND"等栏目。选择一件名为"品牌原单TW小熊（PNR2）后绣花小熊连帽磨毛卫衣"的服装，该服装的介绍页面显示该服装售价75元，库存72件，30天售出0件，并附有该服装的照片。从照片中可看出服装绣有一个卡通小熊的图案，服装吊牌印有Teenie Weenie文字及心形图案。衣念公司的代理人支付80元（其中5元为快递费）购买了一件上述服装。收到该服装的快递包裹后，衣念公司的代理人于2009年12月28日再次向长宁公证处申请证据保全公证，长宁公证处对衣念公司代理人拆开快递包裹和重新封存包裹的全过程进行了拍照记录。2010年1月6日，长宁公证处出具了（2010）沪长证字第391号公证书。庭审中，杜国发确认，"传说中de傀傀"的店铺由其经营。

审理中，原审法院对长宁公证处封存的物品进行了拆封、勘验。公证物为一件黑色运动衫，服装吊牌印有Teenie Weenie文字及心形图案，服装前后面各绣有一个姿态不同的卡通小熊。

另查明，衣念公司为保全证据，对淘宝公司回复的电子邮件内容进行了公证。2010年6月30日，上海市松江公证处对此出具了（2010）沪松证经字第817号公证书，该次公证费为2800元。衣念公司称为办理（2010）沪长证字第391号公证，支出公证费1000元，但衣念公司未出示本次公证费的发票。此外，衣念公司还支出了查档费100元、律师费5万元、（2009）沪长证字第6449号公证费1000元。

原审法院认为：衣念公司经依兰德有限公司许可，享有第1545520号注册商标和第1326011号注册商标独占许可使用权。原告享有的注册商标专用权受法律保护，他人不得销售侵犯注册商标专用权的商品。本案中，第1545520号商标核定使用商品为服装，杜国发销售的商品与该商标核定使用的商品相同。经比对，杜国发销售的涉案商品上熊头图案与第1545520号商标图案在脸型、五官、头戴饰品及形态上都极为相似，以相关公众一般注意力为标准，两者在视觉上基本无差别，构成相同商标。第1326011号商标核定使用的商品为夹克（服装）、短裤、工作服、汗衫、衬衫、内衣、围巾、短统袜、帽子、运动鞋。杜国发销售的涉案商品与该商标核定使用的商品不同，但两者在功能、生产部门、销售渠道等方面基本相同，按照相关公众的一般认知，两者应为类似商品。杜国发销售的涉案商品吊牌上有与第1326011号商标相同的Teenie Weenie文字和心形图案，不同之处在于该吊牌的心形图案中多了两行英文："Fly To Dreams！"和"CHARACTER STUDIO"。因Teenie Weenie文字和心形图案构成了涉案服装吊牌图案的主要内容，足以导致消费者对商品来源产生误认，故构成近似商标。综上，杜国发销售的涉案商品应认定为侵犯第1545520号和第1326011号注册商标专用权的商品。杜国发辩称，其销售的产品有合法来源，且不知销售的商品侵犯了他人的注册商标专用权。《中华人民共和国商标法》（2001年修正）第56条第3款规定，销售不知道是侵犯注册商标专用权的商品，能证明该商品是自己合法取得并说明提供者的，不承担赔偿责任。杜国发不能举证证明其销售的商品有合法来源，且在衣念公司多次投诉、淘宝公司多次删除其发布商品信息后，杜国发应当知道其销售的商品侵犯他人注册商标专用权，故其抗辩意见不能成立，应当依法承担侵权责任。

网络用户利用网络实施侵权行为的，被侵权人有权通知网络服务提供者采取删除、屏蔽、断开链接等必要措施。在2009年9月29日至2009年11月11日期间，衣念公司发现杜国发通过淘宝网销售侵权商品后，先后7次向淘宝公司发送侵权通知函，淘宝公司审核后先后7次删除了杜国发发布的商品信息。淘宝公司认为，其已经采取了必要的措施。本院认为，网络服务提供者接到通知后及时删除侵权信息是其免于承担赔偿责任的条件之一，但并非是充分条件。网络服务提供者删除信息后，如果网络用户仍然利用其提供的网络服务继续实施侵权行为，网络服务提供者则应当进一步采取必要的措施以制止继续侵权。哪些措施属于必要的措施，应当根据网络服务的类型、技术可行性、成本、侵权情节等因素确定。具体到网络交易平台服务提供商，这些措施可以是对网络用户进行公开警告、降低信用评级、限制发布商品信息直至关闭该网络用户的账户等。淘宝公司作为国内最大的网络交易平台服务提供商，完全有能力对网络用户的违规行为进行管理。淘宝公司也实际制定并发布了一系列的网络用户行为规则，也曾对一些网络用户违规行为进行处罚。淘宝公司若能够严格根据其制定的规则对违规行为进行处理，虽不能完全杜绝网络用户的侵权行为，但可增加网络用户侵权的难度，从而达到减少侵权的目的。就本案而言，淘宝公司接到衣念公司的投诉通知后，对投诉的内容进行了审核并删除了杜国发发布的商品信息。根据淘宝网当时有效的用户行为管理规则，其在接到衣念公司的投诉并经核实后还应对杜国发采取限制发布商品信息、扣分直至冻结账户等处罚措施，但淘宝公司除了删除商品信息外没有采取其他任何处罚措施。在7次有效投诉的情况下，淘宝公司应当知道杜国发利用其网络交易平台销售侵权商品，但淘宝公司对此未采取必要措施以制止侵权,杜国发仍可不受限制地发布侵权商品信息。据上,本院认为,淘宝公司有条件、有能力针对特定侵权人杜国发采取措施,淘宝公司在知道杜国发多次发布侵权商品信息的情况下,未严格执行其管理规则,依然为杜国发提供网络服务,此是对杜国发继续实施侵权行为的放任、纵容。其故意为杜国发销售侵权商品提供便利条件,构成帮助侵权,具有主观过错,应承担连带赔偿责任。

关于赔偿数额,因原被告均未举证证明杜国发因侵权所得利益或者衣念公司因被侵权所受损失,本院综合考虑涉案商标具有较高知名度、杜国发网店经营规模较小、获利不多等因素,酌情确定经济损失赔偿额为3000元。原告主张律师费、公证费、查档费等开支,本院根据开支的真实性、关联性、必要性和合理性,酌情支持合理费用7000元。因被告侵犯原告的商标专用权,并不涉及人格利益,故原告要求被告赔礼道歉的诉讼请求,本院不予支持。

综上所述,根据《中华人民共和国民法通则》(2009年修正)第130条,《中华人民共和国商标法》(2001年修正)第52条第(2)项和第(5)项、第56条,《最高人民法院关于贯彻执行〈中华人民共和国民法通则〉若干问题的意见(试行)》第148条第1款,《最高人民法院关于审理商标民事纠纷案件适用法律若干问题的解释》第16条第1款和第2款、第17条,《中华人民共和国商标法实施条例》(2002年修订)第50条第(2)项之规定,判决:(1)被告杜国发、淘宝公司于判决生效之日起10日内共同赔偿原告衣念公司经济损失人民币3000元;(2)被告杜国发、淘宝公司于判决生效之日起10日内共同赔偿原告衣念公司合理费用人民币7000元;(3)驳回原告衣念公司其余诉讼请求。

判决后,被告淘宝公司不服,向本院提起上诉,请求本院依法改判驳回衣念公司对于淘宝公司的全部诉讼请求。上诉人淘宝公司的上诉理由是:

(1)因被上诉人涉案7次投诉未提供判断侵权的证明,不属于有效投诉,上诉人无法知道被上诉人存在多次投诉,无法对被投诉信息是否构成侵权予以审核,故无法对被投诉卖家采取进一步的处理措施。①被上诉人涉案的7次投诉中,4次涉及依兰德有限公司的另一个注册商标"SCAT",与本案被上诉人起诉主张的第1545520号和第1326011号注册商标无关联。其余的3次投诉均没有提交判断侵权的证明,不是有效的投诉。而一次有效的投诉,应当包括判断侵权成立的初步证明或者理由,否则上诉人即使收到投诉,看到的仍然是商品信息本身,在商品信息本身没有卖家自认侵权的情况下,上诉人收到投诉后并不知道发生了侵权。此外,7

次投诉必须是针对同一件商品不同时间发布的信息才是7次有效的投诉，但是原审法院对这一节事实以及该7次投诉的商品信息是否构成侵权均未予查清，故原审法院认定7次投诉是有效投诉错误。②被上诉人在向上诉人投诉时不提交判断侵权的证明，上诉人对于被投诉信息无法审核是否构成侵权，故上诉人只能尽谨慎义务暂时对相关的被投诉商品信息予以删除。由于无法审核被投诉信息是否构成侵权，上诉人未能对被投诉的卖家予以处罚。原审法院认定上诉人对被上诉人投诉的信息进行了人工审核并删除认为构成侵权的商品信息，属认定事实错误。③被上诉人衣念公司通过关键字搜索时，使用的关键字是"TW""小熊"等文字，其搜索结果的相关性、准确度差，被上诉人在商品侵权通知函中所附的涉嫌侵权信息中存在维尼小熊个性照片台历定制的不相关的链接信息，且被上诉人每日投诉量非常大，导致上诉人无法在每天数万条投诉信息中判断是否发生了多次投诉。④被上诉人7次投诉未按淘宝网规定的要求对重复投诉的具体时间、次数进行标注。

（2）上诉人不知道杜国发存在侵权行为，对于杜国发的侵权行为不具有过错。原审法院以上诉人删除了投诉信息认定上诉人知道杜国发多次发布侵权商品信息没有法律依据，认定上诉人放纵杜国发继续实施侵权行为，故意为杜国发销售侵权商品提供便利条件更是没有事实和法律依据。

被上诉人答辩称：上诉人明知杜国发存在侵权行为，仍未采取任何措施以防止再次侵权行为的发生，其为侵权行为提供了网络服务帮助。

（1）被上诉人的投诉函均具明了判断侵权成立的初步证明和理由。其在函中指出相关链接商品并非其公司生产或者委托生产，且进一步指明了其公司产品是直营模式销售，未曾授权他人经销或者代理；其公司与委托加工工厂定量生产，对超额产品约定了销毁等处理方式；其公司直营店目前销售价均在吊牌价格的50%以上，他人买入其公司产品再以低于50%折扣销售，不符合交易常识等多项理由。

（2）上诉人针对被上诉人投诉函的回函中表明经其查看相关信息，暂无法判断侵权成立，从未向被上诉人提出过被上诉人的投诉函存在未提供判断侵权的证明或理由等不符合要求之情况。况且，被上诉人自2006年以来，针对淘宝网上的侵权商品信息频繁投诉，上诉人从未向被上诉人表明上诉人的投诉是无效投诉。上诉人根据被上诉人提供的判断标准方法及单方面陈述可以认定相关链接侵权，且上诉人已做删除，并提供侵权卖家信息附在上诉人邮件中。而杜国发的注册信息亦在上述邮件中，上诉人并没有将杜国发的信息列在"无法判断链接清单"中，而且在长达2

个月的期间内,杜国发对于上诉人删除被投诉信息未提出异议。

(3)根据上诉人的规定,权利人投诉应提供:判断侵权成立的初步证明是网页上明显的侵权信息、公证购买证明、卖家在聊天中自认。这种要求将使权利人不堪重负,亦与法律精神相悖。

(4)淘宝网作为国内最大的网上购物平台,完全有能力管理网络用户的违规行为,然而上诉人对于被上诉人的多次投诉仅做删除商品信息处理,未进一步采取适当措施,如果其能严格按照其制定的规则对侵权用户进行处罚,可以制止卖家的违规行为。

原审被告杜国发称,其从事厂家代理,并不知道发布信息的商品侵权。其同意上诉人的意见。

二审审理中,被上诉人向本院提供了三份证据:

(1)原审法院出具的2010年3月12日开庭的(2010)浦民三(知)初字第69号案传票一份、杜国发出具的承诺书一份,证明上诉人知道杜国发出具承诺函,其明知杜国发实施商标侵权行为。

(2)第5199073号注册商标"SCAT"的商标档案一份,证明被上诉人对该商标享有商标权。

(3)第1326011号注册商标"Teenie weenie"的商标档案一份,证明被上诉人在原审时未提供原件的该商标档案的真实性。

上诉人认为,证据1的真实性没有异议,但与本案没有关联性,也不能证明上诉人知道杜国发存在侵权行为;证据2不是被上诉人在本案中主张权利的注册商标,与本案没有关联性,不应作为本案审理对象;对证据3的真实性予以认可。本院认为,本案被上诉人指控其于2009年9月29日至11月11日多次向上诉人投诉后,又于11月19日发现杜国发在淘宝网上实施侵权行为,上诉人对此应承担侵权责任。证据1发生于上述期间之后,对于本案的侵权判定没有直接关联性,本院不予采纳;证据2并不属于新的证据,本院不组织质证;证据3因上诉人无异议,且是对原审法院认定证据的补强,本院予以采纳。

本院经审理查明,原审法院认定事实基本无误,本院予以确认。

另查明:被上诉人自2006年起,就淘宝网上存在销售侵犯其注册商标使用权的行为向上诉人投诉。2009年9月29日至11月11日期间,被上诉人向上诉人发出的7次包括杜国发店铺的"商标侵权通知函"包括如下内容:"我公司衣念(上海）时装贸易有限公司拥有 TEENIE WEENIE、E.LAND、SCOFIELD、PRICH、SCAT、TERESIA、ROEM 等商标在中国范围内的独占使用权。〔使用权限包括但不限于将商标标注于商品之上进行销售、在店铺装潢上使用、自行生产或委托他人生产贴有注册商标的商品、将商标用于商品包装及广告；同时衣念（上海）时装贸易有限公司有权在授权范围内进行商标权的维护，包括但不限于商标侵权调查及投诉，标有注册商标的服装真伪鉴定、商标侵权诉讼、商标侵权索赔等。〕我公司所有品牌目前在中国市场均采用的是'与百货公司签署《联营合同》'以及'购物中心专卖店'的模式进行销售，未曾授权他人经销或者代理我公司的品牌。我公司在与加工工厂之间的《委托加工合同》已经明确了委托加工的数量，并且约定因生产流程导致的超额产品的处理方式。截至目前，我公司所有品牌的服装的市场零售价没有低于吊牌价格的 50%。从市场交易的常识来看，不会有经营者大量购买我公司品牌的服装，然后以低于买入价格再转手卖出；我公司全部品牌的加工成本在吊牌标价的 20%～30%，所以淘宝网上价格很低且数量很大的商品侵权可能性极大，淘宝网应该对此给予足够的重视；凡是我公司生产的或者委托加工生产的服装，服装吊牌或者洗标上都有统一编码，所以淘宝网应该要求销售我公司品牌服装的注册用户明确标注该统一编码，否则不可以在产品名称或者描述中使用我公司的注册商标或者含有我公司注册商标的词语……"被上诉人在上述通知函中随附具体链接清单，并指称这些链接指向的带有其公司注册商标的商品非其生产或者委托生产，亦未经其授权销售。同时，被上诉人要求上诉人采取以下措施：立即删除所附链接信息并提供卖家身份信息；对于上诉人已经处理的侵权卖家，取消其再次发布所涉商品信息，卖家主张继续发布的，淘宝网应对其合法性进行审查；淘宝网应对重复侵权的注册用户永久删除账号。

对于被上诉人的上述通知函，上诉人依次进行了回函。上诉人的回函包括如下内容："1.我方发送至贵方邮箱的邮件（附件名称为无法判断链接）的内容，对于贵方指证的相关产品信息内容，根据贵方截至目前提供的资料，同时经我方查看相关的产品信息时，暂无法判断侵权成立。这具体包括但不限于以下几种情况：如尚未得到贵方提供的在相应商品类别的商标注册证；商品信息为定金页面、不存在具体款式的产品信息；根据贵方提供的侵权判断依据，由于贵方提供的商标证仅在中国境内享有独占使用权，贵方指证部分产品称'韩国直送'等，故有可能存在虽不是贵方生产但并不侵犯贵方商标权等。故我们暂无法对该类产品信息进行处理，烦请贵方进一步核实，提供进一步证明资料，如贵方能确认相关指证链接为假冒产品，烦请在侵权方式中明确填写，我们收到资料后会核实处理。2.对于除了无法判断链接外，其余链接我们已给予删除处理，……"上述"无法判断链接"中，并没有杜国发的发布商品信息的链接。同时，上诉人通过发送邮件方式向被上诉人提供了卖家注册的身份信息，其中有杜国发的身份信息。

上诉人在删除杜国发网店名为"传说中de傀傀"的被投诉信息时，亦通知杜国发其发布的相关信息被删除及原因。杜国发接到通知后，未向上诉人作出任何回应。

本院认为：被上诉人经注册商标专用权人的授权许可，依法享有第1545520号、第1326011号注册商标独占使用权，有权针对侵犯商标专用权的行为提起诉讼。根据《中华人民共和国商标法》（2001年修正）第52条规定，销售侵犯注册商标专用权的商品的行为，属侵犯注册商标专用权。原审法院关于杜国发销售侵犯第1545520号、第1326011号注册商标权的商品构成商标侵权的认定及理由，本院认同。

上诉人作为淘宝网的经营者，在本案中为杜国发销售侵权商品提供网络交易平台，其未直接实施销售侵权商品的行为，而属于网络服务提供者。网络服务提供者对于网络用户的侵权行为一般不具有预见和避免的能力，因此并不因为网络用户的侵权行为而当然需要承担侵权赔偿责任。但是如果网络服务提供者明知或者应当知道网络用户利用其所提供的网络服务实施侵权行为，而仍然为侵权行为人提供网络服务或者没有采取适当的避免侵权行为发生的措施的，则应当与网络用户承担共同侵权责任。

具体到本案，本院认为：首先，在案证据证明被上诉人从2006年起就淘宝网上的商标侵权向上诉人投诉，而且投诉量巨大，然而至2009年11月，淘宝网上仍然存在大量被投诉侵权的商品信息，况且在上诉人删除的被投诉商品信息中，遭到卖家反通知的比率很小，由此可见，上诉人对于在淘宝网上大量存在商标侵权商品之现象是知道的，也知道对于被上诉人这样长期大量的投诉所采取的仅做删除链接的处理方式见效并不明显。其次，被上诉人的投诉函明确了其认为侵权的商品信息链接及相关的理由，虽然被上诉人没有就每一个投诉侵权的链接说明侵权的理由或提供判断侵权的证明，但是被上诉人已经向上诉人提供了相关的权利证明、投诉侵权的链接地址，并说明了侵权判断的诸多理由，而且被上诉人向上诉人持续投诉多年，其所投诉的理由亦不外乎被上诉人在投诉函中所列明的几种情况，因此上诉人实际也知晓一般情况下的被上诉人投诉的侵权理由类型。上诉人关于被上诉人未提供判断侵权成立的证明，其无法判断侵权成立的上诉理由不能成立；上诉人在处理被上诉人的投诉链接时，必然要查看相关链接的商品信息，从而对于相关商品信息是否侵权有初步了解和判断。因此，通过查看相关链接信息，作为经常处理商标侵权投诉的上诉人也应知道淘宝网上的卖家实施侵犯被上诉人商标权的行为。再次，在案的公证书表明被上诉人购买被控侵权商品时杜国发在其网店内公告："本店所出售的部分是专柜正品，部分是仿原单货，质量可以绝对放心……"从该公告内容即可明显看出杜国发销售侵权商品，上诉人在处理相关被投诉链接信息时，对此当然是知道的，由此亦能证明上诉人知道杜国发实施商标侵权行为。最后，判断侵权不仅从投诉人提供的证据考查，还应结合卖家是否反通知来进行判断，通常情况下，经过合法授权的商品信息被删除，被投诉人不可能会漠然处之，其肯定会作出积极回应，及时提出反通知，除非确实是侵权商品信息。故本案上诉人在多次删除杜国发的商品信息并通知杜国发被删除原因后，杜国发并没有回应或提出申辩，据此完全可以知道杜国发实施了销售侵权商品行为。

综合上述因素，本院认为上诉人知道杜国发利用其网络服务实施商标侵权行为，但仅是被动地根据权利人通知采取没有任何成效的删除链接之措施，未采取必要的能够防止侵权行为发生的措施，从而放任、纵容侵权行为的发生，其主观上具有过错，客观上帮助了杜国发实施侵权行为，构成共同侵权，应当与杜国发承担连带责任。

上诉人提出被上诉人涉案的7次投诉，4次投诉与被上诉人在本案中主张的商标权利无关，其余3次未提供判断侵权的证明，7次投诉未针对同一商品不同时间发布，不是有效投诉。本院认为，商标权利人向网络服务提供者发出的通知内容应当能够向后者传达侵权事实可能存在以及被侵权人具有权利主张的信息。对于发布侵权商品信息的卖家，无论是一次发布行为还是多次发布行为，多次投诉针对的是同一商品还是不同商品，是同一权利人的同一商标还是不同商标，均能够足以使网络服务提供者知道侵权事实可能存在，并足以使其对被投诉卖家是否侵权有理性的认识。因此，本案被上诉人的7次投诉足以向上诉人表明了杜国发存在侵权行为的信息，上诉人的前述上诉理由不能成立，本院不予采信。

上诉人提出被上诉人投诉量大、投诉准确率差，且未做重复投诉标注，导致其无法发现重复投诉的情况。本院认为，在案证据证明自2009年9月29日至2009年11月18日，被上诉人投诉的侵权商品信息有131 261条，上诉人删除了其中的117 861条。2010年2月23日至2010年4月12日，被上诉人投诉的商品信息有

153 277 条，上诉人删除了其中的 124 742 条。被上诉人如此大量的投诉以及上诉人如此大量的删除更加证明了上诉人仅采取删除措施并未使淘宝网上侵权现象有所改善。同时，被上诉人大量的投诉以及投诉准确率会影响到上诉人审查被投诉信息所耗费的人力和时间，但与上诉人是否能够发现重复投诉并无多大关联。因此，上诉人的该项上诉理由亦不能成立，本院不予采信。

综上所述，原审判决认定事实基本清楚，适用法律正确。上诉人的相关上诉理由不能成立，其上诉请求本院不予支持。依照《中华人民共和国民事诉讼法》第 153 条第 1 款第（1）项之规定，判决如下：

驳回上诉，维持原判。

二审案件受理费人民币 800 元，由上诉人浙江淘宝网络有限公司负担。

本判决为终审判决。

2011 年 4 月 25 日

四、案件相关问题解析

（一）被告杜国发的销售行为是否侵害了原告的注册商标专用权

注册商标专用权是指注册商标的所有权人对其所有的注册商标享有的独占的使用权，未经其许可，任何人都不准在同一种商品或者类似商品上使用与其注册商标相同或近似的商标。《商标法》（2001 年修正）第 52 条规定了侵犯注册商标专用权的几种情形，本案涉及其中第（1）项"未经商标注册人的许可，在同一种商品或者类似商品上使用与其注册商标相同或者近似的商标的"、第（2）项"销售侵犯注册商标专用权的商品的"及第（5）项"给他人的注册商标专用权造成其他损害的"。

在本案中，衣念公司享有 1545520 号和 1326011 号商标专用权，衣念公司发现杜国发在淘宝网上销售的商品上使用了衣念公司的商标并在淘宝网上载明"本店销售的部分商品是仿原单货"等明显证明侵权的话语。现实中，衣念公司的服装品牌在市场上具有一定的知名度，其实体店遍及全国。杜国发销售衣念公司相同或近似的产品，其主观上有明显的故意，销售与衣念公司相同或近似的产品并使用了衣念公司的商标，足以导致消费者对商品来源产生误认。杜国发在淘宝网上借助网络的便利销售产品，其销售的价格明显低于市场的正常价格，侵害了衣念公司的合法收益，造成了衣念公司巨大的损失，应当依法承担侵权责任。

（二）被告淘宝公司是否知道网络用户利用其网络服务实施侵权行为以及是否采取了合理、必要的措施以避免侵权行为的发生

淘宝公司作为网络交易平台是否构成侵权，可以从两点进行判断。首先，网络交易平台提供者是否知道或者应当知道其网络上其他第三方的侵权行为。其次，在知悉之后是否采取了必要的措施避免侵权行为继续发生，哪些措施属于必要的措施；如未采取必要措施，是否属于帮助他人实施侵权行为，是否需要承担连带责任。

一审法院调查时发现，在衣念公司投诉后，淘宝公司应当知道杜国发利用其网络交易平台销售侵权商品，但是淘宝公司除了删除商品信息外没有采取其他的处罚措施以制止侵权，没有按照当时有效的用户行为管理规则对杜国发采取限制发布商品信息、扣分，直至冻结账户等处罚措施。另外，在本案上诉中明确了"反通知"这一概念，在一般情况下经过合法授权的商品信息被删除，被投诉人肯定会积极回应，及时提出反通知来保护自己的正当权利，证明自己的产品并不侵权，而杜国发在知道自己商品信息被删除后并没有采取任何回应或提出申辩。衣念公司7次投诉杜国发持续销售侵权商品、侵犯衣念公司的商标，淘宝公司对其侵权行为的放任态度是一种不负责任的表现。

后淘宝公司上诉，称衣念公司在投诉时没有提供判断侵权的证明，是无效的投诉，无法对杜国发侵权信息进行审核，所以无法采取进一步处理措施。后核实，衣念公司在投诉时，投诉函中明确了其认为侵权产品的链接及相关信息，虽然并没有就每一个侵权产品进行投诉，但淘宝公司根据诸多理由及链接理应能够确认侵权卖家及商品，也知晓一般情况下侵权产品的类型。故法院认为淘宝公司构成帮助侵权，具有主观过错，应当承担连带赔偿责任。

五、案件启示及建议

在网络时代，通过网络交易平台发生的侵权行为越来越多，虽然网络交易平台提供者并不是直接的侵权人，但必须对网络平台提供者施加必要的法律义务和责任，才能维护市场的竞争和稳定。

（一）如果网络用户存在长期恶意侵权行为，网络交易平台提供者是否有义务采取更严厉的措施制止侵权行为

如判决中提到的，判断网络服务提供者采取哪些措施是属于必要的措施，应当根据网络服务的类型、技术可行性、成本、侵权情节等因素确定。通常情况下，如果经网络交易平台提供者判断确属侵权或涉嫌侵权的，至少应当采取删除、屏蔽、断开链接等手段或方法，使一般消费者无法再接触到侵权行为；但是如果网络用户存在长期恶意侵权行为，网络交易平台提供者是否有义务采取更加严厉的措施，这在实践及判例中均存在一定争议。

一方面，有的学者认为，在我国"避风港原则"制度体系框架下，侧重于网络服务提供者的权益保护，以尽量避免网络服务提供者为了免除责任投入大量精力和资金来进行著作权审查而不堪重负，影响互联网产业发展的情况。[1] 因此，网络交易平台提供者在尽到基本的删除、屏蔽、断开链接等服务后，便可不再采取更加严厉的措施制止侵权行为。另一方面，部分学者认为网络服务提供者接到通知后，根据"通知与移除"规则及时删除侵权信息是其免于承担赔偿责任的条件之一，但并非是充分条件。网络服务提供者删除侵权信息后，如果网络用户仍然利用其提供的网络服务继续实施侵权行为，网络服务提供者应当进一步采取必要的措施以制止继续侵权。哪些措施属于必要的措施，应当根据网络服务的类型、技术可行性、成本、侵权情节等因素确定。具体到网络交易平台经营者，这些措施可以是对网络用户进行公开警告、降低信用评级、限制发布商品信息直至关闭该网络用户的账户等。[2]

笔者比较赞成后一种观点。在我国积极倡导知识产权保护的大环境下，应该加强对权利人的保护，加之目前多数网络销售平台存在实施公开警告、降低信用评级、限制发布产品、冻结账户等严厉措施的技术，因此，如果网络用户存在长期恶意侵权行为，网络交易平台提供者有必要采取更严厉的措施避免侵权行为进一步发生。

---

[1] 吕凯、李婷："网络服务提供者的著作权保护责任"，网址 http://www.iolaw.org.cn/showNews.aspx?id=50481，最后访问时间：2016年5月6日。

[2] 邵勋："网络交易平台经营者帮助侵权的司法认定"，网址 http://rmfyb.chinacourt.org/paper/html/2012-04/26/content_43917.htm，最后访问时间：2016年5月6日。

（二）网络交易平台提供者对于网络商户的侵权行为是否需要承担侵权赔偿责任

网络交易平台提供者对于网络商户的侵权行为一般不具有预见和避免能力，故不应当为此承担侵权赔偿责任。如果能在收到通知后立即采取措施防止侵权行为的扩大，则建议不认定为共同侵权。但同时，如果侵权行为人的行为经过多次删除、屏蔽等一般措施仍无法制止或杜绝，网络交易平台提供者就有义务在可控成本的前提下尽其所能采取一切措施制止侵权，否则就可能被认定为"未采取必要措施制止侵权行为"，从而被认定为共同侵权，承担相应责任。

淘宝网、京东网等国内首屈一指的大型网络交易平台提供者，不仅有对其网站上的一般经营者采取进一步严厉措施的技术，也有相应的话语权，其网站通常以店铺广告等形式进行盈利，需要保障其提供的服务质量，因此需要承担更重的注意义务及责任。网络交易平台提供者应加强自查，防止自身直接侵犯他人商标权或进行不正当竞争行为，也应采取措施防止被认定为共同侵权。

网络交易平台提供者可以通过以下方式加强事前审查：（1）对网络卖家、会员进行严格的身份审查；（2）要求网络卖家提供其销售的产品的合格证书、产品来源、其经营所需销售资格证书、营业执照、授权委托书等；（3）采取必要技术手段对违禁或侵权信息自动删除和过滤，减少侵权可能性；（4）建立良好的消费者投诉机制，便于消费者或权利人告知涉嫌侵权的行为；（5）制定合法合规且具有可操作性的规章制度、服务规则、用户协议等。网络交易平台提供者可通过下述方式加强投诉处理机制：（1）保证收到投诉能在限期内（最好24小时内）处理完毕；（2）对被投诉人的网络交易行为进行取证、数据备份（必要时采取公证）；（3）建立侵权判定权威专家数据库，要求在最短时间内由数据库内专家对是否侵权出具专业意见；（4）严格执行规章制度、服务规则、用户协议等；（5）如侵权行为确定，则可根据侵权行为严重程度采取措施，避免侵权行为再次发生。如删除、屏蔽侵权信息、扣分、店铺监管、限制新商品发布、搜索降权、信誉降级、冻结账户或中止交易等防止损害扩大，必要时向权利人披露侵权者信息。

随着知识产权保护重要性的日益体现，几乎所有的网络交易平台提供者都开始加大保护知识产权的力度，不仅是保护自己平台内的所有产品、技术、软件、数据的版权、商标权、专利权、商业秘密等权利，还开始注重保护知识产权权利人的合法权益。以淘宝网为例，知识产权权利人认为淘宝平台内容（包括但不限于淘宝平台会员发布的商品信息）可能涉嫌侵犯合法权益的，可以通过淘宝知识产权保护平台（qinquan.taobao.com）提出书面通知，淘宝收到后将及时处理。① 此外，阿里公司也组建了打假队伍，参与了国际打假组织，目的就在于用互联网的方法在电子商务领域消灭假货摊。

综上所述，通过投诉是否有效、淘宝公司是否知道侵权行为的存在及知道后是否采取了必要措施来判断，如果被投诉人采取了必要措施，网络交易平台提供者不承担侵权责任；如果未及时采取必要措施，则网络交易平台提供者应就损害的扩大部分与侵权人共同承担连带赔偿责任。

---

① 《法律声明》（Legal Statement），网址 https://www.taobao.com/go/chn/tb-fp/2014/law.php?spm=a2107.1.1997523009.26.8KoEMT，最后访问时间：2016年2月1日。

后 记

本书是在中国知识产权培训中心资金支持下、中国知识产权培训中心软科学计划项目下的著作,与本书同期出版的还有《专利权诉讼典型案例指引》,目前笔者正在研究著作权及不正当竞争两方面诉讼的典型案例并进行评析,将来还会研究知识产权纠纷解决领域的相关议题,出版以后则会与本书及本书同期出版的《专利权诉讼典型案例指引》构成相对完整的"知识产权争议处理典型案例指引丛书"。

在我国"十三五"规划倡导创新驱动发展战略的背景下,加强知识产权保护力度是我国重点发展方向之一,相应地提高知识产权人才业务素质是保障我国知识产权保护力度的前提条件。然而因为知识产权专业性极强,一些初入该领域的从业人员往往达不到该行业的要求及标准,即使是在该领域摸爬滚打多年的专业人士,也会遇到一些从未接触的问题。如何有效提高我国知识产权纠纷解决领域人才专业素质成为一项迫在眉睫的研究课题。本系列丛书便是在该背景下诞生的。

工欲善其事,必先利其器。本书是以全新的知识产权法学习的方法论,部分内容以"全过程案例评析",结合"案件启示及建议"方式编写的一套关于知识产权诉讼的培训教材,这是知识产权诉讼人才专业素质培养领域的尝试。一方面,本书通过案例评析对相关问题进行讲解,引出知识产权相关知识理论及实务技巧,供读者学习;另一方面,本书部分案例采取"全过程案例评析"方式,对案例的全过程进行讲解,包含了许多知识产权诉讼过程中涉及的诉讼文书、合同模板及思维方式,以供读者作为工具书,在遇到相关知识产权问题时参考。

博观而约取,厚积而薄发。纵观笔者的经历,可以说知识产权是笔者的第二生命,自 2007 年以来,因为工作原因,笔者有幸参与了新闻出版与版权领域的多项立法调研,亲历了众多的版权行政执法事务,从事知识产权领域的政策法规研究,这些工作使笔者对知识产权法律制度的了解更为深刻。此后,笔者又从事过专利申请代理以及知识产权诉讼代理等工作,处理了许多大型知识产权诉讼案件,在知识产权诉讼从业过程中，笔者遇到了很多问题，走了一些弯路，同时也在知识产权诉讼领域积攒了很多经验，焕发出一些想法。穷则独善其身，达则兼济天下。笔者深知在知识产权诉讼从业道路上会遇到许多困难与艰辛，因此希望将自己所知晓的知识产权诉讼方面的知识与经验与所有的同行分享，旨在对提升知识产权纠纷解决领域从业人员整体专业素质做一些力所能及的工作。

笔者坚信，治学与人生之道，当"博学之，审问之，慎思之，明辨之，笃行之"。本书中许多观点难免会有缺陷，在此恳请师长朋友们批评指正，为本书多多提建议，以使本书更加完善，从而能够更好地助力我国知识产权纠纷解决人才的培养。

在本书完成之际，我要特别感谢王康、江洪波、刘亮、方圆、刘宇、聂慧娟、沈海东、陈丽敏、娄积圆在本书撰写过程中给予的帮助与支持。

最后，再一次由衷感谢中国知识产权培训中心及知识产权出版社的领导及老师为本书的编写及出版所提供的帮助！

刘华俊

2016年5月于上海